中国社会科学院创新工程学术出版资助项目

非洲经济一体化的法律问题

Legal Aspects of Economic Integration in Africa

〔加纳〕理查德·弗林蓬·奥蓬／著
(Richard Frimpong Oppong)

朱伟东／译

社会科学文献出版社
SOCIAL SCIENCES ACADEMIC PRESS (CHINA)

中国社会科学院创新工程学术出版资助项目

非洲经济一体化的法律问题

Legal Aspects of Economic Integration in Africa

〔加纳〕理查德·弗林蓬·奥蓬／著
(Richard Frimpong Oppong)

朱伟东／译

社会科学文献出版社
SOCIAL SCIENCES ACADEMIC PRESS (CHINA)

缩写词表

AEC	非洲经济共同体
AEC Treaty	《非洲经济共同体条约》
AMU	阿拉伯马格里布联盟
Assembly Rules	《非洲联盟大会程序规则》
AU	非洲联盟
AU Court Protocol	《非洲联盟司法法院议定书》
Benelux Treaty	《比荷卢联盟条约》
Brussels I Regulation	《欧盟理事会 2000 年 12 月 20 日第 44/2001 号关于民商事事项管辖权与判决承认和执行的规则》
Caribbean Court Agreement	《设立加勒比司法法院协议》
CARICOM Treaty	《设立加勒比共同体包括加勒比共同单一市场和经济的查瓜拉马斯修订条约》
CEMAC	中部非洲经济和货币共同体
CENSAD	萨赫勒 – 撒哈拉国家共同体
CEPGL	大湖区国家经济共同体
COMESA	东南部非洲共同市场
COMESA Arbitration Rules	《东南非共同市场司法法院仲裁规则》
COMESA Treaty	《东南非共同市场条约》
EAC	东非共同体
EAC Arbitration Rules	《东非共同体司法法院仲裁规则》
EAC Treaty	《东非共同体条约》

EALA	东非立法大会
ECCAS	中部非洲国家经济共同体
ECJ	欧盟司法法院
ECOMOG	西非国家经济共同体监督小组
ECOWAS	西非国家经济共同体
ECOWAS Court Protocol	《西非国家经济共同体司法法院议定书》
ECOWAS Treaty	《西非国家经济共同体条约》
ECSC	欧洲煤钢共同体
ECSC Treaty	《欧洲煤钢共同体条约》
EEA Agreement	《欧洲经济区协议》
EFA Court Agreement	《欧洲自由贸易区国家之间设立预警机构及司法法院的协议》
EU	欧洲联盟
EU Treaty	《欧洲联盟条约》
Executive Council Rules	《行政理事会程序规则》
ICJ	国际法院
ICSID	解决投资争议国际中心
ICSID Convention	《解决国家与他国国民间投资争议的华盛顿公约》
IGAD	政府间发展组织
IOC	印度洋委员会
MERCOSUR	南方共同市场
MRU	马诺河联盟
NAFTA	北美自由贸易区
New York Arbitration Convention	《承认与执行外国仲裁裁决的纽约公约》
NGO	非政府组织
OAS	美洲国家组织
OAU	非洲统一组织
OAU Charter	《非洲统一组织宪章》
OHADA	非洲商法协调组织
OHADA Treaty	《非洲商法协调条约》

Protocol on Relations	《非洲联盟和地区经济共同体之间关系的议定书》
Protocol on Relations – 1998	1998 年《非洲经济共同体和地区经济共同体之间关系的议定书》
Protocol on the African Court of Justice	《非洲司法和人权法院规约议定书》
Protocol on the Pan-African Parliament	《〈非洲经济共同体条约〉有关泛非议会的议定书》
PTA	优惠贸易区
PTA Treaty	《东南部非洲国家优惠贸易区条约》
REC	地区经济共同体
SACU	南部非洲关税同盟
SADC	南部非洲发展共同体
SADC Treaty	《南部非洲发展共同体条约》
SADC Tribunal Protocol	《南部非洲发展共同体法院和程序规则议定书》
Statute of the African Court of Justice	《非洲司法和人权法院规约》
Treaty of Rome	《设立欧洲经济共同体的罗马条约》
UEMOA	西部非洲经济和货币联盟
UMA	阿拉伯马格里布联盟
UN	联合国
UNCTAD	联合国贸易和发展会议
UNECA	联合国非洲经济委员会
WTO	世界贸易组织
WTO Agreement	《建立世界贸易组织的马拉喀什协议》

致　谢

　　本书是我在不列颠哥伦比亚大学完成的博士学位论文的基础上完善而成的。我要感谢我的导师——约斯特·布罗姆教授、伊丽莎白·艾丁格教授、莉莉亚娜·比尤克维奇教授和菲利普·勒·毕龙教授——感谢他们为论文提出的切中肯綮且高屋建瓴的评论。我还要感谢沃恩·布莱克教授、弗朗西斯·鲍齐维教授、科菲·奥腾·库福尔教授、尤瓦尔·夏尼教授以及罗伯特·G. 弥勒先生就本书章节所提出的修改意见。

　　如果没有家人的鼎力相助，本书也不可能完成。我的妻子乔伊斯·奥珂芙·阿杰伊女士漂亮体贴，女儿玛丽·阿杰伊乖巧可爱，我无法用言语表达对她们的最真诚的感谢。当我为本书的写作殚精竭虑、搜肠刮肚时，乔伊斯不得不独守寒夜，形单影只；为了让该书早日出版，女儿也不再缠我陪她玩耍嬉戏。我的父亲詹姆斯·夸杜沃和母亲玛丽·阿杰伊对我给予厚望，倾其所有培养我，对他们我要献上我特别的谢意。

　　我要感谢剑桥大学出版社的各位工作人员，包括菲诺拉·奥沙利文、理查德·伍德海姆、莎拉·罗伯茨和索菲·罗欣克，本书顺利付梓，离不开他们的辛勤工作。我还要感谢两位匿名评审人，他们的评论对该书的完善功不可没。我希望其中一位评审人的预言能够得以实现，即该书"将在一段时间内成为有关非洲经济一体化法律问题的权威著作"。

　　我还要感谢吉拉姆基金（Killam Trust）为该书写作提供的慷慨资助。本书有些章节所依据的材料是我在英国科学院（British Academy）的资助下为写作《非洲英联邦国际私法》一书而收集的。在此我也要向英国科学院的资助表示感谢。

CONTENTS

导　言

在地区性国家共同体的形成中，跨国性规则突破国家边界，找到自己最明显的表达方式，这些地区性共同体努力在其成员国中发展出共同的法律规则、概念和原则。

——乌尔里克·苏依纳（Ulrich Scheuner）为曼恩（C. J Mann）所著的《欧洲一体化中司法裁决的功能（1971）》[*The Function of Judicial Decision in European Integration (1971)*] 一书所写的前言。

独立后几十年来，一直坚持民族－国家和国家主权观念的非洲国家，看来正在逐渐偏离这两个观念。独立后不久，非洲国家热心宣扬主权观念，希望建立更为牢固、稳定的国家机构。近年来，随着"非洲意识"的再现——非洲复兴——人们呼吁国家向地区性或大陆性机构转让主权。为了推动地区或大陆一体化，民族分离主义正在遭到摒弃。非洲国家通过制定大量条约，已迈向经济一体化的道路。这条道路崎岖复杂，充满艰辛，面临着社会、经济、政治和法律挑战。这条道路的终点是非洲经济共同体（African Economic Community，AEC）。为达此目标，非洲联盟（以下简称"非盟"，African Union，AU）已认可八个非洲地区性经济共同体，并授权它们逐步向此目标挺进，最终合并成为非洲经济共同体。

非洲经济和政治一体化的理念由来已久。人们为此进行过许多尝试，但大都无果而终。黑兹尔伍德（Hazlewood）曾经指出，"有关非洲国家间经济和政治一体化的研究更多地表明，它们之间现有的联系弱化了，而不是加强了。不过，经济一体化比政治一体化稍微差强人意。从经济发展的

2 角度来看，这令人十分遗憾"。① 这是 1967 年的观点。令人欣慰的是，与此前有关经济一体化的努力不同，虽然速度缓慢，但目前的努力正在取得重大进展。②

现在，非洲国家普遍认可需要加强经济一体化，以促进国家经济增长和发展。但如何实现这一目标，仍存在争议。经济一体化努力所带来的经济、社会和政治的影响和意义非常深远。许多条约对此进行过很好的阐述，本书无意再鹦鹉学舌，重复这一话题，本书关注的是一个经常被人忽视的问题——非洲经济一体化过程中的法律问题。本书使用关系框架（relational framework）作为分析手段，考察了非洲是如何处理经济一体化过程中的法律的关系问题（relational issues of law）的。作为核心，法律的关系问题涉及的是在经济一体化的语境中，共同体、国家、地区和国际法律体系之间的法律互动。该理论所要阐明的是，有效的经济一体化是国家、法律体系、法律和制度之间的纵向、横向和纵横向关系——在完善的法律框架内——得到良好组织和管理的产物。换言之，经济共同体本身与其他法律体系之间的关系必须得到良好的组织和管理，这是它实现其效能的必要条件。

本书详细说明了这一理论，并将它应用到非洲经济一体化过程。本书选取非盟所认可的共同体中的四个——西非国家经济共同体（ECOWAS，以下简称"西共体"）、东南部非洲共同市场（COMESA，以下简称"东南非共同市场"）、东非共同体（EAC，以下简称"东共体"）以及南部非洲发展共同体（SADC，以下简称"南共体"）——作为重点。这些共同体处于不同的发展阶段，有不同的发展目标，但它们都致力于实现非洲一些地区乃至最终整个非洲大陆内商品、服务、人员和资本的自由流通。这一目标可以通过不同的阶段、按照经济一体化发展的线性模式逐步实现——自由贸易区、关税同盟、共同市场和经济同盟。

本书第一章为以后各章的讨论奠定基础。第一章对本书使用的一些重要概念进行了界定，对本书中重点研究的经济共同体进行了介绍，并简要分析了当前非洲进行经济一体化的社会经济和政治背景。第二章详细阐明了这一论题，即有效的经济一体化是在完善的法律框架内国家、法律体系、法律和

---

① Hazlewood（1967），pp. 3 – 4.

② United Nations Economic Commission for Africa（2010），pp. 7 – 35.

制度之间的纵向、横向和纵横向关系得到良好组织和管理的产物。这一章对 3
许多经济共同体包括一些非洲的经济共同体的法理、条约和经验进行了比较
分析，还从宪法、国际公法和国际私法等更为宽泛的角度进行了考察。由
此，该章提炼并探讨了经济共同体用以解决关系问题的一些原则。这些原则
在非洲经济共同体法律中反映的程度、局限及影响它们得到有效利用的因素
则是以后几章探讨的内容。

第三章梳理了非盟、非洲经济共同体和非洲其他地区性共同体以及不同
的地区性共同体之间复杂而棘手的关系问题。了解并厘清这些复杂的关系
网，对于认识当前阻碍非洲经济一体化进程，特别是整个大陆层面经济一体
化进程的制度失灵问题，十分关键。本章对有关国际体制复杂性的一些文献
进行了分析，认为在非洲经济一体化进程中国际性制度重合这一特点在一定
程度上十分独特，并对其自身带来挑战。本章还对调整这种制度重合的法律
框架进行了考察，揭示了许多现实和将来的问题，它们可能会影响非洲经济
共同体目标的实现。其中一些问题，特别是有关非洲经济共同体法律实施的
问题会在第六章进行探讨。

第四章继续关注非洲经济共同体。本章对非洲经济共同体条约的不同
方面进行了分析，特别是非洲经济共同体法律体系的性质、共同体法律的优
先适用性以及国内法律的协调化。虽然本章讨论和关注的是非洲经济共同
体，但对它的分析同样适用于其他经济共同体。在充分认识到第三章和第四
章所考察的问题的重要性的基础上，还应注意的是，考虑非洲经济共同体的
发展现状——仍在形成中，它自身的发展主要取决于构成其组成部分的各个
地区性共同体的发展——这两章所探讨的许多问题很可能在将来变得更为
具体。

第五章转向关注东南非共同市场、东共体、西非国家经济共同体和
南共体，对它们处理关系问题的具体经验进行了梳理。本章把这些共同
体的创立条约、它们各自共同体法院或法庭的判例作为分析的基础。虽
然这些判例还相对较少（不过正在增加），而且主要涉及的是与经济一
体化并不直接相关的问题，但少数判例却非常有助于我们观察法院在解
决一些关系问题时能够提供什么样的帮助，以及它们的工作还存在哪些
局限。根据东南非共同市场、东共体、西共体和南共体的经验，结合共
同体和国内制度之间良好的关系有助于实现有效的经济一体化这一理论
背景，第六章再次关注非洲经济共同体，研究了非洲经济共同体的行

4 　政、立法和司法制度在满足有效经济一体化的要求方面是否适当的问题。本章特别关注了非洲人权和司法法院的结构和管辖权问题。该法院将会最终负责处理非洲的经济一体化问题。该章分析了非洲人权和司法法院是否能够胜任经济一体化的工作，特别考虑到它的属物和属人管辖权以及它与国内法院的关系。

　　个人在经济一体化中也发挥着重要作用。和机构一样，他们为不同法律体系之间关系的建立发挥着中介作用。他们的行为尤其是诉讼行为，对于共同体法律的实施十分重要。他们的行为虽然有助于共同体法律效力的发挥，但通常也会受到现有的国内法律制度的束缚。这就为第七章提供了论述的背景，该章分析了共同体法律在成员国国内的实施。这对于那些成员国国内希望从共同体法律中受益的人来讲，本章内容与他们密切相关。本章揭示了在非洲共同体和成员国国内共同体法律是如何实施的，还对成员国国内宪法和法理如何限制或增强共同体对其法律在成员国国内的地位的看法以及相应地个人如何能够从共同体法律中受益进行了评估。

　　对共同体－国家和国家间关系的探讨通常是从国际公法和国内宪法的角度进行的，前面几章的探讨就遵循了这一进路。但正如第二章所表明的，在处理经济一体化语境下不同法律制度之间的关系时，国际私法也有一席之地。例如，有效的经济一体化需要加强国家间关系，这种强化的关系为经济交易创造了可能环境。第八章和第九章分析了在非洲经济一体化进程中，国际私法在处理国家间和共同体－国家关系的作用。第八章讨论了产生于共同体创立条约和法律之间的一些关系问题，对这些问题国际公法和国际私法原则可能会发挥一定影响。该章检视了国际公法和国际私法对共同体机构特别是共同体法院的有效运作可能发挥的作用。所探讨的问题包括共同体法院的仲裁管辖权、共同体法院判决的执行、共同体法院之间管辖权的冲突，以及共同体法院和国内法院之间的司法合作。

　　第九章以国际私法为量度，评估了非洲国内法律制度之间的融合程度。国际私法原则协调或调整不同法律制度之间的关系。它们对于发生在它们范围之内的经济一体化进程和经济交易可能发挥推动或限制的作用。本章所要解决的一个主要问题是外国判决的承认与执行。对外国判决的执行也许最能揭示主权的法律体系之间是如何发生关系的；它们认可彼此法律规则的有效性，并给予其效力。本章分析了现有的外国判决的执行制度及它们是否适合经济一体化的要求。本章还对非洲国际私法进行了整体评价，并对制定满足经济一体化需求的法律制度应遵循的价值提出了建议。

　　第十章提出本书的结论。贯穿本章的一条共同主线是非洲经济一体化进程没有对关系问题给予必要的关注：这些问题没有得到妥善解决。目前，对于如何处理共同体和成员国法律体系之间、不同的共同体之间以及不同的成员国之间的法律体系的关系，还不存在切实可用、深思熟虑的法律框架。有关提供此类法律框架的努力还浅尝辄止、不尽如人意或不切实际。本书认为应尽力克服这一不足，以确保非洲经济一体化的有效性。为此，本书在不同章节提出了完善共同体和国内法律的建议。

第一章

非洲经济一体化概述

第一节　引言

6　　　经济一体化被认为"能消除两个或更多的经济体之间的经济边界"。①此处，这种经济边界常常表现为一国的地理边界，货物、人员、资本流入其内要受到严格的限制。经济一体化要求消除跨境经济活动中的一些障碍，这些障碍常常存在于贸易、人员、服务及资本流通等领域。经济学家对经济一体化进程的不同阶段进行了界定。根据贝拉·巴拉萨（Bela Balassa）的观点，经济一体化分要经历五个阶段，即"自由贸易区、关税联盟、共同市场、经济联盟、完全的经济一体化"。②在自由贸易区内，成员国之间取消了关税和对贸易的数量限制，但针对非成员国，自由贸易区内的国家仍各自保留自己的关税。建立关税联盟除了需要限制联盟内商品流动领域的歧视措施外，还需要使联盟内成员国在与非成员国进行贸易时采取同样的关税。共同市场是经济一体化的高级形式。在共同市场中，对贸易和要素流通的限制都被废除。经济联盟则将取消对商品和要素流通的限制与成员国一定程度的国内经济政策的协调结合起来，以消除因国内经济政策不同而产生的歧视。最后，完全的经济一体化则意味着货币、财政、社会以及反周期政策的一体化，这需要建立一个超国家的权威机构，它做出的决定对成员国具有约束力。

---

① Pelkmans（1986），p. 318.
② Balassa（1962），p. 2.

前三个阶段会经历消极的一体化。这些阶段要求在联合的、权威部门的 7
监督下，消除国内经济规则及政策中的歧视性规定，并且通常会对国内经济
决策施加一定的限制。① 这些阶段是经济一体化的困难时期。它们会对国家
采取影响其居民社会经济福利的决定的主权权力有所限制。经济联盟和完全
的经济一体化则被定性为积极的一体化。在这些阶段，需要"将公共市场
规则及政策的制定权力从参与国向联盟转让"。② 虽然贝拉·巴拉萨有关经
济一体化的线性模式的论断受到批判，③ 但它仍为经济学家广泛关注。④ 这
一论断影响了许多经济一体化的倡议，包括非洲的一些经济一体化倡议。

经济一体化对非洲非常重要，目前正在非洲地区和大陆层面得到实施。
联合国非洲经济委员会（UNECA）用下面这段话表达了非洲实施经济一体
化的紧迫性："这种转向（经济一体化的全球趋势）在非洲最为迫切。在非
洲，相对小型的经济体、国际贸易条件与殖民主义遗产、不良治理和冲突的
相互作用，使我们还不能获得我们的全球市场份额——尽管我们拥有非常大
的市场规模。"⑤ 可以想象，这种统一的非洲经济将会产生规模效应，使非
洲国家更有竞争力，创造更广阔的贸易和投资环境，促进对地区市场的出
口，积累进入全球市场所必不可少的经验，并为非洲国家在发展共同的财
政、运输和通信服务时提供一个合作框架。⑥ 构成这些愿景基础的经济哲学
是一种新自由主义经济思想，它强调的是自由贸易以及消除投资障碍。

非洲经济需要实现一体化已经是普遍共识，但对其性质、范围、焦点及
理论基础仍有争议。⑦ 有些人对非洲经济一体化进程中关注以国家为中心的
正规经济提出质疑，提倡重新关注非洲国家内部和之间存在的非正规贸易结
构。其他一些人提倡在农业、基础设施建设、技术等领域的一些特定项目上
开展合作。同样，一些人提倡地区主义，另一些人则强调需要立即在大陆范
围内实现一体化。在非洲这些争论可以被视为更为广泛的国际经济法中有关

① Pelkmans（1986），p. 321.
② Balassa（1962），p. 2.
③ McCarthy（2008），pp. 24 – 40.
④ Pelkmans（1986），pp. 324 – 326.
⑤ United Nations Economic Commission for Africa（2004），p. ix；and United Nations Conference on Trade and Development（2009）.
⑥ United Nations Economic Commission for Africa（2002），pp. 2 – 11.
⑦ Boas（2001），p. 27；Meagher（2001），p. 41；Lesser and Moise-leeman（2008）；Mazzeo（1984），p. 165；and Senghor（1990），p. 17.

8 　地区主义和多边主义的争论的一部分。在非洲实行地区主义有许多好处。①
它允许针对特定地区的倡议的存在。就参与的国家的数量而言，这种地区经
济共同体的规模相对较小，可以方便地进行管理，做出决策。非洲由 53 个
主权国家（现有 54 个主权国家）组成，因此，地区主义或许是唯一可行的
选择。地区共同体之间的竞争也可能提高效率，从而促进发展。在非洲实行
地区主义也有不足之处，它可能使成员国不愿为大陆范围内的一体化承担更
多义务。一些国家因具有多个地区性经济共同体的成员资格而对不同共同体
承担不同义务，这可能导致某些义务不能得到遵守，管辖权会发生冲突。此
外，经济规模较大、发展较好的国家可能会从地区性经济共同体中受益，而
导致其他较小的地区成员国的利益受损。

　　尽管上述讨论很有趣，但我们很少讨论在非洲经济一体化过程中所产
生的法律问题。② 在经济一体化过程中的一个难题就是我所界定的在经济一
体化中的法律的关系问题，它有多种表现形式，主要包括：共同体（共同
体法）③ 及其机构的法律与成员国法律之间的关系；共同体和成员国之间以
及成员国之间的法律制度的交流和沟通机制；共同体和成员国之间的管辖权
冲突；共同体和成员国之间的权限分配；个人对共同体机构的程序的参与；
以及对共同体和成员国的规范性法令的认可和执行。

　　随着经济一体化各个阶段的发展，这些问题变得更为突出。即使在共
同体和成员国法律之间不存在组织良好、管理完善的关系，自由贸易区仍
然可以存在，但如果不关注关系问题，关税联盟、共同市场以及经济联盟
就不可能有效运行。这是因为随着一体化在各个阶段的深入发展，法律体
系之间的互动随之深入。在非洲，采用实现大陆一体化的独特方法，使得
关系问题变得更为复杂。这种方法利用先前存在的各种地区性共同体作为
建造大陆范围内的经济共同体即非洲经济共同体（AEC）④ 的砖石。其他
的地区性共同体则通过采取在核心创始成员国外吸收新成员国的方式来扩
大其范围。

---

① 　Mulat（1998）.
② 　Kulusika（2000），p. 20；Salami（2008）；and Akinrinsola（2004）.
③ 　共同体法以条约规定、议定书、规则以及司法判决为表现形式。虽然共同体条约中的目标、
　　原则以及成员国的承诺本身不是法律，但它们会具有一定的法律后果。因此，和法律一样，
　　它们具有引导国家的行为的作用并具有一定的强制力。
④ 　Treaty Establishing the African Economic Community，3 June 1991，30 ILM. 1241（hereafter，
　　AEC Treaty）.

　　对关系问题进行强调意在说明，法律作为一种手段在建设经济一体化 9
过程中的重要性。应注意避免对经济一体化过程采用一种纯粹的经济或社
会政治的方法或分析，因为容易忽略这样一个重要的事实：跨境经济活动
的障碍不仅仅是经济的或社会－政治方面的，而且有时还有法律方面的。
国内及国际法限制着人员、货物、服务及资本的流通。这些限制可能是出
于经济和社会－政治方面的考虑，但它是通过法律手段实现此类限制的。
如果将法律视为一体化的手段，对这种经济一体化的理解就应立即把法律
置于一体化过程中的突出地位。正如斯卡托雷佩（Pescatore）所评论的：
"如果没有充分稳固的制度及法律框架，一体化的过程就不能真正一致、
稳定而持久。"① 因此，在经济一体化过程中，应对关系问题给予重视。
我们可以从多个视角来探讨法律在经济一体化中的作用。本书主要关注的
是法律及组织机构、立法程序、不同法律体系间的互动以及法律的贯彻和
执行。或许有人会认为法律不应该在经济一体化过程中发挥作用或发挥主
要作用，而应强调非正式的组织机构、合作、自愿遵守和政治家的善意，
来实现所约定的目标。② 这种观点既不是笔者赞成的，也不是本书所主
张的。

　　相反，本书所使用的关系框架实际上就是假设或创造一个高水平的法律
一体化，并对它充满预期。迈克尔·周尤英（Michael Ewing-Chow）曾指出：
"低水平的法制化……也许不是经济一体化工程的正常基础。"③ 目前，仅有
欧洲一体化进程实现了这种高水平的法律一体化。不过，只有在欧洲实现了
高水平法律一体化的事实，并不意味着非洲或其他地方不能取得这样的成
功。④ 但我们需谨记在心的是，欧洲当前存在的高水平的法律一体化并非一
蹴而就。它是开始于 20 世纪 50 年代一体化进程的结果，那时很多非洲国家
还处于殖民统治之下。本书所论述的非洲一体化进程起源较晚，可以追溯至
20 世纪 90 年代中后期。因此，我们不能期望今日的非洲能够具有欧洲经过
半个多世纪以来所取得的那种程度的法律一体化。但这不应该是我们失去信
心的理由，或争辩说只有欧洲才能这样做。本书认为，这种高水平的法律一

---

① Pescatore（1974），p. 2.

② Gathii（2009 – 2010）.

③ Ewing-Chow（2008），p. 237.

④ See generally Winters（1997）. 一些学者认为在东盟内部有更高程度的法制化，see Ewing-
Chow（2008）; and Davidon（2008）.

10　体化的存在是非洲经济一体化有效实施的必要的——但非充分的——条件。

　　本书中使用"有效性"（effectiveness）① 这一概念意在衡量共同体能够或将来能够在多大程度上实现其各自条约所明确设定的目标。从法律的视角来看，有效的共同体应该体现出下列特征：货物、服务、人员、资本、财产包括判决在经济一体化发展到相应阶段的共同体内自由流通；存在并发展出一套有意义的共同体法律体系包括司法判例，以规范一体化进程；共同体法律纳入成员国法律中；存在一个精心组织的法律框架以解决并管理经济一体化所产生的多重法律关系（如共同体－国家、国家间、共同体之间以及机构之间的关系）；存在有设计良好、授权充分、人员充足

11　的机构，以确保共同体法律得到适用；存在有精心起草的程序，以对违反共同体法律的行为进行监督和处理；成员国遵守共同体法律；以及存在关注共同体发展的群体，在国家和共同体层面将他们完全并入共同体的活动和运行中。这些有效性标准可以用来对共同体的总体或其个别政策做出评价。需要强调的是，实现这些标准的程度会有所不同。因此，此处分析的是一个过程而不是一个马上就能实现的阶段。换句话说，这些标准可以看作是一个序列的许多因素：共同体越有效，它就会越多地显现出这些标准的因素。

　　强调法律在非洲经济一体化过程中的作用，并非是贬低社会经济及政治因素在此过程中的重要性。事实上，经济一体化应牢固建立在一个地区的社会经济及政治现实的基础之上。这些现实能够并且经常会对经济一体化进程中法律的效能和运作产生影响。本书之所以对法律进行强调，只是为了对现有的大量文献提出质疑，这些文献认为非洲经济一体化的进展被社会－经济、政治、文化和基础设施问题所阻挠。本书并不否认这些问题的重要性，本书的目的是为了说明，即使所有这些问题都不存在了，许多法律问题如果没有解决的话，仍会阻碍非洲一体化进程的有效性。总之，本书关注的是经济一体化的一个非常具体的方面，本书无意——也不应该被解读为——试图为非洲经济一体化进程所面临的或可能面临的所有挑战提供一个全面的论述。

　　此外，在非洲存在许多地区性共同体（RECs），但本书仅关注非盟所认

---

① Ingram（1983）.

可的共同体中的四个,① 即东共体、② 东南非共同市场、③ 西共体、④ 南共
体⑤。所有这些地区性共同体都把非洲经济共同体（AEC）作为联盟组织。
这些地区性共同体在组织结构上并无本质区别，都有通过逐渐消除贸易关税
与非关税壁垒而在成员国间创建一个更大经济空间的共同目的。非洲经济
共同体目前是作为非盟的一个组成部门而运作的，它的最终形成取决于非洲所
有地区性共同体的最后合并。这些地区性共同体做出这样的选择是适当的，
从地理的角度来看，这些共同体覆盖了非洲的各个区域，包括中部非洲、东
部非洲、南部非洲、西部非洲和北部非洲。从数量上看，这些地区性共同体
的成员国包含了非洲 54 个国家中的 41 个。它们都积极参与非洲经济一体
化，在经济一体化的某些阶段都取得了一定的进展，虽然进展的幅度各不
相同。

第二节　关系问题和非洲一体化

在经济一体化过程中，关系问题普遍存在，它随着经济一体化经历的不
同阶段而变得日益突出。非洲人长期以来就致力于经济一体化。尽管非洲人
对一体化投入了很多政治热情，但他们似乎很少关注困扰非洲经济一体化进
程的关系问题，此类问题对一体化进程的影响以及如何解决此类问题。在许
多学者看来，非洲经济一体化过程几乎都回避面对重要的法律问题，这些法

---

① 本书研究没有包括的四个非洲地区性组织（阿拉伯马格里布联盟、萨赫勒－撒哈拉国家共
　同体、政府间发展组织和中非国家经济共同体）在经济一体化进程中进展缓慢。

② Treaty for the Establishment of the East African Community, 30 November 1999, 2144 UNTSI –
　37437（hereafter, EAC Treaty）. 东非共同体是原已终结的根据 1967《东非国家合作条约》成
　立的东非共同体的重新复活，6 June 1967, 6 ILM. 932。

③ Treaty Establishing the Common Market for Eastern and Southern Africa, 5 November 1993, 33
　ILM 1067（hereafter, COMESA Treaty）. 东部和南部非洲共同市场（简称 "东南非共同市
　场"）的成立可以追溯至 1982 年的《东南非国家建立优惠贸易区条约》，21 December
　1981, 21 ILM 479。

④ Evised Treaty Establishing the Economic Community of West African States, 24 July 1993, 35 ILM
　660,（1996）8 Afr. J. Int'l & Comp. L. 187（hereafter, ECOWAS Treaty）. 西非国家经济共同
　体（简称 "西共体"）的成立可以追溯至 1975 年的《西非国家经济共同体条约》，28 May
　1975, 1010 UNTSI – 14843；14 ILM 1200（hereafter, ECOWAS Treaty 1975）。

⑤ Treaty of the Southern African Development Community, 17 August 1992, 32 ILM 120（hereafter,
　SADC Treaty）. 南部非洲发展共同体（简称 "南共体"）的前身是 1980 年成立的南部非洲
　发展协调会议。1992 年 8 月 17 日，南部非洲发展协调会议成员国签署了有关建立南部非洲
　发展共同体的条约、宣言和裁定书。

13 律问题在经济一体化之前就已存在或与之相伴而生。一体化进程一直被认为纯粹的政治建构——对建立一个牢固的法律框架没有引起人们足够的重视。① 实际上，联合国非洲经济委员会最近发布的一份报告才指出，非洲一体化现有的法律框架"含糊不清"。②

或许，最能说明非洲经济一体化进程没有关注关系问题的事实，是国内法和共同体法律体系之间的脱节。这种脱节部分反映在没有必要的国内立法来实施非洲地区性经济共同体所做出的决策。它们看来还没有做好纳入共同体法律的准备。国家在共同体层面所承担的义务还没有转化为国内个人的权利和权益。当个人在成员国国内寻求从共同体法律中获得利益时，还面临着难以跨越的法律障碍。总之，在面对经济一体化所提出的要求时，国内法律制度似乎不敏感。

在国家之间和共同体之间的关系上，这一问题也十分明显。国家间判决的承认与执行、国际私法作为规范国家间关系的方式所扮演的角色等这些问题在共同体法律中并未引起足够的重视。总之，在成员国之间，就国际私法原则而言，判决和其他国家的法律并未享受任何优先地位。同样，也不存在一个完善的法律框架来规范非洲众多地区性经济共同体之间的关系。

此外，对非洲经济一体化进程与其他国际经济组织如世界贸易组织（WTO）的关系也缺乏应有的考虑。实际上，大部分区地区经济一体化的基础都包含在 WTO 法律中，特别是关贸总协定第 24 条或《对发展中国家的差别和更优惠待遇、互惠及更充分参与的决定》。地区经济一体化进程需遵守 WTO 法律。因此，非洲经济一体化进程与 WTO 的关系，WTO 法在共同体法律和国内法律框架中的地位，如何调和非洲国家根据共同体法律和 WTO 法所承担的义务，以及解决 WTO 法、共同体法和国内法之间冲突的规则，都是需要考虑的重要问题。然而，到目前为止，有关非洲经济一体化进程的著作中还没有明确提及并探讨这些问题。这些问题对保持世界贸易体系以及非洲经济一体化的稳定都非常重要。共同体法和国内法与 WTO 法之间的冲突可在 WTO 争议解决体制下得到解决。目前，有 42 个非洲国家是 WTO 的成员，许多非洲的地区性经济共同体业已通知 WTO。本书不会对非洲的地区性经济共同体与 WTO 的关系进行探讨，③ 但这一问题不仅仅是一

---

① Kufuor（1994）；Joerges（2002 - 2003）；and Joerges（1996）.
② United Nations Economic Commission for Africa（2006），p. 21.
③ Ng'ong'Ola（1999）；Kessie（1999）；and Mutai（2007）.

个学术问题。

在这样的背景下，本书将研究大量问题，包括在非洲经济一体化过程中 14
关系问题的突出程度如何；现有的共同体法律及判例是如何解决这些问题
的；国内法律是否关注了这些问题，特别是从国内宪法和法理的角度；共同
体及国家解决这些问题的方式是如何影响或强化经济一体化进程的有效性
的；在解决这些问题时国际公法和国际私法原则能够做出什么贡献；在非洲
经济一体化过程中对这些问题的关注或关注的缺失是如何影响其有效性的。
值得注意的是，尽管关系问题对非洲经济一体化的有效发展非常重要，但人
们对这些问题没有给予或只给予了很少的关注。确实，有关非洲经济一体化
进程中的法律问题的论文还乏善可陈。对一些权威的非洲期刊稍作浏览就能
发现这一点。这方面的专著同样屈指可数。非洲以外的其他地区性经济共同
体也遇到过关系问题，并通过不同方式对它们做出处理。对于本书来说，从
非洲以外的地区性经济共同体获得的知识是一个非常有用的比较资源。

第三节　所选择的地区性经济共同体概述

非洲有许多令人眼花缭乱的经济一体化组织。每个地理区域都平均有三
到四个此类组织，每个组织都致力于促进经济一体化。在西部非洲，有西共
体与西非经济与货币联盟（UEMOA）、马诺河联盟（MRU）、萨赫勒－撒哈
拉国家共同体（CENSAD）。在中部非洲，有中非国家经济共同体
（ECCAS）和中非国家经济与货币共同体（CEMAC）、大湖区国家经济共同
体（CEPGL）。在南部非洲，有南共体、南部非洲关税联盟（SACU）、印度
洋委员会（IOC）与东南非共同市场，其中东南非共同市场还覆盖了东部非
洲以及北部和中部非洲的部分国家。此外，在东部非洲还有东共体和政府间
发展组织（IGAD）。北部非洲有阿拉伯马格里布联盟（AMU/UMA）。联合
国非洲经济委员会统计非洲共有 14 个此类组织，并指出由于机构和议定书
的扩展，在非盟的 53 个国家（非盟现有 55 个会员国——译者注）中，有
26 个国家参加了 14 个政府间组织中的 2 个，有 20 个国家参加了这 14 个组
织中的 3 个，还有一个国家参加了 4 个此类组织。① 表 1 是非洲联盟所认可
的 8 个地区性经济共同体的成员国以及加入 WTO 的成员。

---

① United Nations Economic Commission for Africa（2006），p. X.

15 **表1　非洲联盟认可的地区性经济共同体及其成员国**

国家	西共体	东非共同体	东南非共同市场	南共体	政府间发展组织	阿拉伯马格里布联盟	中非国家经济共同体	萨赫勒-撒哈拉国家共同体	非洲经济共同体/非盟	世界贸易组织
阿尔及利亚						X			X	
安哥拉							X		X	X
贝宁	X							X	X	X
博茨瓦纳									X	X
布基纳法索	X							X	X	X
布隆迪		X	X	X			X		X	
喀麦隆							X		X	X
佛得角	X								X	X
中非共和国							X	X	X	X
乍得							X	X	X	X
科摩罗			X	X					X	
刚果							X		X	X
刚果民主共和国	X		X	X			X		X	X
科特迪瓦									X	X
吉布提			X		X			X	X	X
埃及			X			X		X	X	X
赤道几内亚							X		X	
厄立特里亚			X					X	X	
埃塞俄比亚			X		X				X	
加蓬							X		X	X
冈比亚	X							X	X	X
加纳	X								X	X
几内亚	X								X	X
几内亚比绍	X								X	X
肯尼亚		X	X		X				X	X
莱索托				X					X	X
利比里亚	X								X	
利比亚			X			X		X	X	
马达加斯加			X	X					X	X

续表 16

国家	西共体	东非共同体	东南非共同市场	南共体	政府间发展组织	阿拉伯马格里布联盟	中非国家经济共同体	萨赫勒-撒哈拉国家共同体	非洲经济共同体/非盟	世界贸易组织
马拉维			X	X					X	X
马里	X							X	X	X
毛里塔尼亚						X			X	X
毛里求斯			X	X					X	X
摩洛哥						X		X	X	X
莫桑比克				X					X	X
纳米比亚				X					X	X
尼日尔	X							X	X	X
尼日利亚	X							X	X	X
卢旺达		X	X				X		X	X
圣多美与普林西比共和国							X		X	
塞内加尔	X							X	X	X
塞舌尔			X						X	
塞拉利昂	X								X	X
索马里					X			X	X	
南非			X						X	X
苏丹			X		X			X	X	X
斯威士兰			X	X					X	X
坦桑尼亚		X		X					X	X
多哥	X							X	X	X
突尼斯						X		X	X	X
乌干达		X	X		X				X	X
赞比亚			X	X					X	X
津巴布韦			X	X					X	X
总计	15	5	19	14	6	6	11	18	53	42

一 非洲经济共同体

17

在非洲，要求在大陆层面进行经济一体化的历史可以追溯至 1963 年非洲统一组织（现在的非盟）的建立。[①] 非洲统一组织的一个目的就是通过协调和加强成员国国家间的合作，来提高人们的生活水平。[②] 为此，该组织被授权对经济及其他领域的一般政策"进行协调和统一"。[③] 然而，该组织直到20世纪80年代才在促进经济一体化方面采取了一个重大的、大陆层面的举措。此前，通过了许多促进一体化的决议和宣言，许多地区性经济共同体开始涌现，实现了不同程度的一体化。[④] 非洲统一组织在1980年召开了特别峰会，通过了《拉各斯行动计划》（*the Lagos Plan of Action*），最终促成《建立非洲经济共同体条约》（AEC条约）的签署。该条约于1994年5月生效，它所构建的一个统一的经济区域涵盖了全部非洲。[⑤] 2002年非盟建立后，非洲经济共同体就成为其组成机构的一部分。[⑥]

非洲经济共同体的目标包括：促进非洲经济发展和非洲经济一体化以提高自给自足程度；促进内生及自给的经济发展；通过在现有及将来的经济共同体之间进行协调和统一，[⑦] 促进非洲经济共同体的逐步建立。[⑧] 为实现这些目的，非洲经济共同体被授权以确保：（1）国家政策特别是在农业、工业、交通、能源、自然资源、贸易、货币、财政、人力资源教育、文化和科技领域的政策的协调；（2）针对第三方国家采用共同的贸易政策；（3）建立和维持共同的对外关税制度；（4）创建共同市场；（5）逐步消除成员国

---

① Charter of the Organization of Africa Unity, 25 May 1963, 2 ILM 766 (hereafter, OAU Charter). 非洲统一组织已被非洲联盟（非盟）取代。See Constitutive Act of the African Union, 11 July 2000, (2005) 13 Afr. J. Int'l Comp. L. 25 (herafter, Constitutive Act). 对非盟组织结构、特点和工作的分析，详见 Magliveras and Naldi (2002); Udombana (2002 – 3b); Udombana (2002); Maluwa (2001); and Maluwa (2007)。

② OAU Charter, art. 2 (1) (b).

③ OAU Charter, art. 2 (2).

④ Kouassi (2007).

⑤ 截至2010年9月，有52个非洲国家签署了该条约，有49个国家予以批准。但是，与《东非共同体条约》不同，我还没发现有任何国家（尤其是普通法国家）通过国内立法的方式在国内实施《非洲经济共同体条约》。See generally Ajiomo and Adewale (1993).

⑥ AEC Treaty, art. 98. Constitutive Act, art. 33. 在本书中，除非《非盟宪章》中有相反的规定，本书援引的都是《非洲经济共同体条约》所规定的机构组成，以保持一致和清晰。see Jackson (2003a) p. 140.

⑦ 非洲经济共同体（the AEC）既指现有的组织（is），也指其未来的最终机构（to be）。显然，读者可能会感到迷惑。在本书中，"AEC"（非洲经济共同体）被用来指称它的现有组织形式，无论其发展阶段如何，而在提及非洲经济共同体的最终阶段时，将使用其全称形式"the African Economic Community"。

⑧ AEC Treaty, art. 4.

之间影响人员、货物、服务、资本自由流通的障碍；以及（6）居留权和开业权。①

非洲经济共同体条约规定经过六个阶段在 34 年内逐步建立非洲经济共同体。② 这一过程将在 2028 年结束。第一个阶段涉及"强化现有的地区性经济共同体"。③ 第二个阶段的任务是在地区性经济共同体层面实现关税和非关税壁垒、对外关税和国内税收的稳定化，以及在次地区和大陆层面行业领域一体化的加强。第三个阶段计划在每个地区性经济共同体层面建立自由贸易区与关税联盟。第四个阶段关注的是地区性共同体之间关税和非关税制度的协调和统一，旨在建立大陆层面的对外关税同盟。第五个阶段要求通过采纳共同的政策、协调财政、金融、货币政策以及适用人员自由流通的原则和对居留权和开业权的保障，建立非洲共体市场。最后，第六阶段则特别强调：强化非洲共同市场；实现货物、人员、资本、服务的自由流通；社会、经济、政治、文化领域实现一体化；建立单一内部市场；泛非经济与货币联盟；泛非的议会；④ 以及单一的非洲货币。⑤ 需要指出的是，这些阶段遵循了巴拉萨提出的有关经济一体化的模式。

非洲经济共同体条约一体化框架的一个显著特征，是把非洲各国地区性经济共同体作为建造非洲经济共同体大厦的砖石。由于有超过 50 多个成员国，这一方法确保在共同体的起始发展阶段阶段有一定程度的可控性。如前所述，非洲有 14 个以上的处于不同发展阶段的地区性经济共同体。这些共同体有各自的机构、成员、目的以及法律人格。还有些国家是一个以上的共同体的成员，这也很常见。本书认为，从关系的视角来看，这会对非洲经济

---

① AEC Treaty, art. 4（2）.

② AEC Treaty, art. 6（1）. 下面是非洲经济共同体发展的时间表：1. 在还没有地区性组织的地区成立地区性组成（在 1999 年完成）；2. 加强地区性共同体之间的融合和协调化（将在 2007 年完成）；3. 在每一个地区性组织内成立自由贸易区和关税同盟（在 2017 年完成）；4. 成立大陆范围内的关税同盟（在 2019 年完成）；5. 建立大陆范围内的非洲共同体市场（2023 年完成）；6. 建立大陆范围内的经济和货币联盟以及泛非议会（在 2028 年完成）；7. 最迟在 2034 年完成所有过渡阶段。United Nations Economic Commission for Africa（2008）p. 28.

③ AEC Treaty, art. 6（2）.

④ Protocol to the Treaty Establishing the African Economic Community relating to the Pan – African Parliament, 2 March 2001,（2005）13 Afr. J. Int'l & Comp. L. 86（hereafter, Protocol of Pan – African Parliament）. 泛非议会已在 2003 年成立。

⑤ AEC Treaty, art. 6.

共同体的成功带来显著的法律挑战。①

非洲经济共同体的主要机构包括：国家元首和政府首脑大会（简称元首大会）、部长理事会、泛非议会、经济与社会委员会、司法法院、总秘书处以及专门的技术委员会。② 国家元首和政府首脑大会是共同体的最高机构，③ 负责实施共同体的目标，④ 即决定共同体的总体政策和主要指导原则；发布指令；协调成员国之间的经济、科技、技术、文化和社会政策；采取任何可以实现共同体目标的行动；监督共同体部门的运作和目标的实现；批准秘书处的组织结构；选举秘书长和副秘书长，任命财政长官、会计师、外部审计员；通过秘书处的职员规则及条例；对涉及地区性共同体的事项做出决定并发布指令，以确保共同体目标的实现；批准共同体的活动规划和预算并确定每个成员国的年费数额；在确定成员国或共同体的机构没有履行其义务、越权行事或滥用根据非洲经济共同体条约或大会的决定或部长理事会的条例所授予的权力时，将此事项提交给司法法院；以及要求司法法院就任何法律问题发布咨询意见。⑤

部长理事会负责共同体的运行和发展，⑥ 即就旨在实现共同体目标的任何行为向大会提供建议，指导下属机构的活动，就共同体的活动规划和预算以及每一成员国应缴纳的年费向大会提出建议，向大会提出有关任免财政负责人、会计师、外部审计员的建议，要求司法法院就任何问题发布咨询意见，以及执行本条约所指定的其他职责并行使大会所授予的所有权力。⑦

泛非议会设立的目的是确保非洲人能全面地参与非洲大陆的经济发展与一体化。⑧《非洲经济共同体条约》生效后所通过的一项议定书规定了泛非议会的构成、功能、权力、机构。⑨ 目前该议会只有协商和咨询的权力。⑩每个成员国都由 5 名议员代表，并且其中必须至少一名是女性。目前，这些

---

① Kiplagat（1995 - 1996）；and Jackson（2003a），pp. 151 - 154.
② AEC Treaty，art. 7.
③ Ibid，art. 8（1）.
④ Ibid，art. 8（2）.
⑤ Ibid，art. 8（3）.
⑥ Ibid，art. 11（2）.
⑦ Ibid，art. 11（3）.
⑧ Ibid，art. 14.
⑨ Protocol of Pan-African Parliament.
⑩ Ibid，art. 2（3）（i）.

议员是由成员国各自的国家议会或其他议事机构选举或指定的。① 其最终目标是发展成一个具有完全立法权力的机构，成员由普选产生。②

经济与社会委员会由每一成员国负责经济发展、规划和一体化的部长组成。在必要时，他们可以得到其他部长的协助。非洲各个地区性经济组织的代表参加经济与社会委员会及其下属机构的会议。经济与社会委员会的职责包括：为非洲国家间、非洲与国际共同体之间的经济与社会领域的合作制订方案、政策和战略，并通过部长理事会向大会提出适当建议；协调、统一、监督、跟踪秘书处、各专门委员会和其他任何下属机构有关经济、社会、文化、科技等方面的活动；审查报告并通过部长理事会向大会提供建议，并确保它们的后续发展；通过部长理事会向大会提出建议，以协调并统一各个地区性经济共同体的活动；以及监督国际谈判活动的准备工作，评估谈判结果，并通过部长理事会向大会报告。

司法法院的组成和功能将在第六章作详细介绍。秘书长指导秘书处的活动，秘书长是其法定代表。秘书长行使下列职能：跟踪并确保大会决定的实施以及部长理事会通过的规章得到适用；推动共同体的方案和计划的实施；就共同体的活动规划及预算起草方案，在方案被大会批准后，确保方案得到实施；就共同体的活动向大会、部长理事会和经济与社会委员会的所有会议提交报告；筹备大会、部长理事会、经济与社会委员会及各专门委员会的会议，并做好服务工作；开展研究，以实现共同体的目标，并就如何增强共同体的职能及协调发展提出建议；以及招录共同体职员并任命特定岗位。③

弄清非洲经济共同体和非盟的关系十分重要。在其创立条约中，非洲经济共同体被描述为非洲统一组织的"一个组成部分"。④ 作为非洲统一组织的一个组成部分，非洲经济共同体是一个独特的机构，其目标是促进经济一体化。非洲经济共同体预算是与非洲统一组织相联系的。在理论上，非洲经济共同体可以拥有自己的机构，但实践上并不是这样，其机构的功能被非洲统一组织的下属机构所取代。确实，《非洲经济共同体条约》第 11 条第 1 款和第 15 条第 1 款明确规定，（非洲经济共同体）的部长理事会和经济与

---

① Protocol of Pan-African Parliament, art. 4 and 5.

② Ibid, art. 2 (3).

③ AEC Treaty, art. 22.

④ AEC Treaty, preamble; arts. 1 (c); 82 (1); 98 (1); and 99.

22　社会委员会应分别是非洲统一组织的部长理事会和经济与社会委员会。[①] 非盟的成员国与非洲经济共同体的成员国并不是完全一致的，在非盟的 55 个成员国中，有 49 个批准了《非洲经济共同体条约》。[②]

非洲统一组织宪章已被非盟宪法法案所取代。在宪法法案中，成员国确认了它们实现非洲经济共同体条约的目标的义务，并承诺努力促进非洲经济共同体的建立。宪法法案没有试图澄清非盟和非洲经济共同体的关系。宪法法案中唯一直接涉及非洲经济共同体的规定是第 33 条第 2 款。该款规定："本法案的规定优先适用，并取代非洲经济共同体条约中任何不一致的或相反的规定。"毫无疑问，非洲经济共同体仍然是非盟的一个组成部分。非洲经济共同体"现已成为非盟的经济翅膀"，[③] 相应地，非洲经济共同体的机构已被非盟的附属机构所取代。[④] 不过，本书将会提到根据《非洲经济共同体条约》设立的机构，除非存在明确不一致的地方，在此情况下，非盟宪法法案的规定将优先适用。

二　西非国家经济共同体

目前，西共体是根据修订后的《西共体条约》运行的。西共体有 15 个成员国：贝宁、布基纳法索、佛得角、科特迪瓦、冈比亚、加纳、几内亚、几内亚比绍、利比里亚、马里、尼日尔、尼日利亚、塞内加尔、塞拉利昂、多哥。《西共体条约》在 1975 年 6 月生效，西共体随之产生。

《西共体条约》第 3 条规定，西共体的目标是促进合作与一体化、领导设立西非国家经济联盟以提高人民的生活水平，维持和促进经济稳定，加强

23　成员国间的关系并为非洲大陆的进步和发展做出贡献。为了达到这些目标，该条约第 3 条第 2 款规定，西共体应确保：对国家政策进行协调和统一，促进一体化方案、项目和行动，特别是在食品、农业、自然资源、工业、交通、通信、能源、贸易、资本、财政、税务、经济改革政策、人力资源、教育、信息、文化、自然、科技、服务、卫生、旅游、法律等领域；通过在经

---

① See also article 21 (1)，该条规定秘书应是非洲统一组织的秘书长。

② 吉布提、厄立特里亚、马达加斯加和索马里还没有批准该条约。

③ Kouassi (2007)，p. 6.

④ 非盟的机构包括：非盟大会、行政理事会、泛非议会、法院、委员会、永久代表委员会、专门技术委员会、社会与文化委员会、财政机构。

济、财政、社会及文化领域采取共同政策以建立共同市场及经济联盟，并成立货币联盟。

西共体的主要机构有：国家元首和政府首脑大会，部长理事会，共同体议会，经济与社会委员会，共同体司法法院，执行秘书处，合作、赔偿和发展基金，以及专门技术委员会。①

三 东南非共同市场

《东南非共同市场条约》在 1994 年生效。它目前有 19 个成员国：布隆迪、科摩罗、刚果民主共和国、吉布提、埃及、厄尔特里亚、埃塞俄比亚、肯尼亚、利比亚、马达加斯加、马拉维、毛里求斯、卢旺达、塞舌尔、苏丹、斯威士兰、乌干达、赞比亚、津巴布韦。1982 年《东南非国家优惠贸易区条约》签署后，东南非共同市场就开始存在。②

根据《东南非共同市场条约》第 3 条，该组织的目标和宗旨如下：通过促进产品和市场机构更为平衡和协调发展，来实现成员国的可持续的进步和发展；推动所有经济活动领域的共同发展；通过采取共同的宏观政策和方案，来提高成员国人民的生活水平以及加强成员国间更为紧密的关系；为创建一个有利于外国、跨境和国内投资的环境而进行合作，包括共同促进研究，采纳促进发展的科技；通过合作来促进成员国之间的和平、安全和稳定，以推动本地区的经济发展；通过合作以加强东南非共同市场与世界上其他组织的关系，以及在国际场合采纳共同的立场；致力于非洲经济共同体的建立、发展以及其目标的实现。为实现上述目标，在贸易自由化领域，成员国一致同意建立一个关税联盟，取消所有成员国之间的非关税贸易壁垒，设立共同的对外关税，并在海关程序和活动领域展开合作。2009 年东南非共同市场关税同盟成立。该组织还计划成立一个共同市场，并在 2025 年年底建立一个货币联盟。

东南非共同市场的主要的机构有：国家元首和政府首脑大会、部长理事会、司法法院、中央银行行长委员会、政府间委员会、秘书处、专业技术委员会以及协商委员会。

24

---

① ECOWAS Treaty, art. 6 (1).

② Gondwe (1998).

四 东非共同体

《东非共同体条约》① 在 2001 年生效，建立了一个由肯尼亚、乌干达和坦桑尼亚组成的共同体。2008 年共同体成员国增加了布隆迪、卢旺达两国。② 东共体的历史可以追溯至殖民时期。③ 目前的东共体是根据 1967 年《关于东部非洲合作条约》建立的东非共同体的复兴。

《东非共同体条约》第 5 条规定，共同体的目标是在政治、经济、社会、文化、研究、科技、国防、安全、立法和司法等领域，为了成员国之间的共同利益，制订旨在扩大和深化合作的政策和方案。为了实现这些目标，成员国承诺建立一个关税同盟、共同市场、货币同盟，并最终成立一个政治联邦。2010 年 10 月，东共体共同市场成立，这是实现非洲经济一体化的重要一步。在此 5 年前东共体关税同盟成立。

25　　东共体相对较快的发展步伐可归功于许多因素，包括东共体的规模、创始成员国有相对稳定和民主的政治机构、成员国之间自殖民时期和旧的东非共同体时期就存在稳固的联系。

东共体的主要机构有国家元首和政府首脑大会、部长理事会、协调委员会、部门委员会、东非司法法院、东非立法大会和秘书处。

五 南部非洲发展共同体

《南部非洲发展共同体条约》（以下简称《南共体条约》）于 1992 年生效，建立了一个由安哥拉、博茨瓦纳、刚果民主共和国、莱索托、马达加斯加、马拉维、毛里求斯、莫桑比克、纳米比亚、塞舌尔、南非、斯威士兰、坦桑尼亚、津巴布韦组成的共同体。南共体最早是作为南部非洲国家发展协调会议（SADCC）出现的，该会议成立于 1980 年，其主要目标是促进成员国的经济发展，减少对南非的依赖。1992 年 8 月，随着南共体条约的签署，南部非洲发展协调会议更名为南部非洲发展共同体。

根据《南共体条约》第 5 条，南共体的目标包括：促进可持续的、公平的经济增长和社会经济发展，以确保减轻贫困，并最终消除贫困；提高南

---

① Kaahawa（1999）；and Fitzke（1999）.
② 2016 年 4 月 15 日，南苏丹正式加入东共体，成为该组织的第六个成员国。——译者注
③ di Delupis（1970），pp. 19 - 50；Franck（1964）；Sebalu（1972）；and Bentil（1969）.

部非洲人民的生活标准和质量，通过地区一体化支持社会弱势群体；通过民主、有效、合法的制度来推进共同的政治价值、制度和其他共同价值；巩固、捍卫和维护民主、和平、安全以及稳定；在集体自力更生和成员国相互扶持的基础上，促进自我可持续发展；实现国家和地区战略和方案的互补；促进生产就业和本地区资源的最大化利用；实现对自然资源的可持续利用以及对环境的有效保护；加强并巩固长期的历史、社会和文化联系以及本地区人民之间的交流。这些目标宏大，意义深远。

虽然《南共体条约》在其目标中没有明确提及经济一体化，不过重要的是，该条约第 1 条将"共同体"——南共体——界定为"根据本条约第 2 条设立的经济一体化组织"。实际上，在该条约的序言部分，成员国一致同意要调动各种资源在经济一体化的框架内促进国内、国家间和本地区政策、方案以及项目的实施。据此，南共体在 2008 年成为一个自由贸易区，并计划在 2010 年成立一个关税同盟。

《南共体条约》第 9 条规定的该组织的主要机构有：国家元首和政府首脑大会，政治、国防与安全机构，部长理事，联合部长理事会，官员常设委员会，常设秘书处，法庭，以及南共体国家委员会。

第四节　非洲经济一体化的社会经济背景

只有了解了非洲经济一体化的社会经济和政治背景，才能更好地理解关系问题。社会经济和政治因素为非洲经济一体化提供了理由，但有时也影响了一体化的进程和有效性。本书所讨论的非洲各类地区性经济共同体主要由撒哈拉以南国家组成，但东南非共同市场是个例外。东南非共同市场的成员国是一些地理上十分相近的国家。从另一方面来看，地理因素对非洲经济一体化十分重要：许多非洲国家都是内陆国，它们要依赖具有海岸线的邻国来从事出口和进口交易。这产生了一种相互依赖的自然联系。[1] 地理上的相近性还通常与共同的殖民经历结合在一起，例如东共体的所有创始成员国——肯尼亚、坦桑尼亚、乌干达——都曾是英国的殖民地。这种与前殖民政权的联系可能成为非洲经济一体化进程的一个有利条件。[2]

---

[1]　Ndulu（2006）.

[2]　Amuwo（1999）.

从法律的角度来看，这种殖民历史往往为这些国家提供共同的法律基础，这可以成为对经济一体化的重要补充。共同体的很多成员国与英国、法国或者比利时、葡萄牙、德国、荷兰有殖民联系，而遵循了普通法、罗马－荷兰法、大陆法传统。这些殖民遗产可以有效地应对经济一体化过程中的一些困难，如法律的协调。无可否认的是，殖民法律遗产有时亦会限制经济一体化。当共同体为一些国家提供了共同的法律制度时，也意味着共同体中还有些国家坚持不同的法律传统，并具有不同的实体法。确实，在同一个共同体中，成员国的实体法可能存在很大差异，这会增加跨境交易的交易成本。

各国地区性经济共同体在其各自区域内都有促进贸易和经济发展的共同愿景。这种愿景可以通过经济一体化的不同阶段实现。迄今，这种进展还比较缓慢，特别是对于东南非共同市场和西共体而言，它们都已运行数十年了。如前所述，东南非共同市场2009年成为一个关税同盟。西共体正接近建立一个关税联盟，而东共体也已经是一个关税联盟了。这些共同体接下来的举措是建立共同市场。实际上，东共体目前正就共同市场议定书进行谈判。这些共同体所取得的缓慢进展是由许多因素造成的，包括它们的规模、内部的政治冲突以及成员国的多重义务，这些多重义务有时会导致法律上难以调和的义务。例如，东南非共同市场成员国之间实现关税同盟的进程推迟了，因为有些成员国还是东共体和南共体关税同盟的成员国。

无须对共同体大部分成员国的经济状况大书特书。[①] 有些国家如莱索托、斯威士兰、冈比亚，由于实在太小了，有时很难作为独立经济体生存下来。当然，一些小国如卢森堡和列支敦士登的经验表明，国家大小并不必然是经济发展的障碍。不过，在非洲还没有出现这样的情况。实际上，莱索托与斯威士兰的经济发展得益于它们根据南部非洲关税同盟与南非形成了紧密、长期的经济一体化安排。非洲内部的贸易发展水平其实是较低的。[②] 这不是因为对各自的出口不存在互惠的市场，而是因为大量贸易壁垒的存在。它们包括政府不愿将宏观经济政策制定权转让给共同体、对关税损失的担心、落后的基础设施、烦琐的海关程序、政治不稳定以及货币无法兑换。[③] 最近的研究表明，地区一体化促进了非洲国家间贸易的快速增长。实际上，

---

① Bhattacharyya（2009）.
② Foroutan and Pritchett（1993）.
③ Geda and Kebret（2007）.

有关非洲内部贸易水平很低的说法需要谨慎对待。非洲官方国内贸易数据通常很难获取，未经记载的跨境贸易数据如果没有高于记载的贸易水平，估计也很高。[①]

政治稳定、民主治理、法治是一体化成功的关键性因素。许多非洲国家正致力于巩固经济领域的法治，并积极捍卫主权。许多共同体成员国深受不稳定的政治、不民主的体制、权力滥用之害。政治不稳定有时会导致地区冲突和频繁的不民主的政权更替，这已成为非洲地区性经济共同体发展的一个障碍。这些共同体不得不更多关注冲突的解决和预防，从而无法安心推动经济一体化。[②] 十多年来，西共体通过西共体监督小组努力解决利比里亚和塞拉利昂的冲突。刚果民主共和国的持续冲突也成为南部非洲地区一个烫手的山芋。辩证地讲，政治不稳定也为非洲一体化的发展提供了动力和契机。经济同盟国家间很难发生战争。同样，政治不稳定也表明致力于一体化进程的政府更乐于同意达成的共同政策，以免在发生政府更迭时，此类政策被新政府拒绝。1975 年《西共体条约》进行修订，以加强共同体的机构，部分是由于国内冲突的压力，这些国内冲突威胁到西共体成员国的统治精英，它们要求西共体对内部冲突进行有力干预。[③] 与此相似，出于对南非种族政权所带来的威胁的安全考虑，最终促成南部非洲发展协调会议即现在的南共体的成立。

除以上所述之外，还有其他可能对经济一体化带来挑战并影响其有效性的社会经济和政治因素，包括相关成员国间的缺乏互信、政治观念和政治体制的差异、经济发展水平缺乏同质性以及经济一体化的成果如何公平分配这一问题。 29

第五节 结论

本章对非洲经济一体化做一概述，分析了其性质，并对本书探讨的问题做了概括。经济一体化作为推动非洲经济发展的路径而被人们提倡。目前，非洲地区和大陆层面都在推动一体化进程，虽然这还面临着富有挑战性的社

---

① Foroutan and Pritchett (1993), p. 98.
② Breytenbach (2008).
③ Kufuor (2006).

会经济和政治环境。目标是地区性经济共同体在经历一体化的不同阶段后，最终合并成为大陆范围的共同体，即非洲经济共同体。现在，所有共同体都在发展，进步最快的是东共体，它现已发展成为共同市场。本书无意贬低社会－政治、文化、历史和其他因素的影响和重要性，本书的目的是将法律放置在有关非洲经济一体化讨论的前面。就此而言，需要特别指出的是，本书所分析的所有共同体都经历过某种程度的"法律转型"。在以前协议的基础上，这些共同体现在都有自己的组织条约和法律，它们创设了更多具有约束力的法律义务，并在共同体法律制度和成员国国内法律制度之间实现了更高程度的法律融合。这些条约和共同体法律所创设的义务的法律性质、将共同体法律纳入成员国法律体系中所产生的问题、国家之间以及与共同体之间的关系成为本书其他章节的主题。

第二章

调整关系问题的法律框架

第一节 引言

目前，国际社会正在目睹地区性经济共同体的扩张。它们已经成为一种组织国际贸易的主导模式。① 截至 2010 年 7 月，WTO 已经公布大约 474 个区域贸易协议。每个区域贸易协议的最终目标都是不同的。区域贸易协议可以创建自由贸易区、关税同盟、共同市场、经济同盟以及完全的经济一体化。无论地区性经济共同体处在哪个阶段，不可否认的是，经济一体化将会引起国家、法律体系以及制度相互作用，以实现共同的经济愿景。这创造了

---

① 本章参考了下列条约，有的还被多次引用。Consolidated Version of the Treaty on the Functioning of the European Union, 13 December 2007, ［2010］OJ C83/47（hereafter, EU Treaty）; Marrakesh Agreement Establishing the World Trade Organization, 15 April 1994, 1867 UNTS I - 31874, 33 ILM 1144（hereafter, WTO Agreement）; North American Free Trade Agreement between the United States of America, Canada and Mexico, 17 December 1992, 32 ILM 296（hereafter, NAFTA）; AEC Treaty; EAC Treaty; Treaty Establishing the Benelux Union, 3 February 1958, 381 UNTS 5471（as revised by the Treaty Revising the Treaty Establishing the Benelux Economic Union, 17 June 2008）（hereafter, Benelux Treaty）; Revised Treaty of Chaguaramas Establishing the Caribbean Community Including the CARICOM Single Market and Economy, 5 July 2001, 2259 UNTS I - 40269（hereafter, CARICOM Treaty）; Agreement on the European Economic Area, 17 March 1993, 1793 UNTS I - 31121（hereafter, EEA Agreement）; Treaty for the Establishment of a Common Market between the Argentine Republic, the Federative Republic of Brazil, the Republic of Paraguay and the Eastern Republic of Uruguay, 26 March 1991, 2140 UNTS I - 37341（hereafter, Asuncion Treaty）; Agreement on the Foundation of the EURASIAN Economic Community, 10 October 2000, 2212 UNTS I - 39321（hereafter, EURASIAN Agreement）; COMESA Treaty; ECOWAS Treaty; Southern African Customs Union Agreement, 21 October 2002, online: www. sacu. int/main. php? include = docs/legislation/2002-agreement/main. html（hereafter, SACUAgreement）; and SADC Treaty.

一个复杂的关系网，在这个关系网中，主体包括共同体、成员国、个人以及其他国际组织。因此，经济一体化进程中的根本挑战就是组织和管理所有这些主体之间的关系。就像在第一章中提到的，关系问题在经济一体化中是极为普遍的。这些问题在共同体中出现的程度、解决这些问题的方式以及解决此类问题的迫切性与达到或设想的一体化阶段有着直接联系。经济一体化的进程越深入，这些问题将会愈明显——从而解决这些问题的需要将会更为迫切。

　　本章认为，有效的经济一体化是在一个界限清楚的法律框架内，经过适当组织和管理的不同国家、法律体系、法律和制度之间的纵向、横向、纵横向关系的产物。换句话说，共同体具有有效性的必要条件就是在它自身与其他法律制度之间必须具有良好组织和管理的关系。通过有组织的关系，我指的是这样一种法律框架：它界定了共同体与国内法的关系；阐明了在成员国内实施共同体法律的方式；规定了共同体与成员国的各自权限；预设并提供了解决法律冲突（不同法律体系之间的冲突）、规范冲突（法律体系内的冲突）以及管辖权冲突的规则。这种法律框架的目标应确保共同体的整体有效性。关系问题的管理必须考虑到法律框架之外的因素。成员国之间的互信及和谐的政治共存，有关共同体法律和目标的教育，培育或扶持对一体化进程感兴趣的群体，有关共同体事项信息的获取、存在和自由流通以及要求合作的普遍意识，也都非常重要。如果不对民众开展共同体法律方面的教育，并且如果民众无法获取共同体法律方面的信息，即使成员国的法律规定允许个人援用共同体法律，此类法律规定也无法发挥作用。此外，成员国内一体化进程的支持者必须利用此类法律规定来捍卫自己的利益并推动一体化目标的实现。同样，如果在成员国法院和共同体法院之间不存在互信或合作，即使某一法律规定允许成员国法院将共同体法律的解释问题提交给共同体法院，这样的法律规定也将形同虚设。

　　本章采用比较的方法，探索世界上的共同体如何试图提供一个运用不同法律原则和机制来处理关系问题的法律框架。通常，这些原则和机制在国际公法和国际私法领域有它们自己的根基。它们也受到国内宪法的影响。笔者将它们定性为经济一体化的法律关系原则（relational principles of law）。本章对一些共同体使用的法律关系原则进行了识别和评估，这些关系原则被共同体用来为它们自己与成员国之间以及各成员国之间的关系提供法律框架。值得注意的是，欧盟已经采纳并完善了绝大部分关系原则，以加强经济一体化进程。然而，如果认为这些原则是欧盟的专属品或者它们仅仅被欧盟所利用，那就不对了。许多此类原则在国际公法和国际私法领域有它们自己的根基。所查明的此类关系原则的清单并非详尽无遗，本章认为它们已经成为经济共同体宪法构架的必要组成部分，特别是在经济一体化的各个阶段中，它们也势必会影响宪法构架的设计。不过，利用此类原则并不是确保共同体有效性的充分条件。本章考察了这些原则运行的社会背景，并指出此类原则经常影响一体化进程的有效性。

第二节　关系问题、国际公法和国际私法

数世纪以来，国家和国际组织之间、国家之间的关系都已被国际公法和国际私法所探讨。[①] 所有国际组织和国家，或者至少是一部分国际组织和国家，都期望它们的法律能够在其他国家具有效力并得到遵守。它们的期望通常受到限制，但国际法和国内法具有有限域外适用性的事实，通常不会影响这些国际组织和国家的法律的内部有效性，即这些国际组织和国家的法律制度在来源地的有效性。一个国家不能期望它的法律将会自动地或全部地在外国法院中适用。确实，在普通法中，外国税法、刑事法律及外国的其他公法不能在国内法院中适用，并且外国法的适用可以根据公共政策予以排除。另外，一个国家也不能期望外国法院会向该国的法院请求处理其法律的解释问题，或期望本国法律的地位高于法院地法。在普通法域，外国法被视为一个事实问题——当可能存在相反的解释时，法院有权选择更为可靠的解释，同时，在外国法不能被充分查明时，它会适用法院地法。从二元论者的角度来看，国际法，特别是条约法，不能要求直接成为国内法的一部分，更不用说优于国内法了。国内法院可以拒绝适用国际法或对国际法做出自己的不同解释。它们没有义务请求制订该法的国际组织或依该法建立起来的机构对该法的解释进行澄清。在国际法中，个人不能享有任何可直接执行的权利或承担直接强加的义务，除非国内法有专门的明确规定。换句话说，即使在国际层面可以为个人创设权利和义务，但这些权利和义务在国内层面上仍无法落实，除非它们被国内法所认可。类似地，根据外国法取得的权利能否在他国

33

---

① 对于利用国际私法来调整不同法律体系法律之间关系，详见 Boggiano（2000），pp. 79 - 94；Siehr（2004）；and Hay, Lando and Rotunda（1986）。

得到执行，要取决于该国的自由裁量权。总之，在许多国家，外国法和国际法不享有自主或特权地位。当然，这种状况会影响国际法和外国法在其他国家的有效性。

对于国际组织，国际法学家已经找到国际法在国内有效性的解决办法。在一元论学者眼里，他们认为国际法和国内法是一个法律体系的组成部分。在国际法与国内法关系的问题上，相较于二元论，一元论并非是主导学说；然而，即使在主张二元论的国家，也存在一些解释原则，比如推定一致（presumption of consistency），这有助于推动实现国际法在国内的有效性。国际法学家对不同的特别规范如国际习惯法和强行法规范赋予了不同的效力。在坚持纳入说（doctrine of incorporation）的国家，国际习惯法被视为自动构成国内法的一部分。强行法规范增强了国际法律义务的重要性的意识。进一步说，在国内法律体系内，存在一些方法通过直接或间接认可强行法的效力来推动强行法得到适当执行。① 在有关国际经济法以及区域经济一体化的分析中，国际习惯法常被人们忽视。主流观点认为国际经济法是以条约为基础的，这一观点在很大程度上是正确的。然而，如同扎莫拉（Zamora）所揭示的，国际习惯法在国际经济关系特别是政治领域中有着重要作用。② 实际上，它的一些基本规则如最惠国待遇原则是否已经明确构成国际习惯法规则，还存在争议。③

国际法学家也试图将一些国际组织提升至超国家地位，这样它的法律就可高于国内法或直接在国内法适用或生效。海伊（Hay）将超国家组织描述成这样的组织："既具有独立于其构成国家的地位，又具有高于这些构成国家的权力，在一定程度上意味着新的联邦体系的出现，这超越了传统的以国际组织形式进行的政府间合作。"④ 人们对超国家主义的标准并未达成共识。国际组织相对于成员国的独立性、多数票通过具有约束力的决定、国际组织法律对在成员国内的个人具有直接和约束性的效力、财政自主权、不能单方退出国际组织，甚至无须政府合作就能执行国际组织决议的权力，如利用国内法院、议会或其他成员国，以及主权权力向国际组织的让渡，以上这些都

---

① Orakhelashvili（2006），pp. 542 – 575.

② Zamora（1989）.

③ 国际法委员会正在研究最惠国待遇条款的含义和效力，特别是在投资领域的最惠国待遇条款。See International Law Commission（2007）.

④ Hay（1965），p. 733.

可以被认为是相关的考虑标准。① 对海伊来说，超国家主义的关键是意识到组织及其法律与成员国和国际共同体之间的关系。②

超国家主义并非国际组织的静态特征。它本质上是动态的。它与组织共同演化发展。它可能被限定在一个组织活动的特定区域内；换句话说，超国家主义和政府间主义在同一个组织有可能共存，但针对的是不同的问题或事项。相比较而言，超国家主义往往涉及超国家组织内成员国的主权。主权让渡得越多，组织的超国家性程度就越高。就像海伊所主张的，"除少数例外……主权让渡的标准与大量文献所提到的超国家主义的要素重合。因此，主权让渡的概念可能成为超国家主义这一政治描述性概念的法律分析性短语"。③

重要的是，最先显示出超国家主义特征的国际组织是经济共同体，即欧洲共同体（现称欧盟），其后是东非共同体。④ 确实，现已不存在的欧洲煤钢共同体在其创立条约中，给自己专门贴上"超国家"标签。⑤ 一些国际组织的行为并不会直接影响成员国的许多国内政策。与此相反，经济共同体的行为却能直接影响到成员国的国内政策。它们的有效性需要主权的让渡。欧盟和东非共同体是国际法的产物，它们都是由条约所创立的。⑥ 不过，有人已经认识到，考虑到它们与成员国法律的法定关系，需要构建一个完全不同于现有的国际组织和成员国之间的法律框架，以确保它们的有效性。鉴于其采纳的法律框架，特别是根据欧盟法院的判例所形成，欧盟已自成一格——它已不是传统上的国际组织。维勒（Weiler）在其有关这一主题的书中使用了"规范的超国家主义"（normative Supranationalism）这一概念来描述该法律框架。"规范的超国家主义非常关注共同体的政策和法律措施与成员国国内相应的政策和法律措施之间的关系和层级。"⑦ 他提出了这一概念的三个

---

① Hay (1965), pp. 736 – 738; Schermers (1972), pp. 19 – 21; Pescatore (1974), pp. 48 – 55.

② Hay (1965), p. 740.

③ Hay (1966), p. 69.

④ Schermers (1972), p. 21. 他将东非共同体和欧共体定性为在当时最具有超国家性质的组织。

⑤ Treaty Establishing the European Coal and Steel Community, 18 April 1951, 261 UNTS 140, art. 9 paras. 5 and 6 (hereafter, ECSC Treaty).

⑥ ECSC Treaty; Treaty Establishing the European Economic Community, 25 March 1957, 298 UNTS 11 (hereafter, Treaty of Rome); Treaty Establishing the European Atomic Energy Community, 25 March 1957, 298 UNTS 140; and Treaty for East African Cooperation, 6 June 1967, 6 ILM 932.

⑦ Weiler (1981), p. 271; and Weiler (1991).

关键要件或核心属性，即直接效力、地位至上和优先性。①

36

维勒关于规范超国家主义的分析非常重要。他对直接效力和地位至上原则进行了有益分析，对此下文将进行讨论。然而，为了提供一个更全面、更宽泛的法律框架，需要超越"法律手段"这一视野，要关注法律体系之间即共同体和成员国以及国际体系和地区体系之间的关系这一更为宏观的观念。成功的一体化所需要的法律框架不应当仅仅关注共同体和成员国之间的关系。为共同体内成员国之间的关系以及共同体与成员国外部的法律体系之间的关系提供一个法律框架，也同样重要。实际上，即使对于共同体和其成员国之间的关系，除直接效力、地位至上和优先性原则外，也存在其他一些重要的原则。

如上所述，调整一国法律在另一国家法律体系中的效力和地位的国际私法规则有时也会影响外国法的国内效力。为解决这一问题，同时为了确保有效的一体化这一目标，一些共同体如欧盟、南方共同市场（MERCOSUR）和美洲国家组织，已经将国际私法规则的改革作为它们议程的重要组成部分。这些改革为国际私法原则的超国家协调提供了途径。国际私法这门学科名不副实，它是国内法的一部分。在欧盟内部，对公共政策的含义进行了较为严格的限制——这个概念在传统的国际私法当中十分常见，被用来排除外国法的适用或拒绝承认外国的判决。② 当然，毫无限制地基于公共政策拒绝承认其他成员国的判决或拒绝适用它们的法律，会限制共同体内人员、服务和资本的自由流动。③ 此外，还存在相互认可这一原则，它和法律选择一样，决定着是否或在多大程度上给予其他成员国的法律在其领域内的效力。④ 再者，通过对特定事项采用确定和统一的法律选择规范，其他欧盟成员国的法律在另一成员国的国内适用的范围得到强化。

总之，一个调整共同体－成员国和国家间关系的有效法律框架可能不得不偏离一些传统的国际公法和国际私法原则。在创建旨在处理经济一体化过程中出现的横向、纵向及纵横向的关系问题的法律框架时，这一点应该谨记在心。

---

① Weiler（1981），pp. 273 - 279.
② Mills（2008）.
③ Fumagalli（2004），p. 176.
④ Fallon and Meeusen（2002）.

第三节 作为法律体系的经济共同体 37

一个经济共同体并非一个主权国家，但是它同主权国家有着一个共同特点，这一特点就其与成员国和其他组织实体之间的关系而言是很重要的，即它构建了一个具有立法和执行权力的法律体系（a legal system）。法律体系的概念是一个复杂的概念，[①] 但一般认为此类法律体系或法律秩序的存在需要四个要件：第一，必须存在行为规范。这些规则规定了法律系统内部的行为和活动。第二，必须存在这些规则得以适用或相关的明确实体。这些是法律体系的主体。法律体系对此类主体授予权利并施加义务。第三，必须存在法律渊源，人们可以从中识别组成法律体系一部分的那些规则。并非每一项规则都能在法律体系内要求一个正当的地位。在某一法律体系之外的规则，如国际法和其他国家的法律，与法律体系的内部的规则是区别对待的。第四，还存在一个遵守法律体系规则的义务要件。这项义务可通过公、私手段来强制实施。依赖这两种机制能够促进法律体系内规则的有效执行。仅仅依赖于公共机制如官方机构，并不会导致规则的有效执行，此外，个人发挥着重要作用。法律体系的主体必须普遍遵守其规则。然而，对规则的偶然违反并不必然否定整个法律体系的存在。在哈特（Hart）讨论法律制度的存在条件时，他得出了以下要件：存在一个首要义务规则以及改变、审判和承认的次级规则的集合；官方必须接受这一制度，即承认规则为官方行为提供了标准；以及根据体系的承认规则有效的规则得到普遍遵守。[②]

这些要件并没有详尽列举法律体系的实际组成部分。德沃金（Dworkin）巧妙地论证了法律体系运行过程中原则和政策的重要性。在他看来，对规则的过度强调不能充分地阐述法律体系。[③] 另外，遵守法律体系中的法律义务可能是因为主体认为遵守法律能给他带来好处，而不是因为法律的内在力量或依附于它的制裁。在许多情况下，合作和妥协而非强迫才是让人们遵守法律体系所施加的义务的更为有效的方式。[④] 这些都是需要重点考虑的，特别 38 是将法律体系的概念运用到由主权国家组成的公共机构如经济共同体时。就

---

① Raz（1970）；Harris（1979）.

② Hart（1994）.

③ Dworkin（1967-1968）.

④ Chayes and Chayes（1995）.

像德沃金就欧盟所做的评论那样，欧盟的一个突出特点是，"在很大程度上，它本质上是一个合作、协商的系统，而不是一个强制性秩序"。① 成员国恪守对共同体的义务，并且它们乐见共同体发挥作用，这两点至关重要，对共同体的法律遵守保证了共同体的成功。这在非洲已得到部分的印证。

尽管法学学者对法律体系的特征持不同意见，但是至少在法律实证主义者中，他们接近一致的看法是，法律体系的有效规范必须要有一个最终的、不受挑战的渊源。其他任何规范不得与来自这一渊源的规范相冲突，并且这一规范也不从属于任何规范，除非该渊源做出这样的命令。这样一来，这一渊源不仅非常重要，而且也必须存在一个非常明确的规则，以界定来自这一渊源的规则与该渊源以外的规则之间的关系。哈特提出的承认规则有利于确定法律体系系列规范中有效的规则。② 承认规则为法律体系中规范的有效性提供了标准。约翰·奥斯丁（John Austin）指出，一个法律体系必须拥有一个确定的统治者和"主权者"，他会向他的臣民发出命令。③ 汉斯·凯尔森（Hans Kelsen）也把法律体系设想成一系列的、依赖于基础规范的层级规范。基础规范是最终的权威渊源。④ 最终权威的存在不足以构成一个法律体系，然而，如果没有最终权威，法律体系也将不复存在。

对于经济共同体来说，就其权限范围内的事项，它应该是最终的、无可匹敌的法律渊源，这一事实非常重要。如果成员国行使为共同体保留的权限，或在解释和适用共同体法律时不一致，这就不利于共同体的发展。就像下面即将讨论的，一些关系原则，如共同体法律的至上性、解释的自治性和先行裁决程序，旨在确保共同体成为最终的、无可匹敌的法律渊源。以上关于法律体系的概念化分析，为理解经济共同体与成员国法律制度之间的关系提供了非常有用的视角。确实，一些学者已经将概念化分析运用到经济共同体和其他贸易体制的研究中。琼斯（Jones）认为哈特的法律体系理论提供了一个分析的模式和框架，它可以阐明、解释并支持欧盟法院有关存在一个自治的欧盟法律体系的主张。⑤ 在将经济共同体看作一个法律体系时，需要

39

---

① Dowrick（1983），p. 180.

② Hart（1994），pp. 94 – 95.

③ Austin（1995），pp. 212 – 213.

④ Kelsen（1991）.

⑤ Jones（1984）. See also Dowrick（1983）; Palmeter（2000）; Riesenfeld（1996-1997）; Weyland（2002）; and Starr（1977）.

心存谨慎。对法律体系的传统的概念化分析通常是从国家而不是国家结合而成的组织的角度做出的。凯尔森实际上仅设想了两种法律体系——广泛存在的国内法律体系和单一的国际法律体系。他没有将法律体系的概念扩展适用到国际组织中。无疑，一个源自若干个国家的法律体系必然不同于仅源自一个国家的法律体系。这会提出更为复杂的问题，即其主体是谁，它们之间的关系怎样。

总之，如同国家的法律体系，经济共同体也能制定规范。经济共同体的机构根据条约有制定法律并实施法律的最终权力。它的主体就是其法律所指向的成员国、机构和个人。共同体的创立条约——它的基础规范——通常对不遵守其法律的行为予以制裁。但是最重要的是成员国自觉遵守共同体法律。共同体采纳关系原则的目的就是为了增强它们制定法律和实施法律的权力。

第四节　经济一体化的关系原则和机制

如上所述，经济一体化的进程历经不同的阶段——自由贸易区、关税联盟、共同市场、经济联盟和完全的经济一体化。这些阶段并非一成不变，也并非必然按顺序发生。一个共同体表现的特征可能会跨越不同的阶段。关系原则在调整共同体和国家间关系的法律框架中的重要性和得以适用的程度，取决于一体化所达到的阶段。处于自由贸易区或关税联盟阶段的共同体适用的关系原则的数量不会很多，但对于共同市场或经济联盟，如果不利用一些 40 关系原则，可能就无法运行。这是因为一体化进程发展的阶段越高，共同体－国家和国家之间法律互动的层级和范围就会越深入；对调整这些互动的法律框架的需求也会更为迫切。本节考察了世界上一些共同体用以调整这些互动的关系原则，揭示了传统的国际公法和国际私法在处理共同体所面临的相关问题上的不足，并对每一关系原则为确保共同体－国家和国家间的关系能够增强共同体的有效性而做出的贡献进行了评估。

一　共同体自治是关系的基础

国际组织的自治是一个多层面的概念。它覆盖了各种不同的问题，包括它与成员国的分离性，它的机构、财政和人事的独立性，它控制其法律的制定、性质和效力的能力，以及它利用自己的法律人格行动的能力。和一些国际组织一样，一些经济共同体的自治性都在它们的创立条约中有规定。^① 此类条约可能赋予共同体独立的法律人格来强调它与成员国之间的分离性。^② 此类条约可能会规定共同体组织内专门机构的人员的中立性和独立性，也可能授予其司法机构以解释共同体法律的专有的、最终的管辖权。^③ 希林（Schilling）将这定性为"解释的自治性"，意指只有特定等级的法律机构才有权解释宪法性规则和法律规则。^④ 解释的自治性可以防止共同体外的机构来干涉共同体法律的制定和解释，减少共同体法律在解释和适用上所出现的不一致现象。^⑤

通常情况下，我们可以通过考察共同体的立法权、法律地位、共同体法律适用的模式和共同体争议解决机构的特征，来从共同体的创立条约中推断出它的自治性。人们很少能够从共同体的创立条约中找到这样的明确规定，即共同体构成一个自治的、独立的法律体系。^⑥ 实践中，共同体通常通过其机构和人员的重要工作来争取其自治性。就像斯彻尔摩斯（Schermers）曾经说过的，超国家主义有时会取决于"个人和个人群体的行为"。超国家主

41

---

① NAFTA，Art. 103（2）. See generally Sorensen（1983）.

② EU Treaty，art. 47；EAC Treaty，art. 138；Benelux Treaty，art. 95；CARICOM Treaty，art. 228；ECOWAS Treaty，art. 88；SACU Agreement，art. 4；and SADC Treaty，art. 3.

③ EU Treaty，art. 292；Benelux Treaty，art. 51（1）；Treaty Creating the Court of Justice of the Cartagena Agreement，28 May 1979，18 ILM 1203 as revised by the Protocol Modifying the Treaty Creating the Court of Justice of the Cartagena Agreement，28 May 1996，art. 42；Protocol of Tegucigalpa of Reforms to the Charter of the Organization of the Central American States，13 December 1991，art. 35；and Agreement on the Statute of the Central American Court of Justice，10 December 1992，1821 UNTS I – 31191；34 ILM 921，art. 25（hereafter，Statute of the Central American Court of Justice). 另一种不太绝对的排他性管辖权条款的形式是 WTO《关于争端解决规则和程序的谅解书》第 23 条所规定的。But in *US：Sections 301 – 310 of the Trade Act of 1974*（1999），WT/DS/152/R at para. 7. 43（Panel Report). 在该报告中，第 23 条第 1 款被认为是一个"排他性的争议解决条款"。

④ Schilling（1996），pp. 389 – 390. But see Benelux Treaty，art. 50. 该条规定在比荷卢经济联盟的成员国没有执行联盟仲裁庭做出的裁决或保全措施时，可向国际法院提起上诉。

⑤ Shany（2003），p. 182.

⑥ 欧盟的自治性是欧洲法院的产物。*Van Gend en Loos v. Nederlandse Administratie der Belastingen*，Case 26/62，［1963］ECR 1；*Flaminio Costa v. ENEL*，Case 6/64［1964］ECR. 585；*Yassin Abdullah Kadi and Al Barakaat International Foundation v. Council of the European Union and Commission of the European Communities*，Joined Cases C – 402/05 and C – 415/05，［2008］ECR I – 6351；and Barents（2003). 南方共同市场法院也确认了南方共同市场一体化法律的独立性。Piscitello and Schmidt（2007）；and Albarrancin（1998). Compare US：Sections 301 – 310 of the Trade Act of 1974（1999），WT/DS/152/R，para. 7. 72. 专家组指出："GATT/WTO 并没有创建一个主体既有缔约方或成员国也有其国民的新的法律秩序。"

义受到"公职人员和政府机构有关某一组织的观点和看法"的影响。"与该组织的宪法文本相比，公职人员和政府机构对该组织的态度在更大程度上决定着该组织的影响力。"① 共同体要想获得可持续发展，也必须获得共同体外部的力量支持。换句话说，获得一个自治的法律体系的地位总是要牵涉法律和政治争论，在这些争论中，个人发挥着重要作用。

　　自治性是任何旨在调整共同体–国家关系的法律框架的核心。共同体和其成员国之间的关系以及共同体和其他国际组织之间的关系，应建立在共同体的自治性基础之上。因此，欧盟法的基本原则是，欧盟与其他国际组织的外部关系不应当影响共同体法律秩序的自治性。② 自治性应当成为经济共同体超国家属性的一个关键方面。它为采纳和适用关系原则提供了根据，这些原则保证共同体法在与其他法律体系的法律之间关系中的有效性。例如，欧盟法院通过坚持共同体法律秩序的自治性，从而得出两条关键原则，即共同体法的有效性只能根据共同体法来判断，以及成员国的宪法不得损害共同体法的至上性。

　　总之，不管从实证角度还是理论角度来说，自治性是共同体法律体系创建和有效存在的必要条件。因此，一个以有效性为目标的经济共同体应当努力争取自治性。但它的法律体系不能自我封闭，不能隔绝于其成员国和国际共同体的法律体系之外。实际上，它们必须彼此互动。③ 共同体的根基在国际法中，它必须遵守国际法的要求。例如，某一共同体法院的法理的发展一般不应当忽视其他国际法院或国际法发展的实践经验。④ 不过，共同体–国家关系及共同体和其他国际组织之间的关系，应当将促进共同体目标的实现作为它们最终的根本目标。

二　共同体法律的直接适用性

国际法要求条约当事方善意履行义务。⑤ 然而，在缺乏要求当事方在其

①　Schermers (1972)，p. 23.

②　Opinion 1/91，*Draft Agreement between the Community and the Countries of the European Free Trade Association relating to the Creation of the European Economic Area* [1991] ECR 1 – 06079；Opinion 1/00，*Proposed Agreement between the European Community and non – Member States on the Establishment of a European Common Aviation Area* [2002] ECR 1 – 03493. Eeckhout (2004)，pp. 206 – 209.

③　Hartley (2001)，p. 1；Bethlehem (1998).

④　*United States – Standard for Reformulated and Conventional Gasoline* (1996)，WT/DS2/AB/R at 17 (Appellate Body).

⑤　Vienna Convention on the Law of Treaties，23 May 1969，1155 UNTS 331，8 ILM 679，art. 26.

43 国内法律体系中给予条约以效力的明确条约规定（和强制性的实际命令）时，不存在必须将条约纳入国内法的一般义务。同时，在缺乏明确的条约规定时，国际法不能强迫国家允许个人利用国内法院以达到实施条约规定的目的。① 因此，对国际法学者来说，国际法的一个主要问题是，国际法如何在国内层面实施或如何成为国内法的一部分。支持二元论的国家的主张与一元论国家截然相反，这些国家认为对国际法进行转化（transformation）就是解决办法；国际法必须依据国内的宪法程序或措施才能在国内实施。这会产生许多难题：国家可能根本不实施国际法；或可能延迟实施；或可能只是部分实施。

国际或地区性的经济法律也不能超脱于上述原则和问题之外，即使根据其性质，它们必须在国内实施才能有效。就共同体法律而言，一些共同体已经通过利用直接适用原则（the principle of direct applicability）找到绕开这些难题的方法。② 它允许将共同体法律并入成员国的国内法律体系中，而不干涉成员国的国内实施程序或措施。对欧盟法院来说，直接适用性意味着共同体法律的生效是"不受任何并入国内法的措施的制约"。③ 这暗示直接适用性关注的是共同体法是如何进入成员国的法律体系内的；但它没有说明共同体法律并入成员国国内法律体系后，其效力如何。需要注意的是，直接适用性并不否认需要将共同体法在成员国内公之于众。通常，需要采取措施使成员国的民众了解共同体法律，但这些措施只是为了提高公众对共同体法律的认知，而不是将共同体法律转化为国内法。

在共同体－国家的关系中，直接适用性通过许多方式来强化共同体法。一个共同体可能由主张一元论和二元论的国家构成。对于此类共同体来说，直接适用性为将共同体法并入成员国法律体系提供了统一的平台或程序。共同体法在成员国内立即生效，不需要根据国内法而设置一些不同的前提条

44 件。通过利用直接适用性，可以避免对共同体法的延迟实施、拒绝实施及部分实施。直接适用性也保留着共同体法在成员国内的独特性。它避免了在国

---

① Murphy（2009），pp 96 - 109. 墨菲认为利用地区性法院的权利也有可能暗含在条约之中。

② EU Treaty，art. 288；and EEA Agreement，art. 7（a）. 但是也有人明确否认这些法律在成员国直接适用。See CARICOM Treaty，art. 240（1）；EURASIAN Agreement，art. 14；COMESA Treaty，art. 5（2）；ECOWAS Treaty，art. 5（2）；EAC Treaty，art. 8（2）；and SADC Treaty，art. 6（5）.

③ *Amsterdam Bulb* v. *Produktschap voor Siergewassen*，Case 50/76，[1976] ECR 137 at 146.

内实施国际法的二元论模式的消极后果，在二元论国家，国际法的实施要经过转化行为，如通过议会法案、议会决议或行政或立法文件。实施国际法的国会法案是国内法。除非有明确规定，法案在国内法中并不享有特权地位。相应地，此类法案要遵守有关法律层级的国内规则。法案和其他国内法律之间的冲突可以通过冲突规范规则如后法优于前法、特别法优于一般法或其他法定的解释的推定规则加以解决。这同样适用于通过议会决议或行政或立法文件实施国际法的情况。

利用法定解释的推定包括新法优于旧法的规则来解决共同体和国家法律之间的冲突，可能对纵向的共同体－国家关系是有害的。而直接适用性确保这种情况不会发生。这是因为即使在共同体法律和国内法律冲突的情况下，由于每一法律体系有不同的起源，或借用哈特的法律体系的理论，每一法律体系都要遵守不同的承认规则，利用后法优于前法的规则来解决此类冲突就是不恰当的。① 实际上，运用冲突规则来解决法律体系之间的冲突通常是不恰当的。② 再者，直接适用性原则通过保留共同体法的独特性，在共同体法律规定了先行裁决程序（preliminary reference procedure）的情况下，可以增加利用此类程序的可能性。由于共同体法律的独特性，涉及共同体法律的问题会变得更为明显。

三　共同体法律的直接效力

即使国际法成为国内法的一部分，如果个人无法援用国际法，或援用国际法要取决于一些前提条件以至于援用国际法如同水中捞月，这就会毫无意义。美国《乌拉圭回合协议法》第 102 条（c）项就是前一种例子。③ 根据该法第 101 条的规定，美国国会批准了乌拉圭回合协议，换句话说，国会使乌拉圭回合协议在美国具有法律的效力。然而，根据该法第 102 条（c）项的规定：

> 除美国国家外，任何人不得根据乌拉圭回合协议的任何规定或根据国会对该协议的批准享有任何诉因或抗辩，也不得在根据任何法律提起

45

---

① Paulson（1983）.

② Michaels and Pauwelyn（2011）; and Pauwelyn（2003）.

③ Uruguay Round Agreements Act, Pub. L. 103－465, 108 Stat. 4809, 19 USC 3501; North American Free Trade Agreement Implementation Act, sec. 102（c）; and Dunoff（2008）.

的任何诉讼中以美国的任何部门、机构或其他任何机构部门的任何作为或不作为提出质疑，理由是此类作为或不作为违反了乌拉圭回合协议。

加拿大的《世界贸易组织协议实施法》① 则揭示了后一种情况。该法第8条使世界贸易组织协议在加拿大国内具有法律效力。但根据该法第5条和第6条：

> 5. 未经加拿大总检察长的批准，任何人不得享有任何诉因或采取任何程序以实施或确定完全根据该法第一部分或根据第一部分做出的任何命令所主张的或产生的任何权利或义务；
>
> 6. 未经加拿大总检察长的批准，任何人不得享有任何诉因或采取任何程序以实施或确定完全根据世界贸易组织协议所主张或产生的任何权利或义务。

上述给予国际法即 WTO 法以法律效力的方式，如果适用于共同体法律，就可能导致共同体法律无效，或使其在不同成员国内具有"不同的力量"。一些共同体所采用的直接效力原则（the principle of direct effect）可以克服这一困境。② 还有人建议，在一些政治领导人对超国家的解决方案持保守态度的国家，这一原则可以作为深化或强化经济一体化的手段。③ 直接效力能够使个人在国内法院援用共同体法律。④ 它为个人在共同体层面创设了权利，而没有让这些权利的实施受制于不同国家所设定的前提条件。它允许国内法院将共同体法作为该法院裁决的一个独立的、直接的以及自治的依据。直接效力原则通过将国内法院和个人变成共同体法律的实施者，而将共同体法融入成员国的法律体系。由于直接效力原则，共同体的创立条约及根据该条约制定的法律不再仅仅是政府间协议，它们获得了对个人具有直接关

46

---

① World Trade Organization Agreement Implementation Act, SC 1994, cl. 47; *Pfizer Inc.* v. *Canada* (*T. D.*) [1999] 4 FC 441, (1999), 2 CPR (4th) 298; and North American Free Trade Agreement Implementation Act, SC 1993, cl. 44, sec. 6.

② *Van Gend en Loos* v. *Nederlandse Administratie der Belastingen*, Case 26/62, [1963] ECR 1, [1963] CMLR 105. 一些共同体的创立条约否认直接效力。See e. g. NAFTA, art. 2021; *US: Sections 301 – 310 of the Trade Act of 1974* (1999), WT/DS/152/R, para. 7. 72; and de Mestral and Winter (2004).

③ de Mestral and Winter (2004), p. 36.

④ Craig (1992); and Dashwood (1977).

系的法律地位；个人可以针对政府直接实施这些法律所授予的权利。

直接效力原则在欧盟法中得到最为明显的发展，但可以在其他国内找到类似的原则，如美国的"自执行条约"的概念，而且作为一种法律概念，它在国际公法中具有更深的历史根源。追溯到 19 世纪，一些国家就已授权国际组织做出直接约束成员国国内个人的决定，就如同国内机构所做出的决定那样。① 在关于但泽（Danzig）案的法院管辖权一案中，国际常设法院注意到"根据缔约方的意图，一个国际协议的目的，就是希望成员方能够采纳创设个人权利和义务并可被国内法院实施的确定的规则"。②

直接适用性原则与直接效力原则不同。③ 直接适用性原则涉及国家实施共同体法的程序或方式。直接效力原则则涉及已经成为国内法律一部分的共同体法律所创设的权利的可执行性。因此，尽管所有直接有效的法律都是国内法律的一部分，但并非所有可直接适用的法律都直接有效；确实，并非所有的法律都能实施，这有点陈词滥调。一项可直接适用的法律可能含义模糊、有歧义、附条件或者针对的特定群体或问题，这导致不能据此创设一项可以依法实施的权利。可以确定的是，这并不意味着这样的法律在国内是无用的。例如，它可能指引法院如何对另一国家的法律进行解释，或者成为政治动荡时期进行改革和革新的依据。

四　共同体法律的至上性

47

共同体 - 国家的关系不仅仅涉及共同体法律如何成为国内法的一部分以及共同体法律可否在国内法院得到执行这些问题。在提供法律框架以调整共同体 - 国家关系时，需要考虑的另一个同样重要的问题是，共同体法律和国内法律冲突的可能性。对于国际公法，国家通常依赖法定解释的一般规则如后法优于前法和特别法优于普通法，这些规则都取决于相冲突的法律的性质（例如议会法案与其附属立法）或宪法的规定，在发生冲突时，它们一般规定国际法是作为上位法还是下位法。国家使用不同的方法去解决这些冲突，但是并非所有的方法都有利于维持纵向的共同体 - 国家关系。确实如上所

---

① Jessup (1948), pp. 18 – 19.

② *Jurisdiction of the Courts of Danzig* (*Pecuniary Claims of Danzig Railway Officials who have Passed into the Polish Service, against the Polish Railways Administration*) PCIJ, Ser. B. , No. 15, 1928 at 12.

③ Winter (1972).

述，运用冲突规范规则来解决两种法律体系的法律之间的冲突并非总能尽如人意。在经济一体化背景下，在处理国内法和共同体法律之间的冲突时更是如此。

共同体法至上（supramacy）这一原则克服了对纵向共同体－国家关系的这一挑战：它提供了一个统一的、以共同体利益为导向的解决方法，以解决共同体法律和国内法律之间的冲突。这种至上性原则可能包含在共同体的创立条约之中。《东非共同体条约》第 8 条第 4 款明确规定："对于有关本条约实施的事项，共同体的部门、机构以及法律应当优先于类似的国内机构和法律。"① 共同体法院也可通过对条约做出目的论解释而确定至上性原则。② 至上性原则增强了共同体法的地位，并以这种方式避免了与国内法律规则之间的冲突而带来的不利影响。它肯定了共同体法律体系的自治性，确保了共同体法律不会被国内法律推翻，并且培育了连贯一致的共同体法律体系。

在一定程度上，至上性原则的运行如同国际私法中的法律选择规范；在出现法律冲突时，至上性原则指令选择共同体法律作为应适用的法律。然而，与国际私法不同的是，至上性原则的这种指令不接受任何例外和限制。国内法院不得以共同体法律违反了法院地的公共政策，或它是刑法或税法，而排除或拒绝适用共同体法律。至上性原则旨在通过超越传统的有关法院地法和准据法之间关系的国际私法原则来强化共同体法律。

至上性原则应当与共同体创立条约中要求成员国确保国内法服从共同体法律的那些规定区分开来。③ 在理论上，此类规定并不是冲突法解决的规定，它们可以被看作实施法律的规定。它们指望的是行政和立法部门而不是司法部门来采取行动。对此类规定的违反通常构成对国际义务的违反，这可以在国际层面而不是国内层面得到救济。至上性原则所要求的是，在国内法律与共同体法律不一致时，国内法院应优先考虑并适用共同体法律。

① See also Treaty on the Harmonization of Business Law in Africa, 1 November 1997, Official Journal of OHADA No. 4, p. 1, art. 10 (hercafter, OHADA Treaty); and NAFTA, art. 103 (2), on the supremacy of NAFTA over "other agreements".

② *Flaminio Costa v. ENEL*, Case 6/64, [1964] ECR 585. Alter also reports a decision of the Andean Community Tribunal which declared the supremacy of Andean community law. Alter (2008b), p. 50, fn. 29. See generally Alter (2001).

③ See, e. g. WTO Agreement, Art. XVI: 4.

五　先行裁决程序

法律适用通常需要对法律进行解释，随之而来的问题就是，谁应当成为某一特定法律的最终解释者。在一些国家，最高法院具有国家宪法解释权，下级法院在面临宪法的解释问题时，需将此问题提交给最高法院。国际法并未规定最终解释者：国内法院可以不受限制地对在国内实施的某一条约的用语的含义做出自己的解释；它无权实际上也没有资格（standing）将解释问题提交给国际法院；产生此类解释问题的国家也不能自己请求国际法院发布咨询意见。① 将这一情况扩展到共同体法律将表明：即使国内法院可以给予共同体法律以效力，但它们可以做出不同的解释。这会导致共同体法律不能在成员国内得到一致适用的情形。

先行裁决程序作为调整共同体－国家关系的法律框架的一部分，有助于克服这一挑战。一般而言，它是司法管理中的一种程序，这种程序允许下级法院就某一法律问题寻求上级法院的解释指导意见，以便做出与上级法院裁决一致的最终裁决。就经济一体化而言，此类程序将共同体法院和国内法院团结在一个一体化的司法裁决决策体系。换句话说，这种程序在共同体和国内法院之间创建了一个有机的或制度性的联系。通过这种程序，法律的一致含义得以融合到成员国中，并得到成员国国内法院的适用。这是一种确保共同体法律一致性和统一性的机制。

先行裁决程序的效力取决于它是否具有强制性、国内法院发现解释问题并将其提交的意愿、共同体法院影响国内法院做出提交的能力，以及共同体法院给出的解释能否约束共同体内的所有国内法院。在欧盟内部，欧盟法院的影响力主要是通过这种程序获得的。实际上，德·里什蒙（de Richemont）将这种程序描述为"共同体法律机制的基石"。② 欧盟法的许多基本原则如直接效力原则、至上原则、优先原则以及默示权力原则，都是国内法院利用先行裁决程序所产生的结果。最近，这一程序的重要性也已在安第斯共同体中得到证明。③ 因为这一程序涉及法院的管辖权，所以共同体法和国内法必

49

---

① Statute of the International Court of Justice, 26 June 1945, 59 Stat. 1055, arts. 34 and 65. 在1929年，劳特派特主张应授予国际常设法院审理国内法院提交的解释问题。Lauterpacht (1929), pp. 94 – 95.

② De Richment (1978), p. 6.

③ Helfer, Alter and Guerzovich (2009).

须对此做出明确规定。目前，许多经济共同体的创立条约都规定了这项程序。① 国内法院也必须在国内层面得到法定授权，以向共同体法院提交相关解释问题。②

50　　尽管人们对先行裁决程序的使用几乎达成了一致意见，但是在为什么使用此程序以及有效使用此程序的条件等问题上仍然存在争议。研究表明，影响此程序的使用及效力的几个因素包括：存在有赞成使用此程序的国内法官和鼓励使用该程序的国内行为者或利己主义的诉讼当事人；共同体法官们的工作和法哲学倾向；国内司法结构和法律传统的差异性；跨国经济活动水平；以及时效问题。③ 从这些研究中，可以看到一个不太明显的事实是，必须有大量的在成员国国内得到实施和适用的共同体实体法，这些法律可能会产生解释问题。如果共同体实体法数量较少，而成员国又没有实施此类法律——如同许多非洲地区经济共同体的情况那样——对先行裁决程序的使用可能就会微不足道。

还有另一种程序与先行裁决程序类似，以使共同体和国内法律体系之间的关系制度化，这种程序允许国内机构从共同体的机构包括共同体法院处就共同体法律寻求咨询意见。《北美自由贸易协议》第2020条规定了这样的程序。④ 该条规定的部分内容是：

> 如果在某一缔约方的国内司法或行政程序中产生了任一缔约方认为自己应该干预的有关本协议的解释或适用问题，或某一缔约方的国内法院或行政机关寻求该缔约方的意见，该缔约方应将此问题通知其他缔约方及秘书处。自由贸易委员会应努力尽快做出适当回应。法院或行政机关所在地的缔约方应将自由贸易委员会所同意的任何解释根据法院或行

---

① EU Treaty, art. 267; COMESA Treaty, art. 30; EAC Treaty, art. 34; CARICOM Treaty, art. 214; Treaty Concerning the Establishment and Statute of the Benelux Court of Justice, 31 March 1965, 924 UNTS 13176, art. 6; Treaty Creating the Court of Justice of the Cartegena Agreement, 28 May 1979, 18 ILM 1203, art. 28 – 31; and Agreement between the EFTA States on the Establishment of a Surveillance Authority and a Court of Justice, (1994) OJ L344/3, art. 34 (hereafter, EFTA Court Agreement).

② 在欧盟内部，条约第267条规定了这种程序，因为该条规定具有直接效力，有人建议一些成员国可以不用立法调整此类程序。See generally Broberg and Fenger (2010); and UK: Civil Procedure Rules, Pt 68 and Practice Direction 68.

③ Carrubba and Murrah (2005); and Helfer and Alter (2009).

④ See also Broberg and Fenger (2010), pp. 17 – 25. 布鲁博格和芬格分析了国内法院除了向欧洲法院提出先行裁决程序以外的其他可以从欧盟机构获得指导的方式。

政机构的规则提交给该法院或行政机构。

自由贸易委员会由缔约方内阁级别的代表或其指定的人员组成，其职责包括解决就有关本协议的解释或适用所产生的争议。[①] 截至目前，该程序尚未被使用，自由贸易委员会"所同意的解释"在成员国国内法院内具有何种法律地位，还存在不确定性。不过，这种解释可能仅仅具有说服性效力。

六 个人的参与和出庭资格

51

从历史上看，个人（包括自然人和法人）并非国际法的主体，只有国家才是。个人在国际法院没有出庭资格，也不能以个人身份参与国际决策程序。但这种情况正逐渐发生改变。个人现在也是国际法的潜在主体，他在国际法院有出庭资格，并且可以单独或集体地参与许多国际组织的决策程序。对旨在加强与成员国关系的共同体而言，个人是一个尤其重要的媒介。不容否认，如果共同体只是将成员国视为其唯一主体，此类共同体就不会必然关注将个人纳入其决策程序或活动中来。对于此类"政府间组织"，个人不能发挥直接的作用。而将个人视为其主体的共同体会提供途径鼓励和推动个人的参与。此类共同体通过不同的方式努力推动个人参与到它们的经济一体化进程当中。对于一个共同体的法律制度而言，这是十分重要的。法律制度的活力取决于它的合法性。只有法律制度的主体认为该法律制度是合法的，他才会自愿遵守这一法律。在经济一体化的语境中，参与确保了共同体法律体系的合法性。这也是一种共同体和国内法律体系彼此互动的手段。作为个人参与共同体立法进程的结果，共同体法律相应地可以成为成员国范围内法律变革的来源。共同体法院做出的成员国国内法律与共同体法律不一致的裁决，可能导致该成员国法律的改革、修正或废除。

国际组织很少使用由成员国的议会直接选举的成员组成的立法机构，或由成员国通过普选产生的成员组成的立法机构。不过，一些共同体开始逐渐地使用共同体议会，如欧洲议会和东非立法大会，以确保人们参与共同体的立法进程。欧洲议会和东非立法大会都有完全的立法权力，欧洲议会的成员是通过普选产生的。其他一些共同体议会，如西共体议会和泛非议会只能发

---

① NAFTA，art. 2001.

52　挥咨询的作用。欧盟内部最近刚签订了一定议定书，以鼓励成员国国内议会更多地参与欧盟的活动，并增强他们就欧盟立法草案表达自己观点的能力。① 成员国国内议会在共同体立法进程中的积极参与为个人影响共同体的活动提供了一种间接方式。

　　共同体越来越多地采用的更为直接的参与方式，是赋予个人在各自的共同体法院内的出庭资格。确实，许多共同体开始偏离在传统国际法中的立场，允许个人在共同体法院内直接针对成员国或共同体的机构提起诉讼。② 对于个人在共同体法院内的出庭资格所应具备的前提条件，以及可以针对何种措施提出异议，各个共同体立场迥异。一些共同体规定了无条件的、直接的个人出庭资格（如东非共同体法院），另一些共同体规定个人具有出庭资格，但须获得共同体法院的许可（如加勒比法院），还有一些共同体要求个人必须用尽当地救济才能在共同体法院内具有出庭资格。③

　　这些有关出庭资格的前提条件有时会给个人带来困难。但从共同体－国家关系来看，这可能非常重要。用尽当地救济规则可以说明这一点。这一国际程序法规则规定："应给予国家在其自己国内法律框架内对所声称的侵害给予救济的机会，然后才能在国际层面追究该国的国家责任。"④ 换言之，在采取国际救济途径之前，应先利用国内机制对所声称的侵害提供救济。在传统国际法中，用尽当地救济规则是国家可以利用的一种抗辩理由，它有助于支持并保护国家主权。⑤

53　　　在经济一体化进程中，用尽当地救济规则为共同体及其成员国之间建立了联系。这一规则对国内法院和共同体法院之间的管辖权互动进行调整。对于涉及共同体法律的案件，该规则允许国内法院在共同体法院做出最终决定前，可以捷足先登。用阿梅拉辛格（Amerasinghe）话来说，"国内法院行使

---

① Protocol on the role of National Parliaments in the European Union, 13 December 2007, ［2010］OJ C 83/203.

② COMESA Treaty, art. 26; EAC Treaty, art. 30; Agreement Establishing the Caribbean Court of Justice, 2001, online: www. caricom. org/jsp/secretariat/legal_ instruments/agreement_ ccj. pdf, art. XXIV (hereafter, Caribbean Court Agreement); and Statute of the Central American Court, art. 22 (g). For a comprehensive list of these courts, see Alter (2009), pp. 266 – 268.

③ See, e. g. COMESA Treaty, art. 26; and Protocol to the Southern African Development Community Tribunal and Rules Thereof, 7 August 2000, art. 15 (2), online: www. sadctribunal. org/docs/Protocol_ on_ Tribunal_ and_ Rules_ thereof. pdf (hereafter, SADC Tribunal Protocol).

④ Trindade (1983), p. 1.

⑤ Amerasinghe (2004), p. 62.

了国际法律秩序代理人的职能"。① 通过这种方式，国内法院得以参与并熟悉共同体法律。确实，这一规则有时发挥了教育的功能。此外，当国内法院的判决得到共同体法院的最终维持时，它们的有效性及合法性得到确认。有人认为，这鼓励国内法院与共同体法律机制之间建立更为紧密的联系。② 对于共同体法院而言，因国内法院的诉讼所产生的事实记录可以使共同体法院确定是否存在违反共同体法律的情形。考虑到对当地救济规则的限制，对于涉及共同体法律的争议，国内法院并非总是第一个受理此类争议的法院。有时，根据相关情形，用尽当地救济的要求可能是不合适的。例如，南共体法院最近判定，在争议得到最终解决前，如果个人寻求临时保护措施，则他无须用尽当地救济。③ 事实上，确保国内法院参与共同体法院的最直接、最常用的方式就是通过先行裁决程序。

七 法律体系之间的法学交流

除通过直接实施将共同体法律并入成员国国内法律体系的关系原则外，有关共同体－国家的法律框架还应该强调规范交流的间接方式。诸如直接效力和直接适用性等原则的直接实施都是单向维度的（从共同体到成员国），而间接实施方式强调的是双向交流。间接实施方式的一个例子就是我所界定的体系间法学交流（inter－system jurisprudential communication）。这是法律 54 在不同法律体系间得以交流的一种过程。一种文明通过借鉴其他文明而繁荣，法律制度也是如此。近年来，国内法院借鉴其他国家的法学和国际法原则十分普遍，虽然还存在一定争议。体系间法学交流强调的是一种比较立场，在立法层面和司法层面都可进行。体系间法学交流加强了共同体与成员国之间的联系，彼此对对方的法学发展十分关注。这有助于共同体法律更好地融入成员国中，或更容易被成员国接受。④

在制定法律时，共同体立法者或法院可能会将成员国法律作为它的起点。它也可能借鉴其他共同体法律或者国际公法的一般原则。事实上，在某

---

① Amerasinghe（2004），p. 69.

② Helfer and Slaughter（1997）. Another procedure, which looks more political than judicial, exists under chapter eleven of the Olivos Protocol for the Settlement of Disputes in MECOSUR, 18 February 2002, 42 ILM 2.

③ *Mike Campbell（Pvt）Ltd. v. Republic of Zimbabwe*, Case No. SADCT 2/2007（SADC Tribunal, 2007）; and Amerasinghe（2004），pp. 200 – 215.

④ Lenaerts（2003），pp. 879 – 883.

些情形下，共同体法律明确规定在共同体机构内解决争议时要援引国内法律。① 然而，即使缺乏明确的法律规定，适用共同体以外的法律也可能得到合法支持。一些共同体的创立条约要求它们的法院在解释和适用条约时，确保"法律得到遵守"② 或"确保依法进行"。③ 这就表明存在着更为广义的法律语境，根据这一语境制定的条约和法律在这一语境内运行。换言之，根据这一语境制定出来的条约和法律是更为广义的法律秩序的核心。④ 可以说，诸如诚信、法律确定性、比例性、既判力、禁止反言、尊重既得权等一般法律原则和在成员国内、其他共同体或国际组织内发展而来的其他法律原则的适用，通过这样的方式得以合法化。

鉴于体系间法律交流的重要性，共同体应当建立一个制度化的机制，以便加强自身与其成员国之间的交流。例如，共同体法院的法官从国内法院选出，共同体议会的代表由国内议会提名，共同体的立法者、法官和成员国国内的同行定期在研讨会进行交流等，这些都非常重要。除共同体与成员国之间的相互交流外，成员国与成员国之间也应相互交流。国内立法者和法官在制定法律和审理案件时，可以从他国借鉴经验。⑤ 这有利于促进共同体之间法律的协调。如果一些国家都具有相同的法律传统，它们之间的法律交流就会得到加强。但法律传统的多样化并不必然会阻碍法律交流。总之，法律交流以及完善此类交流的机制应成为旨在调整共同体－国家和国家间关系的法律框架的重要内容。

八 解释性和司法性的关系原则

法律制度中含有一些解释性和司法性的原则，可以使它们在解决争议时考虑外国法的规定。这些原则包括一致解释、法律选择、司法识别和有关外国法的证据规则。在司法过程中对公正、礼让、有效性和效率的考虑会影响这些原则的适用。这些原则可以适用于共同体法，以提高共同体法在其成员国中适用的效力。与其他共同体法的实施如直接适用性原则相比，使用这些原则无须相关共同体法律成为国内法的一部分。换言之，即使没有直接适用性原则或没有

---

① EU Treaty，art. 340；and SADC Tribunal Protocol，art. 21（a）.
② Treaty on European Union，art. 19.
③ COMESA Treaty，art. 19；and EAC Treaty，art. 23.
④ Pescatore（1974），p. 74.
⑤ Slaughter（2004）.

国内法实施共同体法律，共同体法律也可以在成员国国内得到适用。

　　一致解释原则（the principle of consistent interpretation）要求国内法院在解释国内法律时要与国际法保持一致，以给予国际法在国内的效力。① 一些国家的宪法和法律就采纳了这一原则。1996 年南非共和国宪法第 223 条规定：“在解释任一法律时，各法院必须采取与国际法一致的合理解释，而不是与国际法不一致的其他替代解释。”② 宪法或法律没有采纳这一原则对于这一原则的适用来说并非是致命的。事实上，研究表明，整体上这些原则的适用很少受宪法规定的影响，国内法院可以在很多情况下适用这一原则。③ 共同体法律也可以要求国内法院适用一致解释原则。④

　　一致解释原则可以使国内法院摆脱一元论有关国际法与国内法关系的方法的僵硬性。采用一元论或二元论的国内法院都可使用这一原则。与其他给予共同体法律效力的方式不同，这一原则不要求对将要被给予效力的共同体法律以合法性检测。换句话说，共同体法律不必具有某一特定品性；这一原则确实表明，法院可以超越“法律”，将共同体的宗旨和目标纳入考量之中。对于一致解释原则的使用也存在一些限制，它的适用要视所要解释的国内法律文本而定。如果不存在解释问题，或国内法不愿接受与共同体法律一致的解释，该原则就无法使用。

　　国内法院可以对共同体的存在、宗旨和目标或特定的共同体法律进行司法识别。⑤ 所有这些都可以作为事实对待，无须经过举证证明。换句话说，如果当事一方无法举证证明它们，也不会影响法院考虑这些因素，甚而会影响其判决。不同于普通法对待外国法的方式，共同体法律的含义、效力和证明可被看作法律问题，相应地，对此当事方无须提供专家证据来证明。这可以减少诉讼费用，增加个人援引共同体法律的可能性。根据英国普通法，法院可对国际法进行适当司法识别，无疑这也是非洲普通法国家所持的立场。

------

① Sawyer（2007）；and Betlem and Nollkaemper（2003），p. 571.

② 援引这条规定是为了给予《实施关贸总协议第六条的 WTO 协议》第 11 条以效力。In 1994 *Progress Office Machines* v. *South African Revenue Services* 2008（2）SA 13. Eisenberg（1993 – 1994）.

③ Betlem and Nollkaemper（2003），p. 571.

④ *Von Colson and Kamann* v. *Land Nordrhein – Westfalen*，Case 14/83，［1984］ECR 1891；COMESA Treaty，art. 5（1）；CARICOM Treaty，art. 9；ECOWAS Treaty，art. 5（1）. See generally Drake（2005）.

⑤ United Kingdom：European Communities Act，1972，cl. 68，sec. 3.

在普通法国家，对待国际法的方式不同于外国法，外国法是个事实问题，必须由当事人提出请求并经专家证据证明。用大法官斯蒂芬森（Lord Justice Stephensen）的话来说：

57

> 国际法规则，无论它是否是我们国内法的一部分或渊源，都必须在某种意义上"被证明"。它不像外国法那样在英国法院由专家证据予以证明：它们是通过法院对国际条约和习惯、权威著作、其他国家法院的司法实践和司法判例进行司法识别而得以证明。①

在国际公法中，国内法被国际法院作为事实对待。因此，与此处所讨论的国内法院的情形不同，国际法院不会对国内法进行司法识别；它必须像其他事实那样经过证明。② 在国内法院对共同体或其法律进行司法识别，并针对共同体法律放松它们有关外国法查明的规则或采用普通法方式证明国际法时，本人建议共同体法院也应该采取互惠的方式。共同体法院不应将国内法作为事实对待，不过，这并不妨碍共同体法院在适当情况下就国内法的某些方面要求专家证据或详细的律师辩论。总之，此处的观点是，除受制于国内法的限制外，在律师或当事人忽视了共同体法律、目标或宗旨对其案件带来的可能性时，国内法院可以提供补救。

在当事人选择共同体法律时，国内法院也可适用共同体法律作为准据法。这一观点是以存在着某一方面的实体共同体法律和支持当事人意思自治的司法哲学为前提的。在这种情况下，相关的共同体法律无须在国内得到实施。为促进共同体内部的贸易，共同体可以采纳一些不能直接适用的合同法原则或产品责任原则，对于这些原则成员国也无须并入其国内法中。个人可以选择这些原则作为它们合同的准据法，法院也可能会尊重当事人的这一选择。当事人也可直接将这些原则纳入合同之中，这样，它们就成为合同的条款，对合同的当事人具有约束力。当然，这些原则可能受到这一事实的限制：国内法院可能会不友好地将它们视为企图规避通常在宪法中所规定的国内条约并入程序。

58

九　对外国规范性法律的承认和执行

此处"规范性法律"（normative act）涵括了能够产生法律后果的司法

---

① *Trendtex Trading Corporation v. Central Bank of Nigeria* ［1977］ QB 529 at 569；and Hunter（1977-1978）.

② Brownlie（2003），pp. 38 - 40；and Bhuiyan（2007），pp. 207 - 243.

判决、法律和行政法规等。对外国规范性法律的承认与执行是国际私法的一个重要方面，是法律体系互动的一种方式。在经济一体化中，对国家和共同体规范性法律的承认与执行可以推动它们的有效实施，增强跨境经济交流。因此，有关外国规范性法律的承认与执行应成为调整共同体－国家和国家间关系的共同体法律框架的关键部分。实际上，正如卡萨德教授（Casad）曾经指出的："有效的民事判决的相互承认和执行机制是任何可能实现高度一体化的经济一体化倡议的重要特征。"①

很多国家都已具有调整外国规范性法律承认与执行的法律制度。这些法律制度通常含有自由裁量的因素，一般建立在互惠基础之上，并且可能排除某些规范性法律的承认与执行。在普通法国家，法院不会执行外国的税法、刑法或其他公法。排除判决债务人可以援引的一些抗辩外，外国判决并不享有在其他国家自动得到承认与执行的权利。如果存在有调整外国判决执行的成文法，它们也可能是基于互惠，可能该法只是指定了少数几个共同体成员国。还需要注意的是，一国有关外国规范性法律承认与执行的制度通常针对的只是来自其他国家的规范性法律。因此，将它们扩展适用于共同体的规范性法律如共同体法院的判决，可能会存在问题。这可能会给共同体内规范性法律的自由流通带来难题，并因此会给经济交易带来负面影响。基于此，调整一体化进程中关系问题的法律框架应关注成员国国内有关规范性法律承认与执行的制度。一些共同体已经制定出或鼓励采用旨在确保规范性法律自由流通的制度②或原则，如欧盟法中有关相互承认的原则。

59

第五节 关系原则——语境的特征及重要性

在前面几节内容中已经谈到经济一体化面临的一个根本挑战是对国家间、法律间、法律体系间以及机构间的关系的组织和管理。所提出的建议是需要制定相应的法律框架来管理这些关系。前面也已经分析了应构成这一法律框架组成部分的各种原则和机制。当然，前面谈到的原则和机制都具有法律性质。这并非意味着否认或低估有助于加强共同体－国家和国家间关系的

① Casad (1980-1981).

② Council Regulation（EC）No. 44/2001 of 22 December 2000 on Jurisdiction and the Recognition and Enforcement of Judgments in Civil and Commercial Matters, ［2001］ OJ L 12/1 （hereafter, Brussels I Regulation）; CARICOM Treaty, art. 223; and EAA Agreement, art. 110.

"非法律"因素的重要性。此类因素包括有关共同体工作的教育和普及、对共同价值的尊重、需要相互依赖的国内事务、作为共同体公民所具有的社会－文化和民族同质性的程度。无知和社会文化的多样性会导致疏远和冷漠感，从而可能弱化共同体－国家和国家间的关系。① 本节将对关系原则在其内运用的社会－文化和政治语境的重要性进行评估。在进行评估前，先考察一下不同原则的特征以及它们之间的关系。

关系原则的一个定义性特征是，它们侵入国内法律体系，可能会被隐晦地解释为侵蚀了国家主权。侵入的程度因国家而不同。许多国家，特别具有大陆法传统的国家，已将国际公法作为其国内法的一部分，给予其优先于国内法的效力，并允许法院直接适用它。② 对于此类国家，直接适用性原则、直接效力原则和至上原则可能并非完全陌生的原则，至少在理论上如此。在一些普通法国家，国际习惯法通常被认为自动成为国内法的一部分。但必须承认的是，共同体法几乎不能被定性为国际习惯法。许多国家具有类似于先行裁决程序的程序，允许下级法院就某一特定法律要点寻求上一级法院的解释性指导意见。从国际私法的角度看，直接适用性原则、直接效力原则和至上原则与一国对待外国法的方式有点相似。法院允许当事人依据外国法提出请求（直接效力）。这些法律无须实际上也不能在国内实施（直接适用），并且在一些情况下，即使外国法与法院地的实体法不一致，法院也会赋予其效力（至上原则）。换句话说，在一个共同体内的几乎所有国家内，都存在一些与上面谈到的一些关系原则相似的原则和程序。当需要在国内援引关系原则时，这些业已存在的国内原则和程序可类比适用。

对关系原则进行仔细审查可发现，一些原则隐含了对国家的尊重的成分。就直接效力原则而言，共同体法律的实施在国内层面开始，也基本上是在国内层面结束。国家并非因其违反共同体法律就会首先被拖到共同体法院予以"曝光"。用尽当地救济规则包含有同样的尊重成分。共同体法律的至上原则同样如此，其效力是迫使法院对某一特定问题不适用国内法，而不是要废除国内法。国内法毫发无损，仍可适用于相关共同体法律范围以外的案件，例如那些涉及非共同体成员国的案件。在国内法与共同体法发生冲突

---

① Inglehart (1970).
② Nollkaemper (2002), pp. 166 – 169.

时，一国可以决定对相关法律进行修正，但从原则上讲，共同体法律的至上原则并不包含此类要求。此外，直接效力原则和直接适用性原则不必扩展至共同体的所有法律；一项共同体法律可能允许成员国采取它们认为适当的方式来予以实施，只要不损害共同体的目标。在共同体层面，诸如至上原则和直接效力原则等此类原则的采纳，表明需要关注立法过程中的一些细节和敏感问题。这是确保共同体法律平稳并入国内法中的必要条件。这对于成员国属于不同法律传统的共同体而言尤为重要。换句话说，在共同体法律制定生成过程中，只要关注国内的迫切需求，关系原则的侵入程度就会得到缓和。不同法律体系间的法学交流，个人在共同体法律制定过程中的参与，有助于实现这一目的。

关系原则的另一重要特征是它们的相互关联性（interconnectedness）。通常，一个原则如果没有得到其他原则的配合，就不能有效实施。直接效力原则和至上原则就是密切关联的。① 直接适用性原则和至上原则为直接效力原则的有效实施提供了便利条件。如果相冲突的国内法优先适用，要实施共同体所创设的权利就如同缘木求鱼。同样，直接效力原则和先行裁决程序为有效实施共同体法律在个人、国内法院和共同体法院之间创建了一种三方关系。如果没有先行裁决程序，直接效力原则的适用就可能造成国内法院对共同体法律做出不同的解释。共同体法律的一致性就会受到损害，共同体法律体系的连贯性就会遭受威胁。调整共同体－国家关系的法律框架必须关注这些原则的相互关联性。

法律制度得以实施的社会背景同其实体内容一样重要。社会－文化、经济和政治条件会影响关系原则在共同体及其成员国国内的有效采纳和实施程度。它们也限定了国家接受共同体法律及其他国家规范行为的程度。仅仅在条约中规定关系原则——就像许多共同体的创立条约受欧盟的启发所做的那样——并不能确保它们的适用及有效性。截至目前，似乎只有在欧盟内部，许多关系原则运用得才最为有效。最近由赫尔弗（Helfer）、阿尔特（Alter）和古尔佐维奇（Guerzovich）所做的一项有关安第斯共同体的研究表明，虽然经济一体化可能从总体上被认为不成功，但一些关系原则的适用却能促进特定事项领域的一体化。② 这一研究表明，尽管在安第斯共同体成员国国内普遍

----

① Koch（2005）.

② Helfer，Alter and Guerzovich（2009）.

存在着难以克服的法律、政治、经济条件，但安第斯共同体法院却有效利用先行裁决程序在共同体内构建了有效的知识产权制度。当然，除欧盟外，在其创立条约中采纳了关系原则的共同体包括非洲的一些共同体，还处在早期发展阶段。对于非洲共同体而言，还需要有可行的共同体法律制度和法理。因此，对它们及它们所采用的关系原则是否成功进行详细和客观的评价还为时过早。确实，它们的有效实施还面临很多障碍。但赫尔弗、阿尔特和古尔佐维奇的研究表明，关系原则至少是它们中的一部分可以在欧洲以外发挥作用。

国内法律体系的结构以及国内制度和社会文化特征会影响共同体法律和国内法律体系融合的程度。关系原则含有对国家的尊重成分以及它们互为关联、补充的事实都不能表明，它们会被国家整体采纳或它们的适用不会在国内层面遇到抵制。一些现行的国内法特别是宪法——国内的最高法——可能就存在这种抵制的根源。另一种抵制的根源可能是由成员国国内业已存在的社会－文化和政治条件造成的。一国的法律制度是其文化传统的一部分。它是一国社会生活的一个方面，可能会对外来的"入侵"产生排斥。研究已经表明，在欧盟内，共同体法律的有效实施与成员国国内的社会和文化发展具有不可分割的联系。[①] 用华莱士（Wallace）的话来说，"法律文化构成欧盟一体化进程中的一个重要因素"。[②]

最近，毕尤克维奇（Biukovic）揭示了中国和日本遵守 WTO 规则中的当地习惯和文化规范的重要性。[③] 确实，法律文化——一个社会对法律的态度、观念和方式的集合——可能会影响国家遵守共同体法律或将其并入国内法的程度。如果一国的文化尊重法治和国际法，重视诉讼，积极利用法律作为发展和变革的工具，并且还配有具有国际法视野的积极、独立的司法系统和律师，拥有对一体化感兴趣的国内行为者和力量，这样的文化就更可能倾向于将共同体法律有效地并入成员国中，以实现共同体的目标。[④]

第六节　结论

关系原则对经济一体化带来挑战。如何对待关系原则会影响一体化进程

---

① Maher (1998)；Maher (1996)；and Wallace (1999).
② Wallace (1999), p. 413.
③ Biukovic (2008)；and Biukovic (2006).
④ Alter (2009), pp. 63–91.

的有效性，特别是涉及共同体法律实施时。共同体对这一挑战有不同的反 63
应。为应对这一挑战，共同体使用过不同的关系原则。这些原则通常偏离了
给予外国法和国际法效力的传统的国际私法和国际公法模式。乍一看，这些
原则似乎是对国内法律体系的侵犯，但它们也含有对国家的尊重成分。这些
原则的有效使用需要成员国的国内宪法具有包容性。这需要对业已存在的国
内法、程序进行反思，立法、行政和司法部门在这方面可以发挥重要作用。
此外，还有不同的社会－文化、经济和政治因素可能会影响关系原则在调整
共同体－国家关系时的有效适用。后面的章节将通过这些关系原则的角度分
析非洲的经济一体化进程。

第三章

※·❀·❀·❀·※

非盟、非洲经济共同体和地区性经济共同体

第一节　引言

非洲有大量的经济共同体。实际上，早在 1976 年，阿乔姆（Ajomo）就形象地描述了非洲大陆上地区性经济机构"此消彼长"的现象。① 出于政治、经济和战略原因，许多非洲国家拥有不止一个经济共同体成员的资格。地区性经济共同体的多样化以及多重的成员国资格导致复杂的碎片化工作，使国家、共同体官员、个人和企业的决策程序变得极为棘手。联合国非洲经济委员会（UNECA）曾就地区性经济共同体和多重成员国资格这一双重现象的影响做过迄今为止最为详细的、针对非洲大陆的实证研究，该研究的结论是，这种现象对非洲经济共同体目标的实现带来负面影响。② 在 2009 年 6 月，一些成员国——肯尼亚和乌干达——未能加入新成立的东南非共同市场关税同盟，因为它们还都是东非共同体关税同盟的成员国。这种现象也给非洲国际贸易关系带来负面影响。在最近欧盟主导的经济伙伴协议谈判中，东部和南部非洲的国家——这一现象在这一地区更为普遍——不得不为谈判目的组建新的地区性团体。

非洲经济一体化的一个根本问题是非盟、地区性经济共同体和非洲经济共同体之间的关系。这一复杂问题有待解决。桑格尔（Senghor）有关非洲

---

① Ajomo（1976），p. 101. See generally Akintan（1977）.

② United Nations Economic Commission for Africa（2006）；Jakobeit，Hartzenberg and Charalambides（2005）.

经济共同体成立的过程的评论表明，对这一问题有过一些讨论。他建议应由 65
专家对非洲统一组织与非洲经济共同体之间的关系这一主题进行专门研究。① 但现有的法律框架显示这一问题没有得到完全解决。找到这一问题的答案并澄清这一关系，对非洲经济一体化的成功至关重要。这是因为非盟、非洲经济共同体和地区性经济共同体都正致力于实现一个共同的目标，虽然在实现这一目标的道路上它们肩负不同的职责。

　　非洲地区性经济共同体的扩散化是更为广泛的国际现象的一部分，即国际制度的扩散化或密度的增强。在这一现象的背景下，学者们近来开始更为详细地探讨"机制复合体"（regime complexes）或"国际体制复杂性"（international regime complexity）这一理论。② 机制复合体是指"调整某一特定问题领域的部分重叠的并不具有等级关系的制度的组合"。③ 机制复合体的组成部分是一些基本的制度。国际体制复杂性是指不具有等级秩序的各种嵌套（nested）、部分重叠的和平行的国际制度的存在这一现象。④ 国际体制复杂性既能授权，也能褫权。⑤ 通过提供"挑选体制"和套利的机会，它可能对某些团体有利；⑥ 它也可能会给某些国家或团体带来不利后果，诸如基于来自不同制度的信息量。

　　有关机制复合体的研究有助于理解非洲众多地区性经济共同体之间的关系。这些地区性经济共同体是具有重叠的成员国资格和管辖权的平行体制。但就本章的焦点而言，这些研究存在一个局限。现有的研究主要关注的是由机制复合体的基本制度所产生的规则或规范之间的演化和互动。而本章主要关注的是基本制度共存的机构方面。换言之，本章的重点是机构而非机构所产生的规范。具体而言，本章要分析的问题是，作为地区性机构的地区性经济共同体是如何与对方、非盟和非洲经济共同体发生关系的。本章所讨论的问题主要产生于非洲经济一体化过程中的机制复合体这一具体而显然独具一格的特征。非洲地区性经济共同体显然是在非洲经济共同体这一伞状体制下运作，它们的活动应致力于实现一个目标——成立非洲经济共同体。这样，

---

① 　Senghor （1993）; Oppong （2009）.

② 　Raustiala and Victor （2004）; and Alter and Meunier （2009）.

③ 　Raustiala and Victor （2004）, p. 279.

④ 　Alter and Meunier （2009）.

⑤ 　Drezner （2009）.

⑥ 　Raustiala and Victor （2004）, pp. 280 and 299 – 300.

66 不同于其他复杂的体制，非洲所存在的是一个有关由许多基本体制（地区性经济共同体）和伞状体制（非洲经济共同体）组成的经济一体化的复合体制——都致力于实现一个共同的、单一的条约所规划的愿景。

第二节　现有的法律监管框架

有关诸如知识产权保护、人权、国际安全和环境等众多事项的国际复杂性并不拥有一个高高在上的或伞状的体制，以调整处理不同特定问题的多样化的制度。或许就国际货物和服务贸易以及地区性贸易协定而言，一个高高在上的制度显然存在于 WTO 之中。WTO 法为地区货物和服务贸易协定提供了法律基础和监管框架。① 对于此类协定，WTO 有一套有关通知、审查、监督机制，以使它们符合 WTO 法。此类机制并不影响地区贸易协定的非层级性质。这一机制通过使地区贸易协定遵守一个高一级的规范——WTO 法，可能在它们之间实现一定程度的协调和统一。但是，目前，这一机制还不完善，实施效果不佳，执行和审查的权力没有得到有效实施。②

与 WTO 和地区贸易协定的情况不同，有关非洲经济一体化的国际体制复杂性却从一个伞状体制、非洲经济共同体和《非盟和地区性经济共同体关系议定书》（以下简称《关系议定书》）③ 所规定的适度的监管框架中获

67 益不少。这一框架旨在统一和协调各个地区性经济共同体的行为。④ 这一点十分重要，因为这不同于经过 WTO 的许可所设立的许多地区贸易协定，非

---

① General Agreement on Tariffs and Trade, 15 April 1994, Marrakesh Agreement Establishing the World Trade Organization, Annex 1A, 1867 UNTS 187, 33 ILM 1153, Art. XXIV; General Agreement on Trade in Services, WTO Agreement, Annex 1B, Art. V; Decision on Differential and more Favourable Treatment, Reciprocity and Fuller Participation of Developing Countries, 28 November 1979, GATT BISD (1980), 203, para. 2 (c); and Lester and Mercurio (2009).

② Devuyst and Serdarevic (2007-2008).

③ Protocol on Relations between the African Union and the Regional Economic Communities, July 2007, online: www. afrimap. org/english/images/treaty/AU – RECs – Protocol. pdf (hereafter, Protocol on Relations). This protocol replaces the Protocol on Relations between the African Economic Community and the Regional Economic Communities, 25 February 1998, (1998) 10 Afr. J. Int'l & Comp. L. 157 (hereafter, Protocol on Relations – 1998).

④ Protocol on Relations, art. 3 (a) (b).

洲地区性经济共同体的目标是经过发展，最终被吸收到非洲经济共同体之中。① 《关系议定书》的目的是通过协调和统一各个非洲地区性经济共同体在所有领域和行业的政策、措施、规划和活动，以在它们之间以及它们和非盟之间正式确定、巩固、增强紧密关系。② 《关系议定书》的另一目的是建立一种框架，以对各个地区性经济共同体致力于实现非盟宪法法案和《非洲经济共同体条约》的活动进行协调。③

为确保实现这些目的，《关系议定书》的当事方即非盟和各个地区性经济共同体都承诺在地区性经济共同体和非盟的政策、措施、规划和活动之间开展合作与协调。④ 地区性经济共同体还明确承诺与非盟建立有机联系，以加强与非盟的关系，并且规定它们将最终合并成非洲共同市场，作为成立非洲经济共同体的前提。⑤ 为加强地区性经济共同体之间的合作，《关系议定书》还授权或倡议各个地区性经济共同体达成合作协议，⑥ 参与彼此的会议。⑦ 各个地区性经济共同体和非盟可参加或参与彼此的会议，但没有投票权。⑧ 《关系议定书》还设立了协调委员会和秘书处官员委员会，以负责确保地区性经济共同体的政策和活动得以协调，并负责议定书的实施。⑨ 该议定书也希望非盟能在其总部为每一个地区性经济共同体开设一个联络办公室。⑩ 《关系议定书》所规定的监管框架与各个地区性经济共同体的创立条约中有关处理与其他地区性经济共同体和非洲经济共同体关系的规定互为补充。《东非共同体条约》规定，成员国"应与那些活动会对东非共同体的目标产生影响的地区性或国际组织达成合作性协议"。⑪ 《东南非共同市场条约》也允许该组织"与其他地区性共同体达成合作协议"。⑫ 《西非国家经济共同体条约》中也有同样措

---

① AEC Treaty, art. 88 (1).

② Protocol on Relations, art. 3 (a).

③ Protocol on Relations, art. 3 (b).

④ Ibid. , art. 4 (a).

⑤ Ibid. , art. 5.

⑥ Ibid. , art. 15 (1).

⑦ Ibid. , art. 16 (1).

⑧ Ibid. , arts. 17 and 19.

⑨ Ibid. , arts. 6 – 10.

⑩ Ibid. , art. 21.

⑪ EAC Treaty, art. 130 (3).

⑫ COMESA Treaty, art. 179 (1).

辞的规定。① 《南共体条约》中有关它与非洲经济共同体的关系的规定稍显
复杂，除其序言中提到非洲经济共同体外，它在第 24 条中还提到与地区和
国际组织的合作。② 显然，这些规定都是授权性的，一些地区性经济共同体依
据这些规定与其他地区性经济共同体达成合作安排。第一个并且也许是最具
历史意义的事件是 2008 年 10 月在乌干达首都坎帕拉召开的东南非共同市场 –
东非共同体 – 南部非洲发展共同体三方政府和国家元首峰会，此次峰会的主
题是"深化东南非共同市场 – 东非共同体 – 南部非洲发展共同体一体化"。在
峰会后发布的一个公告指出，③ 政府和国家元首审查了这三个地区性经济共同
体的活动，就其活动的协调化方案达成一致意见，并表达了在将来进行合作
的决心。公告还要求这三个地区性经济共同体应立即着手向合并为一个单一
的地区性经济共同体迈进，尽快实现成立非洲经济共同体这一目标。会后还
成立了工作组，以便为这一合并进程设计路线图。④ 政府和国家元首还批准尽
快设立一个包含三个地区性经济共同体成员国的自由贸易区，其最终目标是
设立一个单一的关税同盟。⑤ 为了与政府和国家元首的指令保持一致，三个地
区性经济共同体还签署了《地区间合作和一体化的谅解备忘录》。

就与非洲经济共同体的关系而言，这三个地区性经济共同体的创立条约
都认可非洲经济共同体的存在，并承诺推进实现其目标。⑥ 但这些条约并没
有详细规定它们与非洲经济共同体的关系是或应该是怎样的或采取哪种形
式。对这一问题规定得较为详细的是《东南非共同市场条约》。该条约确认
其最终目标是推动实施《非洲经济共同体条约》。⑦ 该条约授权成员国在实
施《东南非共同市场条约》的规定时，适当考虑《非洲经济共同体条约》
的规定，⑧ 并在东南非共同市场和非洲经济共同体约定的时间将东南非共同
市场转化为非洲经济共同体的有机组成单位。⑨ 该条约还授权共同体秘书长

---

① ECOWAS Treaty, art. 79 (1).

② SADC Treaty.

③ See Final Communiqué of the COMESA – EAC – SADC Tripartite Summit of Heads of State and Gov-
ernment, 22 October 2008, Kampala Uganda, online: www. tralac. org/ cause_ data/ images/
1694/FinalCommuniqueKampala_ 20081022. pdf.

④ Ibid. ,at [13].

⑤ Ibid. ,at [14].

⑥ ECOWAS Treaty, art. 78; EAC Treaty, art. 130 (2) (3); and COMESA Treaty, art. 3 (f).

⑦ COMESA Treaty, art. 178 (1).

⑧ Ibid. ,art. 178 (1) (b).

⑨ Ibid. ,art. 178 (1) (b).

协调东南非共同市场和非洲经济共同体的活动，并定期向部长委员会汇报。[1] 实际上，在《东南非共同市场条约》的序言中，东南非共同市场的基础可追溯至《非洲经济共同体条约》第 28 条第 1 款，该款规定要求加强并创建地区性经济共同体作为非洲经济共同体发展的第一步。此外，"非洲经济共同体目标的设定、推进和实现"也被规定为东南非共同市场的目标和宗旨。[2] 这些抽象的规定表明，《东南非共同市场条约》已经对东南非共同市场与非洲经济共同体的关系问题给予了一定程度的关注。当然，它们还留下许多有待解决的难题，但与其他地区性经济共同体相比，这些规定具有前瞻性。在《东非共同体条约》中，东共体被描述为实现《非洲经济共同体条约》的"一个步骤"。[3] 在《西非国家经济共同体条约》中，成员国承诺推动"共同体的政策和方案与非洲经济共同体的政策和方案进行统一和协调"。[4] 但是，这几个条约都没有对它们与非洲经济共同体的关系做出具体规定。换句话说，它们没有解决下列具体问题：它们与非洲经济共同体关系的法律性质，它们是否受非洲经济共同体决定的约束以及在出现冲突时非洲经济共同体法律是否优先于它们的法律。

上述有关调整非洲地区性经济共同体之间以及它们与非洲经济共同体之间关系的法律框架的内容十分简单，还有一些问题没有论及。下面一节将探讨其中一些问题，并认为除非这些问题得到解决，否则它们会损害非洲经济一体化的有效性。

第三节　共同体之间的关系问题

一　非洲经济共同体在非盟和地区性经济共同体之内的法律地位

关于非洲经济一体化的一个最令人感到神秘的问题，也许是地区性经济共同体在非洲经济共同体内的法律地位以及非洲经济共同体在非盟内的法律地位。相关条约没有对这一问题给予太多关注，有关此类问题的评论还付诸

---

① Ibid.，art. 178（2）.

② Ibid.，art. 3（f）.

③ EAC Treaty，art. 130（2）.

④ ECOWAS Treaty，art. 78.

阙如。① 要揭开这一神秘面纱，如果能够揭示的话，就要利用法律人格这一
70 概念。② 所有地区性经济共同体都被其创立条约赋予法律人格。③ 虽然非洲
经济共同体没有对此做出明确规定，但非洲经济共同体的法律人格可从
《非洲经济共同体条约》第 98 条第 2 款规定中推定出来。该款规定，秘书
长可以以共同体的法定代表行事，可以代表共同体签订合同，并作为当事方
参与司法或其他法律程序。非盟《宪法法案》也没有对非盟的法律人格做
出规定。不过，下列事实可以对此做出解释：根据《非洲统一组织（现在
的非盟）特权与豁免总公约》，非洲统一组织拥有"法律人格"。④

根据这些规定，地区性经济共同体、非洲经济共同体和非盟的法律区别
就在国际公法中确立起来。因此，它们彼此之间的法律地位就应根据双方达
成的协议或至少应根据一项确定的、具有约束力的协议进行界定。对非洲经
济共同体与非盟而言，《非洲经济共同体条约》明确指出，非洲经济共同体
是"非盟不可或缺的组成部分"（integral part）。⑤ 非盟《宪法法案》更进一
步地规定，它的规定优先于并能推翻《非洲经济共同体条约》中任何不一
致的或相反的规定。⑥ 非洲经济共同体的成员国与非盟的成员国并非完全一
致。目前有 4 个非洲国家即吉布提、厄立特里亚、马达加斯加和索马里还没
有签署或批准《非洲经济共同体条约》，但它们都是非盟的成员国。如果有
人将非盟视为推进非洲统一事业的政治和伞状组织，非洲经济共同体就是非
盟中专注于经济一体化问题的机构。换句话说，它是非盟的经济肢体。比较
而言，非洲经济共同体与非盟的关系有点像已不存在的欧共体与欧盟的关
系，实际上可能就受到这一关系的影响。⑦ 但必须要承认的是，即使是欧共
体和欧盟之间的关系也并非没有遇到法律难题。

与非洲经济共同体作为非盟不可或缺组成部分的这一观念有关的一个难
题是：如何理解并适用这一观念。和其他许多单词一样，"不可或缺的"
（integral）有多重含义。就与此处相关的含义来说，这一单词所指的是不同

---

① Ajomo（1993），p. 40.

② Amerasinghe（2005），pp. 66 – 104.

③ COMESA Treaty, art. 186（1）; EAC Treaty, art. 138（1）; and ECOWAS Treaty, art. 88（1）.

④ General Convention on Privileges and Immunities of the Organization of African Unity, 25 October 1965, online: www. africa-union. org/root/au/Documents/Treaties/treaties. htm.

⑤ AEC Treaty, art. 98（1）.

⑥ Ibid. , art. 33（2）.

⑦ EU Treaty, art. 1.

的组成部分一起构成一个整体。它同时强调可分性、独立性与整体性。对于非洲经济共同体与非盟的关系，似乎过于重视整体性，这导致非洲经济共同体丧失了或几乎丧失了独立性或其个性。涉及非洲经济共同体相关的法律和政策是由非盟而不是非洲经济共同体制定的。① 此外，非盟的一些机构也被指派行使非洲经济共同体一些机构的职能。不过，它们之间并没有明确的权力划分，也没有对非盟的机构是否能够有效处理经济一体化议题进行审查。

　　另外一个同样的难题是，各个地区性经济共同体在非洲经济共同体内具有何种法律地位。虽然《非洲经济共同体条约》20 多次提到"地区性经济共同体"，而且规定应通过对各个地区性经济共同体的活动进行统一、协调和逐步一体化来设立非洲经济共同体，并且通过设定明确的期限为这些地区性经济共同体施加了许多义务，但该条约并没有一条规定涉及地区性经济共同体在非洲经济共同体内的地位。它们只是非洲经济共同体内的机构观察员吗？它们是非洲经济共同体的机构、成员、代理人或隶属对象吗？一些非洲经济一体化的评论者正确指出，各个地区性经济共同体是非洲经济共同体的建设基石。不过，截至目前，还没有人从法律角度论证这一问题的重要性，特别是有关这两个组织的关系问题。《关系议定书》也没有涉及这一问题。② 这一问题兼具理论和实践重要性。从法律的角度还很难说地区性经济共同体应受非洲经济共同体决议的约束，③ 除非人们能够证明前者是后者的机构、成员、代理人或隶属对象。

　　《非洲经济共同体条约》并没有设定成员资格条件，但条约第 2 条暗示条约的当事方也是非洲经济共同体的成员。条约并没有规定将非洲经济共同体的成员仅限于国家。实际上，一些国际组织如海牙国际私法会议、WTO、世界粮农组织等，都允许其他国际组织成为其成员。不过，是否是一个国际组织的成员不能推论得出。国际组织的创立条约将决定谁能加入、应具备何种条件以及加入的程序。一个潜在的成员要想成为一个国际组织的成员必须具有主动行为，而且其成员资格申请要获得国际组织的批准。④ 在没有此类

71

72

---

① See e. g. Protocol on Relations，（which should in principle have nothing to do with the AU，but is misleadingly titled as such and signed "for the AU" not the AEC）. Compare Protocol on Relations – 1998（which was signed by the AEC）.

② 第 18 条和第 20 条分别涉及地区性经济共同体在非盟会议中的地位以及非盟在地区性经济共同体会议中的地位。

③ AEC Treaty，arts. 10（2）and 13（2）.

④ Amerasinghe（2005），pp. 104 – 114；and Klabbers（2009），p. 93.

明确的同意时，不能说地区性经济共同体已经是非洲经济共同体的成员。也不能认为地区性经济共同体是非洲经济共同体的机构，《非洲经济共同体条约》第 7 条并没有明确提及此类地区性经济共同体。更不能认为地区性经济共同体都是非洲经济共同体的代理人。这是因为缺乏对这一关系的同意——无论是明示的还是默示的。国际法非常强调国家及国际组织对其施加的义务的同意。两个具有独立法律人格的国际组织之间是否存在代理关系不能仅仅根据推定判断。①

但是，通过对《非洲经济共同体条约》和《关系议定书》进行目的性解读——地区性经济共同体不是前者的当事方而是后者的当事方——可以认为，地区性经济共同体都是非洲经济共同体的隶属对象（subjects）。它们负有职责为实现非洲经济共同体这一目标而努力。目前，没有一个地区性经济共同体反对这一观点，即它发展的最终目的是成立非洲经济共同体。如上所述，一些地区性经济共同体的创立条约明确表达了这一目标。

二 地区性经济共同体的未来合并

非洲经济共同体的基础是地区性经济共同体，地区性经济共同体的进步就会逐步推动非洲经济共同体的实现。非洲经济共同体的成立所采用的这一独特而前所未有的方法提出了很多法律方面的挑战。非洲经济共同体的规模必须要以地区性经济共同体作为其基石。这一方法需要付出代价。联合国非洲经济委员会最近的一项研究表明，成员国针对地区性经济共同体的义务和针对非洲经济共同体的义务之间经常会发生冲突。② 此外，作为地区性经济共同体的多重成员资格也会在成员国之间以及成员国和地区性经济共同体之间产生紧张关系。地区性经济共同体将最终合并或被"吸收"③ 以成立非洲经济共同体。根据《非洲经济共同体条约》第 88 条第 1 款，非洲经济共同体"应主要通过对地区性经济共同体的活动进行协调、统一和逐步一体化来建立"。非盟《宪法法案》第 3 条也强调"需要对现有的和将来的地区性经济共同体的政策进行协调和统一，以逐步实现非盟的各项目标"。而建立非洲经济共同体就是非盟的其中"一个目标"。

---

① Sarooshi（2005），pp. 33 – 53.
② United Nations Economic Commission for Africa（2006）.
③ Protocol on Relations, art. 5（1）（d）.

这些规定的简单性掩盖了合并或吸收诸如地区性经济共同体此类国际组织这一行为的复杂性。首先，这样一种实现经济一体化的方法独特而复杂，在其他地方这一方法还没有被尝试过。通常，国家组成经济共同体——自由贸易区、关税同盟或经济联盟。目前，唯一所知的地区性经济共同体成功合并的案例是欧共体与欧洲自由贸易区合并而成的欧洲经济区（European Economic Area）。① 更为最近的一次尝试是南美洲国家联盟，② 这是一个将南方共同市场和安第斯共同体联合而成的大陆范围的自由贸易区。其次，地区性经济共同体的地位在非洲经济共同体成立后仍然令人质疑。它们是否完全消失还是作为中间层的法律体系继续存在，这在《非洲经济共同体条约》或其他议定书中都没有提及。地区性经济共同体的创立条约也没有阐明这一问题。联合国非洲经济委员会将非洲经济共同体与地区性经济共同体的未来关系设想如下：在地区性经济共同体实现关税同盟和共同市场后，它们将合并组成非洲共同市场，随后更为全面的非洲经济共同体将会逐步形成。非洲经济共同体将牵头处理与成员国的关系，并且地区性经济共同体的功能与结构将做出调整，以作为非洲经济共同体的实施部门。③

《东南非共同市场条约》规定了要将东南非共同市场转化为非洲经济共同体的组成机构。④ 这表明东南非共同市场并不希望在非洲经济共同体成立后便终止动作。该条约规定国家元首和政府首脑大会可以在部长理事会的建议下终止东南非共同市场的运作。⑤ 这就说明存在有终止东南非共同市场的法定授权。《西非国家经济共同体条约》⑥ 和《东非共同体条约》⑦ 都没有任何规定直接涉及在非洲经济共同体成立后西非国家经济共同体和东非共同体的地位问题。实际上，《东非共同体条约》是无限期存在的。⑧ 此外，一些地区性经济共同体还追求经济一体化以外的其他目标，如冲突预防与政治

74

---

① Riechenberg（1995）.

② 它由阿根廷、玻利维亚、巴西、智利、哥伦比亚、厄瓜多尔、圭亚那、秘鲁、苏里南、乌拉圭和委内瑞拉组成。See Union of Southern American States Constitutive Treaty，23 May 2008.

③ United Nations Economic Commission for Africa（2006），p. 94.

④ COMESA Treaty，art. 178（1）（c）.

⑤ Ibid. ，art. 192（1）.

⑥ 第 2 条第 1 款规定，所有成员国都已决定西共体将最终成为该地区为实现经济一体化和实现非洲经济共同体目标的唯一经济共同体。

⑦ 在该条约的序言中，成员国确认它们希望实现更广泛的非洲团结，并将东共体视为实现《非洲经济共同体条约》目标的第一步。

⑧ EAC Treaty，art. 144.

一体化。因此，很难认为非洲经济共同体的成立就意味着地区性经济共同体的终结。地区性经济共同体的创立条约都是在《非洲经济共同体条约》之后起草的，所以，有人可能会希望这些创立条约能更为全面并且也许统一地解决非洲经济共同体成立后它们的地位问题。对于由条约创建的组织，作为国家的当事方保留终止这些条约的固有权利，① 如果这是它们进行合并并成立非洲经济共同体所需要的。

由于地区性经济共同体正逐步走向一体化阶段，合并问题应引起非洲经济共同体的注意。需要起草一个合并议定书。考虑到这一工作的复杂性和规模，已有人提议合并议定书的谈判工作应从现在开始。为此类议定书提供一个模板或立法草案不是本书的探讨范围。② 不过，笔者建议此类议定书应特别解决下列相关问题：地区性经济共同体合并后的法律地位；它们合并后的财产及责任；合并是强制性还是自愿性的，如是强制性的，如何实施；合并何时进行（是所有地区性经济共同体同时进行还是在每一地区性经济共同体达到一体化的必要阶段后逐步推进）；它们的职员及机构的地位，如各自的共同体法院；合并后要成立的组织的机构框架；仍存在的地区性经济共同体的地位，如南部非洲关税同盟，它不是一个非盟所认可的地区性经济共同体，因此，在我看来它不会参与到所预计的地区性经济共同体的合并。

所预计的非洲经济共同体的合并成立还会产生其他问题。一些地区性经济共同体如东非共同体处于发展的高级阶段。很难预料它们是否愿意与非洲经济共同体合并或与发展程度较低的共同体如政府间发展组织合并。可以指出的是，共同体在各自道路上持续发展的时间越长，它们之间的差距也会越大，它们合并的困难也会更多。此外，也许有人会质疑，非盟是否有政治意愿、合法性和实力把非洲经济共同体这一愿景强加给地区性经济共同体。这些地区性经济共同体并非《非洲经济共同体条约》的成员方。再则，如第五章和第六章将要分析的，一些地区性经济共同体条约中有关共同体法院管辖权、私人的出庭资格、共同体法律的至上性以及共同体法院与国内法院的关系的规定要比《非洲经济共同体条约》的规定先进。如果非洲经济共同体的法律不进行修改以并入这些先进规定的话，无疑，当这些地区性经济共同体与非洲经济共同体合并后，这些共同体法律和经济一体化中的优点就会

---

① Vienna Convention on the Law of Treaties, 23 May 1969, 1155 UNTS 331, art. 54 (b).

② Houben (1965 - 1966); Linthorst (1965 - 1966); and Riechenberg (1995).

丧失殆尽。

地区性经济共同体的合并是否会得到地区性经济共同体内利益团体的支持，也令人怀疑。公共选择理论学者将国际组织定性为更愿对有组织的利益团体包括它们的职员的要求做出回应的官僚机构。正如沃贝尔（Vaubel）所指出的，"和所有官僚机构一样，国际组织为它们的生存、为更多的权力和资源而战。因此，要废除一个国际组织远比建立一个国际组织困难得多，或要削减它们的权力和资源远比增加它们的权力和资源要困难得多"。① 的确，大量涉及职员的案件已在共同体法院内提出。② 这可以作为人们设法保护自己"地盘"的证据。涉及共同体职员案件的数量以及他们进行诉讼的不屈不挠的精神，让人在一定程度上相信谢姆斯（Shams）在其论文中提出的观点：经济一体化已经成为为非洲受过教育的精英们提供工作机会的平台。③ 这有可能会造成阻挠合并的职员会在合并之前、之中或之后提起诉讼。另外，地区性经济共同体都有自成一体的法律制度，和非洲经济共同体不一样，它们被明确赋予独立的法律人格。④ 这样，即使在合并前，也需要对非洲经济共同体和地区性经济共同体法律制度之间的关系以及地区性经济共同体法律制度之间的关系进行组织和管理。目前有关非洲经济共同体和地区性经济共同体法律制度之间关系的法律框架——《关系议定书》——并没有

76

---

① Vaubel（2003），p. 319.

② *Muleya* v. *Common Market for Eastern and Southern Africa* (*No. 3*) ［2004］1 East Afr. LR 173；*Muleya* v. *Common Market for Eastern and Southern Africa* (*No. 2*) ［2003］2 East Afr. LR 623；*Muleya* v. *Common Market for Eastern and Southern Africa* ［2003］1 East Afr. LR 173；*Ogang* v. *Eastern and Southern African Trade and Development Bank* ［2003］1 East Afr. LR 217；*Eastern and Southern African Trade and Development Bank* v. *Ogang* ［2001］1East Afr. LR 46；*Eastern and Southern African Trade and Development Bank* v. *Ogang* (*No. 2*) ［2002］1 East Afr. LR 54；*Tokunbo Lijadu Oyemade* v. *Executive Secretary of ECOWAS*，Suit No. ECW/CCJ/APP/01/04 (ECOWAS Court of Justice, 2006)；*Executive Secretary of ECOWAS* v. *Tokunbo Lijadu Oyemade*，Suit No. ECW/CCJ/APP/01/05 (ECOWAS Court of Justice, 2006)；*Executive Secretary of ECOWAS* v. *Tokunbo Lijadu Oyemade*，Suit No. ECW/CCJ/APP/04/06 (ECOWAS Court of Justice, 2006)；*Tokunbo Lijadu Oyemade* v. *ECOWAS Council of Ministe*rs，Judgment No. ECW/CCJ/JUD/02/08 (ECOWAS Court of Justice, 2008)；*Tokunbo Lijadu Oyemade* v. *Council of Ministers*，Suit No. ECW/CCJ/APP/02/08 (ECOWAS Court of Justice, 2009)；and *Qudus Gbolanhan Folami* v. *Community Parliament (ECOWAS)*，Judgment No. ECW/CCJ/6/10/08 (ECOWAS Court of Justice, 2008).

③ Shams（2005），pp. 6 – 7.

④ COMESA Treaty, art. 186 (1)；EAC Treaty, art. 138 (1)；ECOWAS, art. 88 (1)；SADC Treaty, art. 3 (1).

对这些复杂问题做出详细规定。

三　法律和管辖权冲突

非洲经济共同体和地区性经济共同体法律体系之间的一个关键问题，是潜在的法律和管辖权冲突问题。阿尔特和梅乌涅尔（Meunier）已经注意到，非洲经济一体化中国际体制复杂性问题通过采纳重叠的调整某一问题的法律规范和管辖权规范，降低了法律义务的确定性。① 在维克托（Raustialahe Victor）看来，"机制复合体意味着在某一由不同行为者参与的特定场合存在着数个不同的法律制度。基本制度中的规则在职能上相互重叠，但不存在约定的解决此类规则冲突的层级秩序"。② 在国际贸易领域，特别是在区域贸易协议扩散化的背景下，这正日益成为一个非常重要的问题。③

非洲经济共同体也意识到了这些潜在的冲突。《关系议定书》就希望为非洲经济共同体与地区性经济共同体之间关系的统一和协调提供一个制度性框架。它十分强调对地区性经济共同体的活动进行统一和协调。但是由于没有对非洲经济一体化进程中的关系问题给予太多关注，该议定书也没有明确的解决法律和管辖权冲突的规定。非洲经济共同体的法律是否优先于与其相冲突的地区性经济共同体法律？地区性经济共同体是否有义务"遵守非洲经济共同体的法律制度"？④ 是否存在只有非洲经济共同体才能立法的领域？如果违反非洲经济共同体针对地区性经济共同体做出的决定和指令，应如何进行补救？⑤ 地区性经济共同体是否可在非盟法院出庭？在非洲经济共同体的利益受到影响的情况下，非洲经济共同体是否可以对地区性经济共同体法院内的某一诉讼进行干预？这些重要问题的答案尚不为人所知。

《关系议定书》只是略微提及上述其中一些问题。它允许非盟制裁那些不遵守其指令的地区性经济共同体和成员国。该议定书中还有一套争端解决机制，给予地区性经济共同体在非洲司法和人权法院中的出庭资格。《关系议定书》没有关注复杂的关系问题令人沮丧，但它明确认识到地区性经济

---

① Alter and Meunier（2009），p. 16.

② Raustiala and Victor（2004），p. 279.

③ Graewert（2008）；and Kwak and Marceau（2006）.

④ AEC Treaty, art. 3（e）.

⑤ Ibid. , art. 21. 该条规定允许元首大会或部长委员会向共同体发布指令。它们的决定可能包括制裁。《关系议定书》第 22 条也有同样的规定。

共同体的对内和对外政策可能与《非洲经济共同体条约》的目标相冲突。①
对此，我们再次见证了对关系问题的忽视：认识到管辖权和法律冲突的可能
性，却没有采取具体的解决措施。

四　多重成员资格与共同体间的关系

地区性经济共同体和非洲经济共同体所面临的另一重要问题，是考虑到
地区性经济共同体的多重成员资格，需要将地区性经济共同体之间的关系合
理化。这一问题可能不会长久持续：由于地区性经济共同体逐步走向经济一
体化，就会出现一个自然选择的过程。国家很难保留两个关税同盟的成员资
格——适用两种不同的对外关税——除非关税同盟的政策得到统一。在此阶
段，每一国家必须在考虑到政治、经济和地理因素后，决定希望成为哪一个
共同体的成员。因此，有学者认为，如果南部非洲发展共同体的关税联盟成
功实施了，南部非洲关税同盟就会"烟消云散"。②

不过，这种想法过于乐观。非洲一体化的历史表明，并非只是法律和经
济的原因决定着地区性经济共同体的成员资格。政治因素才是更为重要的考
虑。实际上，非洲经济委员会已经注意到，"国家似乎从来没有考虑过加入
某一特定团体的经济理由"。③ 我所了解的唯一一个地区性经济共同体终结
的例子是1977年首次设立的东非共同体。该共同体终结的主要原因是成员
国之间缺乏政治互信。因此，必须接受这样的观点：除非存在有完善的机制
用以消除多重成员问题，否则，认为某些共同体会"自然死亡"的想法是
不现实的。

要想有效、大胆地解决因多重成员产生的问题以及地区性经济共同体和
非洲经济共同体之间令人棘手的关系问题，就需要有法律想象力、经济思维
和强烈的机构与政治意愿。非洲经济共同体迫切需要积极地对地区性经济共
同体之间的关系，以及地区性经济共同体和它自己之间的关系进行合理化。
这对于非洲经济共同体的发展十分重要。2006年非盟决定设立并认可更多
的地区性经济共同体是重要的第一步。④ 这一措施的意义现在已经显现。另

78

---

① Protocol on Relations, art. 28 (1).

② Draper, Halleson and Alves (2007), p. 20.

③ United Nations Economic Commission for Africa (2006), p. 36.

④ African Union, Decision on the Moratorium on the Recognition of Regional Economic Communities [Assembly/AU/ Dec. 112 (VII), 2006].

一个重要步骤是需要非洲经济共同体基于非盟所认可的 8 个地区性经济共同体"一个国家、一个共同体"原则，通过一项议定书。国家应在国内机构和委任专家的帮助下，主要依据经济标准来决定哪一个地区性经济共同体更适合自己国家发展的需要，同时还要考虑设立非洲经济共同体这一最终目标的实现是否有助于解决其中一些需要。这不应该被认为是对国家主权的不当干涉，而应被认为是为了公共利益而需要采取的措施。非洲经济共同体采纳这一议定书的法律基础可从《非洲经济共同体条约》第 5 条第 1 款规定中找到。根据该款规定，成员国致力于"为共同体的发展及其目标的实现创造良好的条件，特别是通过对其战略和政策进行统一的方式"，并且"克制采取可能影响上述目标实现的任何单边行为"。我认为非洲经济共同体成员国采取的加入一个以上地区性经济共同体的单边行为，对非洲经济共同体的发展产生了不利影响。

当然，为这一议定书争取支持并实施这一议定书并非易事。它将最终检验非洲经济共同体的实施能力，以及成员国为实现这一目标的决心，而非仅仅是支持这一目标的政治承诺。对于不遵守这一议定书的国家可以对它们提出开除的警告，并最终将它们逐出非洲经济共同体，仅保留它们作为一个地区性经济共同体成员的资格。这些国家可以仍然保留它们的非盟成员资格，因为非盟在很大程度上是一个政治联合体。我不揣简陋地认为，非洲经济共同体这一设想不应建立在将所有非洲国家都作为其成员国的这一理想的基础之上。欧盟就没有包含所有欧洲国家，北美自由贸易区也没有涵盖北美洲的所有国家，世界贸易组织的成员也并非是世界上的所有国家。没有合理理由为什么非洲经济共同体就不能拥有部分非洲国家作为其成员！对于一个由 53 个（现 54 个）国家构成的大陆，其中少数国家政局不稳，有的国家是失败国家，有的面临失败，还有许多国家具有不同的社会经济、法律和政治发展水平，追求这一不切实际的理想实际上会影响设立非洲经济共同体这一目标的及时实现。

在论述非洲统一组织解体的背景时，库福尔（Kufuor）先见之明地指出，"由于没有准入要求，这种不加限制的加入导致了地区公地的悲剧以及非洲统一组织作为一个组织的价值的丧失"。[①] 如果非洲统一组织/非盟只是由 20 个民主的、尊重人权的、社会和经济发展水平较高的国家构成，而且

①　Kufuor（2005），p. 133.

它们在确定的条件下把该组织的利益扩及其他非成员国，难道非洲统一组织/非盟的声望、尊严和有效性不会提高吗？和库福尔一样，我也认为由于国家无须履行严格的、明确界定的实施义务就可以随意加入一些非洲经济一体化组织，非洲经济一体化也正面临着价值减少、进程迟缓、目标模糊的问题。一个由少数非洲国家组成的非洲经济共同体可以通过有条件的协议将一体化的利益扩展到并非必然是其成员国的其他国家。经济空间的扩展不必与机构空间的扩展同步进行。

80

上面所倡导的"一个国家、一个共同体"的原则的实施，需要将地区性经济共同体完全并入非洲经济共同体的法律框架，使其成为非洲经济共同体的成员，二者结合起来才会产生最佳效果。不幸的是，无论是《非洲经济共同体和地区性经济共同体关系议定书》还是新的《关系议定书》都没有对此做出规定。要是地区性经济共同体成为非洲经济共同体的成员，可能需要对《非洲经济共同体条约》进行修改。目前的条约没有有关成员资格或条件的规定，但它似乎假定所有非洲国家都是其潜在的成员。通过完全程序成为非洲经济共同体的成员后，地区性经济共同体将受所有非洲经济共同体法律的约束，包括那些旨在协调地区性经济共同体的活动并使其合理化的法律。这些地区性经济共同体将遵守非洲经济共同体的执行程序，并成为为其决策制定程序的积极参与者和利益相关者。这将有助于消除或至少减少法律、政策和管辖权冲突的可能性。当这些地区性经济共同体成为非洲经济共同体的成员后，属于地区性经济共同体职权范围的决定的采纳应由地区性经济共同体做出，而不是由单个的成员国做出，虽然它们也是非洲经济共同体的成员。换句话说，对于地区性经济共同体职权范围内的事项，地区性经济共同体在非洲经济共同体层面的讨论中应成为决策的制定者。

欧盟和 WTO 之间的关系以及欧盟和海牙国际私法会议之间的关系可以用来说明我此处的建议。欧盟和它所有的成员国是这两个国际组织的成员。总的来看，有关欧盟职权范围内的事项的决定由欧盟做出，在其职权范围以外的其他事项由成员国做出。

上面所倡导的作为解决多重成员资格和地区性经济共同体问题以及地区性经济共同体与非洲经济共同体关系的两个步骤，与联合国非洲经济委员会所倡导的五种可能解决方法有实质性的不同。联合国非洲经济委员会倡导的五种解决方法是：保持现状；通过合并和吸收予以合理化；围绕既有的共同

81 体进行合理化；通过分工进行合理化；以及通过协调政策和文件进行合理化。① 我在本部分所倡导的两个步骤的关键是要坚持"一个国家、一个共同体"的原则，坚守地区性经济共同体的成员资格应主要依据经济标准而定的观点，并摈弃非洲经济共同体应由所有非洲国家组成的这一不切实际的想法。应予强调的是，虽然地区性经济共同体有独立的法律人格，但它们的存在是因为它们有国家作为其成员。因此，针对上述问题的任何解决方法应首先从这些成员开始，或至少应对它们给予密切的、必要的关注。虽然两种步骤的解决方法是激进的，并需要付出更多的政治意愿，但它是可以借助国家和地区性经济共同体实现非洲经济共同体这一目标的唯一可靠、通畅的路径。

第四节　结论

本章讨论了成立非洲经济共同体路径的复杂性。利用地区性经济共同体作为构建非洲经济共同体的基石面临着许多法律挑战，大部分法律挑战还没有在现有的法律框架下得到充分的解决。本章阐明了其中一些法律挑战并提供了解决这些法律挑战的方法。本章建议制定一项合并议定书和一项重新界定非洲经济共同体和地区性经济共同体成员资格的议定书，将有助于解决其中一些挑战。本章还从更为普遍的角度指出，克服国际体制复杂性所带来的挑战的其中一种方式是，提供一个伞状机构，负责协调并统一复合体中基本组成单位的活动。但是，提供此类机构即使非常必要，也并非唾手可得：界定此类机构的法律地位和职责以及确保其法律具有约束力并得到遵守，都会带来潜在的难题。非洲经济共同体作为非洲地区性经济共同体这些基本组成单位的显然的伞状机构就是这样一个例子。下面一章将关注共同体－国家关系，经济一体化中大多数挑战都是因这一因素而产生的。

---

① United Nations Economic Commission for Africa（2006），pp. 115 – 126.

第四章

非洲经济一体化中的共同体－国家关系

第一节 引言

从法律角度看，非洲经济共同体、非盟和非洲地区性经济共同体之间除了关系问题外，非洲经济共同体针对经济一体化所采取的方法也会产生许多重要问题，这些问题有待在有关非洲一体化的实践和讨论中得以解决。[①] 这些问题包括共同体的机构和法律在成员国国内法律体系中的法律地位，共同体机构作为共同体法律的实施者的有效性，共同体法院作为不同法律体系之间冲突的仲裁者的作用，成员国法律之间的协调与统一。这些问题构成困扰所有经济一体化进程的更为深远、更为宽泛的问题的一部分：经济共同体和成员国之间的法律关系是或应该是什么？经济一体化导致不同法律体系的相互作用。这些法律体系包括负责一体化进程的共同体的法律体系、成员国和地区性组织的法律体系以及为一体化倡议提供法律依据的国际法律体系。法律体系的相互作用不但会产生管理、组织和竞争的问题，而且会产生其他许多法律问题：共同体和国内法律体系之间的关系如何？国内法在共同体法律体系中的地位及共同体法在国内法中的地位如何？解决这些法律体系之间冲突的法律规则是什么？哪一机构负责解决此类法律冲突？

这些共同体－国家关系问题对于经济一体化的有效性十分重要，已引起一些经济共同体创立条约的关注。但非洲经济共同体没有对此问题给予太多

———————

① See generally Oppong（2006c）.

83 　关注。对此，人们可以注意到《非洲经济共同体条约》明显没有对一体化
进程中的法律问题给予重视。在长达65页的条约中，"法律"一词仅出现3
次，① 并且这几处都没有涉及成员国的法律或非洲经济共同体对成员国法律
的影响。在该条约所设立的7个专业技术委员会中，② 没有一个被专门指派
来处理一体化的法律问题，包括前面所论述的关系问题。③ 也许专业技术委
员会可以分别处理上面所提到的一些问题，但这种碎片化的方法可能为一体
化进程带来不必要的难题。总体来看，该条约没有认识到为经济一体化创建
全面的法律框架的必要性。此类法律框架可以界定相关的管辖权范围、明确
共同体和成员国之间的法律关系、关注经济一体化得以在其内运行的更为广
泛的国际法律背景。

　　很难了解为什么《非洲经济共同体条约》没有对法律问题给予必要的
关注。当然，不能期望一个条约能够注意到并解决所有的问题，但其中一些
问题如此重要，不应被置之不理。比较而言，地区性经济共同体条约做得也
并非稍胜一筹。在采纳《非洲经济共同体条约》前，它们没有与相关当事
方包括成员国的律师或法律团体进行广泛的协商。④ 这对于将"民众参与发
84　展"作为指导原则的条约而言真是极大的讽刺。⑤ 克鲁斯卡（Kulusika）注
意到在起草地区性条约和经济一体化文件时，法学者的参与微不足道，这可
以解释为什么《非洲经济共同体条约》没有过多关注法律问题。⑥ 本章将分
析其中一些尚未解决的问题，包括非洲经济共同体的法律地位以及非洲经济
共同体与成员国法律之间的关系。虽然本章主要关注非洲经济共同体，但本
章讨论的内容与非洲的其他地区性经济共同体也同样相关。

---

① AEC Treaty, preamble, arts. 18（2）and 35（1）（a）. 只是对调整证券交易领域的法律文件
的协调化做了明确规定。Ibid. ,art. 44（2）（d）. 人们普遍批评《非洲经济共同体条约》缺
乏详细的法律规定，而且也没有在相关议定书中做出详细规定，这会相应地产生谈判和批
准的问题。《欧共体条约》有25处提及法律，特别是包括成员国的国内法。

② 这些委员会是：农村经济和农业事务委员会，货币和财政事项委员会，贸易、关税和移民
事务委员会，工业、科技、能源、自然资源和环境委员会，交通、通讯和旅游委员会，健
康、劳工和社会事务委员会，以及教育、文化和人力资源委员会。

③ AEC Treaty, art. 25.

④ This should be compared with the EAC Treaty, which was adopted after public consultations. See
Mvungi（2002a）; Oluoch（2009）.

⑤ AEC Treaty, art. 3（h）.

⑥ Kulusika（2000）. See generally Alter（2008）.

第二节　非洲经济共同体的法律地位

一　作为一种法律体系的非洲经济共同体

明确国际和地区性组织的法律地位是正确了解其职责和权限的基本条件。就非洲经济共同体而言，其创立条约并没有明确规定这一问题。它只是规定非洲经济共同体是非洲统一组织即现在的非盟的不可分割的组成部分。① 非盟具有法律人格，有缔约及提起诉讼的能力。② 但这留下一个尚未解决的问题，即非洲经济共同体虽然是非盟的不可分割的组成部分，它是否有自己的法律人格。③ 根据国际法原则，即使条约没有明确规定非洲经济共同体的法律人格，也不会产生问题。在补偿案④中，国际法院判定，国际组织的法律人格可从其宪法性条约的规定中推论出来。布朗利（Brownlie）认为一个组织的法律人格应符合以下标准：是一个常设的国家团体，有合法的目标，配有适当的机构；该组织与其成员之间在法定权力和目标方面有所不同；以及存在有可在国际层面实施的法定权力而不仅仅是在一个或多个国家的国内法律制度中可以实施的法定权力。⑤ 非洲经济共同体满足上述条件。

虽然《非洲经济共同体条约》对该组织的法律人格三缄其口，但该条约中包含有一条从法律角度来看十分创新的规定，这有助于评估非洲经济共同体的法律人格。该条约第 3 条（e）项要求成员国"遵守……共同体的法律制度"。这一规定间接地肯定了非洲经济共同体作为一个法律体系的地位，并对成员国施加了义务，以促进其目标的实现。这一规定对于《非洲经济共同体条约》而言十分独特；对非洲其他经济一体化条约的分析表明，它们都没有对共同体的法律制度地位做出明确规定。当然，即使没有这条规定，非洲经济共同体作为一种法律体系的地位也可从条约中推论出来。规则和规则制定机构的存在，是任何法律体系的基本组成部分。在我看来，非洲经济共同体

85

---

① AEC Treaty，art. 98.
② General Convention on the Privileges and Immunities of the Organisation of African Unity，25 October 1965，art. 1，online：www. africaunion. org/root/au/Documents/Treaties/treaties. htm.
③ Ajomo（1993）.
④ *Reparation for Injuries Suffered in the Service of the United Nations*，*Advisory Opinion*：［1949］ICJ Reports 174.
⑤ Brownlie（2003），p. 649.

是一种法律体系，但正如下文所揭示的，这一结论并非信手拈来。和任何国内法律体系一样，非洲经济共同体具有这些机构。它的法律制定机构是国家元首和政府首脑大会（以下简称大会）、部长理事会（以下简称理事会）以及非洲经济共同体法院即现在的非洲司法与人权法院（以下简称非洲司法法院）。① 除这些机构外，人们还可将泛非议会列入其中，但该机构目前在非洲经济共同体的立法程序中仅有咨询作用，但它最终将拥有立法权力。在这些机构中，只有非洲司法法院的议定书尚未生效，其他几个机构都在运行。

《非洲经济共同体条约》也没有阐明共同体的法律渊源为何。这是一种无意的疏忽。由于没有明确规定其法律渊源，人们就无法了解这些渊源有哪些以及它们之间存在何种关系。无疑，《非洲经济共同体条约》和相关议定书构成非洲经济共同体的基本渊源。大会决议和理事会的规章也被认为是法律渊源。非洲司法法院的判决代表着另一种共同体法律的渊源。成员国所认可的一般法律原则以及国际法的一般原则也可以是非洲经济共同体法律的重要渊源。

86　　《非洲司法法院规约》部分地补救了《非洲经济共同体条约》中有关法律渊源规定的缺失。该规约第 31 条列举了法院"应予考虑的"各种法律渊源，但对于各种法律渊源之间的关系却不甚明了，特别是在它们彼此冲突的情况下。最终，非洲司法法院将不得不在非洲经济共同体法律体系中确定解决规则冲突的原则。在处理规则冲突问题时，法院应审慎适用并且如果可能尽量避免适用机械的规则（如后法优先规则）。相反，法院应关注相冲突的法律的实体内容，优先适用其实体内容最能促进非洲经济一体化目标得以实现的法律。的确，促进一体化应该是该法院解释和适用所有法律的基础。

作为比较，值得提及的是，和《非洲经济共同体条约》不同，1957 年的《欧洲经济共同体条约》（《罗马条约》）没有明确的法律规定宣布欧共体（现在的欧盟）是一个法律体系。欧洲法院从《罗马条约》的文本和目的中推论出欧共体是作为一个独特的法律体系而存在的。在范恩鲁斯公司诉

---

① Protocol on the Statute of the African Court of Justice and Human Rights, 1 July 2008 (hereafter, Protocol on the African Court of Justice), and the Statute of the African Court of Justice and Human Rights (hereafter, Statute of the African Court of Justice), which is annexed to the Protocol, online: www. africa-union. org/root/au/Documents/Treaties/text/Protocol% 20on% 20the% 20Merged % 20Court% 20 - % 20EN. pdf.

荷兰税务法院案（Van Gend en Loos v. Nederlandse Tariefcommissie）① 中，欧洲法院判定，欧共体"构成国际法的一个新的法律体系，为了共同体的利益，成员国限制了自己的主权权利，虽然是在有限的领域，并且其主体不但包括成员国也包括成员国的国民"。② 这一解释是法院通过对《罗马条约》进行目的解释而做出的。对于非洲经济共同体而言，该判决的意义在于，即使没有明确的条约规定将非洲经济共同体定性为一种法律体系，也可从条约中进行推论，以支持它构成一个具有主权特征的新的法律体系这一主张。

无论是通过条约规定，还是司法裁决，国际组织作为一种法律体系的存在，对成员国的国内法律制度会产生重要影响和后果。成员国应做出调整——法律上、社会上和政治上的——以使该影响转化为实际结果，并增强组织的有效性。这些调整包括：一个主动、独立的司法系统；尊重法治、司法判决和国际法的文化；良好的宪法性法律；有兴趣在国内推广共同体法律体系的国内支持者的存在；为使共同体法律体系和国内法律体系和谐共存而进行立法的政治意愿。大部分非洲国家并不完全具备上述这些条件，但一些国家在调整中正取得进步。在这方面，南非的司法系统值得一提，它们的独立和司法判决的质量令人刮目相看。在 2008 年，加纳自 1992 年起第 5 次和平、民主地实现了政府变更。博茨瓦纳、纳米比亚和坦桑尼亚也已维持了相当长的民主、和平和稳定时期。不幸的是，非洲的成功故事并未引起国际媒体的关注。③ 必须要指出的是，欧洲共同体成员国也是慢慢才接受欧洲法院所宣布的欧共体是一个法律体系这样的后果。非洲也可能会出现同样的情况。

非洲经济共同体作为不同于成员国法律体系的一种法律体系的存在，也可按照目的论解释从《非洲经济共同体条约》文本及其机构安排中推论出来。该条约序言承认了要确保人民"福利"的这种需求。该条约第 14 条设立了泛非议会，以确保非洲人民能够完全参与到本大陆的经济发展和一体化中。④ 该条约还设立了一些机构，以做出对成员国具有约束力并可在成员国内自动实施的决定。从中可以推论，这些决定无须经过诸如由议会法案并入

87

---

① Case 26/62，［1963］ECRI；［1963］CMLR 105.

② Ibid.，at 129.

③ Posner and Young（2007）.

④ See also Protocol on the Pan-African Parliament. 东共体法院在 *Mwatela* v. *East Africa Community* 案中做出的判决揭示了共同体议会在经济一体化中发挥的关键作用。［2007］1 East Afr. LR 237.

此类的国内实施程序就可在国内得到执行。这些机构以及它们所具有的权限表明了对国家主权的偏离。

实际上，非洲经济共同体成员国被明确要求遵守"共同体法律制度"这一事实，就使得那些认为共同体不能构成一个独立法律体系的主张站不住脚。此类主张与《非洲经济共同体条约》的文本不符，它没有认识到共同体法律体系在经济一体化协议中所具有的独特地位。经济共同体作为一种独立法律体系的存在，具有社会－经济和法律利益，它可以通过授予共同体追求其目标所需要的自治性和独立性这样一种身份，而使共同体得以宪法化（constitutionalized）。拥有这样一种独立的身份可以使共同体免受国内政府的干扰，也可以使经济一体化的进程得以稳定，减少因共同体内部经济交易所带来的风险和不确定性的影响。这是因为共同体内特定范围的经济活动将只需要遵守一种独立于成员国国内法律制度的法律制度。即使对于国内体制所调整的经济事项，共同体可以为国内规范设定标准并发挥监督作用。这可以促进共同体内的经济一体化和发展。从社会方面来看，人们生活在一种法律体系下有助于培育一种归属感，增强共同体内居民之间的团结。

如果非洲经济共同体要实现这些利益，那么它的法律体系在共同体层面的自治性以及它在成员国内的地位就必须得到很好的界定和尊重。但目前，这一点尚未做到。如果非洲经济共同体和成员国的法律体系之间的关系没有一种适当的法律框架，非洲经济共同体的有效性就会受到破坏。《非洲经济共同体条约》第 4 条所设定的目标要求在共同体的法律体系和成员国的法律体系之间实现高度的一体化。只有向非洲经济共同体及其机构让渡部分国家主权才能实现这一点。正如一位作者所评论的，"实现这些经济目标所需要的立法协调的深度，看来需要共同市场的成员国向不仅能够实施此类经济一体化而且能够监管成员国是否遵守其义务的机构让渡部分主权"。①

二 非洲经济共同体与成员国的主权

从实证的角度看，法律体系不仅仅是一系列法律。正如第二章所分析的，还必须存在法律能够直接约束其主体的最终的渊源。此外，这些法律不得被其主体或其他任何外来渊源所违反，或依附于它们。最终法律渊源的缺失会给一个法律体系的有效性带来严重挑战。实际上，这会影响到一个法律

---

① Taylor（1996 – 1997），p. 867.

体系的合法存在。就此而言，非洲经济共同体作为主权国家的团体面临着来自成员国主权的巨大挑战。也许，没有一个概念像"主权"一样众说纷纭。① 本书中所使用的"主权"一词意指一国法律体系高于并独立于其他法律体系的这样一种理念——它是主权者——这样，它以外的规范就不能主张在其范围内可以直接适用、实施或有效，或推翻它的规范。

国家有自己的法律体系，并可制定可直接约束其主体的法律。作为主权　89
国家，这些法律不能被该国法律体系以外的任何其他法律所侵犯或屈服于它们。国家几乎不会让渡这种主权权力。确实，许多国家的宪法都声称国内宪法是本国法律体系的最高渊源及合法性所在。像非洲经济共同体法律体系这样的外国法律体系可以独立于一国而存在，可以用其法律制度直接约束该国（及其国民），其法律制度可以直接在一国法律体系中实施或优先于国内相冲突的法律规定，这样的观点是与刚才论述的主权框架格格不入的。只有通过在国际层面让渡主权并且在国内层面对这种主权让渡进行合法化后，此类观点才可能付诸实施。②

国家主权让渡的一种例子就是允许由国家以外的机构制定的法律可以在国内直接适用并具有至上地位。换句话说，让渡主权并非只是向外部机构交付决策的权力。外部机构所做出的决定应成为让渡国法律体系的一部分，并在其内具有约束力。主权可以全部或部分让渡。纯粹的政治性的国家团体即使不让渡部分国家主权，也可以存在，但经济共同体的有效存在就完全不同了。如果成员国不让渡部分主权并构建新的法律秩序，共同市场或经济联盟就无法形成。像澳大利亚、加拿大、欧盟、尼日利亚和美国这样的一体化的经济体之所以存在，是因为成员国（或州）让渡了部分主权。③ 在这些经济体中，共同体（或联邦政府）在它们确定的职权范围内所制定的法律，通常可在构成其组成部分的州或省直接适用，并具有至上地位。

《非洲经济共同体条约》没有对成员国的主权及其与非洲经济共同体法律体系的关系等这些问题做出规定。正如第七章将要分析的，成员国的国内

---

① Jackson（2003b）.

② *Blackburn v. AG*l［1971］1 WLR 1073.

③ 在理论上，可以认为在加拿大、美国和尼日利亚各自的联邦政府成立前，组成联邦的各个州并不是主权国家，基于这个原因，这一点并不适用于它们。但是，现实是它们（美国和尼日利亚）已经向联邦政府让渡了一些权力，采用的方式就和向一个外部实体让渡主权的方式一样。在加拿大，更为准确的描述是宪法对主权进行了分配。

90 宪法看来也没有注意到非洲经济共同体法律的潜在影响，并用不同于通常国际法的方法对待这些问题。实际上，《非洲经济共同体条约》并没有使用"主权"一词，只是非盟在其《宪法法案》中将"主权平等"确认为其中一条指导性原则。这样，人们只能从《非洲经济共同体条约》的文本中推论其成员国是否向它让渡了部分主权。从该条约设立了有权制定"可在成员国内自动实施的"决定的机构这一事实来看，可以认为成员国向非洲经济共同体让渡了主权。但正如第七章将要揭示的，这一观点的问题在于，"可自动实施的"（enforceable automatically）这一概念还充满不确定性。它对成员国具有何种影响，还需做进一步考察。

与《非洲经济共同体条约》没有对上述问题做出规定不同，《西非国家经济共同体条约》在其序言中明确承认，"将成员国并入一个可行的地区性共同体可能需要成员国逐步向共同体让渡部分国家主权，以便形成集体的政治意愿"。当然，《西非国家经济共同体条约》对主权问题做出更为明确的规定的这一事实，似乎并不能把西非国家经济共同体的法律在成员国内置于一种与非洲经济共同体法律相比更好的地位。西非国家经济共同体的法律现在在成员国内的存在感微不足道，国内法院几乎没有援引过它们。这就表明，即使国际条约中有比较重要的规定，但它们的真实效果要取决于成员国的社会和政治状况。可以说，国家做出向共同体让渡主权的正式宣告并非必要，尤其是在一体化的早期阶段。国家可能会认为这样做从政治上讲不容易接受。一个有效的经济共同体必然会吸收成员国的主权。从这个意义上讲，即使条约中没有明确规定，逐步让渡主权也是不可避免的。

虽然《非洲经济共同体条约》没有对主权问题做出规定，但有理由认为非洲经济共同体成员国被要求向非洲经济共同体转让部分主权，因为它们有义务遵守非洲经济共同体的法律制度。如前所述，最终的权威渊源的存在对于一个有效的法律体系而言是不可或缺的。非洲经济共同体成员国通过在《非洲经济共同体条约》第3条（e）项中确认并宣布它们将遵守共同体的法律制度，并因此默认共同体法律体系的存在，它们已认可共同体至少具有

91 部分的主权。此类主权的特征包括约束其主体并推翻"私"法的能力。如果共同体法律在成员国内法律体系中没有效力或被其法律所推翻，该成员国就不能被认为已遵守了共同体的法律制度。主权问题将最终提交给非洲司法法院解决。确如第五章将要讨论的，国家主权和经济一体化目标之间的关系已经成为非洲共同体法院的一个焦点问题。

此外，一些非洲国家近来已经意识到有时需要让渡主权——在一定程度上是为了通过协调化的地区性政策来促进经济发展。《东非共同体条约》将主权授予其机构和组织，并将共同体法律置于国内法律之上。东非共同体内的发展代表了通过一个特别机构走向集体实施主权的飞跃一步，这种做法值得在非洲推广。《非洲商法协调条约》代表了另外一种非洲政府愿意让渡部分主权以实现经济发展的例子。根据该条约，（非洲商法协调组织 OHADA）成员国让渡部分国家主权以创建一种被称为"统一法"（Uniform Acts）的单一的地区性统一商法制度。统一法在成员国国内直接适用并具有优先效力，成员国国内此前或此后的立法不得与统一法相冲突。① 换句话说，它们自动并直接在成员国国内适用，而且可以推翻与之相反的国内法律规定。② 该条约还设立了司法与仲裁共同法院作为解释和实施条约、规章和统一法的最终机构。③ 司法与仲裁共同法院可以受理来自成员国国内法院移送的上诉或直接来自受害方当事人的上诉。④ 该法院的裁决是"终局的"，有权在成员国国内法院得到执行和实施。⑤

考虑到非洲发展的极度落后状况以及经济的边缘化，非洲政府应意识到放弃狭隘的国家利益和个人利益以通过非洲经济共同体开创共同事业的迫切性。共产主义的威胁以及二战所造成的巨大伤害推动欧洲走向一体化。非洲落后的经济状况也应该唤醒非洲领导人携手共进。面对着世界的经济繁荣，无须任何外力，单单非洲的落后和边缘化就足以推动非洲领导人团结起来，将超国家的决策权力部分让渡给非洲经济共同体，以追求《非洲经济共同体条约》所设定的共同的经济目标。世界其他地区经济一体化所带来的好处应鼓励非洲领导人满腔热情地拥抱非洲经济一体化倡议。当然，成功来之不易。但只要有必要的法律框架、制度安排、政治支持以及良好的社会、经济和政治环境，成功指日可待。

92

总之，笔者认为非洲经济共同体是一个法律体系，在其成员国内应是其权限范围内事项的最终的法律渊源。非洲经济共同体的成员国是其主要主体。个人也应该成为其次要的主体。这些主体必须遵守其法律和制度。

---

① OHADA Treaty, art. 10.
② Dickerson（2005）, p. 55.
③ OHADA Treaty, art. 14.
④ Ibid., art. 15.
⑤ Ibid., art. 20.

第三节 非洲经济共同体法律的至上性

区域经济一体化会产生纵向、纵 - 横向和横向关系，并在这些关系背景下运行。纵向关系存在于共同体与其成员国之间。纵 - 横向关系存在于某一共同体、其他共同体和国际法律体系之间。横向关系存在于共同体的成员国之间。确立、界定并管理这些关系对于共同体的有效性而言十分关键。随着共同体经历经济一体化的不同阶段，这尤为如此。如果这些关系没有得到清楚界定、组织和管理，它们就会导致不确定性、管辖权冲突以及共同体法律的不一致适用，并最终导致共同体陷入瘫痪。这方面的一些重要问题包括共同体法律在成员国的地位以及如何克服国内法律的不同而给经济一体化带来的挑战。在经济一体化中，存在国内法律和共同体法律之间的冲突。从共同体 - 国家关系的角度来看，此类冲突是更为宽泛的国内法和国际法关系问题的一部分。因此，在后一语境中所发展出来的规则有助于解决前一问题。不过，这需要谨慎对待。国内法与国际法关系的传统规则的自动适用可能会损害共同体的利益与发展。实际上，正如我在第七章将要谈到的，要保持非洲经济一体化进程的有效性，就需要对现有的宪法性法律进行反思，特别是有关给予国际法效力的方法、有关解决国际法和国内法之间冲突的规则以及主权和国内宪法至上的学说。①

人们通常从一元论到二元论的角度来分析国内法和国际法之间的关系。② 一元论者将国际法和国内法视为单一法律体系的一部分。它们认为，国际法可在国内法律体系中直接适用。换句话说，无须任何国内的实施立法，国际法就直接成为国内法律体系的一部分。对于一元论者而言，国际法实际上高于国内法。当然，并非所有一元论者都对国际法与国内法的关系持这样的观点。虽然汉斯·凯尔森是一元论的倡议者，但他并不主张国际法高于国内法。在他看来，国际法可能需要服从国内法律体系中的特定规范。换言之，他认为一元论要求法律规范应该是单一法律体系的一部分，但对规范之间的关系问题却未置可否。③

---

① Maluwa (1998); and Maluwa (1999), pp. 31 - 51.

② Nijman and Nollkaemper (2007).

③ Kelsen (1967), pp. 328 - 347.

　　另一方面，二元论者认为国际法和国内法是独立的法律体系，在不同的范围实施。国际法并不能自动成为国内法律体系的一部分。国际法要想在国内法律体系中得到适用，就必须通过国内的立法程序被纳入进来，这一程序会将国际法规范转化为国内规范。只有经过这样的转化程序后，个人才能从国际法（现在的国内法）中受益或援引国际法的规定。对于二元论者而言，国际法不能在国内主张至上性，虽然它在国际法律体系中是至高的。

　　很难严格地将国家分为一元论国家或二元论国家；根据相关国际法类型的不同，它们的立场可能会经常改变。许多普通法域的传统观点是，国际习惯法被自动纳入到国内法中，无须经过立法程序的干涉。但近来有人认为这一观点需要有所限制。在 R 诉琼斯案［R v. Jones（Margaret）］中，宾厄姆（Bingham）爵士不愿"接受这一不加任何限制条件的观点"，他认为"布莱尔利（Brierly）的主张有一定道理……国际法不是英国法的组成部分而是其中一种渊源"。① 在塞尔斯（Sales）和克莱蒙特（Clement）看来，"更好的观点——符合现代宪法原则的观点——是国内宪法性法律发挥过滤器的作用，决定着国内法院应认可来自国际习惯法的规范并将其作为普通法一部分并因此直接在国内法中实施的程度"。一些具有成文宪法的国家，在它们的宪法中明确规定，国际习惯法纳入国内法要遵守宪法的规定，这些国家都持有此类观点。②

94

　　实际上，这种一元论－二元论的分野在许多方面是不能令人满意的。它更多关注的是规范的渊源或谱系，在很大程度上忽视了相关规范的内容。基于规范的渊源，通过在规范之间创建一种分野，它就转移了人们对相关规范实体内容的关注。国际法和国内法传统上解决的是相对不同的问题，前者关注的是国家之间的关系，而后者关注的是在其管辖范围内个人之间的关系。但近来不能否认的是，二者的利益及最终目标逐渐融合是——或至少包括——确保个人的福利。能够表现这些共同目标的领域包括国际经济法和人权法。在这些领域，国内和国际的互动逐步增强。因此，在目前，国际法和国内法有许多共同点，试图将它们分开或隔离，从逻辑上讲是错误的，在实践中也行不通。

① ［2007］AC 136 at［11］citations omitted；and O'Keefe（2008），p. 85.
② See e. g. Constitution of the Republic of South Africa，1996，art. 232；Constitution of the Republic of Malawi，1994，art. 211（3）；and Constitution of Kenya，2010，art. 2（5）.

暂且不讲一元论和二元论范式的理论问题，国际法和国内法的关系还会对两种法律体系和它们的主体产生重要的实际影响。它决定着个人能够依赖国际法在国内法律体系中维护自己权利的程度；这对国际法的有效性具有重要意义，这在国内层面通常缺乏有效的执行机制。正如肖（Shaw）教授所指出的，"正是因为在处理国际法问题时缺乏充分的执行手段，人们才认识到国际法与国内法的关系并非无足轻重"。[①] 两种法律体系之间的关系可能还决定着两种法律体系所产生的规范相互融合的程度。国际法能在多大程度上强迫或诱使国内法的改革，也会对这种关系产生影响。如果一个法律体系能够影响其他法律体系规范的发展，给予该法律体系的尊重就会增加。

《非洲经济共同体条约》没有规定共同体法律在国内法律中具有至上性。实际上，在所有非洲经济一体化的条约中，只有《东非共同体条约》含有此类规定。[②] 一些作者试图利用《非洲经济共同体条约》的文本、结构和目标来推论出非洲经济共同体法律针对成员国国内法的至上性。[③] 该条约要求对成员国的政策进行协调。冲突的国内法会阻碍非洲经济共同体目标的实现。《非洲经济共同体条约》第 5 条要求成员国不得采取会妨碍共同体目标实现的行为。共同体的决定和规章也可在成员国国内自动实施。这些措施以及共同体自己和成员国之间职权划分的事实，经常被人引用，认为从逻辑上暗示了共同体法律是至上的。此种主张能否在普遍的宪法和政治条件下得到支持，还令人怀疑。可以肯定的是，此类推论可以很容易地在学术圈内做出；但在没有明确的条约规定的情况下，需要有一个积极主动的非洲司法法院来确认非洲经济共同体法律的至上性，需要成员国内部有支持性的国内司法意愿以及良好的宪法性法律，需要有尊重国际法的一般政治文化的存在以支持这一点。非洲目前是否存在这些条件还有待讨论，但绝不能说这些条件不可能在非洲出现。

在这方面，欧盟的经验值得借鉴。[④] 《罗马条约》和《非洲经济共同体条约》一样，没有明确规定欧共体法律是否在成员国国内法中具有至上地

---

① Shaw（2008），p. 161.

② 《东非共同体条约》第 8 条第 4 款和第 5 款规定，成员国应制订必要法律以授予共同体部门、机构和法律相对于成员国国内相似部门、机构和法律的优先地位。截至目前，还没有制订这样的法律。纳入《东非共同体条约》的国内立法没有对这一问题做出规定。

③ Naldi and Magliveras（1999），pp. 620 – 621.

④ Alter（2001）.

位。然而，欧洲法院有能力使《罗马条约》宪法化，将其拔高到国内法律 96
之上。在范恩鲁斯案①中，欧洲法院判定，欧共体构成一个新的法律体系，
它独立于并不同于其成员国的法律体系。在科斯塔诉 ENEL 案（*Flaminion*
Costa v. ENEL）② 中，欧洲法院利用目的论解释，认为欧共体法律高于国内
法。法院指出，"起源于条约（《罗马条约》）的法律，是一种独立的法律渊
源，不能因为其特殊的或原初的性质，就可以被国内法律规定推翻，无论国
内法律规定是如何制定的，都不得剥夺此类法律作为共同体法律的特性，而
且不得对共同体法律本身的法律基础提出质疑"。③

目前，欧盟法的至上性地位已得到牢固确立，甚至不能援引国内宪法性
法律中的根本规范来对欧盟法提出质疑。④ 韦瑟利尔（Weatherill）用发人深
省的话说道："即使是最微不足道的技术性共同体立法也能高居于受人景仰
的国内宪法规范之上。"⑤ 不过，欧盟成员国经过了很长时间才接受了欧盟
法的至上地位。成员国最初抵制欧盟法的理由包括：它挑战了国内主权，它
是建立在"软弱无力"（weak）文本观点之上。⑥ 国内法院最初的反应也是
复杂的。⑦ 即使现在这一观念已在成员国内普遍接受并牢固确立，国内法院
通常也会根据国内法律框架而不是欧洲法院授予欧盟法的固有优先权力，来
解释它们对欧盟法这一地位的接受。实际上，直到今天，英国法院偶然也会
有一些判决理由表明，它们可能会支持明确推翻欧盟法的议会法案。⑧

非洲经济共同体法律的至上观念将有助于非洲经济一体化。它将确保共
同体法律在成员国内得到一致适用。这对于非洲经济共同体的稳定十分关
键，并能为商业决策创造一种安全和稳定的法律框架。它也将确保受非洲经
济共同体法律影响的所有人民能够得到平等对待。当机会来临时，非洲司法

---

① *Van Gend en Loos* v. *Neder – Landse Tariefcommissie*，Case 26/62，［1963］ECR 1，［1963］CM-
LR 105 at 129.

② *Flaminio Costa* v. *ENEL*，Case 6/64，［1964］ECR 585 at 592 – 593.

③ Ibid. ，at 592 – 593.

④ *Amministrazione delle Finanze dello Stato* v. *Simmenthal SPA*，Case 106/77，［1978］ECR 629，3
CMLR 263.

⑤ Weatherill（1995），p. 106.

⑥ Craig and de Búrca（2003），p. 279.

⑦ Craig and de Burca（2003），pp. 285 – 314；and Cappelletti and Golay（1986），pp. 261，311 –
315.

⑧ *Macarthys Ltd.* v. *Smith*［1979］ICR 785 at 789；*Macarthys Ltd.* v. *Smith*［1981］QB 180 at 200；
and *Thoburn* v. *Sunderland City Council*［2003］QB 151 at 184 – 185.

97　法院能否采用一种目的论方法来解释《非洲经济共同体条约》，并确认非洲
经济共同体法律针对成员国国内法律的至上地位，尚需拭目以待。由于该法
院尚未运作，我们还不能从中收集相关案例，通过这些案例我们可以推断出
该法院对待共同体法律的态度。但东非共同体法院已经考虑到了这一问题。
在安洋诉肯尼亚共和国总检察长案（Anyang' Nyongo v. AG of the Republic of
Kenya）中，法院要决定的一个问题涉及《东非共同体条约》的规定与国内
法冲突时的法律地位。① 东非共同体法院在做出裁决时明显忽视了《东非共
同体条约》第 8 条第 4 款的规定，它认为，该条约没有对此类冲突提供明确
的解决方案。相反，它转向国际法的基本原则和欧洲法院有说服力的判例来
寻求答案。法院正确地得出了结论：在与国内法冲突时，条约优先。② 不
过，它对该条约第 8 条第 4 款白纸黑字规定的忽视是令人遗憾的。对于司法
判决来说，没有比立法规定更强有力的依据了。

一　国内法院的反应

　　如果非洲司法法院确认非洲经济共同体法律优先于国内法，还不确定国
内法院会作何反应。此类确认的有效性将部分取决于它们的反应。现有的国
内判例揭示了国内法院的两种反应方式，这两种方式都对共同体法律在国内
法律体系中的至上性似乎充满敌意。第一种直接拒绝接受共同体法律的至上
性。第二种方式是第一种方式的灵活翻版，对共同体法律和国内法律体系采
用了一种僵硬的区分方式。对于这种方式而言，共同体法律只有在共同体层
面是至上的。它不能推翻国内法律，并且对违反共同体法律的救济只能在共
98　同体层面进行。两种方式都反映了二元论学者有关国际法与国内法关系的观
点——这种观点在英国前非洲殖民地十分盛行。
　　肯尼亚诉奥孔达案（Kenya v. Okunda）③ 揭示了第一种方式。本案要解

---

① *Anyang' Nyong'o v. Attorney General of the Republic of Kenya* ［2008］3 KLR 397. 西共体法院的
判决也包含一些附带理由，可以被解释为支持共同体法律的至上性。在 *Frank Ukor
v. Alinno*，Suit No. ECW/CCJ/APP/01/04（ECOWAS Court of Justice，2005）at ［21］案中，
西共体法院指出，条约是"西共体的最高法律，它也可被称为西共体的宪法"。在 *Jerry
Ugokwe v. The Federal Republic of Nigeria*，Case No. ECW/CCJ/APP/02/05（ECOWAS Court of
Justice，2005）at ［32］案中，西共体法院指出，西共体法律秩序的显著特征是，它在共同
体法律中确立了司法一元主义。

② *Anyang' Nyong'o v. Attorney General of the Republic of Kenya* ［2008］3 KLR 397 at 430 – 431.

③ *Kenya v. Okunda*（1969）91 ILM 556（hereafter，*Okunda*）.

决的问题是东非共同体法律针对肯尼亚法律的至上性。肯尼亚总检察长未经东非共同体法律顾问的同意，就根据东非共同体 1968 年的《官员秘密法》对两名人士提出指控。根据该法第 8 条第 1 款，此种同意是必需的。问题是肯尼亚总检察长能否在未经同意的情况下提出指控程序。要解决这一问题就需考察东非共同体法律和肯尼亚宪法第 26 条第 8 款的关系，该款规定，在履行其职务时，"总检察长不应受任何人的指示或控制"。① 东非共同体法律顾问认为这两款法律规定之间冲突的解决应有利于共同体法律。他声称，根据《东非合作条约》，成员国同意在它们的权限内采取所有措施通过立法以给予该条约以效力，并给予共同体法律在它们领域范围内以法律效力。此外，根据该条约第 4 条，成员国有义务"尽最大努力规划和调整政策，以便为共同市场的发展和共同体目标的实现创造有利条件"。② 法律顾问认为，根据这些规定，成员国同意"让渡它们的部分主权"。③

肯尼亚法院认为，肯尼亚并没有违反这些义务，并且根据肯尼亚宪法，共同体法律是肯尼亚法律的一部分。在出现冲突时，如果共同体法律与国内宪法不一致，它们就是无效的。④ 宪法是一国的最高法律。对该判决的上诉被东非上诉法院驳回。⑤ 法院承认该案提出了一个具有根本重要性的问题。 99 它指出，"肯尼亚宪法是至高无上的，任何法律，无论是肯尼亚法律还是在肯尼亚适用的共同体法律或其他国家的法律，如果它与肯尼亚宪法相冲突，就其冲突部分而言，是无效的"。⑥ 上诉法院的这一判决可能会招致批判，但考虑到该法院受理的是来自国内法院就国内法所指定的问题做出的判决的上诉，人们会认为该法院的做法也有合理之处。⑦ 解释和适用《东非合作条约》的权力被授予给共同市场法院。⑧ 因此，在处理案件时，上诉法院不必

---

① Ibid. , at 556 – 557.

② Ibid. , at 557（citing Treaty for East African Cooperation, 1 December 1967, 6 ILM 932, art. 4）.

③ 从比较的角度来看，可以看出，律师所采用的观点和欧洲法院在 *Flamino Costa* 案中采用的目的论和文义解释的观点十分相似，虽然在该案中律师并没有提到欧洲法院的这一案例。在这一案例中，欧洲法院确认欧盟法律高于成员国法律的至上性。在 *Okunda* 案判决做出的几年前，在《东非法律杂志》上发表的一篇文章中，作者提到了 *Flamino Costa* 案的判决，但没有从比较的角度分析它对东非共同体法律的影响。Njenga（1968）p. 151.

④ *Kenya v. Okunda*（1969）91 ILM 556 at 558.

⑤ *East African Community v. Republic of Kenya*（1970）9 ILM 561.

⑥ Ibid. , at 565 – 566.

⑦ Treaty for East African Cooperation, art. 81.

⑧ Ibid. , art. 32; and Ross（1972）.

考虑是否会促进经济一体化目标的实现。和国内法院一样，国内法律考虑因素至关重要，即使此种看待共同体法律的方式会损害实现有效的经济一体化这一目标。

确认肯尼亚法律至上性的另一案件是伊凡申请案（In the Matter of an Application by Evan Maina）。① 该案因《东非关税和转移管理法》（East African Customs and Transfer Management Act）而起。该法是一项共同体法律，规定了一些违法行为。该法第174条规定，如果关税专员确信有人违反了该法，应处罚金，他就可施行处罚，通过简易程序命令违法者缴纳200先令以下的罚款。该条规定被认为违反了肯尼亚宪法第77条第1款。该款规定，"如有人被指控有刑事违法行为，除非该指控被撤销，否则依法设立的独立、公正的法院应在合理时间内给予该案以公正审理"。法院拒绝接受税务机构的主张，税务机构认为，该案中的违法行为是"关税"而非"刑事"违法，因此，不应考虑宪法第77条的规定。第77条其他款项要求只有在被告人在场的情况才可进行庭审程序，除非被告人有其他同意或其行为造成这一程序很难进行。此外，不必给予被告人为自己辩护的机会，无论是他自行辩护还是由其选择的律师代为辩护。这两款规定都被认为与共同体法第174条的规定不符。而且，税务专员并不是宪法第77条规定含义中的"法院"。因此，共同体法第174条和肯尼亚宪法第77条存在明显冲突。法院判定共同体法律不能得到支持，因为肯尼亚宪法规定，"如果任何法律与本宪法冲突，本宪法应优先适用，其他法律与其冲突的规定是无效的"。

也许是为了避免在今后出现类似的判决，《东非共同体条约》引进了第8条第4款规定。但迄今该规定尚未受到东非共同体内的法院的重视。② 在安洋诉总检察长案（Peter Anyang's Nyong'o v. AG）案③中，肯尼亚高等法院再次判定，如果一条约与肯尼亚宪法冲突，国内法院的首要职责就是维持宪法的至上性。④ 考虑到《东非共同体条约》在肯尼亚具有"法律效力"，⑤ 而且第8条第4款没有从其至上性规定的范围内将国内宪法排除在外，肯尼

---

① Case no. 7/1969. 我无法找到本案判决书副本，此处所做的分析是根据 Ghai 对该案所做的简介进行的。Ghai（1976），pp. 34 – 35；Ghai（1969），pp. 76 – 78.

② In *Shah v. Manurama Ltd.*［2003］1 East Afr. LR 294. 乌干达法院在该案中引用了这些规定，以此来说明为什么东共体的居民在国内法院提起诉讼时不再需要提供费用担保。

③ ［2007］eKLR（Kenya High Court, 19 March 2007）.

④ ［2007］eKLR（Kenya High Court, 19 March 2007）, at 13.

⑤ Treaty for the Establishment of the East African Community Act 2000.

亚高等法院的判决可能违反了东非共同体法律。

第二种方式表明了共同体法律和国内法律之间的僵硬分化，也在肯尼亚法院审理的安洋诉检察总长案①中有所反映。该案的核心问题是，对《东非共同体条约》的修正是应该遵守肯尼亚宪法所规定的程序还是遵守该条约所规定的程序。该案的表面问题是，申请人能否依据《东非共同体条约》的规定提起诉讼。法院判定，个人不能根据条约实施任何权利，因为国家不是它们的代理人或受托人；只能在共同体层面寻求对违反共同体法律的救济。虽然该条约已被纳入肯尼亚法律中，而且正如法院所正确承认的，国内法是为了提供"一个能动的环境，以实现该条约的目的"。即使有这样的事实，情况依然如此。在法院看来，将条约并入肯尼亚国内法中并没有使条约在国际层面丧失其独立存在性，以至于它就应该根据国内法进行修正。实际上，在法院看来，原告将条约描述成附属立法是"一种令人震惊的观点"。无疑，这种解释是正确的。不过，法院的推理应谨慎为之。在经济一体化进程中，共同体法律和国内法律之间的僵硬区分会损害共同体法律的有效性。这会导致共同体法律在成员国内不被给予效力的情形。总体而言，上述判决反映了对经济一体化中共同体和国内法律体系相互联系的漠视。

目前，看来只有肯尼亚法院和东非司法法院处理过共同体法律和国内法律包括国内宪法之间的冲突和至上性问题。总的来看，它们的反应还不足以在共同体和国内法律之间建立起适当的联系，以便加强非洲的经济一体化。它们所采用的方式表明，共同体法律被作为另一类的国际法而对待。针对国际法在国内的地位，传统的司法方式已被自动拓展到共同体法律。笔者认为这是错误的。早在1974年，皮斯卡特（Pescator）就警告要反对"轻率地将以前所使用的有关国际法在国内适用的解决方法——无论是好是坏——转移到共同体法方面来的趋势"。② 非洲法院在处理共同体法律时应重视这一警告。

在一定程度上，很难对肯尼亚法院就其在奥孔达案、伊凡案和安洋案中做出的判决提出批评。确实，在所有三个案件中，由于它们都涉及共同体法律和国内宪法——一国的最高法律之间的冲突，法院的任务绝非易事。国内法院对共同体法律的接受会受到国内宪法的影响和制约。在肯尼亚的案件中，这看来是一个至关重要的考虑。在那些宪法被宣布为本国领域内最高法

101

---

① ［2007］eKLR（Kenya High Court，19 March 2007）.

② Pescatore（1974），p. 96.

律而且任何与之冲突的法律不得有效的国家，需要极为丰富的司法想象力才能接受共同体法律至上性的观点。如果在上述案件中，冲突涉及的只是"普通的"国内立法，判决可能就会有所不同。除奥孔达案外，东非共同体法律对肯尼亚法律体系提出的特定要求似乎没有在法院内得到辩论。如果共同体法律要在国内获得一种至上的、优先的地位，律师的作用也至关重要。

102   这提出了一个更为宽泛的问题：非洲的律师和法官了解非洲经济一体化条约及其对国内法律体系影响的程度如何。在这些职业人群内共同体意识的发展对于确保共同体法律在成员国内占有优先地位是非常重要的。在此方面，东非共同体成员国内法律社团的发展令人鼓舞，它们成功地在东非共同体司法法院内挑战了共同体和成员国做出的一项决定。① 它们提起的这一诉讼证明了人们对东非共同体的存在及重要性的了解，并显示了人们愿意去捍卫共同体的价值。需要更多的法律挑战来推进非洲经济一体化。

    如果认为其他非洲法院也会遵循肯尼亚法院有关共同体和国内法律冲突的做法，是不恰当的。当然，必须承认共同体法律的前景不会美好，除非国内法院认识到共同体的独特性，并且不将它视为是另一类型的国际法。使共同体法律凌驾于国内法之上确实会对主权产生影响，并且很可能会受到国内机构的抵制。需要加强有关共同体法律的独特性（不同于国际公法）、它与国内法的适当关系以及律师和法官在处理共同体法律时所应发挥的作用等方面的司法和法律教育。为此，需要在国内开展各种讲座、会议、论坛，并将经济一体化的法律问题纳入到法学院的课程体系中。这样的教育非一朝一夕就能成功。但是，人们对此可以谨慎乐观，特别是如果经济一体化的利益可以直接在人们的生活和生产中直接感受到。

二 政治反应

    除对于非洲司法法院确认非洲经济共同体法律高于国内法之上的国内司法反应外，国内社会－政治环境也同样重要。问题是，是否存在尊重国际法的一般政治文化，以使这种确认得到维持，而且特别是使它对国内法律体系的全面影响得以维持。在欧洲，阿尔特已经证明社会－政治力量是如何型塑并增强欧洲法院通过其判例对欧共体一体化进程所施加的影响。② 她与赫尔

---

①   *East African Law Society* v. *Attorney General of Kenya*［2008］1 East Afr. LR 95.
②   Alter（2009）.

弗有关安第斯共同体法院的研究也揭示了共同体的"环境"是如何限制法   103
院法理发展的。[①]

对国际法和司法判决的政治反应的调研，有助于为非洲司法法院将来在
非洲一体化进程中应发挥的作用提供某些指导。一些非洲国家偶尔出现抵制
国际法的情况。马鲁瓦（Maluwa）分析了针对津巴布韦宪法的一条修正案，
进行这样的修正显然是为了防止法官援引国际法。[②] 最近，东非司法法院做
出的一项不受人欢迎的判决[③]导致了《东非共同体条约》的修改。[④] 该法院
随后发现所做出的修正没有遵守《东非共同体条约》所规定的程序。[⑤] 在
2010 年 8 月，南共体国家元首和政府首脑大会决定对南共体法院的职责、
功能、和受案范围进行审查。这明显是针对该法院做出的一项不利于津巴布
韦的判决而做出的反应。这些针对共同体法律的政治反应有害无益，应受谴
责。从国内宪法和国际条约的角度来看，有迹象表明非洲正变得越来越对
"国际法友好了"，[⑥] 即使这主要停留在纸面上。实际上，肯尼亚 2005 年没   104
有通过的宪法修正案就曾将东非共同体法律被列为肯尼亚法律的一部分。[⑦]
这一规定可能会对东非共同体法律在肯尼亚法律体系中的地位产生深远
影响。

必须承认的是，对国际法特别是国际法院如非洲司法法院判决的真实的
政治反应很难进行评估。目前，似乎还没有有关非洲国家遵守国际法院判决
的程度的系统研究。不过，近来一项有关遵守非洲人权与民族权利委员会决
定的研究可以提供有益的借鉴。该研究指出，在 1994 年至 2003 年中期之

---

①   Alter and Helfer（2010）.

②   Maluwa（1998），p. 64.

③   *Anyang' Nyong'o v. Attorney General of the Republic of Kenya* [2008] 3 KLR 397.

④   这些修正包括：将法院重组为两个分庭，即一审分庭和上诉分庭；扩大了解除法官职务的理
    由；对于正面临解职调查或被控涉嫌有解职行为的法官规定了中止履行职务的规定；对法院
    的管辖权进行限制，使其不适用于条约所授予的对成员国国内机构的管辖；规定了法人或自
    然人向法院提起诉讼的时效；规定了可以提起上诉的理由；以及将本法院及现任法官做出的
    判决视为一审法庭的判决。法院认可这样的观点，即一些修正旨在约束法官的行为。

⑤   *East African Law Society v. Attorney General of Kenya* [2008] 1 East Afr. LR 95. 法院认为，未能
    就这些修正与共同体机构以外的群体进行协商违反了《东共体条约》中有关促进人民积极
    参与东共体活动的原则。但法院不愿认定这些修正无效。法院宣称，它有关要求人民参与
    条约修正程序的裁定不具有溯及力。

⑥   Oppong（2007a）.

⑦   Proposed New Constitution of Kenya（2005），Kenya Gazette Supplement No. 63，art. 3. 不过，
    肯尼亚 2010 年通过的宪法没有包含这一规定。

间，非洲人权与民族权利委员会收到 43 件有关违反《非洲人权与民族权利宪章》的来函（申诉书）。截至 2004 年 12 月 31 日，仅有 6 个案件的建议得到完全、及时的遵守，在 13 个案件中，国家明显没有遵守建议，在 14 个案件中，建议只是得到部分遵守。用作者的话来说，"显然国家整体上没有遵守非洲委员会的建议"。① 在诸如博茨瓦纳、纳米比亚、南非此类的国家，国际法在它们的法律体系中地位尊崇，② 这样，共同体法律以及共同体法律优先于国内法的主张就可能会被容易地接受。近来，南非法院同意对南共体法院针对津巴布韦政府做出的判决进行登记，这表明了它对共同体法律的尊重。③即使《南共体条约》还未被纳入到南非法律中，它也这样做了。

在缺乏民主和法治的国家，对国际法的反应可能是充满敌意的。南共体法院最近做出的判决——已被南非高等法院予以登记——宣布津巴布韦没收原告土地的政策违反了《南共体条约》。④ 在针对该判决做出的反应中，穆加贝总统声称南共体法院无权以农场主的名义进行干涉。用他自己的话来说："一些农场主到南共体喊冤，但那是无稽之谈，完全的无稽之谈，没有人会跟着那样做。我们在自己的国家内有法院，它可以决定人们的权利。我们的土地问题不受南共体法院的管辖。"⑤ 政客所反对的国际法通常是国际人权法方面的，它们会对国家的行为有所约束。共同体法律并不总是具有那样的性质。共同体法律至上这一事实并非暗示着要废除国内法，而只是它不能适用于某一具体问题而已，这样可能会使共同体法律稍微更容易被人接受。

还需拭目以待的是，当非洲司法法院开始运作并有机会时，它是否会确认非洲经济共同体法律的至上性。如果它这样做了，接下来的挑战就是国内

---

① Viljoen and Louw（2007）.

② Tshosa（2007）; and Tshosa（2010）.

③ *Fick* v. *Government of the Republic of Zimbabwe*, Case No. 77881/2009（North Gauteng High Court, South Africa, 2010）. Earlier in Gramara（Pvt）*Ltd.* v. *Government of the Republic of Zimbabwe*, HC 33/09（Zimbabwe, High Court, 2010）. 法院以公共政策为由拒绝执行这一判决。

④ *Mike Campbell*（*Pvt*）*Ltd. & Others* v. *The Republic of Zimbabwe*, SADC（T）Case No. 2/2007（SADC Tribunal, 2008）.

⑤ BBC News, "Mugabe Vows to Seize more Farms", 28 February 2009, online: news. bbc. co. uk/2/hi/ africa/7916312. stm. 在 2009 年 6 月，南共体法院判定津巴布韦及其政府没有遵守南共体法院的判决，就根据《南共体法院议定书》第 32 条第 5 款规定把这一情况报告了南共体国家元首和政府首脑大会，由其采取适当行动。*William Michael Campbell* v. *The Republic of Zimbabwe*, Case No. SADC（T）03/2009（SADC Tribunal, 2009）.

的司法和政治反应。这些反应会因国家而异。确实，如果所有国家都倾向于非洲经济共同体法律的至上性，尚需漫漫时日。与此同时，非洲经济共同体和地区性经济共同体需要就其成员如何确认它们的法律体系与共同体法律的关系以及成员国应如何确保国内法和共同体法律包括共同体的至上性和谐共存展开研究。成员国还需要对国内宪法进行修正以界定或澄清共同体法律在它们各自法律体系中的地位。① 津巴布韦《关税与海关法》第 102 条第 1 款是一个有趣的例子，该款规定，总统根据该法所缔结的贸易协议 "即使与本法或任何其他法律或根据任何法律具有效力的任何文件的相关规定冲突，它仍然有效"。希望非洲经济共同体的成员国考虑将下面的规定引入到它们的国内宪法中，以增强共同体法律的有效性：

　　本宪法应是**国家名字**的最高法律，与本宪法规定相冲突的任何其他法律就其冲突的规定而言是无效的。

　　在不损害上述规定的前提下，本宪法的任何规定不得使本国根据其作为**共同体的名称**的成员的义务所通过的立法、做出的行为或采取的措施归于无效，或阻止**共同体名称**或其机构或根据**设立共同体的条约的名称**具有权限的部门所通过的立法、做出的行为或采取的措施在本国具有法律效力。

　　为避免疑问，**共同体名称**制定的法律应在**国家名称**内具有法律效力。此类法律是至上的并且在与**国家名称**议会通过的任何法律或从议会通过的任何法律中获取权威的任何法律相冲突时优先适用。

第四节　法律的协调化

一　国内法律的不同

　　经济一体化中一个关键的国家间关系问题，是如何克服因各国法律传统和法律的差异所带来的挑战。这些存在于实体法和程序法中的差异甚至可能拓展到法律文化和法律思维中来。在非洲，各国法律的差异主要是因法律传

---

　　①　在欧盟内部，一些成员国不得不修改法律以满足共同体法律的要求。See Bebr（1971）pp. 485 – 487. 该书中有对这些修正的介绍。一些近来被吸收进欧盟的国家也不得不对宪法做出具有同样效力的修正。

统的多样化造成的，在非洲存在着普通法、大陆法、罗马-荷兰法、习惯法和伊斯兰法。非洲前殖民者的法律传统仍盛行于其前殖民地。非洲各国法律差异的程度不应被夸大。地缘上的接近、共同的殖民经历以及立法者对复制邻国立法的喜好导致这样的情形：在信奉同一法律传统的国家，它们的法律非常相似。来到尼日利亚的加纳律师不会对尼日利亚法律制度原则感到迷惑不解；来到南非的纳米比亚律师也不会遇到这样的情况。但这种情况不能适用于来到南非的加纳律师。这为非洲经济一体化既带来好处也带来挑战。国内法的不同体现在许多法律领域。例如，在国际私法领域，对于涉外金钱诉讼的管辖权，罗马-荷兰法国家①将扣押作为管辖权的基础，普通法国家②将送达作为管辖权的基础。同样，利用管辖权协议将管辖权授予国内法院的做法在罗马-荷兰法国家受到的限制比在普通法国家受到的限制更多。随着一体化进程的发展以及跨境经济活动的增加，这些国内法律的差异将会越来越明显。

国内法律的不同会使商业交易决策复杂化。在许多不同国家交易的当事人可能不得不寻求有关不同法律制度的法律建议。这可能意味着他们不得不遵守不同的法律制度。这会增加交易成本。国内法律的差异可能导致投资集中于在经济共同体中具有发达法律制度和良好规则的国家，而对其他成员国不利。在罗马-荷兰法国家中，可以扣押投资者的资产以确立管辖权，这样在诉讼终结前他就不能处理自己的资产。当在这些国家投资时，这可能是一个重要的考虑因素，特别是如果有关国家案件拖沓冗长，而这正是许多非洲国家所面临的情况。在普通法国家中，在诉讼期间投资者仍可利用这些资产，除非通过授予诉前马利华禁令他被禁止处理这些资产。和扣押不同，马利华禁令是一种属人救济方式，它并不是对财产的扣押。这样，它就允许被告可以在有限的情况下继续处理自己的资产。非洲的地区性经济共同体的动力室——南非、肯尼亚和尼日利亚——与它们的邻国相比具有相对发达的法律制度，这并非偶然。如果投资集中于经济共同体中的某一国家，就可能导致其他国家的嫉妒和憎恨情绪，从而造成共同体的分化，特别是在没有可供利用的共同体基金以抵消一些国家作为共同体的成员所遭受的损失时。以前

---

① 博茨瓦纳、莱索托、纳米比亚、南非、斯威士兰和津巴布韦。

② 冈比亚、加纳、肯尼亚、马拉维、尼日利亚、塞拉利昂、坦桑尼亚、乌干达和赞比亚。还应加上利比里亚，它虽不是英国的殖民地，但具有受英国法律影响的法律制度，这是因为它与美国具有的历史联系。

的东非共同体的解散就是这方面的一个例子。① 国内法律的差异也不能为共 108
同体的公民带来平等保护，因为对同一问题的法律权利可能在不同国家有不
同规定。

经济共同体内国内法的协调化或统一化可以克服上述问题。法律协调化
涉及对成员国法律的调整。它可以将法律的差异减少到最小程度，但它并不
能消除差异。法律协调化允许成员国在实施协调化的法律时考虑到自己不同
的国内需求。而法律的统一化却为成员国提供了单一、一体化的法律制度。
在我看来，非洲有 53 个（现有 54 个——译者注）具有不同法律传统和法
律的国家，法律协调化应是非洲国家选择的道路。

法律协调化（有些人可能会主张统一化）是一体化的经济体的法律
基础设施的重要部分。这反映在一些共同体的法律和宪法性条约中。② 实
际上，在所有经济一体化的安排中，一定程度的法律协调化是固有的，如根
据一体化的程度所采用的共同的对内关税和对外关税等。法律协调化通过将
跨境法律交易置于同一或相似的实体法或程序法之下促进了稳定性。它带来
了平等的法律待遇并潜在地减少了交易成本。如果法律是社会的黏合剂，那
么就可以说生活在协调化的法律体系中的人们会感到更加紧密地联系在一
起。由此，法律协调化为社会一体化提供了路径，并可以成为政治和经济一
体化的重要补充。所以，有人建议法律协调化应是非洲经济一体化进程的关
键，这一点也不令人奇怪。国内法律的差异被认为是经济一体化的绊
脚石。③

早在 1965 年，就在非洲统一组织成立的两年后，阿洛特（Allot）教授
就得出了这样的结论：非洲法律的国际协调化是"正在形成的泛非精神"
的重要组成部分。④ 他希望诸如东非共同体等地区性机构的重建，可以为影
响贸易、税收和人员流动等领域的"法律协调化做出有限贡献"。⑤ 但这种
情况并未出现，虽然 1967 年的《东非合作条约》第 2 条（j）项规定呼吁 109
对成员国的法律进行协调化。近来，在经济一体化语境内外，出现了很多呼

---

① Fitzke (1999); and Orloff (1968).
② See, e. g. CARICOM Treaty, art. 74 (2); Protocol on the Establishment of the East African Com-
munity Common Market, 20 November 2009, arts. 12 and 47; and EU Treaty, art. 114.
③ Thompson (1990), pp. 99 – 100; Thompson and Mukisa (1994), p. 1454; and Omorogbe
(1993), pp. 364 – 65.
④ Allott (1965), p. 374.
⑤ Allott (1968a), p. 85.

声要求对非洲法律进行协调化。①

《非洲经济共同体条约》没有对成员国法律协调化的重要性做出明确规定。这一问题的重要性看来没有引起该条约起草人的关注。不过，该条约含有对政策进行协调的规定。② 有人主张，可以将"政策"宽泛解读为包含了法律。和《非洲经济共同体条约》不同，非洲其他许多经济一体化条约都规定要求成员国对不同领域的法律进行协调化。③ 但至今在这方面还没有付出应有的努力并取得相应的具体成果。在 2009 年 8 月，非洲投资环境基金（Investment Climate Facility for Africa）宣布了一项与东非共同体成员国合作的项目，以对该地区的商法进行协调。该项目将在 12 个至 15 个月内分两阶段完成，最终目的是在布隆迪、肯尼亚、卢旺达、坦桑尼亚和乌干达之间建立一个共同的法律体系。该项目关注的是对该地区重要的商法进行协调，主要包括下面 9 个商法领域：银行法；商事交易法；金融和财政法；保险和再保险立法；投资；公共采购和资产处置立法；货币立法；标准化、质量保证和计量立法；以及贸易法。④

目前在非洲有一个进行得很不错的对 16 个国家（现有 17 个成员国——译者注）的实体法进行协调化的倡议，⑤ 并已产生了一些具体的结果。这一倡议就是非洲商法协调组织（OHADA）正在追求实现的，它不是一个经济一体化组织。非洲商法协调组织的大部分成员国都是西非法语国家，它们都具有大陆法传统。《非洲商法协调条约》的目标是通过制定并采纳简单、现代、适应经济发展的统一规则来对缔约国的商法进行协调化。⑥ 成员国愿意放弃它们相互不同的国内法而采用协调化的规章，这代表着非洲国际合作的胜利。但目前，这只是个孤例。

110

---

① Ndulo（1993b）；Ndulo（1993a）；Ndulo（1996）；Yakubu（1999）；Bamodu（1994）；and Ovrawah（1994）.

② AEC Treaty, arts. 3（c），4（1）（d），5（1）and 77.

③ ECOWAS Treaty, art. 57；COMESA Treaty, art. 4（6）（b）；EAC Treaty, art. 126；and Protocol on the Establishment of the East African Community Common Market, 20 November 2009, online：www. eac. int/advisory – opinions/cat_ view/68 – eac – commonmarket. html, art. 47.

④ http：//www. icfafrica. org/en/news – resources. php.

⑤ 贝宁、布基纳法索、喀麦隆、中非共和国、科摩罗、刚果（布）、科特迪瓦、加蓬、几内亚、几内亚比绍、赤道几内亚、马里、尼日尔、塞纳加尔、乍得和多哥。利比里亚、安哥拉、刚果（金）都表达了成为其成员国的愿望。Martor, Pilkington, Sellers and Thouvenot（2007）；Dickerson（2005）；Enonchong（2007）；Mancuso（2007）；and Fagbayibo（2009）.

⑥ OHADA Treaty, art. 1.

　　从利用法律协调化作为界定不同法律体系法律之间的关系的角度来看，需要向非洲建议应考虑予以协调化的两个主要法律领域。它们是实体规则的协调化和国际私法规则的协调化。实体法的协调化要确保相关国家的实体法律实现一定程度的相似性。国际私法规则的协调化暗示着这些国家的实体法可以保持不变，但需对法律选择、管辖权和外国判决执行的规则进行协调化，以确保从事跨境交易的当事人在出现争议时能够知道所适用的法律以及具有管辖权的法律。

　　每一领域的协调化都有利弊。实体法的协调化能够带来确定性，因为从事跨境交易的当事人都遵守同样的实体法。实际上，比起国际私法规则的协调化或统一化，一些人更倾向于实体法的协调化。① 虽然实体法的协调化能够减小国际私法问题的范围，但它的实现需要更多努力。即使实体法协调化成功了，"国际私法在解决跨境争议中仍会发挥重要作用"。② 因此，两个法律领域都需兼顾。对国际私法规则进行协调化通常只是会对国内法律体系造成最低程度的干扰，因为国际私法解决的只是具有涉外因素的问题。对于那些希望保持本国独特或自认为更优越的法律体系的政治家而言，这看来更具吸引力。国际私法规则协调化的过程也被认为相对更为简单，因为整个的实体法领域仅需一些法律选择规范就可涵盖。③

111

　　考虑到非洲还没有进行过大陆范围的实体法协调化的尝试，国际私法可以作为尝试的起点。特别是在商法领域，它们对于促进非洲地区性经济活动具有迫切的重要性，并且对于这一法律领域，国内价值可能没有太大差异。正如阿洛特教授高瞻远瞩地指出的那样，在非洲，"具有较少地方鲜明特色的法律领域"最可能实现跨境的协调化。④ 约翰内斯堡大学设立的非洲国际私法研究所可以在国际私法的协调化方面被委以重任。此外，非洲经济共同体可以采用非洲商法协调组织对实体法进行协调化的方法，发起大陆范围的实体法的协调化。这与利用地区性经济共同体作为非洲经济共同体基石的观念是不谋而合的，而且是对这种观念的发扬光大。

　　无论是对实体法还是国际私法进行协调化，均需对所要使用的法律文件的性质进行选择。非洲商法协调组织所使用的是一种硬法文件（hard law in-

---

①　Hay，Lando and Rotunda（1986），p. 256.

②　Goode（2005），p. 541.

③　Hay，Lando and Rotunda（1986），pp. 170－174.

④　Allot（1968a），p. 86.

strument），它通过的法律具有约束力并可直接适用，非洲经济共同体也可以使用这种法律文件。相对于硬法文件的另一种选择是示范法（model law），国内议会可随后通过调整采纳这样的法律文件。在非洲经济共同体的形成阶段，示范法可能更为适当。示范法方法允许一国在立法时考虑到本国的特定国内需求。需要做出的一个有限的但特别有用的补充是，非洲经济共同体应鼓励成员国更为积极地参与到有关私法统一化的国际倡议中，并鼓励它们成为这些倡议所制定的法律文件的成员国。

二 法律协调化的路径

非洲法律的协调化可以根据法律传统按照金字塔形的方案进行。金字塔形
112 方案建立在这样的理念基础之上：具有相同法律传统的国家的法律原则十分相似。因此，法律协调化应先在同属一个法律传统的国家内进行。在有适当的机构支持和热情的法律人士的帮助下，这样的法律协调化进程会相对快捷、容易。这一方案的最后只需对不同法律传统之间协调化进程的结果进行协调化即可。这一阶段也会进展迅速，因为它只需对少量的法律文件进行处理即可。

如果把金字塔形方案适用于西非国家经济共同体，就可以把冈比亚、加纳、利比里亚、尼日利亚、和塞拉利昂作为一组（普通法小组）；把贝宁、布基纳法索、佛得角、科特迪瓦、几内亚、几内亚比绍、马里、尼日尔、塞内加尔和多哥归于一组（大陆法小组）。也可对东南非市场、东非共同体和南部非洲发展共同体的成员国进行类似分组。为了避免因一些国家具有多个共同体的成员资格而造成不必要的分组重复和冲突，建议在根据这一方案进行分组时，一个国家只能根据自己的选择参加一个共同体。在地区性经济共同体内启动协调化进程的好处是，即使一个覆盖所有共同体的法律文件尚未形成或在此类法律文件的形成拖延了，共同体内每一小组的国家对于所选定的事项仍然具有协调化的法律制度。这就可以减少在共同体内进行跨国交易时因对不同国家的法律进行调查所产生的负担。

图1为东南非共同市场、东非共同体、西非国家经济共同体、和南部非洲发展共同体的成员国利用这一方案就管辖权和外国判决的承认和执行的法律进行协调化的一个进程框架。具有多个共同体成员资格的国家仅被安排在一个共同体内。这一进程几乎覆盖了所有撒哈拉以南非洲国家。

利用金字塔形方案作为一种模式，非洲经济共同体就可以立即着手推动非洲实体法和国际私法的协调化。在这方面，具有重要意义的是，泛非议会

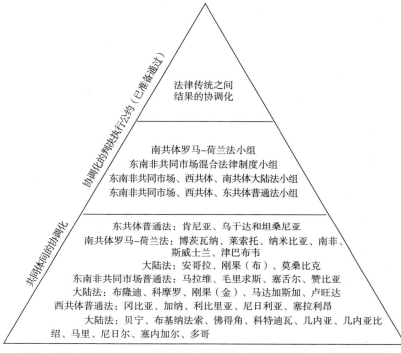

图 1 有关管辖权和外国法院判决承认与执行的公约的金字塔形协调化

113

正寻求将自己单纯的咨询作用扩展为立法作用，以便协助推进非洲国内法律的协调化。因此，在此建议非洲经济共同体国家元首和政府首脑大会在行使《非洲经济共同体条约》第 25 条第 2 款授予自己的权力时，设立一个专门的技术委员会，对非洲经济一体化进程中的法律问题给予关注。该委员会应具有明确授权，以对本书所讨论的问题的影响进行调查，包括法律协调化对非洲经济共同体能否取得成功的影响。此外，协调委员会的一个主要职责是对"一体化立法"进行协调和调和。该委员会是根据《非盟和地区性经济共同体关系的议定书》而设立的。此处的建议是，该委员会应宽泛地解释这一职责，使其不但包括立法，也包括成员国现有法律制度对非洲经济共同体成功的影响。新设立的非盟国际法委员会也可以成为处理非洲法律协调化的另一平台。① 它的职权十分宽泛，足以涵盖困扰非洲经济一体化进程的所

---

① Statute of African Union Commission on International Law, 4 February 2009, online: www. africa-union. org/root/au/Documents/Treaties/text/STATUTE% 200F% 20THE% 20AUCIL – Adopted% 20 – % 20Feb% 202009. pdf.

114　有法律问题。总之，必要的机构是存在的——至少在纸面上——它们有权参与非洲法律协调化的相关工作。目前所缺少的是将这些职权转化为实际的、有益的结果的政治支持和财政保证。

　　非洲法律协调化的另一路径是依赖法院。这可以解读为协调化的司法路径。这一路径的一个激进举措，是建立有权受理来自成员国国内法院的民事和刑事判决的上诉法院。现有地区性共同体法院的管辖权可以扩大以包含这一权限。这一举措需要对成员国的宪法和共同体的创立条约进行修改。扩大现有地区性共同体法院的权限使之具有受理来自国内法院判决的权限，并非易事。不过，此类法院在非洲以及其他地方并非没有先例。东非上诉法院和西非上诉法院就曾经作为可以受理来自东部非洲和西部非洲英国殖民地法院的判决的上诉法院而存在过。目前，加勒比共同体司法法院就发挥着加勒比共同体成员国的最终上诉法院的作用。《东非共同体条约》也试图扩大东非司法法院的管辖权，有关此类问题的协商正在进行。① 此类法院可以提供一个"共同法理"——协调化的法律——得以形成的平台，国内法院对相关法律问题的判决从而得以协调。通过这样的方式，法律协调化可在共同体内润物无声般地慢慢实现。

　　即使不考虑法律协调化这一背景，设立一个具有上诉管辖权的共同体法院也具有充分的理由。考虑到这种管辖权的性质——受理来自国内法院判决的上诉——这一法院注定会发挥积极作用。此类法院的存在可以激发人们和投资者对共同体的信心。它可以为投资者在通常的国内司法体系之外提供一个法院，争议可以在这一法院内得到最终解决。只有在共同体法院的独立性
115　和它们的程序得到保证的情况下，这种信心才会存在。具有上诉管辖权的共同体法院应超脱于成员国的国内压力。

　　协调化的司法路径的另一个不太雄心勃勃的举措是加强成员国间的判例交流。国内法院在处理案件时应更多关注其他成员国的相关判例，以实现判决结果的一致。判例交流作为协调化的一种路径的潜在作用目前在南部非洲的罗马－荷兰法域十分明显。南非发挥着"非正式的"母法域（parent jurisdiction）的作用，它的判例在本法域内的其他国家具有相当的说服效力。

① EAC Treaty, art. 27 （2）; and Draft Protocol to Operationalise the Extended Jurisdiction of the East African Court of Justice （EAC Secretariat, 2005）.

第五节　结论

通过非洲经济共同体对非洲国家经济进行一体化的倡议值得赞赏，必须加以鼓励。这是实现非洲经济发展的其中一种最为可靠的方式。非洲经济共同体的成功取决于它克服一体化的需求和挑战的能力，无论它们是经济的、政治的、社会的还是法律的。共同体、地区和国内层面法治主义的缺乏仍然是非洲一体化所面临的一个重要问题。本章所阐明的一个关键问题是共同体－国家关系。不幸的是，《非洲经济共同体条约》及其他相关法律文件对这一问题没有给予必要的关注。除非建立了强有力的共同体－国家关系，否则非洲经济共同体的稳定性就会面临威胁，它的有效性就会受到损害。只有具备了有力的共同体机构包括积极的司法部门、能够提供支持的国内法院、致力于一体化目标的行政部门、有利于一体化实现的政治意愿以及个人在地区性经济一体化进程中所能发挥的积极作用，这种强有力的共同体－国家关系才能得以发展。

本章建议非洲经济共同体国家元首和政府首脑大会设立一个委员会，专门关注共同体－国家关系以及它们对非洲经济一体化进程的影响。该委员会应被授权对下列事项进行审查：非洲经济共同体法律在成员国国内的地位；共同体法律和国内法律发生冲突的可能领域；这些冲突如何解决；共同体法律对成员国国内法律的影响及它们之间的关系。在非洲经济共同体发展的目前阶段，因对这些问题缺乏关注所产生的难题还不是十分显著，但这绝非意味着它们不会产生。在它们成为通向一个稳定、有效的非洲经济共同体的道路上的绊脚石之前，还存在机会清除它们。实际上，在地区性经济共同体内已经出现了一些共同体－国家关系的问题。下面一章将分析不同的共同体法院是如何解决这些问题的。

116

第五章

共同体法院内的关系问题

第一节　引言

经济一体化中的关系问题有多种形式，并在不同场合出现。解决这一问题的机制之一存在于经济一体化的创立条约之中。但考虑到经济一体化的复杂性及连续性，关系问题以及产生于关系问题的其他问题可能会持续困扰一体化进程。共同体法院是经济一体化进程的法定监护人，是经济一体化所带来的利益的执行者，是决定是否发生违法行为并予以救济的决定者，是经济一体化所固有的机构间紧张关系的公断者。它们经常被要求解决这些问题。正如谢尼（Shany）所指出的，"经济一体化/贸易自由化法院的设立，主要是为了协助在参与某一特定法律体系的国家当事方和其他利益攸关者之间，以及在国家和其他利益攸关者和这一法律体系的机构之间，保持一种精妙的平衡"。[①] 除争端解决外，共同体法院还负责制度推进和体系维护。这就意味着共同体法院的职能并非只是人们所认为的国内法院的职能那样。共同体法院兼具司法和"政治"职能。与国内法院相比，它们的作用更像是宪法法院而不是其他较低层级的法院。

本章将分析非洲的共同体法院在面临关系问题时是如何行使这两种职能的。本章选取了东南非共同市场、[②] 西非国家经济共同体、[③] 东非共同

[①]　Shany（2009），p. 82. See generally Alter（2008a）; and Mann（1972）.

[②]　COMESA Treaty.

[③]　ECOWAS Treaty.

体、① 和南部非洲发展共同体②的创立条约以及它们所创设的共同体法院作 118
为重点分析对象。共同体法院有效解决经济一体化的挑战的能力的关键，是
它的管辖权和机构组织。因此，本章首先对东南非共同市场、西共体、东共
体和南共体法院的机构框架进行比较考察，然后对它们所处理的一些案件进
行分析，这些案件都详细分析或探讨了关系问题及由此产生的其他问题。所
挑选的这些案件提出了有关共同体组织框架、个人在共同体内的地位以及共
同体和成员国之间的权力关系等有趣的问题。

第二节 组织和管辖权

法院在经济一体化中十分重要。在一个诸如经济一体化所产生的复杂体
系中，存在一个强硬的法院通过争端解决对该体系的许多方面进行监督实属
必要。③ 争端解决是经济一体化治理的一个基本方面。它提高了国家遵守条
约义务的机会，注入了商业自信。不过，史密斯（Smith）认为，法院利用
自己的法理限制政府自由裁量权特别是有关国内政策的权力的潜能，也在一
定程度上决定着国家赋予它们的权限的程度。④ 施耐特（Schneider）将国际
贸易组织所使用的争端解决制度分为四类。⑤ 它们是谈判、投资者仲裁、国
际诉讼和超国家法院体制。她是根据直接效力、共同体法律针对国内法律的
至上性、出庭资格、透明度和执行等标准做出上述分类的。某一特定组织对
争端解决机制的选择受许多社会－经济、政治和法律等方面因素的影响。这
包括所预期的一体化的程度、成员国中的政治体制、成员国希望控制争端解
决程序和法律文化的程度。⑥ 史密斯还依据从外交手段到法律手段的维度
对争端解决机构进行了分类。运用法律手段的争端解决机构的特征是有一
个独立的第三方裁决和审查机制，它能做出具有直接约束力和生效的裁
决，它有常设的法院，以及个人、国家和组织的机构在该法院内具有出庭
资格。⑦

---

① EAC Treaty.
② SADC Treaty.
③ Keck and Schropp (2008); Taylor (1996–1997); and Nyman-Metcalf and Papageorgiou (2005).
④ Smith (2000).
⑤ Schneider (1998–1999).
⑥ Ibid. ,at 727–752.
⑦ Smith (2000), p. 139–143.

119 　　我们所要分析的共同体法院的机构框架可以将它们定性为超国家的、法律的机构。这些组织的创立条约都含有这样的规定，即允许"法院与国内法律体系中的主要行为者直接互动"。① 对于一个传统上被认为没有诉讼文化而且对国家主权尊如神明的大陆而言，这样的规定异乎寻常。对此可以做出的一个解释是，共同体所预期的一体化的程度要求有一个超国家的、尊重法律的法院体系。正如 Smith 所评论的，所提议的一体化的程度越高——非洲就是这样的情况——政治领导人就更愿意赞同法律的争端解决体制。②

　　制度设计是一回事，制度能否确实发挥所设计的职能是另一回事。超国家管辖权的简单规定并不能确保能有效行使管辖。对于国家来说，它们有可能设计一个纸面上的超国家法院，但同时应意识到这一事实，即现行的（但可以改变）社会－经济、政治和文化条件可能会阻止该法院运作。这些条件可能包括对法院工作进行的公开或秘密的政治干预、法院工作的资金不足、国际诉讼的过高成本、缺乏对法院工作予以支持的国内群体以及缺乏诉讼文化。所以，当人们试图说明经济一体化中对某一特定争端解决体制的选择时，还应考虑在要求遵守条约和希望保持国内政策制定方面的自主性之间的平衡以外的其他因素。

一　共同体法院的结构

　　东南非共同市场、东共体、西共体和南共体条约都设立了司法法院作为它们的主要机构之一。③ 每一法院都被要求在解释和适用这些条约时确保遵守法律。④ 东南非共同市场法院在 1998 年就已全面运行了。该法院总部位于赞比亚首都卢萨卡，但其最终将移至苏丹的喀土穆。西共体法院在 2001 年成立，位于尼日利亚首都阿布贾。东共体法院也在 2001 年成立，位于坦桑尼亚的阿鲁沙。南共体法院在 2005 年成立，位于纳米比亚首都温得和克。

---

① Helfer and Slaughter（1997），p. 277.

② Smith（2000），p. 148.

③ COMESA Treaty, art. 7; ECOWAS Treaty, art. 6（e）; and EAC Treaty, art. 9. 有关西共体法院和南共体法院的详细法律规定都包含在相应的法院议定书中。See Protocol A/P. 1/7/91 on the Community Court of Justice of the High Contracting Parties as amended by Supplementary Protocol A/SP/. 1/01/05 Amending the Protocol Relating to the Community Court of Justice（hereafter, ECOWAS Court Protocol）; and SADC Tribunal Protocol. See generally Ruppel and Bangamwabo（2008）.

④ COMESA Treaty, art. 19; ECOWAS Court Protocol, art. 9（1）; EAC Treaty, art. 23; and SADC Treaty, art. 16（1）.

这些法院都已全面运行，并已受理了一些案件。实际上与其他新设立的共同   120
体法院相比，就受案数量而言，非洲的共同体法院表现相对较好。①

    东南非共同市场法院和西共体法院各由 7 名法官组成。② 南共体法院有
不超过 10 名成员，但只有 5 名成员会被指定为正式法官。③ 东共体法院有
两个分庭——一审分庭和上诉分庭。东共体法院最多由 15 名法官组成，其
中有不超过 10 人会被任命为一审分庭法官，有不超过 5 人会被任命为上诉
分庭法官。④ 东南非共同市场、西共体和南共体法院的法官任期 5 年，可连
任一次。⑤ 东共体法院的法官最多任职 7 年。⑥ 这些法官是从由国家元首和
政府首脑组成的共同体机构推荐的人员中任命的。⑦ 这一任命法官的程序可
能会产生诸如他们的独立性、他们如何免受他们的任命机构的影响等此类
问题。⑧

    非洲以外的一些经济共同体已经尝试用其他方式任命法官，以确保他
们的独立性。⑨ 为使共同体法官免受政府的影响，建议授权由并不代表成
员国的人士组成的独立机构来指定共同体法院的法官。这只有通过对共同
体的创立条约和有关法院的议定书进行修正，才有可能实现。任命机构的
成员可从各个成员国的律师协会、司法委员会、法学院、商会和民间社团   121
组织中选取。当然，这一建议很难获得支持。行政和政治控制着非洲经济
一体化进程及其机构，这是一种常态。正如在世界其他地方一样，任命国
际法官是一种行政特权。⑩ 但是，独立性是确保共同体法院能够在经济一体
化中有效行使它们司法职能的关键——而这正是非洲一体化进程所需要的。

---

① 设立于 2001 年的加勒比司法法院在 2008 年审理了第一起案件，该案件涉及它的初审管
   辖权（有关《加勒比共同体条约》解释和适用的管辖权）。*Trinidad Cement Ltd. v. The Co-
   operative Republic of Guyana*［2008］CCJ 1（OJ）（*Trinidad Cement I*）and *Trinidad Cement
   Ltd. v. The State of the Co – operative Republic of Guyana*［2009］CCJ 1（OJ）.

② COMESA Treaty, 4 art. 20（1）; and ECOWAS Court Protocol, art. 3（2）.

③ SADC Tribunal Protocol, art. 3（1）（2）.

④ EAC Treaty, art. 24（2）.

⑤ COMESA Treaty, art. 21（1）; ECOWAS Court Protocol, art. 4（1）; and SADC Tribunal Proto-
   col, art. 6（1）.

⑥ EAC Treaty, art. 25（1）.

⑦ COMESA Treaty, art. 20（1）; ECOWAS Court Protocol, art. 3（1）; EAC Treaty, art. 24
   （1）; and SADC Tribunal Protocol, art. 4（4）.

⑧ Mackenzie and Sands（2004）.

⑨ Caribbean Court Agreement.

⑩ Voeten（2007）.

根据条约，共同体法院的法官必须具有公认的正直、公正、独立的品性，他们必须是各自国家内拥有高级司法职位或德高望重的法学家。① 在实践中，共同体法院的法官是从国内法院的现任法官中选拔出来的，这可以为国内法律体系和共同体法律体系之间建立一种联系。但这种从国内法院选拔共同体法院法官的做法也有其弊端；它可能会损害共同体法院法官的独立性。如果国内法官在被任命为共同体法院法官时，其国内任职尚未被终止，更容易造成这种情况。对共同体法官的裁决不满的国内政府可能会在国内层面寻求"报复"。在东非出现的一个问题是，被任命为东非共同体法院的国内法官，当他在国内因受到贪污调查而被中止国内职务时，他还能否继续在共同体法院任职。后来这一问题经过对条约进行修正而得以明确：在国内调查结果尚未出来之前，法官在共同体法院的任职应同时中止。② 在南共体内，由于南共体法院的法官都是全职的，他们不得同时拥有其他职务或职位，这样就避免了这种情况的发生。③

西共体法院要求有资格被任命为该法院的人士"是国际法领域卓有建树的法学家"，④ 这一点也非常重要。这就为在西共体和国际法体系之间建立一种联系奠定了基础。具有国际法背景的人很可能会将国际法规范带入其裁决中。实际上，和《东南非共同市场条约》和《东非共同体条约》不同，《西共体法院议定书》第 20 条特别要求法院在做出裁决时应考虑到《国际法院规约》第 38 条所包含的法律渊源。⑤《南共体法院议定书》第 21 条第 1 款也要求法院"在考虑到所适用的条约、国际公法的一般原则和规范以及其他国家法律的任何规则和原则后，发展出自己的共同体法理"。这些规定的重要性可从法院的判决中看出，这些判决经常援引国际法。⑥ 虽然《东南非共同市场条约》和《东非共同体条约》没有此类规定，但这并不妨碍它

---

① COMESA Treaty, art. 20（2）; ECOWAS Court Protocol, art. 3（1）; EAC Treaty, art. 24（1）; and SADC Tribunal Protocol, art. 3（1）.

② EAC Treaty, art. 2, 2A and 2B.

③ SADC Tribunal Protocol, art. 6（3）.

④ ECOWAS Court Protocol, art. 3（1）.

⑤ Ajulo（2001）; and Ajulo（1989）.

⑥ See e. g. *Frank Ukor* v. *Alinnor*, Suit No. ECW/CCJ/APP/01/04（ECOWAS Court of Justice, 2005）; *Jerry Ugokwe* v. *The Federal Republic of Nigeria*, Case No. ECW/CCJ/APP/02/05,（ECOWAS Court of Justice, 2005）; *Tokumbo Lijadu – Oyemade* v. *Executive Secretary of ECOWAS*, Suit No. ECW/CCJ/APP/01/05（ECOWAS Court of Justice, 2005）; and *Mike Campbell（Pvt）Ltd.* v. *The Republic of Zimbabwe*, SADC（T）Case No. 2/2007（SADC Tribunal, 2008）.

们的法院援引国际法。

如果东南非共同市场、东共体和西共体法院的法官存在行为不当，或由于心智或身体原因不能履行其职责，任命机构就可撤销他们的职位。① 《西共体法院议定书》和《东非共同体条约》建立了相应的机制，以确保法官的撤职程序不会出于武断。根据《东非共同体条约》，对法官的撤职只有经过为此目的而设立的、由三名来自英联邦国家的杰出法官组成的临时独立法庭做出此种建议后，方可为之。② 《西共体法院议定书》规定，法院必须召开全体会议分析撤职的理由，并向国家元首和政府首脑大会提出建议。这一规定允许撤销程序受到一个由法官同行组成的机构的监督和控制。这对于确保法官的独立和公正十分必要。③ 《东南非共同市场条约》对法院法官提供的保护较少。根据该条约第 22 条第 1 款，国家元首和政府首脑大会可根据确定的行为不当或因心智或身体原因或其他任何特定原因而不能履行职责等原因解除法官的职务。该条约对于首脑会议应该如何做出决定没有相应的规定。与《西共体法院议定书》和《东非共同体条约》的规定相比，《东南非共同市场条约》的规定会给法院的独立性带来威胁，应予修改。《南共体法院议定书》有关法官撤职的规定过于简洁，不能提供太多指导。它只是简单规定，除非符合规则，否则任何法官不得被撤职。但通过考察相关规则，并不能获得相关信息。

能够促进司法独立性并能确保法院作为一个机构的廉洁性的一个因素是财政的保障。根据《西共体法院议定书》第 29 条，法院法官的收入、津贴及其他利益由国家元首和政府首脑大会确定。④ 东共体法院法官的收入和其他服务条件由国家元首和政府首脑大会在听取部长理事会的建议后确定。⑤ 《东南非共同市场条约》对这一重要问题没有做出规定。它只是规定，法院书记官长和其他职员的任职期限和条件由部长理事会在听取法院的建议后确

---

① EAC Treaty, art. 26, ECOWAS Court Protocol, art. 4; and COMESA Treaty, art. 22.

② EAC Treaty, art. 26 (1) (3).

③ 两个已决案件中，有人声称东南非共同市场和东共体法院的法官存在偏见（与政府影响无关）。在这两个案件中，法院都驳回了这一指控。*Eastern and Southern African Trade and Development Bank* v. *Ogang* (*No. 2*) [2002] 1 East Afr. LR 54; and *AG of the Republic of Kenya* v. *Anyang' Nyong'o*, Application No. 5 of 2007 (East Africa Court of Justice, 2007).

④ 西共体法院的预算需要得到部长委员会的批准。ECOWAS Court Protocol, art. 30; and ECOWAS Treaty, art. 69.

⑤ EAC Treaty, art. 25 (5). 东共体法院的预算也要经过部长委员会的批准。EAC Treaty, art. 132.

定。① 根据《南共体法院议定书》第 11 条，法官的任职期限和条件、收入和其他利益由部长理事会确定。

这些财政方面的规定有两个令人担心的问题。一方面，在法官任职期间，他们的收入及其他任职条件是否会变得对其不利，还不清楚。在一些非洲国家，法官受宪法保护，不得对其任职条件做出不利的更改。② 共同体如果采取同样的方式就可以增强共同体法官的独立性。没有合法理由来说明为什么共同体法院的法官应比国内法院的法官得到更少的保护。另一方面，法院的预算与共同体的预算捆绑在一起并应获得政治机构的批准这一事实会损害法院的独立性。更为可取的方法是设立一个独立管理和融资的基金，法院的所有花费从中拨付，这样将更为可行。③

二　事项管辖权（subject – matter jurisdiction）

共同体法院的管辖权会影响其引导经济一体化进程和解决一体化所产生的各类关系所固有的冲突的能力。如果不对共同体法院的管辖权进行分析，就不可能对争议解决机制在经济一体化安排中所发挥的作用进行评估。有关共同体法院管辖权的条约之间存在很大相似性，不过也存在显著的差异。共同体法院的管辖权可以广义地分为四类。第一，共同体法院具有有关条约的解释和适用的管辖权。东非共同体法院的解释管辖权要遵守这样的规定："它不应包括将任何此类解释适用于条约授予给成员国机构的管辖权。"④ 第二，共同体法院具有审理并裁断共同体及其雇员之间争议的管辖权。⑤ 第三，共同体法院有权审理当事人——无论是共同体、共同体的机构或自然人和法

---

① COMESA Treaty, art. 41 (3).

② Constitution of the Republic of Ghana, 1992, art. 127 (5); and Constitution of the Republic of Malawi, 1994, art. 114 (2).

③ Revised Agreement Establishing the Caribbean Court of Justice Trust Fund. Online: www. caribbeancourtofjustice. org/legislation. html.

④ EAC Treaty, art. 27 (1); COMESA Treaty, art. 19; ECOWAS Court Protocol, art. 9 (1) (a); and SADC Tribunal Protocol, art. 14.

⑤ EAC Treaty, art. 31; COMESA Treaty, art. 27; ECOWAS Court Protocol, art. 9 (1) (f), 10 (e); SADC Tribunal Protocol, art. 19. In *Eastern and Southern African Trade and Development Bank* v. *Nyagamukenga*, Reference No. 3 of 2006 (COMESA Court of Justice, 2009). 法院认为它有权受理请求变更或撤销作为东南非共同市场机构的一家银行和被申请人即该银行的前雇员之间的申请。对于实体问题，法院驳回了该申请。

人——选择它们作为仲裁解决争议的平台而提交的案件。① 第四，东非共同 125
体法院的管辖权据认为还可拓展涵盖初审、上诉、人权和其他管辖权，这要
取决于部长理事会在将来某一适当日期做出的决定。②

　　为通过法律推动经济一体化并允许个人积极参与一体化进程的目的而
言，共同体法院的仲裁管辖权应该受到欢迎。它允许个人利用法院通过仲裁
来解决他们的争议。争议的标的可能只是并不涉及共同体法律或共同体利益
的商业合同。总之，共同体法院可以成为当事人寻求通过中立的法院解决争
议的一种可行平台。实际上，它们对商业合同的仲裁管辖权可以被用来把法
院发展成为解决非洲国际商事争议的平台。不过，这种管辖权也会产生许多
问题，这将在第八章进行详细探讨。这些问题包括调整此类仲裁的法律，特
别是在当事人没有明确指定准据法时，以及共同体法院做出的裁决的可执
行性。

　　东非共同体的成员国有望缔结议定书将法院的管辖权扩展到初审、上诉
和人权问题。目前，还没有缔结此类议定书，但有关初审管辖权的协商正在
进行。对于有关人权问题的管辖权，东非共同体法院认为，虽然它不能行使
管辖权以对人权问题做出裁决，但不能仅仅因为它面前的案件包含有对侵犯 126
人权的指控，就使它不能根据《东非共同体条约》第 27 条第 1 款对条约的
解释行使管辖权。③ 这就提供了可以将人权问题提交给法院的一种间接路
径。例如，《东非共同体条约》第 6 条（d）项规定"良治包括遵守民主、
法治、责任、透明、社会公正、机会平等以及承认、促进和保护人权和民族
权利的原则"是共同体的根本原则。一起声称违反了该项规定的诉讼——

---

① EAC Treaty，art. 32；and COMESA Treaty，art. 28. ECOWAS Treaty，art. 16；and ECOWAS Court Protocol，art. 9（5）. 南共体法院没有仲裁管辖权。

② EAC Treaty，art. 27（2）.《东南非共同市场条约》中没有此类规定。《西共体法院议定书》第 9 条第 4 款授予法院审理成员国国内有关侵犯人权的案件的管辖权。西共体法院审理的大量案件都涉及人权问题。See e. g. *Jerry Ugokwe* v. *The Federal Republic of Nigeria*，Case No. ECW/CCJ/APP/02/05，（ECOWAS Court of Justice，2005）；*Etim Moses Essien* v. *Republic of Gambia*，Case No. ECW/CCJ/APP/05/07（ECOWAS Court of Justice，2007）；*Frank Ukor* v. *Alinnor*，Suit No. ECW/CCJ/APP/01/04（ECOWAS Court of Justice，2005）；and *Alhaji Hammani Tidjani* v. *Federal Republic of Nigeria*，Suit No. ECW/CCJ/APP/01/06（ECOWAS Court of Justice，2007）.

③ *James Katabazi* v. *Secretary General of the East African Community*，Reference No. 1 of 2007，（East African Court of Justice，2007）；and *Mike Campbell*（*Pvt*）*Ltd.* v. *The Republic of Zimbabwe*，SADC（T）Case No. 2/2007（SADC Tribunal，2008）.

它在法院的管辖权范围内——在许多方面却可被定性为是声称违反人权的诉讼，这从理论上讲是在法院管辖权之外。

除非法院的管辖权被拓展可以涵盖人权诉讼，否则法院必须小心谨慎地间接受理此类诉讼。太多的人权诉讼可能会加重法院的负担，使它不能专注于经济一体化议程。这也可能会在共同体法院和已经设立的维护人权的机构如国内法院之间产生紧张关系，而这些机构应该成为共同体法院推动经济一体化的同盟。的确，共同体法院"转型"——通过立法或司法能动——成为"人权法院"是毫无必要的，也是应该避免的。国内法院、国内人权委员会、非洲人权和民族权利委员会以及非洲司法和人权法院都有权受理侵犯人权的诉讼。受侵害的个人可以求助于这些机构。当然，此处并不是建议共同体法院在审理案件时不应该考虑人权问题，而是认为共同体法院不应成为解决人权问题的中心。

共同体条约还对一个问题采取的方式存在巨大差异，这一问题涉及针对共同体提起的赔偿诉讼。根据《西共体法院议定书》和《南共体法院议定书》，共同体法院对于确定共同体的任何非契约责任以及可能的契约责任具有专属管辖权。[①]《东南非共同市场条约》和《东非共同体条约》对此问题没有规定。不过，这两个条约中有关共同体作为当事一方的争议并不能因此理由就排除在国内法院管辖之外的规定，似乎允许针对共同体的侵权和契约诉讼可在成员国的国内法院提起。[②] 这两个条约的规定看来都是从《欧盟条约》第 274 条借用而来。不过，和《欧盟条约》不同的是，《欧盟条约》第 268 条规定将非契约诉讼的管辖权授予给欧盟法院，《东南非共同市场条约》和《东非共同体条约》却没有这样的规定。此处"非完全借用"（incomplete borrowing）的危险显而易见：第 268 条和第 274 条合并的效力在于其程序方面；对于欧盟的非契约责任不可能由国内法院处理。[③] 但第 274 条单独的效力——这是《东南非共同市场条约》和《东非共同体条约》所借用的——是两个共同体的非契约责任也可能由它们各自的成员国国内法院处理。

从国际公法和国际私法的角度看，上述安排会带来许多困难。首先，在西共体和南共体法院受理的契约和非契约诉讼中，所适用的法律是什么？是

---

① ECOWAS Court Protocol, arts. 9 (1) (g), and 9 (2); and SADC Tribunal Protocol, art. 18.

② COMESA Treaty, art. 29 (1); and EAC Treaty, art. 33 (1).

③ Craig and de Búrca (2003), pp. 571 - 572; and Oliver (1997), pp. 285 - 309.

成员国的国内法，这些法律会因成员国具有的不同法律传统而可能存在很大不同？还是有待发展的有关契约和非契约责任的西共体法律或南共体法律？解决此类问题最便捷的路径是参考《西共体法院议定书》第 20 条所提到的将《国际法院规约》第 38 条作为法院判决的潜在的法律渊源。不过，考虑到第 38 条所列举的渊源的国际特征，它们能否提供解决契约和非契约诉讼所需要的依据还令人怀疑。最终，共同体法院可能不得不对国内法进行仔细的分析综合。在这方面，《南共体法院议定书》表现较好，它要求法院在考虑到成员国的法律后，发展出自己的共同体法理。①

　　另外，如果涉及共同体的契约和非契约争议如《东南非共同市场条约》和《东非共同体条约》所设想的那样在国内法院提起诉讼，共同体是否会自动丧失豁免权？这两个共同体根据国内立法，以及在没有国内立法时根据普通法，都享有成员国国内民事程序的豁免权。② 如果共同体成功地主张了豁免权，个人可以到哪个法院获得救济呢？对于那些在共同体内或与共同体进行交易的当事人来说，这一问题具有实际的重要意义，他们的交易很可能受到共同体工作的影响。从关系的角度来看，人们也许还会质疑将共同体在国内法院受制于国内法律的适用是否适当。有关共同体行为责任的决定在很多情况下可能会导致国内法院对共同体的政策会做出许多判决。国内法院是否应被赋予此类作用确实令人质疑。此外，将共同体受制于国内法院管辖权和国内法律可能会损害有关共同体责任的问题的一致性。因此，建议东南非共同市场和东共体考虑修改条约，赋予共同体法院受理有关共同体契约和非契约责任的专属管辖权。

三　出庭资格与前提条件

　　成员国、共同体机构、法人和自然人以及国内法院都可利用共同体法

128

---

① Compare EU Treaty, art. 340.

② Kenya-Treaty for the Establishment of the East African Community Act, 2000, art. 7; Tanzania-Treaty for the Establishment of the East African Community Act, 2001, art. 7; Uganda-East African Community Act, 2002, art. 8; *J. H. Rayner (Mincing Lane) Ltd.* v. *Department of Trade and Industry* [1989] Ch. 72 at 199-203, 252-253; and *J. H. Rayner (Mincing Lane) Ltd.* v. *Department of Trade and Industry* [1990] 2 AC 418 at 516. Southern African Development Community Protocol on Immunities and Privileges, online: www. sadc - tribunal. org/docs/ImmunitiesAndPrivileges. pdf.

院。成员国可以将有关违反条约义务或违反条约规定的案件提交给共同体法院。[①] 东南非共同市场、西共体和东共体的秘书处也可将此类案件提交给共同体法院。[②] 成员国和共同体秘书处提交的案件不可能是共同体法院受理的主要案件。实际上，截至目前，共同体法院的判决表明，只有在很少的情况下国家或共同体的机构才会针对彼此提起诉讼。

　　所有这些共同体法院都允许自然人和法人（个人）利用法院。[③] 换句话说，个人可以在共同体法院内提起诉讼。在经济一体化中，个人直接参与共同体法院基于下列几个原因显得十分重要：它提高了可以提起案件的人员的数量；它提供了克服国家传统上不愿彼此起诉的一种方式；它行使了限制政府权力的宪政功能，以决定哪些争议可以提起诉讼；它将政府控制哪些争议可以提起诉讼的权力降至最小；它潜在地保证了政府更大程度地遵守共同体法律，因为政府明白侵犯共同体法律的行为不会被人置之不理。换言之，个人参与共同体法院提供了一层私人执行机制，以补充公共执行机制，如国家有关遵守条约的定期报告或共同体机构采取的执行行为。个人参与也有助于增强共同体法律体系的合法性。它给予个人在共同体法律的演化中具有一定的利害关系，并为共同体法律的发展产生一批国内支持者。通过对共同体法律的相关问题提起诉讼，它们可以实现国内和共同体层面法律的变化。而且，有时为用尽当地救济需要首先在国内法院开始诉讼程序，这有助于在国内法律体系和共同体法律体系建立一种联系。通过这种方式，共同体法院成为国内法院判决的"上诉"法院。总之，个人参与共同体法院提供了一种将共同体和国内法律体系连接起来的机制。

　　虽然所有的共同体法院都允许个人利用共同体法院，但它们设置了不同的前提条件。此外，对于个人在共同体法院提起的诉讼可以针对哪些问题、哪些人、哪些共同体机构提出质疑，也存在不同。《东非共同体条约》第30条规定："居所在成员国的任何人都可对成员国或共同体机构的任何法案、规章、指令、决议或行为的合法性提交本法院裁决，理由是此类法案、规章、指令、决议或行为是非法的或违反了本条约的规定。"《东南非共同市场条约》第26条也有类似的规定，但将此类争议限制在"部长理事会或成

[①] EAC Treaty, art. 28; COMESA Treaty, art. 25; and SADC Tribunal Protocol, art. 17.

[②] COMESA Treaty, art. 25; ECOWAS Court Protocol, art. 10; and EAC Treaty, art. 29.

[③] COMESA Treaty, art. 26; EAC Treaty, art. 30; ECOWAS Court Protocol, art. 10; and SADC Tribunal Protocol, art 15.

员国"的法案、规章、指令或决议。从表面上看，这条规定将一些重要的共同体机构的行为排除在个人可以提起的质疑之外。第 26 条严重限制了个人可以提起质疑的范围。① 这条规定也使得个人不得对东南非共同市场的最高决策机构即国家元首和政府首脑大会的决议提起质疑。此外，根据《东南非共同市场条约》和《南共体法院议定书》，在提起的质疑涉及成员国的行为时，个人必须首先在国内法院用尽当地救济。②

　　在向共同体法院提起诉讼前要用尽当地救济，这也会给个人带来许多重大问题。在肯尼亚共和国诉海岸水产养殖户案（Republic of Kenya v. Coastal Aquaculture）③ 中，原审案件中的原告经过 8 年多的时间也没能成功完成因其土地被强制征收而要求获得赔偿的国内法律程序。东南非共同市场法院对他的遭遇深表同情，但认为他没有用尽当地救济，缺乏出庭资格。这对于原告来说是一个不幸的结果。即使法院认定原告有出庭资格，但法院是否有权发布禁令禁止肯尼亚政府强制征收原告的土地或该禁令如何得到执行，仍令人怀疑。在经济一体化的背景下，用尽当地救济是将国内和共同体法律体系联系起来的一种重要方式。个人在国内法院就涉及共同体法律的事项提起的诉讼可能会带来条约或共同体法律的解释问题。这就会产生将此类问题提交共同体法院做出先行裁决的可能性。请求做出先行裁决可以推动国内法院与共同体法院之间更为紧密的合作。它可以确保国内法院成为共同体法律领域的积极行为者并更加熟悉共同体法律，还可以减少共同体法院的工作量。请求共同体法院做出先行裁决也可以成为国内法院及其裁决的一个合法性渊源，因为它们已被共同体法院确认为"有效"。

　　在《东南非共同市场条约》和《东非共同体条约》中，个人出庭资格的一个重要方面是，个人无须证明其个人利益受到所质疑的行为的影响。东非共同体法院的裁决随后确认了这一点。④ 在这方面，《西共体法院议定书》

---

① 《西共体法院议定书》有一条更为受限的规定。根据该议定书第 10 条（c）项规定，个人只能就"共同体官员的行为或不作为"是否侵犯他们的权利请求法院做出裁决。

② COMESA Treaty, art. 26; SADC Tribunal Protocol, art. 15 (2); *United Republic of Tanzania v. Cimexpan (Mauritius) Ltd.*, Case No. SADC (T) 01/2009 (SADC Tribunal, 2010); and *Bach's Transport (Pty) Ltd. v. The Democratic Republic of Congo*, Case No. SADC (T) 14/2008 (SADC Tribunal, 2010). 用尽当地救济不是在西共体法院提起诉讼的前提。*Mme Hadijatou Mani Koraou v. The Republic of Niger*, Suit No. ECW/CCJ/JUD/06/08 (ECOWAS Court of Justice, 2008) at [36]–[53].

③ *Republic of Kenya v. Coastal Aquaculture* [2003] 1 East Afr. LR 271.

④ *East African Law Society v. AG of Kenya* [2008] 1 East Afr. LR. 95.

的规定有点与它们背道而驰。该议定书第 10 条允许个人和社团机构在共同
体法院提起诉讼,但条件是共同体官员的行为或疏忽侵犯了它们的权利。这
131 一规定可能会阻止社团、非政府组织和其他法人提起的公益诉讼。公益诉讼
可以促进经济一体化。① 只能希望社团或非政府组织用其他替代方式间接利
用共同体法院。它们可以积极招募并支持那些具有出庭资格的人,或游说政
府提起与它们的事业相关的诉讼。目前,西共体法院还未出现此种情况。西
共体法院受理的所有案件几乎都是由自然人提起的。非政府组织只是在一些
人权案件背后表现积极。②

国内法院可以就有关共同体条约的解释或适用问题,或共同体规章、指
令或决议的有效性问题,寻求共同体法院做出先行裁决。③ 东共体和西共体
的国内法院在决定是否寻求先行裁决时有自由裁量权。根据《东南非共同
市场条约》和《南共体法院议定书》,当在国内法院提出有关共同体法案的
有效性或解释问题时,如果根据成员国的国内法,对此类法院或法庭做出的
裁决不存在任何可利用的司法救济,则此类国内法院或法庭必须请求共同体
法院做出先行裁决。④ 目前,还没有国内法院要求共同体法院做出先行裁
决,虽然有些国内法院曾经面临需要向共同体法院提交的问题。⑤

国家元首和政府首脑大会、部长理事会或成员国也可请求共同体法院就
有关根据共同体条约产生的法律问题发表咨询意见。⑥ 根据《西共体法院议
定书》,行政秘书或任何其他共同体机构也可以请求共同体法院发布咨询意
见。⑦ 迄今,共同体法院只发表过一次咨询意见。在东共体部长理事会咨询
132 意见请求案（Matter of a Request by the Council of Minister of the East African
Community for an Advisory Opinion)⑧ 中,东共体部长理事会请求东非共同体

---

① Cichowski (2007).
② *Chief Ebrimah Manneh v. The Gambia*, Suit No. ECW/CCJ/JUD/03/08 (ECOWAS Court of Jus-
tice, 2008); and *Mme Hadijatou Mani Koraou v. The Republic of Niger*, Suit No. ECW/CCJ/
JUD/06/08 (ECOWAS Court of Justice, 2008). See generally Shaffer (2003).
③ COMESA Treaty, art. 30; ECOWAS Court Protocol, art. 10 (f); EAC Treaty, art. 34; and
SADC Tribunal Protocol, art. 16.
④ COMESA Treaty, art. 30 (2); and SADC Tribunal Protocol, r. 75.
⑤ See e. g. *Peter Anyang' Nyongo v. AG* [2007] eKLR (Kenya High Court, 2007). 该问题是针对
《东共体条约》的修正是否应根据国内或共同体法律进行。
⑥ COMESA Treaty, art. 32; EAC Treaty, art. 36; and SADC Tribunal Protocol, art. 20.
⑦ ECOWAS Court Protocol, art. 11.
⑧ Application No. 1 of 2008 (East African Court of Justice, 2009).

法院就两个重要问题发表咨询意见，即可变几何原则（the principle of varia-ble geometry）是否与决策中的一致性要求相符合；以及决策中的一致性要求是否意味着成员国的一致同意。可变几何原则作为共同体的一个运行原则被规定在《东非共同体条约》第7条第1款（e）项中。第1条将其界定为一种允许在更大一体化框架下的成员的子群之间在不同领域、以不同速度开展循序渐进的合作的灵活性原则。根据该条约，一致性原则是首脑会议和部长理事会决策的核心。就第一个问题而言，法院认为可变几何原则如果被适当使用，是符合决策中的一致性要求的。在法院看来，一致性涉及的是在相关机构内的决策程序，而可变几何原则是一种实施策略。换句话说，某项决议被一致通过的事实并不意味着它必须以同样的方式和速度被实施。一些成员国可能同意根据国内不同的意愿程度或优先考虑以不同的速度实施这一决议，但这种实施方式也必须获得成员国的一致同意。也就是说，如果成员国一致同意采取一种特定的行为方式，任何一个成员国不得单方决定采用不同方式、不同步骤实施这一决议，或根本就不实施这一决议。成员国的这种决定必须得到其他成员国的一致同意。实际上，法院建议可变几何原则应作为例外原则使用，在采用这一原则时，必须考虑其他共同体如欧盟的经验。对于第二个问题，法院认为一致性（合意）（consensus）并不意味而且不应该被解释为是全体一致（unanimity）的同义词。法院承认《东非共同体条约》没有对合意的概念进行界定，在没有提供任何指导意见的情况下，法院建议对条约进行修改以解决这一问题。

　　总之，西共体、东南非共同市场、东共体和南共体条约在设计它们的法院时非常关注一些重要的法律问题。它们通常以相似的方式论及法院管辖权问题、它们与国内法院的关系、它们的法律渊源以及个人能否以及如何利用这些法院。东南非共同市场、东共体、西共体和南共体的法院被设计成超国家的、提倡法治主义的法院体系。对它们是否确实这样运作了以及是否会确实这样做，还很难进行判断。在一些案件中，共同体法院做出的影响成员国的裁决得到遵守，但其他裁决却遭到抵制。可以确定的是，共同体法院都已认识到它们在经济一体化中的作用，并通过自己的判决对这些挑战做出了回应。

第三节　正在出现的判例

　　共同体法院尤其是西共体和东南非共同市场法院所受理的大量案件要么

涉及雇员，要么涉及人权问题。① 但有少量案件对经济一体化具有直接影响或具有重要意义。东南非共同市场、西共体、东共体和南共体的法院在这些案件中所体现出来的法理反映了与经济一体化相关的大量问题。本节对一些选择的案例进行分析。这些案件涉及的问题包括共同体法律在成员国内的潜在地位及它对国内政策的影响；国内法院在赋予共同体法律意义时应发挥的适当作用；共同体机构与作为共同体法律和合法性监护人的共同体法院的重要的、虽然有时受到限制的作用之间的关系。

一　姆瓦特拉诉东共体案（Mwatela v. East Africa Community）

东非共同体法院受理的姆瓦特拉诉东共体案（Mwatela v. East Africa Community）② 是由东非立法大会（East African Legislative Assembly，EALA）的三名成员根据《东非共同体条约》第 30 条向法院提交的。原告对法律和司法事务部门委员会（以下简称部门委员会）③ 在 2005 年 9 月 13～16 日召开的会议的有效性，以及在此次会议上通过的撤回正在东非立法大会审议的四项私人成员议案的决定的有效性提出质疑。④ 根据部门委员会的报告及其

---

① See, e. g. *Muleya* v. *Common Market for Eastern and Southern Africa (No. 3)* [2004] 1 East Afr. LR 173；*Muleya* v. *Common Market for Eastern and Southern Africa (No. 2)* [2003] 2 East Afr. LR 623；*Muleya* v. *Common Market for Eastern and Southern Africa* [2003] 1 East Afr. LR 173；*Ogang* v. *Eastern and Southern African Trade and Development Bank* [2003] 1 East Afr. LR 217；*Eastern and Southern African Trade and Development Bank* v. *Ogang* [2001] 1 East Afr. LR 46；*Eastern and Southern African Trade and Development Bank* v. *Ogang (No. 2)* [2002] 1 East Afr. LR 54；*Eastern and Southern African Trade and Development Bank* v. *Nyagamukenga*, Reference No. 3 of 2006 (COMESA Court of Justice, 2009)；*Tokunbo Lijadu Oyemade* v. *Executive Secretary of ECOWAS*, Suit No. ECW/CCJ/APP/01/04 (ECOWAS Court of Justice, 2006)；*Executive Secretary of ECOWAS* v. *Tokunbo Lijadu Oyemade*, Suit No. ECW/CCJ/APP/01/05 (ECOWAS Court of Justice, 2006)；*Executive Secretary of ECOWAS* v. *Tokunbo Lijadu Oyemade*, Suit No. ECW/CCJ/APP/04/06 (ECOWAS Court of Justice, 2006)；*Djoy Bayi* v. *Federal Republic of Nigeria*, Suit No. ECW/CCJ/APP/10/06 (ECOWAS Court of Justice, 2009)；*Chief Ebrimah Manneh* v. *The Gambia*, Suit No. ECW/CCJ/JUD/03/08 (ECOWAS Court of Justice, 2008)；*Mme Hadijatou Mani Koraou* v. *The Republic of Niger*, Suit No. ECW/CCJ/JUD/06/08 (ECOWAS Court of Justice, 2008)；and *Ernest Francis Mtingwi* v. *The SADC Secretariat*, SADC (T) Case No. 1/2007 (SADC Tribunal, 2008). For a commentary on the human rights related jurisprudence of the courts, see Ebobrah (2007)；Ebobrah (2009)；and Duffy (2009).

② [2007] 1 East Afr. LR 237.

③ 此类委员会是由部长委员会根据《东共体条约》第 14 条从其成员国中选择委员会组成的，以处理特定问题。法律和司法事务部门委员会是在 2001 年部长委员会的一次会议上成立的。

④ 《东共体条约》第 59 条允许私人成员提出议案。这些议案包括《东共体贸易谈判议案》《东共体财政议案》《东非豁免和特权议案》以及《东非大学间委员会议案》。

此前做出的决定①而行事的部长理事会认为，对于其中两项议案，采用议定书而不是由东非立法大会通过法律的形式更为适当，因此，这两项议案应被撤回。② 对于其他两项议案，部长理事会利用部长声明要求东非立法大会中止审议，以便能够与成员国进行协商。原告要求东非共同体法院做出命令，宣告部门委员会的报告自始无效，根据该报告做出的所有决定、指令和行为也同样无效。法院对下列问题进行了分析，即（1）部门委员会的建立及其会议；（2）所争议的议案的地位；（3）部长理事会和东非立法大会在立法方面的关系。

　　法院判定，部门委员会自始就没有适当成立，因为它的组成人员根据《东非共同体条约》的规定是不合格的。根据条约，部长理事会将从其成员中挑选人员组建部门委员会。但目前的部门委员会的组成人员是成员国的总检察长，他们不是部门委员会的合格成员。因此，它所召开的会议和通过的决定是非法的。但法院适用了将来无效原则（doctrine of prospective annulment），③ 保留了部门委员会自成立以来所通过的决定。

　　法院进一步指出，部长声明是从东非立法大会撤回议案的一种无效方式。在该声明做出时，议案已为东非立法大会所有，只能根据立法大会的规则通过一项动议予以撤回。虽然部长理事会最后通过理事会决议形式（在一些情况下，部长理事会的决议对东非立法大会有约束力）决定撤回议案，但法院认为，根据条约，就东非立法大会权限范围内的事项而言，④ 部长理事会的决议不具有优先性。在法院看来，"东非立法大会是在共同体内设立的一个代表机构，以增强以人民为中心的合作"，所以，它的独立性应该得到保持。⑤ 法院重审了私人成员在遵守条约所限定的条件下提出议案的权利。在这种情况下，限定条件的性质意味着，为确定一项议案是否在限定条

135

---

① 在 2004 年 11 月，部长理事会决定有关政策导向的议案，如可能对成员国主权利益和共同体的预算产生影响的议案，应由部长理事会根据《东非共同体条约》第 14 条第 3 款（b）项规定提交给东非立法大会，而不能由私人成员根据该条约第 59 条提交。

② 这两项议案是《东非主权豁免和特权议案》以及《东非大学间委员会议案》。

③ 根据本书作者的解释，"将来无效原则"是指无效的效果在将来发生，它不影响此前行为的效力。例如，如果一项在 2016 年通过的立法被法院在 2018 年 3 月 8 日认定为违宪，这通常意味着 2016 年以来，根据该立法所采取的行为也是违宪的，但根据该原则，法院会认定只有自法院判决做出之即 2018 年 3 月 8 日起根据该立法做出的行为才是违宪的，换句话说，在 2018 年 3 月 8 日前根据该立法采取的行为的效力不受法院判决的影响。——译者注。

④ EAC Treaty, arts. 14 and 16.

⑤ *Mwatela v. East Africa Community* [2007] 1 East Afr. LR 237 at 249.

件范围之外就需要法院对其规定进行详细分析。考虑到其余两项议案正在东非立法大会进行审议，法院认为如果那样做将不是明智之举，有侵犯东非立法大会的权限之嫌。

二 安洋诉肯尼亚共和国总检察长案 [Anyang'Nyong'o v. AG of the Republic of Kenya (I and II)]

在安洋诉肯尼亚共和国总检察长案（Peter Anyang' Nyong'o v. AG of the Republic of Kenya）① 中，原告声称提名肯尼亚代表为东非立法大会成员的程序违反了《东非共同体条约》第50条，因为没有经过选举程序来选举这些代表。原告特别请求东非共同体法院对该条约第50条进行解释，并宣布肯尼亚国民议会所适用的肯尼亚2001年的《东非共同体条约规则》（有关选举东非立法大会成员的规则，下文简称肯尼亚选举规则）违反了第50条，因此应被宣布为无效。在法院对实体问题做出决定前，他们还请求法院发布禁令，禁止被告确认被任命的代表并让这些代表就职。被告对法院的管辖权提出初步反对意见。被告认为，根据《东非共同体条约》第27条第1款，东非共同体法院的管辖权仅限于解释和适用条约，不能被拓展以确定产生于东非立法大会成员选举的问题。在被告看来，有关此类成员的选举问题的管辖权应根据《东非共同体条约》第52条第1款保留给一个适当的国内机构，在本案中该机构应是肯尼亚国民议会，在出现争议时，应由肯尼亚高等法院受理。被告主张，原告应到肯尼亚高等法院寻求救济，至少在案件一审阶段。

东非共同体法院立即驳回了反对意见。法院指出，《东非共同体条约》第27条和第30条的结合效力是，东非共同体法院有权以成员国或共同体机构任何法案、规章、指令、决定或行为违反了条约的规定为由，来确定它们的合法性。相应地，由于原告根据条约的规定对肯尼亚选举规则的有效性提出质疑，该事项无疑正好在法院管辖权范围内。② 东非共同体法院发布了禁令。法院的推理是，存在有一个可能胜诉的表面案件（prima facie case），而且根据当前的法律规定，除非禁止被任命的代表就职，否则即使在做出对

---

① [2008] 3 KLR 397. See generally van der Mei（2009）.

② 这一裁决已被该条约的一项修正所更改。该修正规定，法院根据条约第27条第1款解释条约的管辖权"不应包括将此类解释适用于该条约授予成员国机构的管辖权"。

原告有利的判决后，所声称的违法状态仍可能持续。如果这样的话，就会给原告、东非立法大会和东非共同体带来不可弥补的损害。

　　2007 年 3 月，东非共同体法院对安洋案（Anyang II）① 的实体问题进行了审理。法院确定了三个需要解决的问题：（1）原告是否披露了《东非共同体条约》第 30 条规定含义中的任何诉因？（2）是否根据该条约第 50 条进行了选举？（3）肯尼亚选举规则是否符合该条约第 50 条规定？法院认为，根据《东非共同体条约》第 30 条，它对该案具有管辖权。此外，虽然该条约第 33 条第 2 款也暗示着国内法院可以对条约的规定进行解释，但这一权限只能附带于东非共同体法院对该案的处理。因此，与被告的观点相反，个人不能直接将条约解释问题提交给国内法院。从关系的视角来看，这一裁定十分重要。国内法院对条约进行解释可能造成不同的解释结果，从而损害共同体法律及其含义的一致性。法院接着指出，《东非共同体条约》第 30 条创设了一类特殊诉因，它并不要求原告必须证明某项权利或利益受到侵犯、损害或因所起诉的事项而遭受痛苦；存在违法的指控就足够了。第 30 条规定授予个人直接到东非共同体法院起诉的权利，并不需要用尽当地救济；而且不存在可以利用的此类救济。

　　最后，法院认为，根据《东非共同体条约》第 50 条进行的选举应有投票程序。这可以通过秘密投票、举手或鼓掌的形式进行。这一选举过程还可能涉及竞选、预选、提名等活动。但最终的选举决定应由成员国的国民议会做出。在本案中，法院指出，有关寄送肯尼亚代表名单的相关情况并不构成条约第 50 条规定含义中的选举。法院认为，第 50 条规定的目的是让每一个成员国的国民议会能够成为一个选举团体，它是一个深思熟虑的举措，以确保东非立法大会的成员由人民的代表组成。国民议会作为人民代表的机构，仅次于人民，是选举东非立法大会代表的第二最好选择。在法院看来，此种选举代表的方式符合良政的基本原则，包括遵守构成条约基础的民主原则。② 法院的结论是，肯尼亚选举规则违反了条约第 50 条规定，因为它们没有规定国民议会应选举东非立法大会的成员，而只是规定了应向众议院商业委员会提交一份被提名的候选人名单。该委员会要确保第 50 条规定的要求得到遵守，然后将候选人的名单提交国民议会讨论。通过这种方式被提交讨论的

137

---

① ［2008］3 KLR 397.

② EAC Treaty, art. 6（d）.

候选人"被认为当选为"东非立法大会成员。法院认为,这样的法律假定规避了第 50 条的明确规定。后来,肯尼亚修改了选举规则,以使它们符合东非共同体法院的裁定。① 肯尼亚立即遵守法院裁决的做法令人称道。

三　东南非贸易和开发银行诉奥冈案（Eastern and Southern African Trade and Development Bank v. Ogang）

在东南非贸易和开发银行诉奥冈案（Eastern and Southern African Trade and Development Bank v. Ogang）② 中,东南非共同市场法院确认了它根据《东南非共同市场条约》作为共同市场机构的监护人的职责。该案中的被告是自由贸易区银行的职员,他请求东南非共同市场法院发布命令,中止银行董事会做出的一项决议。银行以东南非共同市场法院对该案没有管辖权为由对该申请提出了初步反对意见。该银行是根据 1982 年的条约设立的,该条约还设立了东南非国家优惠贸易区,根据《东南非共同市场条约》第 174条,该银行继续存在。银行认为它是一个独立机构,不是东南非共同市场的机构,因此不受东南非共同市场法律和规则的约束。

东南非共同市场法院驳回了这一反对意见。法院认为,根据《东南非共同市场条约》第 174 条,该银行是东南非共同市场的一个机构。法院被授权行使职责以确保东南非共同市场的组织和机构在解释和适用条约时遵守法律。因此,银行作为东南非共同市场的一个机构,法院对它有管辖权。法院接着指出,《东南非共同市场条约》第 7 条第 4 款规定,东南非共同市场的机构和组织应在该条约所授予的或根据该条约所享有的权限范围内履行职责或行事,但如果没有东南非共同市场法院或国内法院的监督,这样的规定就会形同虚设。③ 法院可以对这些权限的范围进行界定和监督。《东南非共同市场条约》为国内法院也设计了这样一种监督职能,甚至是针对共同体机构的行为进行监督,这非常重要。不过,为了维持共同体和国内法律体系之间的纵向关系,这一监督权应审慎行之。

---

① Treaty for the Establishment of the East African Community（Election of Members of the Assembly）Rules, 2007. 根据新的规则,有 9 名代表被选入东非立法大会。See Treaty for the Establishment of the East African Community（Election of Members of the Assembly）Rules, 2007: Election of Members of the East African Legislative Assembly, 30 May 2007, Kenya Government Gazette Notice No. 4873.

② [2001] East Afr. LR 46.

③ [2001] East Afr. LR 46 at 51.

四　阿佛拉比诉尼日利亚联邦共和国案（Olajide Afolabi v. Federal Republic of Nigeria）

在阿佛拉比诉尼日利亚联邦共和国案（Olajide Afolabi v. Federal Republic of Nigeria）① 中，原告是一位尼日利亚商人，打算从贝宁共和国购买一些货物，并在当地接收这些货物。由于尼日利亚政府关闭了贝宁－尼日利亚边境，他无法购买并接收这些货物。他声称由于边境关闭遭受了重大损失。他就在西共体法院提出申请，要求法院宣告尼日利亚单方关闭边境的行为违反了《西共体条约》第3条第2款（d）节（iii）项规定和第4条（g）节的规定，侵犯了该条约和《非洲人权与民族权利宪章》所确保的人员和货物自由流通的基本权利。

被告对原告的出庭资格成功地提出了初步反对意见。被告声称，根据《西共体法院议定书》第9条，只有国家能成为该法院的当事方。② 原告律师主张法院应效法欧洲法院所采取的能动的司法方式，接受个人提出的请求。西共体法院驳回了原告律师的这种主张。法院的理由是，欧洲法院所采取的对欧盟条约进行补缺的方式已招致许多批评，它"不想步其后尘"。③ 在该案中，西共体法院拒绝接受原告律师提出的观点是正确的。法院的管辖权，特别是国际法院的管辖权，必须由立法授予。不过，法院的判决意见应仅限于本案的事实。共同体法院的一个重要职能是填补条约及其他共同体法律中的漏洞。这一职能源于它们对条约解释和适用的管辖权。如果法院因为害怕招致批评，就不敢承担这一职责，就不能很好地服务非洲经济一体化的事业。

五　坎贝尔诉津巴布韦共和国案（Mike Campbell v. Republic of Zimbabwe）

在非洲共同体法院所处理的所有案件中，坎贝尔案最能说明共同体法院和国内重大政策即本案中的津巴布韦饱受争议的土地改革政策之间的冲突。原告对被告强制征收他们位于津巴布韦的农用地提出质疑。土地征收是根据

---

① ［2005］52 WRN 1.

② 这一规定已经修正，以给个人在西共体法院出庭的资格。

③ *Olajide Afolabi v. Federal Republic of Nigeria*［2005］52 WRN 1 at［56］.

津巴布韦的一项立法进行的，该立法也剥夺了津巴布韦法院受理与土地征收相关的案件的管辖权。① 原告声称土地征收不符合《南共体条约》第 4 条（c）项和第 6 条第 2 款的规定。这些规定要求成员国"根据人权、民主和法治原则"行事，并禁止成员国基于"种族"原因歧视任何人。

在南共体法院对该申请做出最终处理前，原告还请求法院发布命令保持土地的现状。在法院确信该案件是自然人和法人与国家之间的诉讼，② 该案涉及条约解释问题③而且法院有权发布临时救济令④后，南共体法院分析了原告是否如《南共体法院议定书》⑤ 所要求的那样用尽了当地救济。被告的律师声称，涉及原告的同一案件正在津巴布韦最高法院审理。南共体法院没有提供详细的推理或权威案例就判定，在本案的临时救济令申请中不能提出用尽当地救济问题，原告通过临时救济令申请希望获得临时保护措施。不过，这一问题可以而且实际上在实体问题审理中提出了。

南共体法院在对案件实体问题进行审理前，授予 70 多名申请人介入程序的权利，还授予他们临时救济的权利。⑥ 南共体法院还将被告未能实施临时救济措施的情况报告了南共体国家元首和政府首脑大会。

在案件的实体审理中，⑦ 南共体法院确定了要审理的 4 个问题，即它是否有权受理原告的请求；原告是否被剥夺在津巴布韦寻求救济的权利；原告是否受到种族歧视；以及对于从原告手中被强制征收的土地是否应支付赔偿。

南共体法院认为，在向南共体法院提起诉讼前，原告应用尽当地救济。

---

① Constitution of Zimbabwe（Amendment No. 17，2005），16B.

② SADC Tribunal Protocol，art. 15（1）. 法院对于自然人和法人之间的诉讼没有管辖权。*Nixon Chirinda* v. *Mike Campbell*（*Pvt*）*Ltd.*，SADC（T）Case No. 09/08（SADC Tribunal，2008）; and *Albert Fungai Mutize* v. *Mike Campbell*（*Pvt*）*Ltd*，SADC（T）Case No. 8/08（SADC Tribunal，2008）.

③ SADC Tribunal Protocol，art. 15（1）. The tribunal has no jurisdiction in action between natural and legal persons. *Nixon Chirinda* v. *Mike Campbell*（*Pvt*）*Ltd*，SADC（T）Case No. 09/08（SADC Tribunal，2008）; and *Albert Fungai Mutize* v. *Mike Campbell*（*Pvt*）*Ltd.*，SADC（T）Case No. 8/08（SADC Tribunal，2008）.

④ Ibid.，art. 28.

⑤ Ibid.，art. 15（2）.

⑥ *Gideon Stephanus Theron* v. *The Republic of Zimbabwe*，SADC（T）Case No. 2/08；3/08；4/08；6/08（SADC Tribunal，2008）.

⑦ *Mike Campbell*（*Pvt*）*Ltd.* v. *The Republic of Zimbabwe*，SADC（T）Case No. 2/2007（SADC Tribunal，2008）.

但是，如果国内法没有提供任何救济，或所提供的救济是无效的，就无须再要求原告用尽当地救济。在目前的案件中，法院注意到津巴布韦的第 17 号宪法修正案剥夺了津巴布韦法院的管辖权——这也是津巴布韦最高法院之前所确认的观点。① 对于原告申请中的实体事项是否在南共体法院的事项管辖权范围内，法院认为，考虑到《南共体条约》第 4 条（c）项规定，南共体法院有权审理涉及人权、民主和法治的任何争议，而这刚好是原告申请中所提出的问题。在对法律——国内法和国际法——和事实进行详细分析后，南共体法院认为，原告已经证明他们的土地被征收，而他们却无权在国内法院获得救济，也无权得到公正审理的机会。在南共体法院看来，这些事实等同于对《南共体条约》第 4 条（c）项规定的违反。法院还指出，虽然第 17 号修正案没有明确提及"白人"农场主，但该修正案的实施影响的只有白人农场主，由此构成一种间接歧视。法院认为，被告已对原告进行了种族歧视，因此，违反了它根据《南共体条约》第 6 条第 2 款所承担的义务。法院还认为，根据国际法，被告应向原告支付公正赔偿——被告声称应由前殖民地宗主国英国就被征收的土地支付赔偿。

南共体法院下令要求被告采取所有必要措施以保护原告对土地的占有、控制和所有，并采取所有适当措施以确保不会根据第 17 号修正案采取行动以驱逐或干涉原告对这些农场的和平居留。法院还命令被告向其中三名原告支付公正赔偿。在津巴布韦，官方和司法部门对南共体法院的裁决充满敌意和不满；津巴布韦的行政部门包括总统和总检察长对南共体法院的裁决提出谴责，津巴布韦高等法院拒绝执行这些裁决。② 在两个单独的裁决中——第二个裁决是在第一个裁决没有得到遵守的情况下做出的——南共体法院根据《南共体条约》第 32 条第 5 款规定将其查明的津巴布韦没有遵守其裁决的情况向南共体国家元首和政府首脑大会做了汇报，以便大会能够采取"适当行动"。③ 但直到现在，还未采取此类行动。

---

① *Mike Campbell（Pvt）Ltd.* v. *Minister of National Security Responsible for Land*, *Land Reform and Resettlement*, Judgment No. SC 49/07（Zimbabwe Supreme Court, 2008）.

② *Gramara（Pvt）Ltd.* v. *Government of the Republic of Zimbabwe*, HC 33/09（Zimbabwe, High Court, 2010）.

③ *William Michael Campbell* v. *The Republic of Zimbabwe*, Case No. SADC（T）Case No. 03/2009（SADC Tribunal, 2009）; and *Fick* v. *The Republic of Zimbabwe*, Case No. SADC（T）Case No. 01/2010（SADC Tribunal, 2010）.

第四节　共同体法院的法理和经济一体化

反映在判决中的共同体法院的法理是共同体法院履行职责并确立它们在非洲经济一体化进程中的作用的重要一步。[1] 对于共同体法院来说，这是一种新的事业；它们的角色在非洲史无前例。相比而言，非洲共同体法院在处理经济一体化进程所带来的挑战时，并非孤军奋战。[2] 幸运的是，它们可以从其他致力于区域和国际经济法律的法院如欧洲法院、WTO 专家小组和上诉机构吸取经验。但它们应时刻把自己独特的地区背景铭记于心。

对于任何法院，它的最初法理为其未来的工作设定了路线和基调，并有助于了解它的方法、目标和挑战。共同体法院法官的出版物可以提供另一角度，但和其他国际法院的法官不同，截至目前，非洲共同体法院的法官还没有很好地利用书籍或杂志来表达他们对共同体及他们作用的看法。作为非洲第一批致力于经济一体化问题的"积极"的共同体法院，它们的法理也可以为非洲司法法院提供一种比较法渊源。从这个角度来看，共同体法院的法理十分重要。它们涉及非洲经济一体化进程中一些十分困难、有时又有较强政治敏感性的问题，但它们也留下了一些棘手的问题有待解决。

一　个人的作用

个人可以在经济一体化中发挥重要作用。实际上，如果没有个人的参与，就不可能有经济共同体或成功的区域贸易。它们是贸易得以流通、经济一体化得以强化的血管。正如自由国际关系学者所指出的，个人会影响国家的选择，他们的声音和行动会决定一个国家积极参与经济一体化的程度。[3] 他们是把经济一体化语境中实施的不同的法律制度联系起来的人类媒介。如果没有个人的积极参与，政治家所追求的经济一体化进程就会踟蹰不前。这样的经济一体化进程也只会成为一个机构大厦，而不会对个人的生活带来有意义的影响，当然，也许共同体机构所雇用的人员除外。在经济一体化中加强个人作用的关键是赋予他们直接或间接参与或利用共同体机构包括共同体

143

---

[1]　Jackson （2003 – 2004）.

[2]　*Trinidad Cement Ltd. v. The Co-operative Republic of Guyana* ［2008］ CCJ 1 （OJ） at ［1］–［2］; and O'Brien （2009）.

[3]　Moravcsik （1997）.

法院的权利。

从历史上看，个人还从来没被赋予根据非洲经济一体化条约利用共同体法院的权利。他们也很少在国内法院中援引共同体法律。总体来看，非洲早期的经济一体化尝试都没有对司法机构做出规定，① 或者所规定的法院从来没有设立。② 如上所述，最近的经济一体化条约大潮，包括《东南非共同市场条约》、《南共体条约》、《东共体条约》和《西共体条约》，对这一缺陷进行了补救。在一些新出现的国内判例中，特别是在东部和南部非洲国内法院出现的判例中，个人开始积极援引共同体法律或国内法院也开始利用共同体法律。

规定个人可以利用共同体法院的这种智慧可以从共同体法院的判决中显示出来。共同体法院的几乎所有判决都是因个人声称违反了共同体法律而提起的诉讼所产生的。在所分析的案件中，只有一件涉及国家间的诉讼。在厄立特里亚诉埃塞俄比亚案（Eritrea v. Ethiopia）③ 中，埃塞俄比亚政府要求厄立特里亚政府交还在厄立特里亚的阿萨布港和马萨瓦港被扣留的属于埃塞俄比亚人的商品，并支付因扣留所产生的损害赔偿。埃塞俄比亚声称扣留违反了《东南非共同市场条约》的规定，但这一案件后来经庭外和解解决。另一个案件涉及机构间的诉讼。④ 实际上，律师在其中一些案件中的陈述表明，如果交由受到影响的政府，这些诉讼可能就不会被提起。在安洋案中，肯尼亚总检察长认为这一案件涉及公共利益问题，所以本来应该由作为公共利益监护人的总检察长提起，就是这样一种情况。总检察长是否提起诉讼的自由裁量权几乎不会受到审查。因此，如果这种观点占上风的话，就会给东非的经济一体化带来迎头一棒。非洲共同体法院的判决表明个人权利在非洲经济一体化中取得胜利，也证实了条约起草人的智慧。

个人参与共同体法院会影响到机构间的关系、共同体内权力的平衡以及共同体－国家的法律关系。它还提供了一种途径，通过这样的途径共同体法

144

---

① ECOWAS Treaty 1975; Treaty Establishing a Central African Economic and Customs Union, 8 December 1964, 4 ILM 699; and Charter of the Organization of African Unity, 25 May 1963, 2 ILM 766.

② Treaty for East African Cooperation, 6 June 1963, 6 ILM 932; and Treaty for the Establishment of the Preferential Trade Area for Eastern and South African States, 21 December 1981, 21 ILM 479.

③ [1999] LawAfrica LR 6.

④ *Parliament of ECOWAS v. Council of Ministers*, Suit No. ECW/CCJ/APP/03/05 (ECOWAS Court of Justice, 2005).

院可以推动成员国内的规则变革。一个积极主动的法院，加上愿意实施共同体法律所授予的权利的个人，这二者的结合是对行政和立法权力的一个巨大挑战。在理论上，这种结合给予法院最终的决定权。虽然共同体法院没有参与决策程序，但其判决会对决策的后果施加微妙的影响，从这个意义上来说，这使其成为一个有力的"政治"角色。国家和共同体机构在共同体法院法理的阴影下讨价还价。在非洲经济一体化过程中，这种司法权力可以成为共同体秘书处工作的重要补充，秘书处被授权行使主要的行政职能，但其实施权力有限。换句话说，共同体法院可以对行政主导经济一体化进程的局面提供一种反制衡，并辅助软弱的（主要是咨询作用）立法机构。它们也可以对行政部门所拥有的有限的执行权力提供补充。为了能做大这一切，共同体法院必须要保证共同体法院的独立性，并且这种独立性在实践中也应得到其他共同体机构和成员国的尊重。

共同法院的判决反映了上述趋势。东共体法院维护了个人的诉讼权利，但没有对这一权利明确做出任何限制。这使东共体内的权力平衡转向更有利于共同体法院。只要个人提起诉讼，成员国和共同体机构将不再具有最终决定权——法院将做出最终决定。根据《东非共同体条约》第 30 条，个人不必用尽当地救济，或不需要证明存在任何被所质疑的行为影响的个人利益，法院在实践中也确认了这一点，[①] 这一事实会对成员国和共同体机构的发展前景带来可怕影响。因此，毫不奇怪的是，对这样判决的政治反应——是以修改条约的形式出现的——非常迅速，而且其目的部分就是为了限制法院的权力。西共体法院也曾经裁定用尽当地救济与利用该法院的程序没有任何关系。[②] 东共体法院通过在安洋案（Anyang II）中裁定肯尼亚的选举规则违反了《东非共同体条约》的规定，为肯尼亚的选举制定一种新的全国规则或制度奠定了基础。通过这一判决，东共体法院成为呼吁肯尼亚选举法进行改革的信使。前已提到，肯尼亚后来修改了自己的立法，使其与该判决保持一致。

东共体法院法理就个人参与法院而言令人担忧的一个方面涉及出庭资格。极端自由的出庭规则可能会给法院带来巨大挑战。它可能会被大量案件

---

① Compare *Odafe Oserada* v. *ECOWAS Council of Ministers*, Judgment No. ECW/CCJ/JUD/01/08（ECOWAS Court of Justice, 2008）.

② *Etim Moses Essien* v. *Republic of Gambia*, Case No. ECW/CCJ/APP/05/07（ECOWAS Court of Justice, 2007）at 13.

所拖累，从而影响其管理职能。《东非共同体条约》第 30 条第 2 款为试图对成员国或共同体机构的任何法案、规则、指令、决议或行为的合法性提出质疑的个人诉讼施加了两个月的时效限制——这证明国家对个人诉讼深感不安——可能有助于减轻法院的讼累。此外，当个人绕过国内法院，到东共体法院寻求第 30 条的救济时，可能会让国内法院产生对抗情绪，而它们应该是共同体法院的亲密盟友。国内法院和共同体法院之间的紧张关系可能会对共同体 – 国家关系产生负面影响。当然，在一体化的初期阶段，应鼓励个人享有自由的出庭资格，以确保人民和法院参与到一体化进程。

国内法院和共同体法院之间冲突的可能性已经反映在一些案件中。但目前，后者尽量小心避免与前者发生冲突。东南非共同市场法院在驳回一项旨在变更肯尼亚上诉法院判决的申请时，就消除了一种潜在的冲突来源。① 在 146 哈吉诉尼日利亚联邦共和国案（Alhaji Hammani Tidjani v. Federal Republic of Nigeria）② 中，西共体法院判定它无权作为国内法院判决的上诉法院，它也无意冒犯司法礼让原则。在东共体法院受理的一项诉讼中，申请人请求法院宣告有两个人不被选为东非立法大会成员，而且他们不是坦桑尼亚议会的议员，东共体法院裁定这一事项应在坦桑尼亚高等法院管辖权限内。③ 在杰瑞案（Jerry Ugokwe）④ 中，西共体法院拒绝就尼日利亚上诉法院已做出司法处理的一项选举争议行使管辖权。

考虑到个人在共同体法院内的出庭条件，共同体法院会面临越来越多的需要小心应对的国内法院管辖的案件。在出现潜在冲突时，共同体法院应向国内法院表示一定的尊重，以加强与国内法院的联系。这在共同体法院发展的早期阶段尤为重要。国内法院应是共同体法院的盟友，而不是竞争者。但共同体法院应时刻牢记它们作为共同体条约和法律的监护人的职责。

对于东共体法院（以及对于东南非共同市场法院、西共体法院和南共体法院在处理出庭资格问题时）而言，对第 30 条的范围做出界定以平衡成员国、国内法院、个人、东共体法院以及共同体的最终目标之间相互冲突的

---

① *Standard Chartered Financial Services*，*A. D. Gregory and COMESA. Cahill v. Court of Appeal for the Republic of Kenya*，Reference No. 4/2002（COMESA Court of Justice，2002）.

② Suit No. ECW/CCJ/APP/01/06（ECOWAS Court of Justice，2007）at 14.

③ *Christopher Mtikila v. AG of the United Republic of Tanzania*，Application No. 8 of 2007（East African Court of Justice，2007）.

④ *Jerry Ugokwe v. The Federal Republic of Nigeria*，Case No. ECW/CCJ/APP/02/05（ECOWAS Court of Justice，2005）.

利益十分重要。这是一项细致的工作,其他国际法院的经验可以提供有用的借鉴。共同体法院职责的合法性取决于它们在面对多重并且经常冲突的成员国、国内机构、共同体、共同体机构和个人之间的利益时所表现出来的政治敏感性。

目前所处理的大部分案件都涉及自然人。在国内和共同体层面所缺乏的是由法人(如公司)和利益团体为推进经济一体化事业所提起的诉讼。[①] 在2009年,一家公司在东共体法院针对肯尼亚港口管理局提出一项请求,要求管理局赔偿因其未能对申请人的果汁和矿泉水集装箱进行及时清关而遭受的损失。法院以没有管辖权为由驳回这一申请。这是东共体内出现的首起此类诉讼。东共体法院的理由是,肯尼亚港口管理局既不是东共体的成员,也不是其机构。[②]

总体上看,利益团体在非洲经济一体化进程中的参与及其影响微乎其微,[③] 特别是就其利用诉讼来促进经济一体化而言更是如此。可喜的是,共同体条约将"个人"界定为任何自然人或法人,并且也为社团留下了一席之地。前已述及,在东共体法院提起诉讼时,个人无须证明其个人利益受到违反条约的行为的影响。这就带来了这种可能:根据《东非共同体条约》第30条,在东共体内有居所的法人可以直接在东共体法院提起诉讼,而无须面对严格的出庭资格规则。国际诉讼的巨大费用可能阻碍自然人直接在共同体法院提起诉讼。但目前尚没有研究表明情况就是如此。法人,特别是公司和企业,可以从共同体法院的法理以及以完善的市场准入、良好的贸易环境和扩大的投资机会形式表现出来的经济一体化目标的实现中获益匪浅。因此,它们应更积极地参与经济一体化进程,包括积极利用共同体条约授予给它们的出庭资格。它们应在共同体法院对阻碍共同体内部贸易的国内措施提出质疑。

除直接诉讼外,法人和利益团体还可以通过提交法庭之友意见的方式参与经济一体化进程。通过提交意见,它们可以型塑共同体法院的法理。在这方面,东非法学会在东共体法院审理的一些重大案件包括安洋案和东共体部

---

① But see *East African Law Society* v. *AG of the Republic of Kenya* [2007] 1 East Afr. LR 5; and *East African Law Society* v. *AG of Kenya* [2008] 1 East Afr. LR 95.

② *Modern Holdings (EA) Ltd.* v. *Kenya Ports Authority*, Reference No. 1 of 2008 (East African Court of Justice, 2009).

③ Deen-Swarray and Schade (2006).

长委员会咨询意见请求案中的出现具有重要意义。实际上，《东非共同体条 148
约》第 40 条允许成员国的居民在得到法院的许可后介入法院审理的案件。
但这种介入当事方应仅限于提交支持或反对案件当事人主张的证据。遗憾的
是，其他共同体内的法学会没有利用这一机会来影响各自区域内的经济一体
化进程。

上述分析在赞扬诉讼作为通过法律推进经济一体化进程的方式的美德的
同时，并没有否认有效利用现有政治途径的重要性，如与国内政府或共同体
进行谈判或游说它们制定有利于商业和地区贸易的政策。诉讼和政治途径二
者的结合才能产生牢固而有效的共同体。

利益团体在非洲经济一体化进程中微乎其微的参与令人不安。它们过于
关注非洲的人权问题和诉讼，却很少关注经济一体化议程。这部分是因为人
权问题和良治的重要性已被"兜售"给国内和国外的捐赠者，利益团体可
以从中获取大量资金，而非洲经济一体化却没有进行同类的"营销"。经济
一体化看来还不是资金捐赠者优先考虑的事项。近来的一项评估报告指出，
欧盟对东部和西部非洲地区一体化的支持只是"部分有效"。[1]

即使利益团体已经关注到了经济一体化问题，它们重视的也主要是人
权事项。它们呼吁对《西共体法院议定书》进行修改，以便个人在该法
院具有出庭资格，这也主要是出于这样的动机，即希望在该法院内可以对
国家侵犯人权的事项提起诉讼。东共体法院也面临来自利益团体的同样的
要求，它们要求东共体法院扩大管辖权，以便可以受理人权问题。利益团
体在非洲推进人权事业的精力和激情也应该同样投入到非洲的经济一体化
进程。经济发展与人权的联系不言自明。确实，人权还包括发展权。成功
的经济一体化及其所带来的经济繁荣可以成为根治非洲人权病的灵丹
妙药。

二　国内法院的作用

149

和个人一样，国内法院在非洲经济一体化进程中也发挥着关键作用。[2]
它们提供了一种机构中介，通过这种中介，共同体的规则可以使个人在国内
受益。它们是共同体法律实施机制的必要补充。从历史上看，非洲经济一体

---

[1]　European Court of Auditors（2010），p. 33.

[2]　See generally Hilf（1997）.

化条约还没有意识到国内法院在经济一体化中的作用。目前，这一状况已得到补救。如上所述，《西共体条约》、《东南非共同市场条约》、《东非共同体条约》和《南共体条约》都对国内法院的作用做了设计。国内法院可以就条约的解释或适用以及共同体规则、指令或决议的有效性问题从共同体法院获得先行裁决。现在，还没有国内法院利用先行裁决程序。但是，这一程序存在的事实代表着非洲经济一体化方式的一个显著转向。

贝布尔（Bebr）阐明了在欧盟内使得国内法院不愿利用先行裁决程序的几个因素，[①] 包括欧洲法院法律性质的不确定性，特别是考虑到它在国内司法结构层级中的地位；这一程序的新颖性；以及国内缺乏此类程序。这些原因同样可以解释非洲的情况。在非洲还需增加另外两个因素：一是缺乏大量的共同体法律；二是成员国内缺乏实施此类法律的立法。一些非洲国家存在有类似先行裁决的程序，特别是对于涉及宪法解释的问题。[②] 不过，非洲还不存在向普通的国内司法机构以外的法院寻求先行裁决的程序。法院向另一法院——国内、地区或国际的——提交事项要求做出裁决的权力是一个管辖权限问题；它必须由成文法做出明确规定。因此，要想使条约中规定的先行裁决程序运行起来，就必须通过立法扩大国内法院的管辖权限使其可以涵盖这一程序。目前，我知道还没有非洲国家这么做。这就表明国内还不存在使共同体法律确定的程序得以运行的立法设施。

在实施管辖权时，国内法院可能会不可避免地不得不对涉及共同体法律的问题做出处理。随着共同体法律体系的扩展以及个人对共同体法律的更多了解，人们越来越多地在国内法院援引共同体法律，此类问题会日益增加。这种预期的发展与当前人们在国内诉讼中援引国际人权规则的决心之间可能存在一定的并行关系。个人可能会根据一项授予他们个人利益的法律提出请求并实施这项法律，无论其渊源如何，只要人们知悉这项法律而且法律体系会允许给予该法律以效力。

实际上，在目前新出现的许多案件中，个人有时并不能在国内法院成功地援引共同体法律。在民主改革运动党诉津巴布韦共和国总统案（Movement for Democratic Change v. President of the Republic of Zimbabwe）[③] 中，申请人要

---

① Bebr (1977), pp. 241 – 243.

② See e. g. Constitution of the Republic of Ghana, 1992, art. 130 (2); and Constitution of the Republic of Sierra Leone, 1991, art. 124 (2).

③ HC 1291/05 (Zimbabwe High Court, 2007).

求法院宣告津巴布韦的《选举委员会法》和《选举法》没有纳入 2004 年在毛里求斯通过的《南共体原则和指导方针》的相关规定。此外,《公共秩序与安全法》、《信息获取与隐私保护法》以及《广播法》的相关规定违反了《南共体原则与指导方针》。津巴布韦高等法院驳回了这一请求,法院认为,申请人似乎将《南共体原则和指导方针》提高到法律的地位,并将它置于国内法律之上。在法院看来,没有法律原则能够使《南共体原则和指导方针》这种性质的地区性法律文件可以对成员国产生约束力。它们只是不具有约束力的示范规则。再者,《南共体原则和指导方针》并没有被纳入国内法中,因此不能在法院得到实施。法院指出,《南共体原则和指导方针》不是国内法的渊源。虽然法院的意见从法律上讲无可挑剔,但它们仍值得关注。在该判决的前面部分,法院就查明,在《南共体原则和指导方针》被通过且被津巴布韦政府签署的那次首脑会议不久以后,津巴布韦政府就发动并引导津巴布韦议会通过了两项旨在根据《南共体原则和指导方针》规范津巴布韦选举行为的立法。它们就是《选举委员会法》和《选举法》,也正是本案中争议的两项立法。这一案件证明了国内法律和机构在有效实施共同体法律方面的重要性;如果国内法律体系没有为接受共同体法律设定相应的条件,仅仅由共同体通过一项共同体法律还远远不够。

在肯尼亚法院审理的共和国诉肯尼亚税务总局案(Republic v. Kenya Revenue Authority, ex parte Aberdare Freight Services Ltd.)① 中,原告声称被告扣留他所进口的商品糖的行为是非法的,违反了东南非共同市场《自由贸易区规则》和《东南非共同市场条约》,而肯尼亚是该条约的成员。肯尼亚有关部门扣留该批货物的目的是为了征收原告意图逃避的税收。法院必须要决定肯尼亚 2001 年第 10 号《糖业法》第 27 条规定是否符合《东南非共同市场条约》的规定。肯尼亚《糖业法》第 27 条授予肯尼亚糖业管理局控制糖业进口的权力,以维护国家利益。法院认为,《东南非共同市场条约》适用于对原告进口所施加的进口糖的配额。法院分析了该条约第 3 条(a)项、第 45 条、第 49 条第 1 款和第 2 款以及第 61 条等相关规定,判定《糖业法》并没有违反这些规定。法院的理由是,被告所采取的对糖类进口分配配额的措施是为了维护国家利益,是旨在保护当地产业的一种保障措施。

① [2004] 2 KLR 530 at 539 – 540.

在法院看来，此类措施并不违反《东南非共同市场条约》。①

在乌干达发生的沙诉曼纽拉马有限公司案（Shah v. Manurama Ltd.，简称沙案）② 也很好地证明了国内法院在确保共同体法律的利益惠及个人时所能发挥的关键作用，同时国内法院还可以起到共同体法律得以影响国内法律体系的中介作用。在沙案中，被告提出申请，请求法院命令原告对被告的费用提供担保。原告是一个肯尼亚居民，因此不在乌干达高等法院的管辖权范围内。被告声称，原告的居所在国外，这是"命令他提供担保的表面理由"。③ 被告援引根深蒂固的国内普通法原则来支持自己的主张。原告在答辩时指出，考虑到东非共同体的再次创立以及它所创建的法律制度，应该对居所能否作为下令支付担保的理由重新审查。④ 法院驳回了被告的申请。法院指出，在东非，"不能再存在这样一个自动的、僵硬的推定，即对于居所在东非共同体内的原告，法院可以下令他为被告的费用提供担保"。⑤ 法院认为，东非共同体的再次设立，对于要求原告提供费用担保的法律方面，"要求重新评估我们的司法思维"。⑥ 影响法院做出这一裁决的因素包括：

• 所有三个国家——乌干达、肯尼亚和坦桑尼亚——都是东非共同体的成员国；

• 《东非共同体条约》（和欧共体条约一样）旨在设立一个关税同盟、共同市场和货币联盟——作为共同体不可分割的支柱——而且最终在三个国家之间形成政治联盟。特别是，《东非共同体条约》明确规定，要对成员国的法律进行统一化和协调化，包括"共同体内法院判决的标准化"（第26条）以及设立一个共同的律师协会（跨境法律服务）；

• 上述措施的根本目标——这一裁决没有过多论及——规定在《东非共同体条约》第5条中，这一目标就是需要制定旨在拓展并深化成员国间在政治、经济、社会和文化领域、科研、国防、安全以及法律和司法事务方面的合作的政策和方案，以实现互利；

• 《东非共同体条约》第104条规定了人员、劳动力、服务的自由流

---

① Ibid. , at 543.

② ［2003］1 East Afr. LR 294.

③ Ibid. , at 296.

④ ［2003］1 East Afr. LR 294.

⑤ Ibid. , at 298.

⑥ Ibid. , at 297.

通以及设立权和居住权。成员国有义务确保它们的公民在共同体内享受到上述权利。对此，法院考虑了这一事实，即《东非共同体条约》在每一成员国内具有法律效力［第8条第2款（b）］，并且这一条约法优先于国内法（第8条第5款）。①

这一案件证明法院已经意识到共同体法律的重要性以及它对国内法的影响。它揭示了国内法院如何能够成为给予共同体法律以效力并实现共同体目标的中介。② 这一案件也提供了一个鲜活的案例，说明个人是如何可以通过国内法院实施他们获得共同体法律利益的权利。共同体的存在及其目标引发了对有关共同体法律和共同体目标可能涉及的事项的国内司法思维的重新评价。沙指出，即使缺乏有关某一问题的实体性共同体法律，国内法院仍可从共同体的目标和宽泛原则中提取出解决办法，并通过判决来推动这些目标和原则的实现。在涉及共同体事项的案件中，国内法院应根据共同体的目标和原则解释相关法律。这可能要求在解释国内法律时要促进而不是损害共同体的目标，要提供救济以实现或推动共同体目标所蕴含的权利，如人员、商品和服务的自由流通，要克制采取可能阻碍共同体目标实现的行为。

成员国内个人对共同体法律的援用是一种受人欢迎的发展。无疑，国内法院对这一发展的反应不一，而且有时法院的反应难以尽如人意。然而无论如何，要鼓励这一发展，以通过将共同体法律并入到成员国国内法律中的方式来加强非洲的经济一体化。国内法院是个人得以寻求一体化和共同体法律的利益的平台。国内对共同体法律的援引为向共同体法院提出先行裁决的请求提供了可能性。共同体法院强化与国内法院联系的能力对于共同体法院的发展十分关键。这一案件还表明人们在一定程度上意识到了共同体法律的潜在的有利影响。不过，不能对这一人群的数量过于乐观。与非洲经济一体化已经进行的时间以及共同体已经制定的大量（但仍然相对较少）法律相比，这一人群的数量还相对较少。这些法律涉及范围广泛的问题，包括人员、商品和企业的自由流通。经过多年的经济一体化，它所带来的更多利益以及它所面临的挑战却没能更多地进入到国内法院，这有点令人沮丧。潜在的诉讼成本、对经济一体化进程及因此产生的权利的不了解、小规模的非洲内部贸

153

---

① Ibid. , at 298.
② 肯尼亚法院审理的 *Healthwise Pharmaceuticals Ltd. v. Smithkline Beecham Consumer Healthcare Ltd.* 案（［2001］LawAfrica LR 1279）采取了一种不同的方法。在该案中，肯尼亚法院驳回了原告的主张，即他是东共体的居民，因此被告可以毫不费力地追回他在诉讼中可能涉及的费用。

易、律师既没有将共同体法律纳入他们的执业中也没有将其发展成为专业化领域的事实以及非洲诉讼文化的可能缺失，这一切都可以说明为何这一人群的数量较少。此外，成员国没有为个人援用并实施共同体法律提供必要的法律设施。

就这一点而言，以及第七章将要讨论的，它们对个人在非洲国内法院援引共同体法律带来巨大限制。这些限制可能影响个人和国内法院参与经济一体化进程。在共同体层面，这些限制体现在共同体条约的规定缺乏直接效力和直接适用性。在国内层面，这些限制体现为不友善的宪法规定和不尽人意的司法判例。要使共同体－国家关系走上正轨，并且使共同体法律在国内具有效力，就需要对现有的宪法和国内法院的法理进行反思。

共同体法院判决存在的一个有趣现象是在共同体和国内法院之间存在大量的判例互借（jurisprudential borrowing）和司法对话。西共体法院曾经指出，在审理案件时，它可以援引成员国法院和地区法院的判决。① 共同体法院的判决中含有大量的对不同国内法院判决的引用。这提供了培养互利互惠关系的另一种途径。法院的声誉部分取决于它的法理视野以及其他法院给予它的尊重。由于共同体法院援引国内法院的判决，这样通过共同体法院对它们判决质量的确认，国内法院也在它们国内法律体系中加强了地位。同样，国内法院也可援引共同体法院的判决，并给予其判决以效力。不过，判例互借应慎重进行，这很重要。在可能的情况下，共同体法院应尽量从所有成员国中引用案例，而不是只关注少数几个国家的案例。例如，西共体法院的判决大量援引尼日利亚法院的案例，但很少或几乎没有引用来自其他成员国法院的案例。除非谨慎进行判例互借，否则共同体法院就会面临疏远一些国内法院的危险——而被认为亲近其他一些成员国的法院。共同体法院的法官选自成员国，而且必须具有在国内担任最高司法职位的资格，这一事实可以推动共同体和国内法院之间的判例互借和司法对话。

共同体法院同样认为来自非洲之外的其他经验更为丰富的国际和地区法院的判例具有重要借鉴意义。考虑到它们所承担的全新的职责，非洲共同体法院从这些具有多年经验的法院中寻求帮助天经地义。对于共同体法院来说，欧洲法院的法理曾是一个肥沃的说服性案例的渊源。在穆勒亚诉东南非共同市场案

---

① *Executive Secretary of ECOWAS v. Tokunbo Lijadu Oyemade*，Suit No. ECW/CCJ/APP/01/05，（ECOWAS Court of Justice，2006）at［3.03］.

(Muleya v. Common Market for Eastern and Southern Africa)① 中，对于诉状中一个模棱两可的法律争点，奥古拉（Ogoola）法官从欧洲法院的"丰富判例"中寻求指导。他注意到欧洲法院的判决对东南非共同市场法院没有约束力，但它们具有"很强的说服性价值"。② 欧洲法院对于经济一体化问题有丰富的经验，它的判决对于非洲共同体法院的争议解决具有高度的参考意义。

　　遗憾的是，非洲共同体法院还没有意识到它们彼此之间判例的重要性，或至少还没有从彼此的判例中进行互借。③ 它们的判决很少引用其他非洲共同体法院的判决或其他共同体的法学发展和法律，这很不幸。关注彼此的判例有助于丰富一些判决的内容，即使它不能改变判决的结果。在阿佛拉比案④中，西共体法院本来可以利用其他非洲经济一体化条约，说明自己在对待个人参与共同体法院的问题上并非单枪匹马，而且考虑到共同体是非洲经济共同体的基石，这种孤立主义的观点无论如何是不能被接受的。确实，既然共同体是非洲经济共同体的基石，人们就会想到它们法院之间的司法对话应是构建非洲经济共同体的重要组成部分。此外，共同体的宪法条约和目标之间存在极大相似性的事实也应鼓励更多的对话。正如米斯特里（Mistry）所注意到的，"看来非洲所有的这些共同体条约的起草都是来自同一个版本"。⑤ 目前，由于缺乏系统的法律报告，很难获得非洲共同体法院的判决，这也许可以说明为什么共同体法院之间缺乏司法对话。共同体法院之间的判例互借应该得到鼓励，以推动大陆范围内有关经济一体化的法理的逐步发展。

　　可以通过加强共同体法院判决的获取以及在共同体法院的官员之间建立常规互动的方式，来实现这一点。建议每一个共同体法院都利用成员国的法律报告委员会来正式发布判决。这些判决的出版应被认为是旨在推动非洲经济一体化并增强法院效力的一种公益事业。判决的出版有助于扩大共同体法院在国际和国内的知名度。由于获得的判决有限，难免有人认为这些共同体法院"大都存在于纸面之上"。⑥ 肯尼亚的国家法律报告委员会已出版了一

156

----

① 　[2003] 1 East Afr. LR 173.

② 　Ibid. , at 175.

③ 　Miller (2002); and Pirker (2011).

④ 　*Olajide Afolabi v. Federal Republic of Nigeria* [2005] 52 WRN 1.

⑤ 　Mistry (2000), pp. 564 – 565.

⑥ 　Alter (2008a), p. 57.

些东共体法院的判决。非洲大陆范围内的学术机构也可接手这一任务。在目前的发展阶段，考虑到案件数量还较少，专门致力于共同体法院判决的法律报告还不可能获得商业盈利，这样它就不可能吸引民间的商业出版商。有关经济一体化的大陆法理将会极大地惠泽非洲。

三 国际公法的作用

地区经济一体化进程需要在一个包罗万象的国际法体系下运行。地区经济一体化的基础及其有效性的渊源存在于国际法之中。因此，在国际经济法领域工作的司法机关在解决争端时经常援引国际法就一点也不令人感到惊奇了。从认识论的角度来看，国际经济法自成体系，但其基础仍是国际法。WTO 上诉机构曾经指出，对 WTO 协议的解读不能脱离国际法而孤立进行。[①] WTO 专家小组和上诉机构在争端解决中依赖国际法的做法曾经受到争议，但现在普遍认为这么做是有益的。[②] 在欧盟内部，欧盟法和国际法的互动在欧盟法院的法理中仍是一个争议的来源。[③] 当共同体法院援引国际法时，无论是作为说服性渊源还是作为判决的法律依据，它都使共同体与国际法律体系产生互动。

157　　如上所述，在所讨论的共同体条约中，只有《西共体条约》和《南共体法院议定书》明确提及将国际法作为法院的一种法律渊源。[④] 而且任命西共体法院法官的一个主要资格就是应该在国际法领域具有公认能力的法学家。这可以为国际法影响法院的判决带来极大的可能性。西共体法院的判决经常引用国际法院的判决，这就证明这种可能性完全会变为现实。和《西共体条约》不同，《东非共同体条约》只有一次提及国际法。那是在条约的序言中，该序言规定，国家坚定遵守调整主权国家间关系的国际法原则。虽然《东非共同体条约》没有明确规定将国际法作为一种法律渊源，但在安洋案中，原告和被告都在自己的主张中援引国际法，而且法院在其判决中也援引了国际法。实际上，最近东共体法院做出的一项有关对条约的修正是否

---

① *United States-Standards for Reformulated and Conventional Gasoline*（1996），WTO Doc. WT/DS2/AB/R at 17（Appellate Body Report）.

② McMahon and Young（2007）；Hu（2004）；and Cameron and Gray（2001）.

③ de Búrca（2010）.

④ See also Protocol on the Establishment of the East African Customs Union, art. 39（1）（f）. 它规定共同体的海关法应包括"国际法的相关原则"。

遵守了条约中规定的程序的判决，再次表明法院对国际法的强烈依赖。①

目前，共同体法院对国际法的援引看来已不再引起人们的争议。不过，随着时间的推移，更多的有关国际法、成员国的国际法义务以及共同体条约之间关系的基本问题还有待解决。其中一个棘手的问题就是成员国根据共同体条约所承担的义务与它们根据 WTO 协议或其他贸易协议所承担的义务之间的冲突问题。无疑，国内法院不能援引国内法作为不履行国际条约义务的理由。② 但是，它能否在共同体法院以其所承担的国际条约义务为借口来不履行它所承担的地区性条约义务，或在国际法院以其所承担的地区性条约义务为借口不履行它所承担的国际条约义务，这还会引起争议。③ 就 WTO 法而言，共同体法院对这一问题的回答将部分取决于 WTO 法将在多大程度上可以适用于共同体法院所审理的争议。此类问题还没有在非洲的共同体法院出现过，但在一些国内法院中，WTO 法所带来的影响已十分明显。④

共同体法院现在援引国际法没有引起争议，这部分是因为国际法主要是为了对共同体法律进行解释提供指导而不是直接作为共同体法院判决的依据而被援引的。但是，仍然需要警惕在解释共同体法律时对国际法进行不加思考的引用。这方面的一个例子是东共体法院在安洋案（Anyang II）中所做的裁决，法院指出《东非共同体条约》并没有对共同体条约的规定和国内法之间的冲突问题提供明确的解决办法。⑤ 这一裁决的做出显然忽略了该条约第 8 条第 4 款的明确规定，该款规定，"共同体部门、机构和法律对于涉及本条约实施的事项应优先于国内的部门、机构和法律"。这一规定显然暗示着，在出现此类冲突时，共同体法律应优先于国内法。因此，不同于法院的裁决，这一解决办法并不存在于基本的国际法原则之中或欧洲法院的说服性判例之中。这一解决办法就存在于《东非共同体条约》第 8 条第 4 款之中！东共体法院忽略这一重要规定的事实着实令人沮丧，特别是考虑到这一规定正是作为对法院在此前诸如奥孔达诉共和国（Okunda v. Republic）等案

158

---

① *East African Law Society v. AG of Kenya* [2008] 1 East Afr. LR 95.

② Vienna Convention on the Law of Treaties, 23 May 1969, 1155 UNTS 331, art. 27.

③ *Brazil – Measures Affecting the Importation of Retreaded Tyres* (2007), WT/DS332/AB/R at [213] –[234] (Appellate Body Report).

④ *Progress Office Machines* v. *South African Revenue Services* 2008 (2) SA 13; and *International Trade Administration Commission* v. *SCAW South Africa* (*Pty*) *Ltd.* [2010] ZACC 6.

⑤ *Peter Anyang' Nyongo* v. AG of the Republic of Kenya [2008] 3 KLR 397.

例的直接回应而引进的,① 在这些案例中法院拒绝将国内法服从于共同体法律。② 东共体法院以及东共体内的国内法院必须认识到这一优先规定的革命性,并利用它来加强共同体法律。

共同体法院最终不得不解决的另一问题,是共同体法院之间以及它们与WTO争端解决机构或其他争端解决机构之间的管辖权冲突问题,非洲共同体的一些成员国也是这些机构的成员。成员国的多重共同体成员资格是非洲经济一体化进程的一个主要特色。非洲一些国家除了是 WTO 的成员外,还通常是不止一个共同体的成员。例如,布隆迪、肯尼亚、乌干达和卢旺达既是东共体的成员国,也是东南非共同市场和 WTO 的成员。假如在这一假设的情况下将会发生什么:对于同一争议,肯尼亚在东共体法院起诉乌干达,乌干达在东南非共同市场法院起诉肯尼亚,埃及请求对这一问题设立 WTO专家小组? 目前,和非洲以外的其他条约不一样,③ 非洲还没有共同体条约规定解决管辖权冲突和挑选法院的问题。下文第八章会谈到,在缺乏此类规定时,共同体法院将不得不发展出一些原则和规则来调整管辖权冲突问题。

四 主权和机构间的关系问题

在国际组织发展的形成阶段,它的机构尽力界定自己在组织内的作用并保护自己的权限。因此,在这些形成阶段,机构间的问题十分突出:不同机构的权力是什么,这些权力的界限是什么,哪个机构监督这些界限,以及诸如此类的问题。这一问题的经典例子是西共体议会诉西共体部长理事会案(Parliament of ECOWAS v. Council of Ministers of ECOWAS)④。在该案中,原告西共体议会质疑西共体部长理事会的决议,但没有成功。原告认为西共体部长理事会的决议侵犯了它所享有的独立地位和财政自主权。另一个不太直接相关的案例是姆瓦特拉案(Mwatela),该案虽然不是由东非立法大会提起,但该案的部分目的在于维持东非立法大会在东共体立法过程中的发言权。与机构间问题相伴而生的另一个问题是,当成员国开始面临因它们在条

---

① 它之前的《东非合作条约》没有此类规定。The Treaty for East African Cooperation,6 June 1967,6 ILM 932.
② [1970] East Afr. LR 453; and [1970] East Afr. LR 457.
③ E. g. North American Free Trade Agreement NAF (A) art. 2005.
④ *Parliament of ECOWAS v. Council of Ministers*,Suit No ECW/CCJ/APP/03/05 (ECOWAS Court of Justice,2005).

约中所做的承诺所带来的现实国内影响时，它们当初加入国际组织的热情开始被日益增长的不愿向该组织让渡主权的情绪所淡化。当国际组织所做出的决议具有重大的国内影响时，这种犹豫的情绪就尤为强烈。所以，国际组织的法院所面临的一个重大挑战，就是如何协调组织机构之间以及成员国和组织之间的关系问题。共同体法院已经成为机构间问题的公断者以及共同体和成员国间关系的调解人。

共同体法院的判决表明它们试图解决上面所提到的一些问题。这些问题的恰当解决对于共同体的有效发展十分重要。许多机构间关系问题都在共同体法院的判决被揭示出来。我们已经注意到了自由的个人出庭资格规则是如何影响了共同体内部的权力平衡以及它们可能带来的潜在问题。另一个例子涉及这样的问题，即为实现私人成员议案在卡里斯特案（Calist）中所意图寻求的目标，议定书作为一种立法手段是否充分。[①] 还有一个值得回忆的例子是银行在奥冈案[②]中所主张的东南非共同市场法院对它没有管辖权，因为它是一个自治机关，不是东南非共同市场的部门，因此不受制于东南非共同市场的法律。所有这些例子都证明了机构间问题的存在。它们是需要谨慎对待的严重问题。当一个机构试图把自己的利益凌驾于其他机构的利益之上时，常常会产生这些问题。

在姆瓦特拉案中的适当的立法文件问题并非是一个微不足道的问题。其核心问题是哪一个共同体机构可以参与东共体的立法程序。如同在国内一样，立法文件的选择（如行政文件、宪法性文件、法案、命令等）通常表明立法的程序和参与的机构。议定书和法案是东共体内的两种主要立法模式。议定书对《东非共同体条约》进行补充、修正或完善。[③] 它们是根据条约进行的立法。成员国在必要时可在每一合作领域签署议定书，并阐明开展合作和一体化的机构机制的目标和范围。它们在经过部长理事会推荐后，由国家元首和政府首脑大会批准。[④] 和共同体的法案不同，[⑤] 东非立法大会被明确排除不得谈判或通过议定书。

---

① *Mwatela v. East Africa Community* [2007] 1 East Afr. LR 237.

② *Eastern and Southern African Trade and Development Bank v. Ogang* [2001] East Afr. LR 46.

③ EAC Treaty, art. 1.

④ Ibid, art. 152.

⑤ 第 62 条第 1 款规定，共同体立法的制定应通过由大会通过议案并经元首大会的同意的方式进行，每一经过合法方式通过和同意的议案应成为共同体的法律。

161 　　因此，议定书是最适合私人成员议案在卡里斯特案中所意图寻求的目标的立法文件这一主张背后的意图，是挖空心思的想把东非立法大会完全排除在这些议案所涉及的问题之外。这一企图反映了行政主导非洲经济一体化进程的文化。虽然《东非共同体条约》规定在一些确定的领域必须采用议定书，但它没有将这些领域设定为界限。这样，从理论上讲，能够采用议定书的事项的范围仍然没有界定。仅仅通过利用议定书就能把由人民代表组成的东非立法大会完全排除在共同体立法程序之外这样的想法，对于实现东非共同体内部的良治而言代表着一种可怕的前景，而实现良治是东共体的一项基本原则。①

　　这一发展前景令人担忧的一个方面是，根据《东非共同体条约》，东非立法大会和共同体的其他机构不同，它不能在共同体法院内对其他机构提出质疑。② 而成员国③和个人④却可以以东非立法大会作为共同体的一个机构对它提起诉讼。但是，在《东非共同体条约》中，东非立法大会却没有同样的权力来起诉成员国或其他共同体机构，以保护自己在立法⑤和监督共同体预算⑥等领域的权限。除非这一限制被改变或得以补救，否则东非立法大会在面对肆无忌惮的"议定书主义"（protocolism）时，就真的无能为力了。东非立法大会的个人成员能够在共同体法院起诉其他机构的能力，正如在姆瓦特拉案中那样，是解决这种限制的一种方法，即使这种方法还很不充分。在这一领域，共同体法院对共同体法律的解释方式对于保护东非立法大会的特权和权力将变得至为关键。⑦ 东共体法院是否有能力这么做，还是我们不得不静等条约做出修正，尚需拭目以待。

　　将来无效原则（the doctrine of prospective annulment）是东共体法院内平衡共同体和成员国相互冲突利益的一个重要工具。它被令人信服地用于阐明

---

① Ibid. , art. 6 （d）.
② But see ECOWAS Court Protocol, art. 10 （b）. 它授予西共体议会对"任何共同体法律文件的合法性"提出异议的出庭资格。
③ EAC Treaty, art. 28.
④ Ibid. , art. 30.
⑤ Ibid. , art. 49 （1）.
⑥ Ibid. art. ,49 （2）（b）.
⑦ 为比较目的，需要注意的是，从历史上看，欧洲议会并不具有在欧洲法院要求宣布欧盟法律无效的出庭资格。但经过一段时间的犹豫后，法院对这一缺陷进行补救。See *Parliament v. Council* （C-302/87）［1988］ECR 5616；*Parliament v. Council* （C-70/88）［1990］ECR I-2041.

和指导未来决议的法律，并且同时确保对共同体机构和成员国的过去的非法 162
决议的惩罚不至于严重影响了共同体的工作。在两个案件中，共同体法院都
援用了这一原则，使本来自始无效的决议得以延续。① 东南非共同市场法院
还利用用尽当地救济这一要求，来平衡个人和成员国之间相互冲突的利益。
但它以没有用尽当地救济为由驳回个人提起的诉讼的这种发展趋势，是否会
带来正确的平衡令人怀疑。② 这些平衡手段在共同体发展的形成阶段对于维
持和谐的机构间和共同体－国家间关系非常重要。但是，共同体法院在援引
和适用它们时必须慎重，否则它们就可能向共同体机构和成员国发出错误的
信号，即违反共同体法律可以得到法院的"宽恕"。

成员国和共同体之间问题的一个重要来源是在经济一体化中国内权力的
范围如何界定。成为共同体条约的成员后，国家还能继续做什么以及它们被
禁止做什么？在安洋案中，东共体法院将这定性为"平衡个别国家主权和
一体化"的障碍。③ 这是一种所有经济一体化都会面对的障碍。实际上，如
前所述，国家主权对共同体法律体系这一理念及其存在提出挑战。在非洲，
要达至正确的平衡，可能更具挑战性，因为共同体条约没有明确规定共同体
相对于成员国权限的权限：哪些事项属于共同体专属管辖的事项？哪些事项
属于成员国专属管辖的事项？是否存在双方可共同管辖的事项？在出现争议
时，由谁来决定是成员国还是共同体对某一确定问题具有管辖权？共同体法
院克服这一障碍以达至正确平衡的能力，对于非洲经济一体化进程的成功至
关重要。

成员国会基于主权提出主张，以试图限制共同体法院做出决定的权力。
这些主张旨在型塑法院的法理以便使之符合国家的利益，而且对共同体法院 163
的权力范围予以限缩。但正如东共体法院在安洋案中所指出的，"虽然《东
非共同体条约》坚持主权平等原则……但根据它们致力于实现的目标的性
质，每一成员国预计要向共同体及其机构转让部分主权，即使是在一些有限
的领域内，以使它们能够行使自己的职责"。④ 在姆瓦特拉案中，法院更早

---

① See *Mwatela* v. *East Africa Community* [2007] 1 East Afr. LR 237; and *East African Law Society* v. *AG of Kenya* [2008] 1 East Afr. LR 95.

② *Intelsomac* v. *Rwanda Civil Aviation Authority*, Reference No 1 of 2009 (COMESA Court of Justice, 2010).

③ *Anyang' Nyongo* v. *AG of the Republic of Kenya* [2008] 3 KLR 397 at 432.

④ *Anyang'Nyongo* v. *AG of the Republic of Kenya* [2008] 3 KLR 397 at 432.

就注意到"共同体的权力被局限于它管辖权范围内的事项。对于还处在成员国专属管辖权范围内的任何事项都不在共同体的立法权限内"。① 毫无疑问,这不可能是最后一次有关共同体法院所面对的主权问题争论。对于共同体法院来说,最终的考验是如何自如地解决主权带来的威胁,同时又能维持成员国对经济一体化进程和法院判决的信任和信心。

机构间和共同体-国家间关系问题应被看作是国际组织成长过程中演化阶段的一部分。应在深思熟虑的基础上对这些问题做出反应,以确保它们不会产生更多的问题或导致机构的瘫痪。在这方面,对《东非共同体条约》进行的修正显然是对东共体法院"反政府"(anti-government)法理做出的一种回应,这种回应令人担忧。对《东非共同体条约》的修正包括:将法院重组为两个分庭,即一审分庭和上诉分庭;扩大了解除法官职务的理由;对于正接受解职调查或被指控的法官规定了可以中止其职务;对法院的管辖权进行限制,使其不得管辖条约授予共同体机构或成员国专属管辖的事项;对个人向共同体法院提起先行裁决的程序规定了时限;规定了可以提出上诉的理由;以及将法院和现任法官做出的判决视为一审法庭法官做出的判决等。同样令人担忧的是,南共体国家元首和政府首脑大会在南共体法院做出一系列针对津巴布韦政府的裁决后,决定对其作用和职责进行审查。制定共同体法律的权力仍然是共同体行政和立法机构的特权。但这种权力的行使不得破坏或限制司法机构的工作。其他地方的经验表明,司法部门可以成为经济一体化的推动力量。如果能够认清这一事实,就有助于非洲的一体化事业。

第五节 结论

强有力的司法机构可以在经济一体化中发挥重要作用。它们可以作为一体化进程的监护人和一体化进程所固有的机构间和共同体-国家间关系问题的公断者。共同体法院的特征反映了所预期的一体化的深度,以及在一体化进程中给予了法律多大的作用。赋予法院有限的作用反映了成员国不愿意放弃主权,这可能阻碍更深层次的一体化的实现。非洲的共同体法院在通过法律推动一体化进程中要发挥关键作用。它们必须发展出自己的法理,以确保

---

① *Mwatela v. East Africa Community* [2007] 1 East Afr. LR 237 at 251.

条约义务得到遵守，共同体机构的越权行为得到制衡，增强投资者的信心，在成员国的法院中培养一种司法纪律和合法性意识。① 的确，一个具有广泛的属物和属人管辖权的能动的共同体法院，在面对政治惰性时可以推动一体化的发展。欧盟内部的情况最能说明这一点。欧洲法院的判例对于共同体的发展十分关键。东南非共同市场法院、东共体法院、西共体法院和南共体法院可以在它们各自的地区内，在处理机构间和共同体－国家间关系时发挥举足轻重的作用。

但是，如果没有国内法院和个人的积极支持，共同体法院也不能有效行使职责。个人诉讼者、国内法院和共同体法院之间的三角关系有助于确保非洲经济一体化进程的有效性。东南非共同市场法院、东共体法院、西共体法院和南共体法院的判例都表明这种三角关系的重要性。这些共同体法院的判例对于以后将要运作的非洲司法法院可以提供有益的经验。不过，非洲司法法院是否能够有效解决这些共同体法院所面临的问题还令人怀疑。正如下一章将要讨论的，《〈非洲司法与人权法院规约〉议定书》的有些规定需要修正，这样它才能真正发展这种三角关系，这种三角关系能够使它在非洲经济一体化进程中有效行使自己的职责。

---

① 　Kiplagat（1995），pp. 449 – 450.

第六章

非盟/非洲经济共同体的机构和共同体法律的实施

第一节　引言

　　任何法律体系不可分割的部分且对其有效性起关键作用的是确保其法律得到遵守的实施机制。在经济一体化的背景下，实施机制是使共同体法律体系和国内法律体系得以连接起来的一种手段。共同体法律的实施在共同体和国内两个层面增强了共同体的法律体系。它允许个人从一体化进程中获得好处。这增强了共同体法律的合法性，产生了关注共同体法律的国内支持者，提供了共同体法律体系和国内法律体系互动的焦点。共同体法律的实施既发生在国内层面，也发生在共同体层面。确实，如果在这两个层面上没有有效的实施机制以及二者之间较高程度的协调，共同体法律就难以发挥应有的作用。换句话说，这会在共同体法律体系和国内法律体系之间产生断裂，共同体的有效性就会受到损害。能够确保共同体法律得以有效实施的实施机制的一个基本特征，是它利用成员国现有的法律实施制度的能力。正如肖（Shaw）所评论的，"正是因为在处理国际法（共同体法律）问题时缺乏充分的实施机制，人们才必须考虑它与国内法的关系的重要性并非微不足道"。① 因此，共同体和现有国内法律实施机构或机制之间的适当关系对于共同体法律的有效性而言十分重要。在前一章我们讨论了个人、国内法院和共同体法院之间的三角关系是如何能够推动共同体法院的工作的。本章将分析负责非洲经济共同体法律实施的机构的设计在多大程度上反映了这一理念。

166

---

　　① Shaw（2003），p.161.

第二节　非洲经济共同体法律的实施机构

一　行政机构

根据《非洲经济共同体条约》，国家元首和政府首脑大会是共同体的最高机构，① 负责共同体目标的实现。② 目前，非盟国家元首和政府首脑大会行使非洲经济共同体大会的职责，没有单独的专门致力于《非洲经济共同体条约》事项的大会。将这一职责授予元首大会能够使非洲经济共同体有效利用成员国内的实施机制，从这一角度来看，这似乎是一种不错的方法。作为各国行政首脑，他们容易利用国内机构的权限——如警察、关税和移民部门——来实施共同体法律，或提出修改法律的建议以实施共同体法律。但这一方法也存在一些不足。

就共同体层次的决策而言，由于元首大会由代表各自成员国国家利益的政治家组成，在他们的决策中，他们很可能会出于政治考虑而不是出于对非洲经济共同体最终目标的考虑来做出决策。由于非洲经济共同体目标的实现可能需要在国内采纳一些不受人欢迎但必须由成员国实施的决定，他们在做出此类决策时更是如此。1967 年《东非合作条约》③ 中的一个相似的安排就被认为是"负面的"，因为它导致实现一个"有活力的共同体"的目标的失败。④ 该条约规定，东非元首大会是"共同体的主要行政机构"，负责并在总体上指导和监督共同体行政职能的实施。根据目前的《东共体条约》，国家元首和政府首脑大会负责"总体指导并推进共同体目标的实现"。⑤ 相比而言，《东南非共同市场条约》和《西共体条约》所规定的国家元首和政府首脑大会的权力更为广泛，⑥ 这两个条约宣称它们是负责对共同体进行"总体指导和监督"的"最高"机构。不过，这些行政机构之间权力上的细微差别可能只是存在于纸面上。在实践中，由国家和政府元首大会组成

167

---

① AEC Treaty，art. 8（1）.

② Ibid.，art. 8（2）.

③ Treaty for East African Cooperation，6 June 1967，6 ILM 932.

④ Ghai（1976），p. 24.

⑤ Ibid.，art. 11（1）.

⑥ ECOWAS Treaty，art. 7；and COMESA Treaty，art. 8.

的行政机构在非洲经济一体化进程中所占有的主导地位不容低估。

由政治家组成的元首大会可能更追求政治妥协，而不是法律的严格实施。由于国家和政府元首肩负着繁重的国内和国际事务，以及众多的国内社会－经济和政治问题，他们不可能全力以赴地实施非洲经济共同体的目标。这最终会减缓经济一体化进程。① 实际上，非洲经济共同体目前踟蹰不前的状态就是一个明证。在国内层面，来自国内选民的政治压力，以及希望保持权力的个人动机，可能会削弱行政人员实施共同体法律的意愿和能力。西共体内已经出现许多国内行政机构迫于国内压力而关闭国内边境或驱逐外国人的情况，这妨碍了不同的西共体议定书所规定的贸易和人员的自由流通。② 在 2008 年，就在国内总统和议会选举前两天，加纳关闭了与多哥的边境。加纳做出这一决定似乎是为了防止沃尔特地区的非本国国民进行投票，这一地区传统上是反对派的根据地。这一决定由于违反了西共体议定书中有关人员、商品的自由流通和开业权的规定而遭到西共体的谴责。③

此外，一个高高在上的元首大会有可能主导其他共同体机构如部长理事会和秘书处的议程。早在 1972 年森德斯特伦（Sundström）就注意到，"在大多数非洲的组织中，元首大会地位突出，以致部长理事会等机构屈尊为预备机构"。④ 根据《非洲经济共同体条约》，除司法法院外，没有一个重要决策机构的独立地位得到保证，这种情况更有可能发生。部长理事会负责"共同体的运行和发展"，⑤ 而部长理事会的组成人员是各成员国总统、总理或国王所任命的部长们。虽然秘书长和秘书处职员"仅为共同体负责"，但秘书处不是一个决策机构，不能独自推动经济一体化议程的实现。⑥

由于缺乏一个独立的有专家人员加入的机构来推动经济一体化议程，这一进程就完全由政治家们来掌控了。这可能会延缓一体化的进程，特别是考虑到非洲的政治历史。元首大会和部长理事会都是由缺乏专业知识和任期保证的人员组成，他们不能提出大胆的措施。尽管取得了很大进步，但非洲政

168

---

① Kufour (1994).

② Brown (1989).

③ See Ghana News Agency, "ECOWAS Regrets Closure of Ghana's Borders", 27 December 2008, online: http://news.myjoyonline.com/news/200812/24368.asp.

④ Sundström (1972), p. 229. See also Sohn (1972), p. 217.

⑤ AEC Treaty, art. 11.

⑥ Ibid., art. 24.

治的特征仍然表现为权力的个人化、政府的不稳定、领导人之间的人格和意识形态差异以及仓促和短视的决定等。这会严重地影响非洲经济共同体的进步所需要的决策的严格性和治理的稳定性。

在欧盟内部，欧盟委员会被描述为"是推动一体化的单一和最重要的政治力量，致力于实现欧盟的目标"。① 它是欧盟一体化的发动机。它之所以被称为欧盟一体化的发动机，不仅仅因为它由技术官员组成，而且因为其成员被要求"其独立性不应遭到怀疑"且"既不寻求也不接受任何政府或其他机构、团体、办公室或实体的指示"。② 欧盟委员会的唯一职责是"促进欧盟的整体利益，并为此目标采取适当动议。它应确保条约以及共同体机构根据条约所采取的措施得到适用。它应在欧盟法院的监管下监督欧盟法的适用"。③ 也许有人认为，与欧盟理事会相比，欧盟委员会的决策权力还微不足道。但这一观点低估了欧盟委员会在型塑和发展欧盟中的作用。欧盟委员会的行政、立法、司法和管理职能与非洲经济共同体的任何机构都不能相比，实际上也不能与非洲其他共同体的机构相比。与《非洲经济共同体条约》采取的方式不同，由欧盟成员国国家和政府元首组成的欧盟理事会负责向欧盟提供"其发展所必需的动力以及确定欧盟的总体政治方向和优先事项"。④ 它行使立法权力。最终是由欧盟理事会的成员推动本国政府履行欧盟内部通过的决议，而欧盟委员会对这些决议的实施进行监督。这种具有广泛实施权力的独立技术官员和政治家的有效结合可以部分地说明欧盟的成功。技术官员具有广泛的权力，可以提出政策建议，实施根据部长理事会和欧盟议会的建议所采取的决议。

除了需要有良好的经济政策、稳定的政治、良好的治理以及对基本权利的尊重外，⑤ 强有力的机构在确保有效的经济一体化进程中所发挥的作用不应被低估。缺乏坚强、独立的机构来抵制政治惰性，这无疑是非洲经济一体化进程缓慢前行的一个重要原因。国家元首和政府首脑大会在非洲一体化组织机构中所占据的主导地位阻碍了它们的发展。东非共同体领导人之间的个性差异曾经导致 1971～1977 年作为该共同体最高机构的国家元首和政府首

169

---

① Craig and de Búrca（2003），p. 64.

② EU Treaty，art. 17（3）.

③ Ibid.，art. 17（1）.

④ Ibid.，art. 15.

⑤ Olowu（2003）.

脑会议没有开过一次会。前东非共同体的解体部分是因这种机构瘫痪造成的。在 1991 年，约翰逊（Johnson）建议为了使非洲经济一体化取得成功，"共同体的重大运行决策不应该由包含有成员国最高政治领导层的部门做出"。① 但朝此方向的改革还迟迟未动。

二　泛非议会

当论及法律实施问题时，立法机构通常不被认为是一个主要的机构；立法机构制定法律，而法律的实施则主要由行政机构负责。但立法机构在法律实施中可以发挥重要作用，或至少可以影响法律的实施。非洲经济一体化进程一个日益浮现的特征是对共同体议会机构的利用。除泛非议会外，在非洲目前还有东非立法大会、西共体议会、中非国家经济共同体议员网络、西非经济货币联盟议会及南共体议会论坛。政府间发展组织的议会联盟目前还没有运行。② 共同体议会提供了两种有助于共同体法律实施的途径。其一是，它们能确保人民参与到立法进程。这可以增强所制定的法律的合法性，提高它们被遵守的可能性。非洲经济一体化的一个主要特征是缺乏个人参与共同体的立法过程。共同体议会的成员通常来自成员国的国内议会，因此它能弥补这一缺陷。其二是，它们能与国内议会进行互动，而国内议会可能是在国内实施共同体法律问题的最终决策者。

泛非议会的最初规定出自《非洲经济共同体条约》第 14 条中，随后非盟《宪法法案》第 17 条也做了相应规定。不过，有关这一机构的详细规定出自《非洲经济共同体条约有关泛非议会的议定书》中。③ 泛非议会在 2004 年成立，现已全面运行。泛非议会设在南非，目前它只是一个咨询和协商机构。④ 泛非议会的成员来自国内议会。⑤ 它最终会发展成为一个具有完全立法权力的机构，其成员也将由所有成年人投票选举产生。泛非议会成员来自国内议会的事实，为在非洲经济共同体和成员国之间建立一种联系提供了机会。实际上，泛非议会应与国内议会"紧密"合作。⑥ 当涉及在国内

---

① Johnson（1991），p. 12.

② Karuuombe（2008）.

③ Protocol on Pan - African Parliament.

④ Ibid. , art. 2（3）（i）.

⑤ Ibid. , arts. 4 and 5.

⑥ Ibid. , art. 18.

层面实施非洲经济共同体的法律时，泛非议会有关非洲经济共同体的知识以及它的立法程序可以被用来影响其来自成员国的同事。

目前普遍的成年人投票机制的缺乏，限制了泛非议会与非洲人民互动的程度。但泛非议会的一个目标就是使非洲人民了解旨在实现非洲大陆一体化的各项目标和政策。① 这可以通过教育活动、论坛、讲座、研讨会等形式来实现。对非洲经济一体化充满兴趣的国内支持者的存在，是确保共同体法律得到实施并保持其有效性的最保险方法之一。感兴趣的个人包括企业可以游说政府实施共同体法律，向共同体机构报告违反共同体法律的情况，并尽力通过在国内和共同体层面提起诉讼的方式对违反共同体法律的情况进行补救。在泛非议会与非洲人民的互动中，强调这些作用十分重要。这与泛非议会推动非洲经济共同体政策和宗旨实施的目标是一脉相承的。②

三 非洲司法法院

非洲经济共同体的司法法院是实施非洲经济共同体法律的一个重要机构，③ 它独立于所有其他共同体机构。它的职责是"确保在解释和适用《非洲经济共同体条约》时遵守法律，并且对依据该条约向其提交的争议做出处理"。④《非洲经济共同体条约》第 20 条规定，应通过一项议定书对法院的工作做出调整。直至目前，还未通过此类议定书，最近所通过的议定书——但还未生效——是《非洲司法和人权法院规约议定书》（以下简称《非洲司法法院议定书》）。⑤ 通过这一议定书的目的是将根据《非洲人权和民族权利宪章关于建立非洲人权和民族权利法院的议定书》⑥ 和《非盟司法法院议定书》⑦ 设立的两个法院合并起来。前一个议定书在 2004 年 1 月 25 日生效，后一个议定书在 2009 年 2 月 11 日生效。根据《非盟司法法院议定

① Ibid. , art. 3 (4).

② Ibid. , art. 3 (1).

③ Obilade (1993), p. 312.

④ AEC Treaty, art. 18 (2).

⑤ 该议定书的附件是《非洲司法法院规章》。

⑥ Protocol to the African Charter on Human and Peoples' Rights on the Establishment of an African Court on Human and Peoples' Rights, 10 June 1998, online: www. africa-union. org/root/au/Documents/Treaties/Text/africancourt – humanrights. pdf.

⑦ Protocol of the Court of Justice of the African Union 11, July 2003, (2005) 13 Afr. J. Int'l & Comp. L. 115 (hereafter, AU Court Protocol).

172　书》设立的法院从来没有运行过；实际上，该法院的法官从来没有被任命过。位于阿鲁沙的非洲人权与民族权利法院的法官在 2006 年 6 月 2 日宣誓就职，并在 2009 年 12 月做出了它的第一份判决。①

对于根据《非洲司法与人权法院规约议定书》设立的非洲司法与人权法院（以下简称非洲司法法院）能否行使《非洲经济共同体条约》第 18 条所规定的司法法院的管辖权，还存在不确定性。该议定书对这一问题没有做出规定。不过，几乎可以肯定的是，非洲司法法院将会行使《非洲经济共同体条约》第 18 条所规定的司法法院的管辖权。可以从宪法与实用的角度对这一点进行说明。非洲经济共同体是非盟的组成部分，因此，在议定书没有明确规定的情况下，对非盟《宪法法案》具有管辖权的非洲司法法院当然对《非洲经济共同体条约》也具有管辖权。非洲司法法院的管辖权涉及非盟条约以及所有非盟或非洲统一组织通过的附属立法的解释、适用或其有效性，其管辖权范围如此宽泛，足以包括《非洲经济共同体条约》第 18 条所规定的管辖权。除非做出这样的解释，否则复杂的管辖权问题包括这两个法院之间的管辖权冲突问题就会产生。从实用的角度看，《非洲司法法院议定书》的通过，表明人们希望建立一个单一的具有多重目的的法院，这样也可减少费用。因此，非洲司法法院可以很好地利用《非洲经济共同体条约》第 17 条和第 19 条的规定。第 17 条将非洲司法法院的事务分为一般事项事务和人权事务，而第 19 条允许不同的事务组建不同的法庭，可以设立一个处理涉及《非洲经济共同体条约》和其他非洲经济共同体法律的争议的专门法庭。

非洲司法法院由 16 名法官组成，他们必须是《非洲司法法院议定书》的成员国的国民。② 法官的其中一个任职条件是在各自国家内具有被任命为最高司法职位的资格。③ 法院的结构、独立性和管辖权是增强它们应对经济
173　一体化挑战的能力的重要因素。《非洲司法法院议定书》对于如何确保法院的独立性和有效性做了相应规定。根据《非洲司法法院规约》第 12 条，应根据国际法充分确保法官的独立性。法官必须依法、公正、中立行事，他们在履行职务时不得接受任何人的指示或控制。

---

① *In the Matter of Michelot Yogogombaye v. Republic of Senegal*, Application No. 001/2008（African Court of Human and Peoples' Rights，2009）. Mujuzi（2010）.

② Statute of the African Court of Justice，art. 3（1）.

③ Ibid.，art. 4.

法官由部长理事会从《非洲司法法院议定书》的成员国提交的候选人名单中选举产生,① 并由国家元首和政府首脑大会任命,任期六年。② 法官不得被解职,除非经法院三分之二多数法官决定,相关法官已不再符合法官职位的任职条件。③ 元首大会对解除法官职务的建议进行最后批准。④ 法官根据国际法享有外交豁免权。⑤ 他们在任职期间及之后不得因其履行司法职能所做出的行为受制于任何法律程序。⑥

元首大会在听取部长理事会的建议后决定法官的薪水、津贴及补助。⑦ 在法官任职期间,这些报酬不得减少。⑧ 法院制定自己的预算,并通过部长理事会将该预算提交给元首大会。⑨ 法院的预算由非盟承担。⑩ 《非洲司法法院议定书》没有对元首大会是否可以削减法院的预算做出规定。

由元首大会控制法院的预算可能对法院的独立性构成潜在的威胁。确实,上述有关法官任命、解职、独立性和薪酬的规定,是否足以确保法院的强势和独立使它可以有力应对非洲经济一体化的挑战,还令人怀疑。这些规定与有关东南非共同市场法院、东共体法院、西共体法院和南共体法院的规定非常相似。在一定程度上,法院的力量取决于法院法官的个性和见识,⑪ 这并非有意要贬低独立性的宪法保障的重要性。第五章分析了东共体法院的一些判决,这表明了这些判决有相当高的独立性以及法院在其判决中娴熟地平衡相互冲突的利益的能力。非洲司法法院能否成为后起之秀,尚需拭目以待。

根据《加勒比法院协议》设立的加勒比司法法院为我们提供了一个有趣的参照,⑫ 使我们可以明白如何组织国际性法院,使它能够更好地推进其

174

① Statute of the African Court of Justice, art. 7 (1).
② Ibid., art. 8 (1).
③ Ibid., art. 9 (2). 根据之前的《非盟法院议定书》第 11 条第 2 款,只有经过法官的一致建议,才能对某一位法官给予解职。
④ Ibid., art. 9 (4).
⑤ Ibid., art. 15 (1).
⑥ Ibid., art. 15 (2) (3).
⑦ Ibid., art. 23 (3).
⑧ Ibid., art. 23 (1).
⑨ Ibid., art. 26 (1).
⑩ Ibid., art. 26 (2).
⑪ Helfer and Slaughter (1997), pp. 318 – 323.
⑫ McDonald (2004), pp. 970 – 1015.

工作，并保持其独立性。地区司法与法律服务委员会（以下简称地区司法委员会）而不是成员国被授权任命加勒比司法法院的法官并确定他们的薪酬。① 为使地区司法委员会免受政府的干预，该委员会的成员没有来自政府的代表，并且该委员会的成员不是由政府任命的。地区司法委员会由来自律师协会、司法服务委员会、公共服务委员会、社团和特定法学院的代表组成。② 该委员会还负责对加勒比司法法院的法官进行纪律监督。③

此外，《设立加勒比司法法院信托基金的修正协议》④ 还设立了一项信托基金，以使法院免受政治干预或操纵其财政。设立这一基金的目的是能够永久地为法院的资本、运行经费和地区司法委员会提供必要的财政支持。⑤ 该基金的资金来自成员国的捐赠、基金的增值收入以及第三方的资助。⑥ 来自第三方的资助被明确规定不得损害法院的独立性或公正性。⑦ 此外，除非得到所有成员国的同意，该基金不得游说或接受任何来源的赠品、礼物或其他物质利益。⑧ 该基金由一个受托人理事会管理，该理事会没有来自政府的代表。⑨ 这一加勒比模式还在不断完善中，加勒比司法法院也还在其发展的早期阶段。但是，它代表了国际性法院组建中的一个独特、有趣的创新。这一模式值得非洲经济共同体认真研究，它为解决政治干预和资金短缺问题提供了新的解决思路，这些问题是非洲共同体法院面临的长期挑战。

非洲司法法院的管辖权非常宽泛。从理论上讲，它涵盖了《非洲司法法院议定书》的成员国之间发生的任何可能的国际争议。《非洲司法法院规约》第 28 条规定：

> 本法院对根据本《规约》提交的所有涉及下列事项的案件和法律争议具有管辖权：（a）非盟《宪法法案》的解释和适用；（b）其他非盟条约和非盟或非洲统一组织通过的所有附属法律文件的解释、适用

---

① Cribbean Court Agreement, art. 4 (7).

② Ibid., art. 5.

③ Ibid., art. 5 (3) (2).

④ Revised Agreement Establishing the Caribbean Court of Justice Trust Fund, 12 January 2004, online: www. caribbeancourtofjustice. org/legislation. html.

⑤ Ibid., art. 3.

⑥ Ibid., art. (4) (1).

⑦ Ibid., art. (4) (1) (c).

⑧ Ibid., art. 4 (2).

⑨ Ibid., arts. 5 – 8.

175

或有效性；（c）《非洲宪章》、《非洲儿童权利和福利宪章》、《非洲人权和民族权利宪章关于非洲妇女权利的议定书》或任何其他被相关成员国批准的有关人权的法律文件的解释和适用；（d）任何国际法问题；（e）非盟机构的所有法案、决定、规则、指令；（f）成员国自身之间可能缔结的或与非盟缔结的，并将管辖权授予本法院的任何其他协议中所明确规定的事项；（g）任何事实的存在，如经证明其违反了针对另一成员国或非盟所承担的义务；（h）因违反国际义务而应承担的赔偿的性质和范围。

第 28 条规定将《非洲经济共同体条约》及根据该条约所通过的任何法律都纳入非洲司法法院的管辖权范围内。在实施其职能时，法院应考虑到：《非盟宪法法案》；经争议当事国所批准的国际条约；国际习惯，作为通例之证明而经接受为法律者；被普遍或被非洲国家所认可的一般法律原则；司法判例和各国最权威的公法学家的著作，以及非盟的规则、指令和决定，作为确定法律规范的辅助方式；以及与审理案件有关的任何其他法律。① 如果当事方同意，法院也可按公平合理原则（ex aequo et bono）审理案件。②

第 31 条所列举的可适用的法律会产生的一个问题涉及法院判决的地位。换句话说，法院判决对于法院本身的先例价值是什么？第 31 条（e）项中的司法判决是否包括非洲司法法院的判决？在分析这一问题时，必须对作为救济的判决（judgment as remedy）和作为原则的判决（judgment as principle）进行区分。前者是为当事人提供的救济，如禁令、赔偿或宣告等。后者是救济的法律基础。如果非洲司法法院的判决有内部的连贯性，这就可以通过提供判决结果的确定性和可预见性来很好地服务非洲经济共同体的法律体系。这部分是因为遵循了以前的判决的结果，即使有时并非心甘情愿地遵循这样的判决。其他国际性法院在面临同样的法律规定时，并不会认为这样的规定会束缚自己的手脚，它们会遵循以前的判例，设法实现一个内部连贯一致的判例体系。但是，《非洲司法法院议定书》也许本来应该更为明确地对法院判决的先例价值做出规定。③

176

---

① Statute of the African Court of Justice, art. 31.

② Ibid., art. 31 (2).

③ 比较一下《加勒比共同体法院协议》第 22 条。该条规定，加勒比共同体法院的判决对于该法院诉讼中的当事人构成具有法律约束力的判例。

在这方面需要注意的是,《非盟司法法院议定书》此前的规定是"本法院的判决对于本案当事方和它们之间的特定案件具有约束力",这一规定后来被从《非洲司法法院规约》中删除了。这一规定似乎借用了《国际法院规约》第 59 条的规定,该条规定:"本法院的判决除对于当事国和本案外,没有约束力。"国际法院曾经指出,"第 59 条的目的只是为了防止法院在某一特定案件中接受的法律原则对于其他当事国或在其他案件中具有约束力"。① 当然,在实践中,国际法院并没有严格按照这样的理解来适用第 59 条;非盟司法法院也不可能会这么做。

177　　法院的力量不仅取决于它的独立性,也取决于它的属物和属人管辖权的范围。根据《非洲司法法院规约》第 29 条,下列实体有权将涉及第 28 条规定中的"任何问题或争议"的案件②提交给法院解决:《非洲司法法院议定书》的成员国、国家元首和政府首脑大会、经大会授权的非盟议会及非盟的其他机构,以及非盟的职员。不是该议定书成员的国家不得将案件提交给非洲司法法院解决,③ 它对涉及此类当事国的案件没有管辖权。

非洲司法法院不得对非《非洲司法法院议定书》的成员国——即使它们可能是《非洲经济共同体条约》的成员国——实行管辖权这一事实,可能会对该条约的司法实施带来挑战。④ 毫无疑问,在国际法中,由于国家所具有的主权属性,在未经国家的同意下,不得将国家强制拉进国际性法院。⑤ 不过,在经济一体化的背景下,⑥ 这样的管辖权鸿沟将无助于共同体法律在成员国内得到统一的适用和实施。这一管辖权鸿沟反映了非洲经济共同体对一体化中关系问题重要性缺乏必要的关注。如果在共同体法律的实施

---

① *German Interests in Polish Upper Silesia*（Permanent Court of International Justice, 1926）cited in Brownlie（2003）pp. 20 – 21.

② 对于人权相关争议,可以在非洲司法法院提起诉讼的机构包括:非洲人权和民族权利委员会;非洲儿童权利和福利专家委员会;非洲政府间组织;非洲国家人权机构;以及对于明确同意这一管辖权的国家而言,个人或相关非政府组织也可提起此类诉讼。Statute of the African Court of Justice, art. 30.

③ Ibid. , art. 18.

④ Smith（2000）.

⑤ Romano（2007）.

⑥ 此类管辖权鸿沟可以在纯粹的政治环境下运作。例如,除非得到国家的明确同意,国际法院不得对不同意其管辖的国家行使管辖权,虽然它们是联合国的成员国,而且事实上也是《国际法院规约》的成员国。非洲司法法院的情况将纯粹政治环境中发展起来并可行的方法不适当地运用到了经济一体化的环境中。

和可执行性方面对成员国施加了不对等的义务，这就奠定了不稳定的根基。很难想象在一个稳定的共同体内，共同体法律不能在成员国国内得到统一的适用，并不能针对成员国得到执行。实际上，这就破坏了一体化的实质："法律含义的一致性是将共同体紧密粘在一起的宪政胶水的一部分"。①

在第五章中，我们分析了个人作为共同体法律体系和国内法律体系得以互动的中介的重要性。我们看到《东南非共同市场条约》、《东共体条约》、《西共体条约》和《南共体条约》都对个人参与共同体的司法程序提供了相对自由的规范。截至目前，个人提起的诉讼占了共同体法院所审理的大部分争议。《非洲司法法院规约》采纳了完全不同的方式。除人权诉讼外，个人在非洲司法法院没有出庭资格。对于涉及非洲经济共同体法律的解释、实施和有效性的问题，个人不得在非洲司法法院提起诉讼。早期的《非盟司法法院议定书》有一条规定②允许个人在元首大会确定的条件下并经过相关当事国的同意，可以利用非洲司法法院，但这一规定后来从《非洲司法法院规章》中被删除了。采用这种方法的非洲司法法院有点像施耐特（Schneider）所做的有关争议解决体制类型化中的国际裁判体系类别。③ 这样的体系不适于《非洲经济共同体条约》所追求的一体化的程度，虽然它可能会充分地服务非盟这一政治组织的需求。④

个人缺乏出庭资格会限制可以提交给非洲司法法院的案件的数量。它使一体化进程中一些最为重要的行为者（包括消费者、商人、公司、投资者和利益团体等）无法利用这一争议解决程序。它也不能利用在经济一体化中共同体－国家关系能够借此得以强化的主要中介。一种可行的替代方式是允许个人在得到法院的特别许可⑤或在用尽当地救济后在非洲司法法院提起诉讼，但这与东南非共同市场法院、东共体法院、西共体法院和南共体法院的出庭资格规范相比仍较为严格。另一种方案是在国内法院和非洲司法法院之间创建一种先行裁决程序。这一替代方案为个人提供了间接利用非洲司法法院的途径。

当然，没有任何法律体系会给予个人无限制地利用自己法院的权利。但

178

---

① Weatherill (1995), p. 135.

② AU Court Protocol, art. 18.

③ Schneider (1998–1999).

④ Ibid. , at 761, 她注意到"当一体化的目标受到限制时"，国际司法体制才能运行得最好。

⑤ CARICOM Treaty, art. 222. *Trinidad Cement Ltd.* v. *The State of the Co-operative Republic of Guyana* [2009] CCJ 1 (OJ); and *Trinidad Cement Ltd.* v. *The Caribbean Community* [2009] CCJ 2 (OJ).

每一个先进的法律体系都认识到私人诉讼所发挥的重要作用，无论是在维持这一法律体系方面，还是在促进这一法律体系发展方面。法律体系有两种主要的规则实施方式：一种是通过国家及其机构进行的公共实施方式，另一种是通过个人进行的私人实施方式。这两种实施机制的结合可以确保法律体系的有效性。在经济一体化中，私人实施方式通过共同体机构弥补公共实施方式的不足。不过，在《非洲司法法院规约》中，这一补充作用似乎受到过于严格的个人出庭资格的限制。上述规定不应该被解读为非洲司法法院是无用的，因为它没有规定个人的出庭资格。此处所要说明的是，就人们希望法院能够发挥有助于非洲经济一体化的作用的程度而言，法院发挥这一作用的能力，会因作为法院主要案件来源的个人缺乏出庭资格而受到限制。当然，在一些国际性法院如国际法院（ICJ），个人也没有出庭资格。但要注意的是，国际法院并没有监督经济一体化条约的实施，它的工作及判决不是为了推动经济一体化进程。

一般而言，政府不愿接受具有约束力的国家间争议解决程序。① 在没有规定私人诉权的情况下，非洲司法法院可能就会无用武之地，也许会陷入"令人可怜的无所事事"的状况。② 如果个人在东南非共同市场法院、西共体法院、东共体法院和南共体法院内没有出庭资格，大家可以想象这些法院会出现什么样的情况。给予个人诉讼权利将可以确保非洲司法法院发挥其作用，并防止其陷入无所事事的状况。

也许私人诉讼权利的缺失反映了国家意图控制非洲司法法院，即使只是通过间接的方式，并切断它与受经济一体化进程影响最深的那些行为者的联系。这也许是想间接型塑法院法理并削弱其作为共同体规则潜在立法者的角色的一种企图："对诉讼的控制会在一定程度上控制所制定的法律的类型。"③ 国家可以通过控制提交给共同体法院的争议的类型来做到这一点，以满足自己的特定需要。非洲司法法院中个人诉讼权利的缺失也与非洲其他经济一体化条约中的立场不一致，并且与一些专家的建议背道而驰。④ 因此，建议在对《非洲司法法院规约》进行修订时，应规定私人诉讼权利，无论是通过获得法院的特别许可或用尽当地救济这种直接的方式，还是通过

---

① Guzman（2002）.

② Maluwa（1989），p. 307.

③ Trachtman and Moremen（2003）p. 223.

④ See e. g. COMESA Treaty, art. 26；EAC Treaty, art. 30；and Udombana（2002 – 3a），p. 842.

国内法院的先行提交程序这种间接方式。

　　另一种可以增强共同体－国家关系的中介是国内法院。正如第七章所分析的，除通过行政和议会行为如批准、公布共同体法律文件以及行政行为外，国内法院提供了另外一种给予共同体法律以国内效力的途径。利用国内法院实施共同体法律具有一些好处。对于当事人来说，这种方式花费更为低廉，因为它们能比共同体法院更容易、更广泛地获取。作为提供初始救济的法院，它们的工作可以减少共同体法院的工作量。在第五章，我们注意到，根据《东南非共同市场条约》、《东共体条约》、《西共体条约》以及《南共体条约》，通过先行裁决程序，这些共同体法院被委以重任。非洲司法法院的情况却与此不同，《非洲经济共同体条约》或《非洲司法法院规约》没有明确规定国内法院与非洲司法法院之间的关系。二者之间的这种割裂可能会严重影响非洲司法法院的有效性。

　　非洲司法法院与国内法院某种形式的关系的缺失十分荒唐，因为上文已述及，许多非洲区域经济一体化条约都规定了国内法院的作用。也许人们期望《非洲司法法院规约》的起草者本应该从这些条约中获取灵感。这些条约所设立的共同体是非洲经济共同体的基石。随着非洲经济共同体的发展，共同体法律会逐步深入成员国中，国内法院必然会面对涉及共同体法律的案件，对于这些案件的审理，寻求非洲司法法院的解释将大有裨益。对于为什么没有规定国内法院可以帮助执行非洲司法法院的判决，理由也许是个人只有有限的权利可以利用这一法院。在没有来自个人提起的案件时，许多判决不可能是有关金钱赔偿的，而这种判决是国内法院最适合执行的。对于国家间的诉讼所做出的判决更可能是通过外交方式执行的。

　　非洲司法法院与国内法院之间关系的缺失，也会给非洲经济共同体法律的统一适用继而对其有效性带来挑战。通过纳入方式，条约成为成员国国内法律的一部分。国内法院可在审理案件时援用它们，私人当事人也可在诉讼中主张适用它们。非洲司法法院与国内法院之间关系的缺失暗示着非洲经济共同体法律可能在成员国国内不能得到统一解释。其法律不能在成员国国内得到统一适用，这对非洲经济共同体法律造成的伤害无以复加。实现非洲经济共同体条约所预期的人员、资本、服务、开业权、税收、运输和通信的自由流通的目标，与国内法律体系在本质上密切相关。非洲司法法院与国内法院之间确定的关系的缺失可能会阻碍这些目标的实现。

　　也许更具有伤害性的是这样的事实：非洲司法法院的判决看来对成员国

没有约束力。① 这就可能会在国内法院和非洲司法法院之间产生相互冲突的判决。这也为国内政府在国内层面规避它们的国际义务打开了方便之门。围绕南共体法院和津巴布韦最高法院最近的判决所引发的争议可以很好地说明这一点。在坎贝尔诉津巴布韦共和国案［Mike Campbell（Pvt）Ltd. v. Republic of Zimbabwe]② 中，南共体法院禁止津巴布韦政府强制性地征收原告的农地。在做出这一裁决时，涉及相同土地的诉讼也正在津巴布韦最高法院进行。津巴布韦最高法院显然无视南共体法院的禁令，做出了有利于津巴布韦政府的判决。③ 津巴布韦政府表明了其继续征收原告土地的意图，而且实际上也征收了原告的土地。虽然津巴布韦在共同体层面（对于征收）应承担责任，但在国内层面这不能给原告带来任何希望，即使原告的权利在共同体层面得到证实。

182　　　建议非洲经济共同体能够为国内法院规定应有的作用，包括采纳先行裁决程序。由于个人在非洲司法法院没有出庭权利，允许国内法院向非洲司法法院寻求先行裁决可以提供一种替代。个人可以在国内法院提起诉讼，而诉讼中所涉及的共同体法律问题有望在共同体层面得到解决。先行裁决程序的运用需要对可以提交此类程序的法院类型进行适当限制，以减少非洲司法法院的工作量。对于非洲经济共同体而言，考虑到非洲司法法院的规模以及它所处理的大量人权争议，做出这样的限制非常重要。

　　　除了正式程序外，对于非洲司法法院而言，通过协商或论坛的形式来帮助国内法官熟悉共同体法律，从而与国内法院建立一种健康的人际关系，也很重要。非洲司法法院的法官可能从国内法院遴选的事实，也可以提供一种与国内法官建立关系的重要方式。正如共同体法院所面临的情况一样，非洲司法法院也可从成员国国内法院的判例中获得教训。国际性法院经常使用国内法院所发展出来的一般法律原则。《非洲司法法院规约》将被普遍承认的或被非洲国家承认的一般法律原则以及司法判例作为该法院的法律渊源，实

---

① See Statute of the African Court of Justice, art. 46（1）. 它规定 "法院的判决对当事人具有约束力"。

② SADC Tribunal Case No. SADCT：2/07（SADC Tribunal, 2007）. For the judgment on the substantive issues in this case, see *Mike Campbell（Pvt）Ltd.* v. *The Republic of Zimbabwe*, Case No. SADC（T）2/2007（SADC Tribunal, 2008）.

③ *Mike Campbell（Private）Ltd.* v. *Minister of National Security Responsible for Land*, *Land Reform and Resettlement*, Judgment No. SC 49/07（Zimbabwe Supreme Court, 2008）.

有必要。① 对国内法院判例和一般法律原则的审慎引用，可以鼓励国内法院采取对等方式援引或适用非洲司法法院的判例。当然，这种援引外国法院的判例作为说服性渊源的裁判方法，特别在普通法国家十分流行，它通常并不能扩展适用于国际性法院，因为国际性法院具有自己的独特特征和特定的要求。国内法院援引国际性法院的判决也并非司空见惯。

不过，有越来越多的倡议要求国内法院和国际性法院之间加强互动、对话或跨司法交流。② 实际上，一些非洲国家国内法院已经表明了在审理案件时援引国际性法院判例的意愿，但截至目前，似乎还没有非洲国内法院援引非洲国际性法院的判例。对非洲国际性法院判例援引的缺乏令人沮丧。非洲的共同体法院已经提供了一些具有指导意义的案例，特别是在人权和国际公法方面。不过，让人充满希望的是，非洲国内法院已开始关注共同体法院的案例，也许当非洲司法法院运行后，它们会援引该法院的案例。这就会提供一种实施共同体法律的间接方式。③ 法院通过扩展其案例的范围来扩大其权威，国内法院对非洲司法法院案例的援引将会增强它的有效性。非洲经济一体化进程要想取得成功，就需要在共同体、国内法院和个人之间有更多的互动和接触。《非洲经济共同体条约》和《非洲司法法院规约》还未能满足这一需要。

第三节　同时作为非洲经济共同体机构的非盟机构

上述分析提出了一个基本问题：为什么非洲国家为解决经济一体化的挑战所创建和采纳的机构却不能使它们有效地解决这些挑战？这也许是因为在追求所谓的"非洲联盟"（African Union）、"非洲统一"（African Unity）、"非洲联盟政府"（Union Government for Africa）以及"非洲合众国"（United States of Africa）这些抽象理念时，经济一体化议程与政治一体化议程相互交织在一起了。非洲国家经济一体化的进程从来没有被清晰地从创建一个"联合的"非洲大陆的目标中剥离出来。

政治一体化曾被界定为"许多不同国家的政治家被说服致力于成立一

---

① Statute of the African Court of Justice, art. 31 (d) (e).

② Martinez (2003 - 2004).

③ *Von Abo* v. *Government of the Republic of South Africa* 2010 (3) SA 269. 在该案中，南非法院注意到被告本来可以利用南共体法院来对抗原告提出的进行有效外交干预的请求。

个新的中心的过程，这一中心的机构对这些国家具有管辖权或要求行使管辖权。政治一体化进程的最终结果是成立一个凌驾于现有国家之上的新的政治共同体"。① 而经济一体化是一种消除贸易、劳动力和服务及资本流通等领域障碍的进程。从这样的界定来看，二者是两个十分不同的进程。当然，经济一体化进程和政治一体化进程之间存在着紧密联系。有人认为经济一体化不能将它看作自身的一个目的，它只是实现更大的政治和社会合作的一种手段。确实，正如哈斯（Hass）所做的富有洞察力的评论，经济一体化"可以建立在政治动机的基础上，并且经常引起政治后果"。② 但它们相互联系的事实并不表明它们是同一的，或彼此应该齐头并进的。

对于非洲经济共同体而言，当其创立条约即《非洲经济共同体条约》在其第 98 条第 1 款中宣称"本共同体应组成非洲统一组织的一个不可分割的部分"时，"经济"与"政治"纠合的问题就开始产生了。该条约第 99 条接着宣称，本条约及根据本条约所通过的议定书应组成《非洲统一组织宪章》的不可分割的部分。从这些规定来看，起草者们似乎认为没有必要明确给予非洲经济共同体一个独立的法律人格，因此，条约对这一问题没有明确规定。对这些条约的最直接的理解及其最直接的效果是，非洲统一组织的机构被委派履行非洲经济共同体机构的职能。看来人们没有仔细考虑，按照当时的构成，非洲统一组织的机构是否符合经济一体化的需求。非盟《宪法法案》也没有对这一问题进行补救。该法案只是在其序言中提到非洲经济共同体，并简单规定"本法案优先于并取代《非洲经济共同体条约》中任何不一致的或相反的规定"。③

非洲司法法院也许最能证明机构作用相互混合的不当。作为非盟这一政治组织的法院，它无可厚非；它的结构和管辖权与联合国国际法院的结构和管辖权非常相似。但作为一个对经济一体化问题也有管辖权的法院，它的结构和管辖权还远未完善。它看来是唯一一个对经济一体化条约不具有强制性管辖权的法院；对于没有批准《非洲司法法院议定书》的《非洲经济共同体条约》的成员国，它不受该法院的管辖。④ 如上所述，这会严重影响非洲经济共同体法律的适用和实施。

---

① Hass（1958），p 16. See also Lindberg（1963），p. 6.

② Hass（1958），p. 12.

③ Constitutive Act，art. 33（2）.

④ Statute of the African Court of Justice，art. 29（2）.

从历史和比较的角度看，有必要回顾一下《东非合作条约》。① 该条约设立 185
了东非共同体，并将东非共同市场作为"共同体不可分割的部分"。② 但与非洲
经济共同体的情形不同的是，《东非合作条约》设立了至少两个专注于东非共
同市场的机构，即共同市场委员会和共同市场法院。③ 最近阿桑特（Asante）
批评了将非洲统一组织（现在的非盟）的机构用作非洲经济共同体的基本机
构的做法。④ 这些机构还不足以应对一体化的挑战。这会造成非洲经济共同体
身份的丧失。实际上，正如阿桑特形象地指出的，非洲经济共同体没有"自
己的信笺抬头"，它"在事实上已变成一个大陆性政治机构的分支，虽然是一
个重要的分支"。⑤ 我对他的这一观点深表赞同，即"非洲经济共同体当然要
求有截然不同的机构安排"，⑥ 或至少应该对机构的作用做出清晰的划分。

第四节　超越机构之外的观察

为增强共同体 – 国家关系从而确保共同体的有效性，需要利用其他非法
律机制对法律和法律方法进行补充。⑦ 需要在国内机构如议会、贸易和外交
部门和非洲经济共同体的机构之间实现更高程度的协调。非洲经济共同体必
须通过确保在它们之间实现信息的相互通畅交流来与这些机构建立密切关
系。重要的第一步是确定这些机构。它们可能因国别而异，也可能因特定的
政策或问题而异。在一些国家已经存在一些具有明确授权处理经济一体化相
关问题的部门或政府机构。还需要更多的此类国内行政部门以确保非洲经济
共同体目标的有效实现。这些机构所具有的共同体意识以及它们对共同体法
律的了解，使它们能够更深入地实施共同体法律。

共同体意识也必须存在于非洲经济共同体的居民之间。个人是共同体法律
的直接受益者。他们可以通过自己的警觉和对违反共同体法律事项的报告，有
效监督共同体法律能否得到遵守。对他们进行有关非洲经济共同体作用的教育，
以及向他们提供可以起诉的渠道，有助于增强他们的监督作用。在个人无法向

---

① Treaty for East African Cooperation, 6 June 1967, 6 ILM 932.

② Treaty for East African Cooperation, 6 June 1967, 6 ILM 932.

③ Ibid. , arts. 3, 30 – 31 and 32 – 42.

④ Asante *et al.* (2001).

⑤ Asante *et al.* (2001), pp. 8 – 9.

⑥ Asante *et al.* (2001), p. 16.

⑦ Van den Bossche (1996).

186　非洲司法法院提起诉讼时，非洲经济共同体可以设立一个精心设计的、开放的、可以接近的申诉程序。同样作为非洲经济共同体秘书处的非盟秘书处可以成为这一程序的平台。当共同体法律便于获得、便于理解、清晰而连贯时，共同体法律的实施也会显著增强。复杂的规范会导致实施困难，并带来棘手的解释问题。这会造成共同体法律得不到遵守或不能得到统一的适用。为了确保非洲经济共同体的有效性，它就必须与作为其活动的受益者的人们保持积极的互动。

　　在个人之间培养共同体意识的一种重要手段，就是要增强并确保人们获得有关共同体的信息。目前，还很难获得有关非洲经济共同体以及实际上还有其他非洲地区性经济共同体的信息。虽然这些经济共同体的创立条约能够很容易地在网上获取，但其他共同体法律和法院判决很难获得。在目前的阶段，现代科技包括互联网，应该成为共同体信息传播手段的组成部分。

第五节　结论

　　机构对有效的经济一体化至关重要。它们能够推动经济一体化的程度，部分取决于它们与成员国机构之间的关系。《非洲经济共同体条约》以及根据该条约所制定的其他法律的起草者是否认识到了这一点，还令人怀疑。非洲经济共同体的元首大会、成员国的行政机构、泛非议会和国内议会之间建立机构联系十分有用。但是，它们也可能会给共同体层面的决策和国内层面的决策实施带来负面影响。一种可行的方式是设立一个有权提出政策建议并能最终实施非洲经济共同体决议的独立机构。非洲司法法院还不能有效应对一体化的挑战。它没有强制管辖权，就经济一体化问题而言，个人在该法院187　没有出庭资格，而且它没有与国内法院建立正式的联系，这些都是其组织方面的严重缺陷。非洲经济一体化的成功必然要求对该法院进行重组。

　　总之，需要明确地将非洲经济一体化进程从政治一体化议程（和政治不同）分离出来。非洲有54个主权国家，政治一体化议程显然难以实现；主权国家会分裂，它们很少能够联合起来形成另一个国家。国际上公认的主权国家能够自愿联合起来组成政治联盟的例子几乎是凤毛麟角。东德和西德统一组成德意志联邦共和国以及北也门和南也门统一组成也门共和国只是极端案例。与非洲54个国家的政治一体化相比，它们只是小巫见大巫。如果将非洲经济一体化进程从非洲政治一体化议程中分离出来，非洲人民就能更好地专注于非洲经济一体化并取得丰功伟业。

第七章

共同体法律在非洲国家国内的实施

第一节　引言

经济一体化的有效性在很大程度上取决于它在成员国国内被接受和实施的方式。正是通过实施，共同体法律体系和国内法律体系之间的鸿沟得以弥合。在经济一体化中，"调整其活动的规范和成员国国内法律之间的关系对于经济一体化的发展至关重要"。① 共同体内的居民和成员国的国内机构应愿意接受共同体的目标，并且乐意实现这一目标。因此，经济一体化所面临的一个主要挑战是确保共同体法律在成员国国内得到实施。国内如何接受经济一体化及共同体法律取决于诸多因素，法律设施（legal infrastructure）就是其中一个因素。② 法律设施决定了共同体法律能否在成员国国内得到有效实施，它包括宪法、司法哲学和法律文化。除这些因素外，还存在许多不同的机制使非国内法律——此处指共同体法律——在国内得到实施或适用。这

---

① Akiwumi（1972），p. 79.

② 在本书中没有分析的另一个重要因素是负责一体化事项的国内行政机构的存在与能力。除了有关西共体的研究外，看来非洲大陆范围内还没有对这一问题展开研究。See Senghor（2007）. 桑戈尔（Senghor）的论文进行了更为全面的研究。*Study on National Focal Points for ECOWAS and NEPAD Programmes*（ECOWAS Secretariat, 2004）. 这篇论文的整体结论是，许多成员国的状况还不令人十分满意：人员不足、缺乏专家人员、培训较少、人员流动频繁、资金和资源匮乏——这些都是值得关注的问题。一些国家有专职负责一体化事务的部委，还有一些国家在部委内设有负责此类事务的机构或部门，而在一些国家内，如冈比亚，"西共体还仅仅停留在文件中"。桑戈尔这篇论文的第 162 页对此有论述。该论文还指出，负责一体化事务的国内机构和西共体秘书处之间的交流和互动还非常少，实际上，它似乎"不是秘书处最优先考虑的事项"。桑戈尔这篇论文的第 170 页对此有论述。See also Agu（2009）.

189　些机制包括国际法的国内并入、利用外国法帮助解释、根据国际私法规范利用外国法作为准据法以及对外国法的司法识别。利用这些机制实施共同体法律是为了增强经济一体化进程的有效性。它们使共同体法律实施的机构得以分散化，并使共同体内的居民能够利用这些机构。从管理的角度看，这些机制减轻了那些为监督并对违反共同体法律的行为提供救济而设立的机构的压力。此类实施共同体法律的机制的缺失或利用不足，会导致共同体和成员国之间的割裂，并且使个人远离经济一体化进程。总之，它会损害共同体的有效性。

本章将从宪法和判例法的角度，来分析非洲经济一体化进程是如何解决共同体法律的实施这一挑战的。本章分析所依据的材料来自东部、南部和西部非洲以及西共体、东共体、南共体和东南非共同市场的创立条约。本章分析了这些共同体的创立条约以及国内宪法和司法哲学是如何处理共同体和国内法律之间的关系问题的。总体来看，这些共同体条约、国内宪法和判例法并不利于推动共同体法律在国内的实施。不过，可以采取一些行动来确保共同体法律在国内得到实施。这些行动包括对国内宪法和法律进行修正，以及采纳有助于增强共同体法律在国内法律体系中的地位的司法哲学或方法。

第二节　共同体条约和共同体法律的实施

地区经济共同体条约通常都含有界定共同体和国内法律之间关系以及共同体法律如何在成员国国内实施的规定。在缺乏此类规定时，人们必须从国内宪法和法院的判例中寻求解决之道。实际上，即使存在此类规定，人们也
190　不得不考虑国内宪法和法院的判例，以确定条约所采用的方法能否被成员国接受。这是因为国家都有主权，外国法律"侵入"国内法律体系中，必须得到主权国家的同意。例如，共同体条约中个人根据该条约享有权利的规定不可能在国内得到实施，除非国内法律和司法判例允许实施这一条约所创设的权利。

一　共同体法律的直接适用性

正如第二章所讨论的，共同体法律的直接适用性原则可以在无须国内实施措施介入的情况下，使共同体法律成为国内法律的一部分。欧洲法院将直

接适用性界定为共同体法律的生效独立于"任何纳入国内法律的措施"的性质。① 纳入措施可能是议会的决议或法案，或者是诸如内阁批准的行政法案。② 纳入措施的性质通常决定了相关国际法的国内适用或实施。总体而言，特别是在普通法国家，国际条约要在国内得到实施，要求议会制定相应的法案；③ 议会仅仅批准这一条约还不够。④ 对国际习惯法的处理通常有所不同。根据其存在的证明，国际习惯法被认为自动成为国内法律的一部分。⑤ 共同体法律主要是以条约为基础的。因此，它们不可能获得像国际习惯法那样的待遇。

直接适用性保留了共同体法律在成员国国内的独特性。这就使得涉及共同体法律的问题更为明显。一国在将国际条约的规定纳入其国内法中时不做出相应的说明，这种做法并非鲜见，对于那些不熟悉该国际条约的人来说，纳入国内法中的条约规定的国际性就"不复存在"了。立法起草者并非总是阐明其立法来源。南非法院审理的穆拉集团公司诉南非税务专员案（Moolla Group Ltd. v. Commissioner, South African Revenue Services）⑥ 很好地说明了共同体法律在不能被直接适用时，它可能丧失独特性以及这种情况随之带来的危险。该案涉及将南非和马拉维之间双边贸易协议并入其中的一项南非国内法和该协议本身之间的冲突。法院认为，在出现此类冲突时，国内立法应优先适用。用法院的话来说，"如果在国内法的一般规定和条约的具体规定之间存在明显的冲突，的确就会产生解释难题。当然，在该案中，国内法必须优先适用：协议一旦被纳入，它就成为南非国内法的一部分"。⑦

191

---

① *Amsterdam Bulb* v. *Produktschap voor Siergewassen*, Case 50/76, ［1976］ECR 137 at 146.

② See e. g. Uganda: Ratification of Treaties Act 1998, Chapter 204, s. 2（a）. 它允许内阁无须通过议会就可批准某些特定条约。Constitution of the Republic of South Africa, 1996, art. 231（3）（hereafter, South Africa Constitution）.

③ South Africa Constitution, art. 231（4）. 该规定"任何国际协议一经通过国内立法被制定为法律，它就成为共和国的法律；但经议会批准的国际协议中的自执行规定是共和国的法律，除非它与宪法或议会法案相冲突"。

④ Malawi Constitution, art. 211（1）. 该款规定"经议会法案批准的任何国际协议应成为共和国法律的一部分，如果批准该协议的议会法案有此规定"。Constitution of Kenya 2010, art. 2（6）（hereafter, Kenya Constitution）.

⑤ South Africa Constitution, art. 232; Constitution of the Republic of Malawi 1994, art. 211（3）（hereafter, Malawi Constitution）; Constitution of the Republic of Namibia 1990, art. 144（Namibia Constitution）; and Kenya Constitution, art. 2（5）.

⑥ 2003（6）SA 244; and Erasmus（2003）.

⑦ *Moolla Group* at ［15］.

法院的判决意见似乎错误地表明，通过纳入，国际法就丧失了其独立存在性。① 该案揭示了国际协议"国内化"过程中所固有的一种危险。

直接适用性还可以规避传统的给予国际法国内效力的国际法模式的后果，这种传统将国际法置于国内的法律层级之中。在国内法律体系中，可以利用诸如无效性（"该渊源——即宪法——优先于其他所有法律"）、特别法优于普通法以及后法优于前法等国内规则来解决规范的冲突问题。将这些规则适用于共同体法律可能破坏共同体和其成员国之间的纵向关系，阻碍共同体法律的统一适用，并导致共同体法律无效。例如，后法优于前法规则表明后来的议会法案可能导致已被以前的法案纳入国内法中的共同体法律归于无效，而该共同体法律在其他成员国仍然有效。《东非关税同盟议定书》第39条第2款规定"共同体的关税法应统一地适用于关税同盟"，如果利用后法优于前法的规则来解决"已被纳入的关税法"与国内法律之间的冲突，就可能导致这一规定无效。② 幸运的是，与《东南非共同市场条约》、③《西共体条约》④ 和《南共体条约》不同，《东共体条约》规定了共同体法律的优先性原则。⑤ 当与国内法律发生冲突时，可以利用这一原则使"纳入的关税法"得到优先适用。

一些经济一体化条约规定了共同体法律的直接适用性原则，⑥ 但没有一个非洲共同体条约对此做出规定。这并非表明非洲并不了解这一概念，或没有认识到这一原则的重要性。实际上，在对《东共体条约》草案进行评论时，穆让吉（Mvungi）就建议加入"共同体法律和决议在成员国国内法域的直接适用"这样的条款。⑦ 不幸的是，这一呼吁并没有得到《东共体条约》起草者的重视。相反却加入了允许成员国根据各自的宪法程序给予共同体法律以效力的规定。⑧ 例如，根据《东南非共同市场条约》第5条第2

---

① Compare *Peter Anyang' Nyong'o* v. AG［2007］eKLR（19 March, 2007）at 9. 在该案中，肯尼亚法院指出，《东共体条约法》给予《东共体条约》以法律效力的事实，并不能使条约丧失它的"独立存在"。

② See also the SADC Treaty. 它规定"成员国应采取所有必要措施以确保本条约的统一适用"。

③ COMESA Treaty.

④ ECOWAS Treaty.

⑤ EAC Treaty, art. 8 (4).

⑥ EU Treaty, art. 288. EEA Agreement, art. 7 (a).

⑦ Mvungi (2002a).

⑧ See EAC Treaty, art. 8 (2); COMESA Treaty, art. 5 (2); ECOWAS Treaty, art. 5 (2); and SADC Treaty, art. 6 (5).

款规定，"每一成员国应采取步骤确保通过立法给予本条约以效力，或确保此类立法继续有效，并且特别……（b）给予部长委员会规则以法律效力以及在本领域内必要的法律效力"。这一规定并没有规定制定立法的期限，也没有对违反这一规定的行为做出处罚，这就会导致这一规定很容易被违反。① 只有在东共体内，所有的创立成员国才必须"自共同体的法案在公报中公布之日起"制定立法，给予"共同体法案的规定"以"法律效力"。② 实际上，虽然《东共体条约》没有明确规定直接适用性原则，但看来在实施东共体 2004 年《关税和管理法》时采纳了这一原则。作为共同体的一部立法，该法和《东共体条约》以及《东共体关税同盟议定书》一起构成东非关税同盟的法律框架。该法适用于所有的成员国，③ 并按照部长理事会的规定自 2005 年 1 月 1 日起生效。④ 该法第 253 条与《东共体条约》第 8 条第 4 款一致，该条规定该法"应优先于成员国国内与该法规定相关的任何事项的立法规定"。

　　共同体条约的一些规定也许可以被解释为暗含着共同体法律的直接适用性原则。《西共体条约》第 9 条第 6 款规定，国家元首和政府首脑大会的决议"自其在共同体的官方公报上公布之日起 60 天后自动生效"。⑤《东共体条约》和《东南非共同市场条约》条约也有几乎相似的规定。⑥ 考虑这些条约已规定利用国内宪法程序来给予共同体法律以"法律效力"，很难认为这些规定的目的是为了纳入直接适用性原则。⑦ 换句话说，这些规定是在国际层面——而不是国内层面——给予共同体法律以法律效力。这一观点也得到这一事实的支持，即相关共同体法律的公布是通过共同体的官方杂志或公报而不是通过成员国国内官方杂志或公报进行的。的确，粗读《东南非共同市场条约》第 10 条就能发现，起草者故意删除了"可以直接适用"（direct-

203

---

① Compare EAC Treaty, art. 8 (2). 该款规定设定了一个制定相关国内立法的 12 个月的期限。

② See Kenya – Treaty for the Establishment of East African Community Act 2000, art. 8 (1); Uganda – East African Community Act 2002; and Tanzania – Treaty for the Establishment of East African Community Act 2001.

③ East African Community Customs and Management Act, 2004, art. 1 (2).

④ Ibid., art. 1 (3).

⑤ 同样的规则也适用于部长理事会通过的条例。See ECOWAS Treaty, art. 12 (4).

⑥ EAC Treaty, art. 14 (5); COMESA Treaty, art. 12 (1).

⑦ COMESA Treaty, art. 5 (2) (b); EAC Treaty, art. 8 (2) (b); and ECOWAS Treaty, art. 5 (2).

ly applicable) 这一短语。① 该条规定明显借用了《欧共体条约》第 249 条（现在的《欧盟条约》第 288 条）。

总之，其他共同体的成员国对于实施共同体法律或给予共同体法律以法律效力时，也表现得尤为踌躇。伯利恒（Bethlehem）曾经指出，"在大部分情况下，南非所参加的贸易、金融和经济协议并没有被制定为国内法律"。② 在西共体内部，有五个议定书都涉及人员的自由流动、居所和开业，③ 但只有一个对成员国居民规定了 90 天内免签入境的议定书已在所有成员国国内得到完全实施。依据国内宪法程序给予共同体法律以效力，是造成非洲经济一体化进程无效性的一个主要原因，至少就共同体法律不能立即在国内得到实施这一情况而言就是如此。授权依据国内宪法程序的规定过于宽泛，而且没有对不同的共同体法律类型进行区分。根据下文所分析的原因，将共同体的创立条约受制于国内宪法程序的规定是适当的。但是，对于正当成立的共同体机构所通过的法律在经过既定的立法程序后，仍然不能直接或立即在成员国国内得到适用，却没有任何理由。特别是如果某一成员国已给予创立条约——随后的共同体法律的立法基础——以效力的情况下更是如此。这一方法值得共同体借鉴，以克服成员国不给予或延迟给予共同体法律以效力的这一挥之不去的问题。

依据国内宪法程序来实施共同体法律并非一无是处。可以利用这一方式促进经济一体化进程中广泛的国内辩论和人民的参与，从而推动非洲一体化的发展。经济一体化可以对国内产生重大影响。因此，在共同体中的成员资

---

① 欧盟第 288 条规定，条例具有一般适用性，具有全部约束力，并直接适用于所有欧盟国家。但是《东南非共同市场条约》第 10 条（2）规定，条例对所有共同体国家具有约束力。这两则条例在指令、判决、建议方面有类似规定。

② Bethlehem（2005）.

③ 1979 Protocol A/P. 1/5/79 relating to Free Movement of Persons, Residence and Establishment; 1985 Supplementary Protocol A/SP. 1/7/85 on the Code of Conduct for the implementation of the Protocol on Free Movement of Persons, the Right of Residence and Establishment; 1986 Supplementary Protocol A/SP. 1/7/86 on the Second Phase（Right of Residence）of the Protocol on Free Movement of Persons, the Right of Residence and Establishment; 1989 Supplementary Protocol A/SP. 1/6/89 amending and complementing the provisions of Article 7 of the Protocol on Free Movement, Right of Residence and Establishment; and 1990 Supplementary Protocol A/SP. 2/5/90 on the implementation of the Third Phase（Right of Establishment）of the Protocol on Free Movement of Persons, Right of Residence and Establishment. These protocols are reproduced in ECOWAS Secretariat, *An ECOWAS Compendium on Free Movement, Right of Residence and Establishment*（Abuja, ECOWAS Secretariat, 1999）.

格以及对共同体法律的实施不应由议会或行政部门任意为之。人们应该通过有组织的辩论以及公民投票的方式参与到这一进程。实际上，一些国内宪法就要求在国内实施条约——如涉及国家主权让渡的经济一体化条约——之前要进行公民投票。① 不过，直到目前，非洲国家还没有进行过有关共同体条约的公民投票。让人们直接参与到经济一体化的相关事项，对于经济一体化的合法性和其最终成功而言至关重要。

二 共同体法律的直接效力

正如第二章所分析的，直接效力原则使得个人可以在国内法院援引共同体法律，它也允许国内法院将共同体法律作为一种独立的、直接的、自治的裁判依据使用。这一原则使国内法院和个人成为共同体法律的私人实施者。总之，直接效力原则把共同体法律创设的权利得以"国内化"。《东南非共同市场条约》《东共体条约》《西共体条约》和《南共体条约》没有对这些条约及根据这些条约制定的法律是否具有直接效力做出明确规定，虽然它们都通过不同的机制或原则规定了个人在经济一体化进程中的作用。其中一个例子就是先行裁决程序，这种程序允许国内法院将有关共同体法律的问题提交给共同体法院以做出有约束力的解释。② 这种程序暗示着这样一种假设：共同体法律问题可能通过诸如争议当事人直接在国内法院援引共同体法律的方式出现。的确，如果国内法院根据先行裁决程序向共同体法院寻求做出的解释，不能成为国内法院随后做出判决的直接和独立依据，则很难理解为什么要采用这一程序。

目前，共同体法院的判例还没有涉及共同体法律的直接效力问题。不过，和其他贸易协议不同，③ 非洲的条约并没有明确否认共同体法律的直接效力。因此，如果共同体法院采用一种目的论方法来解释共同体条约，它们就可成为各自共同体法律体系中具有直接效力的部分。当国内法院对条约的

---

① Constitution of the Central African Republic 2004, art. 70 (hereafter, Central Africa Constitution); Constitution of Republic of The Gambia, 1997, art. 79 (2) (hereafter, the Gambia Constitution).

② COMESA Treaty, art. 30; EAC Treaty, art. 34; ECOWAS Court Protocol, art. 10 (f); and SADC Tribunal Protocol, art. 16.

③ NAFTA, art. 2021. In US – Section 301-310 of the Trade Act of 1974, WT/DS/152, (Panel Report) at [7.72], it was held that "neither the GATT nor the WTO has so far been interpreted by GATT/WTO institutions as a legal order producing direct effect". 迄今为止，关贸总协定和世贸组织都没有将其作为有直接影响力的法令来解释。

196 解释符合推动共同体法律在国内实施这一目标时，就可以实现这样的效果。现在，目的论解释方法是国内法院采用的一种主要解释方法，而大多数共同体法院的法官也都来自国内法院。① 这样，当法官在解释共同体条约时，他们就可能受到目的论解释方法的影响。实际上，一些共同体法院经常援引的《维也纳条约法公约》② 第 31 条就规定了这样的解释方法。正如东共体法院所指出的，"我们认为，我们不但要根据条约的通常含义，也要根据条约的语境和目的，来对条约的术语进行解释。首先，我们必须考虑条约的整体目的，但也要兼顾每一具体条款的目的"。③

给予共同体法律直接效力的另一种方式，是由成员国通过立法规定某一诉因可直接依据共同体法律成立。这方面的一个例子——虽然规定了极其有限的权利——是乌干达法律改革委员会提出的《WTO（实施）协议议案》。④ 该议案第 12 条允许个人在得到总检察长的同意后直接依据 WTO 协议提起诉讼。⑤

三 "自动实施的"共同体法律

《非洲经济共同体条约》含有有关"自动实施"（automatic enforceability）的独特规定。为确保共同体法律在国内得到有效实施，该条规定可以被解读为既含有直接适用性，也含有直接效力的内容。该条约第 10 条规定，国家元首和政府首脑大会的决议自其被大会主席签署之日起 30 天后可以"自动实施"。同样，该条约第 13 条规定，部长理事会通过的规则

197 必须经大会的批准，并且自其被理事会主席签署之日起 30 天后可以"自动实施"。

"自动实施"是《非洲经济共同体条约》所独有的概念。《东南非共同市场条约》《南共体条约》《东共体条约》和《西共体条约》都是在《非洲经济共同体条约》之后通过的，它们都含有与该条约第 10 条和第 13 条类似

---

① Asare（2006）.

② Vienna Convention on the Law of Treaties，23 May 1969，1155 UNTS 331；8 ILM 679（hereafter，Vienna Convention）.

③ *East African Law Society v. AG of the Republic of Kenya*［2008］1 East Afr. LR 95.

④ Uganda Law Reform Commission（2004）.

⑤ Compare Canada：World Trade Organization Agreement Implementation Act，SC 1994，C. 47，ss. 5 and 6.

的规定，但它们似乎都故意回避使用"自动实施"这一短语。① 《非洲经济共同体条约》没有对可自动实施的含义做出规定。它是可在共同体层面还是国内层面得到自动实施？该条约也没有对谁能实施这些决议或规则做出规定。是只有共同体、其机构和成员国能作为实施者，还是也包括个人？对这些规定的目的性解读表明，自动实施不应仅局限于共同体层面的实施。元首大会和部长理事会的决议和规则可能具有重要的国内意义或对成员国产生重要影响。只能在共同体层面而不能在成员国国内实施的决议或规则，将与成员国"遵守共同体法律体系的义务"背道而驰，② 并最终会损害共同体法律的有效性。因此，本书认为，自动实施既包括共同体层面的实施，也包括国内层面的实施。

但仍有一个问题未能解决，即决议或规则如何在国内层面得到自动实施。"自动实施"这一概念可能意味着可以得到直接适用，也就是说，无须借助国内实施或并入措施就可在国内层面实施这些决议或规则。它也可能意味着这些决议或规则具有直接效力，也就是说，这些决议或规则能够创设个人可以在国内法院依赖的权利。《非洲经济共同体条约》第 5 条第 2 款规定又增加了这一概念的不确定性，该条规定，成员国有义务采取所有必要措施，以确保制定并发布为实施该条约的规定所必需的相关立法。立法以实施这些决议或规则与直接适用性原则相抵牾。

目前，还没有涉及自动实施这一概念的含义和效力的共同体判例。我认为应将这一概念解读为非洲经济共同体的决议和规则既具有直接效力，又具有直接适用性。《非洲经济共同体条约》使用了"自动的"（automatic）和"可实施的"（enforceable）概念。如果条约起草者的目的是将这些决议和规则限于纳入后实施，他们就可以使用更为限制性的概念，如"可自动并入"（automatically incorporated）。"可实施性"（enforceability）表明权利可根据相关决议或规则自动生成。任何权利都不能在国内层面根据国际法自动生成，除非国际法成为（在此种情况下自动成为）国内法的一部分。我认为，通过使用"自动实施"这一概念，条约的起草者试图实现直接效力和直接适用性这两个目的。

198

---

① 《西共体条约》使用的是"自动生效"（automatically enter into force）这一短语，《东南非共同市场条约》和《东共体条约》使用的是"生效"（come into force）这一短语。

② AEC Treaty, art. 3（e）.

笔者的这一观点也得到非盟《元首大会程序规则》①和《行政理事会程序规则》②的支持，这两项规则被认为对《非洲经济共同体条约》第10条和第13条的含义进行了详细阐释。这两项协议是由《非洲经济共同体条约》的成员国在非盟的支持下随后制定的，而非洲经济共同体也是非盟不可分割的组成部分，因此，这两项协议可以在一定程度上澄清《非洲经济共同体条约》的含义。③根据《元首大会程序规则》第33条，元首大会的决议可以以规则（Regulation）、指令（Directive）、建议（Recommendation）、宣言（Declaration）、决议（Resolution）和观点（Opinion）的形式做出。规则可在所有成员国国内得到适用，成员国要采取必要措施实施它们。④指令针对任何或所有成员国或某项义务或个人做出，它们要求成员国实现一定的目标，而同时授予成员国有权决定实施这些指令所采用的形式或方式。⑤建议、宣言、决议和观点不具有约束力，它们旨在对成员国的观点进行指导和协调。⑥规则和指令自其在非盟的官方公报或以其他明确指定的方式发布之日起30天后可以自动实施。⑦规则和指令对成员国、地区性经济共同体和非盟的机构具有约束力。⑧所有这些规定也同样包含在《行政理事会程序规则》中。但它又做了一个重要的说明或补充：行政理事会的决议"不但在所有成员国国内具有约束力并能适用"，而且，"国内法律应因此适当做出调整"。⑨从这些规定来看，共同体法律明显可以在成员国国内得到适用，并可为个人创设权利和义务。

从能使共同体法律在成员国国内得到实施的角度来看，对非盟的决议做出不同的分类是非常有用的，特别是有关规则和指令的分类。不过，通过对元首大会和行政理事会在2002～2009年做出的决议进行分析后发现，它们并没有关注有关决议的分类。⑩元首大会和行政理事会做出的决议仍被冠以

199

---

① （2005）13 Afr. J. Int'l & Comp. L. 41 （hereafter, Assembly Rules）.

② （2005）13 Afr. J. Int'l & Comp. L. 55 （hereafter, Executive Council Rules）.

③ Vienna Convention, art. 31.

④ Assembly Rules, r 33 （1）（a）.

⑤ Ibid. , r 33 （1）（b）.

⑥ Ibid. , r 33 （1）（c）.

⑦ Ibid. , r 34 （1）（a）.

⑧ Ibid. , r 34 （b）.

⑨ Executive Council Rules, r 34 （1）（a）.

⑩ These decisions are available at www. africa – union. org/root/au/Documents/Decisions/deci-sions. htm.

"有关……的决定（decision）"。它们并没有试图运用所规定的分类形式对不同的决定进行区分。偶尔，它们会采用宣言（Declaration）和决议（Resolution），但截至目前，看来还没有采用过指令（Directive）或规则（Regulation），或至少它们没有被如此明确命名。无疑，这种情况令人担忧：以这些不同形式做出的决定是否意味着会对非盟决定的实施方式产生重要影响，这才是真正认人困惑的。

除这种令人担忧的趋势外，还必须承认的是，上述有关自动实施的含义的观点也将很难兜售给非洲经济共同体的成员国。如果按照上面所提倡的观点进行解释和适用，自动实施会给成员国的主权带来严重限制。某一法律体系独立于某一国家而该法律体系的规则却在该国法律体系中具有直接效力且能直接适用的观点，极端偏离了一些国家有关实施国际法的传统法律方式。正如下文所要讨论的，非洲国家有不同的实施国际法的宪法程序。在一些国家，必须经过对宪法进行修改，才能适用所建议的有关自动实施的解释方式。

从比较的观点来看，自动实施原则构成欧盟法律中直接适用性和直接效力原则以及美国和其他国家所使用的自执行条约的本质。[①] 自执行条约并不要求通过具体的实施立法，就可以直接为个人创设权利。换句话说，无须通过立法在国内给予条约以法律效力。在这方面，可以认为，如果直接效力和直接适用性是欧洲的原则，自执行是美国的原则，那么自动实施就是非洲为解决如何弥合国际法和国内法的鸿沟这一难题所做出的贡献。

欧盟和美国有关直接效力、直接适用性和自执行的经验表明，它们的有效性取决于国内法院的补充作用，在欧盟这就是成员国国内法院可以向欧盟法院提出的先行裁决程序。而在《非洲经济共同体条约》和《非洲司法法院议定书》中，[②] 国内法院的补充作用却是缺失的。该条约及议定书都没有规定国内法院的直接作用，也没有规定国内法院可以向非洲司法法院提交的先行裁决程序。因此，可以为非洲经济共同体的规则和指令在成员国国内的实施提供一种通用方式的自动实施概念，就可能无用武之地。最终，将由非洲司法法院来阐明自动实施这一概念的全面含义和效力。考虑到《非洲经济共同体条约》或《非洲司法法院议定书》都没有规定国内法院实施共同

200

----

① South Africa Constitution, art. 231 (3) (4); and Ngolele (2006).

② 议定书附件是《非洲司法法院规约》。

体法律的明确作用，国内法院能否以及如何适用自动实施这一概念尚需拭目以待。除非个人能够直接或间接利用非洲司法法院，① 而且国内法院也参与到非洲经济共同体法律的实施过程中，否则任何有关非洲经济共同体法律在成员国国内实施的潜在概念都可能注定毫无用处。

四 保护所实施的共同体法律

经济共同体十分关注确保并推动其法律在成员国国内的实施。这一关注应配有相应的机制和原则，以保护在国内实施的共同体法律免于受到不利对待，这些不利的对待可能使它们归于无效。如上所述，《西共体条约》《东南非共同市场条约》《东共体条约》和《南共体条约》都采取了不十分有效，但也许是作为政治上的权宜之计的方式，来在成员国国内实施共同体法律。这些创立条约依据的是成员国国内的宪法程序而不是直接适用性原则来实施共同体法律。这些条约也没有对共同体法律的直接效力问题做出规定，因此，个人能否在国内法院援引共同体法律并主张根据此类法律所创设的可执行的权利，还不确定。

尽管存在上述情况，这些条约包含一些可以被认为旨在保护所实施的共同体法律免于在成员国国内受到不利对待的原则和机制。首先，只在《东共体条约》中有所体现的共同体法律至上性原则确认共同体法律和国内法律之间冲突的解决应该有利于前者。其次，先行裁决程序主张国内法院出现的共同体法律问题最终应在共同体层面得到权威解决。通过这一方式，共同体的利益得到保护，可以避免出现相冲突的国内司法解释。先行裁决程序有助于在成员国内实现对共同体法律的统一理解。不过，只有在成员国国内法院乐于向共同体法院提交此类问题时，这一目的才能实现。根据《东南非共同市场条约》和《东共体条约》，对于某些指定的法院，这一程序是强制性的，但国内法院首先必须确定是否有必要请求共同体法院就某一问题做出裁定，"以便它能做出判决"。② 除非国内法院能宽宏大量地利用这一条件，否则先行裁决程序的利用就会受到掣肘。最后，个人对共同体法律的直接利用，将可以确保成员国国内违反共同体法律的情形可以得到共同体的关注并给予救济。如果没有这一安排，

---

① 《非洲司法法院规约》第30条规定，个人、非政府组织和机构可就人权问题上诉到非洲司法法院。
② COMESA Treaty, art. 30; and EAC Treaty, art. 34.

一些违反共同体法律的行为就可能得不到共同体的关注，因为共同体的机构在成员国国内还相对较少。

当共同体法院面对有关成员国实施共同体法律的问题时，特别是有关共同体创立条约所设计的将共同体法律并入成员国国内法律体系的程序时，这些原则和机制将是非常有用的考虑因素。与条约的表面规定相比，这些原则和机制为共同体法律在成员国国内奠定了更为牢固的地位。在国内法院的积极参与和配合下，这一愿景能够实现。

另一种保护共同体的利益以确保它的法律得到遵守和适当解释的机制，是授权它参与、介入涉及共同体法律问题的国内司法程序，或在此类程序中作为法庭之友（amicus curiae）出现。换句话说，国内法院可以不利用先行裁决程序，根据自己的动议或应当事一方的请求，把案件争议问题通知共同体，并邀请它提交相关意见。在国内法院不愿利用先行裁决程序时，这就显得非常重要。此外，考虑到目前还没有国内立法给予国内法院请求共同体法院做出先行裁决的权限，这一程序同样十分重要。共同体条约给予共同体国际法律人格。《东南非共同市场条约》和《东共体条约》还规定，"共同体作为当事一方的争议不应仅以此原因，就排除在国内法院的管辖权范围之外"。① 因此，这些条约主张共同体可以成为国内司法程序的当事方。

成员国的国内法律应对寻求先行裁决的管辖权以及参与、介入或作为法庭之友出庭的权利做出明确规定。一些非洲法院曾判定，某一实体由外国法律体系所授予的或被剥夺的虚拟法律人格，可以在非洲国内法院得到认可，以确定该实体是否应被允许在非洲国内法院提起诉讼。② 这些裁决表明，由创立条约授予共同体的法律人格将会在非洲国内法院得到认可，以允许它们在国内诉讼程序中起诉、被诉、参与或介入此类程序。③ 现在，一些非洲国家的法律允许个人介入某些特定程序以保护个人利益。④ 为了能够介入程

202

---

① EAC Treaty, art. 33（1）; and COMESA Treaty, art. 29（1）. 这些规定原则上可以发挥排除共同体豁免权的作用，使个人可以针对共同体就诸如合同争议等共同体法院没有管辖权的事项提起诉讼。关于《欧共体条约》中类似规定的评论，请参照 de la Torre（2005）。

② *Shah v. Aperit Investment SA*［2002］KLR 1; *Bank of Baroda v. Iyalabani Co. Ltd.*［2002］40 WRN 13; and *Edicomesa International Inc. v. Citec international Estates Ltd.*［2006］4 NWLR 114.

③ Reinisch（2000），pp. 37 – 70. 国家法院承认国际组织的法人资格。

④ Sierra Leone – High Court Civil Procedure Rules 2007, Order 12 r. 13, Order 55 r. 11, Order 56 r. 17; and Ghana – High Court（Civil Procedure）Rules 2004, Order 66 r 34, and Order 62 r. 14.

203 序，相关人员必须对判决具有直接的、实质的利益。① 在加纳国内诉讼
程序的任何阶段，法院可以根据自己的动议，命令任何人出庭，只要
"此类人员的出庭有助于诉讼程序中的所有问题得到有效、彻底的解
决"。② 非洲其他国家也有类似的规则。③ 所有这些表明，在一些成员国国
内已经存在一些可以用于笔者所提议的有关程序的法律规定。

接下来的问题是对成员国的现有规则和程序进行调整，以满足共同体法
律的特定需求。必须解决的问题包括：共同体应遵循的程序；共同体采取相
关行为的时限；最初的诉讼当事方能否反对共同体参与、介入程序或反对接
受共同体作为法庭之友提交有关意见；以及案件的判决对作为干预方的共同
体和其他成员国的效力，特别是有关法院对共同体相关法律所做的解释。就
保护共同体法律免于在成员国国内得到不同的解释和适用而言，介入的权利
或作为法庭之友提交意见的权利，只能作为先行裁决程序的次好选择。这种
程序不可能使共同体法律得到统一的解释。不过，它是一种能够对先行裁决
程序进行补充的重要程序。共同体应与成员国一道对这一程序进行设计，使
这一程序尽可能在所有成员国保持一致。

第三节　国内法律和共同体法律的实施

一　国内宪法和共同体法律

成员国国内共同体法律的实施深受有关国际法和国内法关系的国内宪法
规定和司法哲学的影响。④ 由于国家具有主权，给予非国内法以效力或实施
非国内法，通常要获得国家明示或默示的同意。如果司法机构在不存在此种
同意的情况下实施或援引了外国法，它可能被指责采取了不当的司法能动主
义，并混淆了行政、司法和立法功能之间的界限。在利用外国法来创设成员

---

① *United Watch & Diamond Co.*(*Pty*). *Ltd*. v. *Disa Hotels Ltd*. 1972（4）SA 409 at 415 – 417；and *Burdock Investment* v. *Time Bank of Zimbabwe Ltd*. v. ，HH 194/03 HC 9038/02（High Court，Zimbabwe，2003）.

② High Court（Civil Procedure）Rules 2004，Order 4 r. 5（2）（b）.

③ Sierra Leone – High Court Civil Procedure Rules 2007，Order 18 r. 6（2）（b）（i）；Uganda – Civil Procedure Rules 1964，Order 1 r. 10（2）；and Tanzania – Civil Procedure Code 1966，Order 1 r. 10（2）；and Kenya – Civil Procedure Rules，Cap. 21，Order 1 r. 10（2）.

④ Hilf and Petersmann（1993）；and Jyranki（1999）.

国国内不存在的权利时，或考虑到现有法律的状况，当主张这些权利的人本　204
来无法援引这些外国法时，情况更是如此。

　　在讨论非洲宪法可能如何影响共同体法律实施之前，应首先分析这些宪
法在多大程度上认可地区性经济共同体的存在。一些非洲宪法提及这些共同
体（此处应包括非洲统一组织、非盟）并承诺遵守这些共同体的原则或致
力于实现这些共同体目标。加纳共和国宪法第 40 条规定，"在处理与其他
国家的关系时，本政府应坚持下列文件所载入的原则，或根据情况坚持这些
文件的目标和理念：……（2）《非洲统一组织宪章》；……（4）《西非国
家经济共同体条约》"。① 其他一些非洲国家的宪法包含了对外政策的目标，
如 "促进次区域、区域和非洲人之间的合作与团结"，② "推动非洲一体化，
支持非洲团结"③ 以及 "尊重国际法和条约义务"。④

　　虽然这些只是一些表面规定，但它们十分重要。这些规定表明非洲国家　205
意识到非洲经济一体化进程的存在及其理念。但作为将共同体法律并入成员
国国内法律的一种途径，它们的作用十分有限。这些宪法规定主要涉及国家
间关系的处理，因为它们通常都规定在宪法中的 "对外政策" 部分。它们
的目的并不是为了使共同体法律成为国内法律的一部分。要想依据这些规定
给予共同体法律以效力，还需经过大量艰苦卓绝的法律辩论和曲折反复的司
法推理。换句话说，这些宪法规定不可能成为个人可以在国内法院主张实施
尚未成为国内法律一部分的共同体法律的依据。不过，即使如此，法院在解

① See also Constitution of the Kingdom of Swaziland 2005, art. 236（1）（d）（hereafter, Swaziland
　Constitution）. 斯威士兰王国宪法规定，"在处理与其他国家关系时，斯威士兰王国应……
　（d）坚持非盟和南部非洲发展共同体的原则、宗旨和理想"。2004 年在《布隆迪共和国
　宪法》序言中，人民群众表达了 "致力于非洲统一事业" 的决心，这与 2002 年 5 月 25
　日在《非洲联盟组织法》中所表达的内容一致。1996 年在《乍得共和国宪法》序言中，
　乍得宪法宣布 "坚持非洲统一事业，我们承诺在各方面努力实现次区域和区域一体化"。
　值得一提的是，非洲经济委员会是非洲联盟的组成部分。1999 年，在《尼日尔共和国宪
　法》序言中，《尼日尔共和国宪法》宣布，"紧跟非洲统一组织，并致力于尽一切可
　能实现区域和次区域一体化"。
② Constitution of the Republic of Sierra Leone 1991, art. 10（b）（hereafter, Sierra Leone Constitu-
　tion）. 2000 年《科特迪瓦共和国宪法》在序言中表达了各族人民致力于 "实现非洲统一宪法
　以促进区域一体化和次区域一体化"。
③ Constitution of the Federal Republic of Nigeria, 1999, art. 19（b）（hereafter, Nigeria Constitu-
　tion）; Constitution of the Republic of Angola 1975, art. 14,（hereafter, Angola Constitution）;
　and Interim National Constitution of the Republic of Sudan 2005, art. 17（b）（hereafter, Sudan
　Constitution）.
④ Namibia Constitution, art. 96（d）.

释或实施国内法或共同体法律时，也可能会考虑这些规定。

非洲宪法承认共同体的存在以及经济一体化目标的事实十分重要。但更为重要的是这些宪法中有关国内法和国际法之间关系的规定。① 这些规定直接反映了共同体法律在成员国国内的实施。传统上，国际法和国内法之间的关系是从一元论和二元论的角度来分析的。② 一元论起源于自然法理论，它将所有法律视为理性的产物。这种理论主张国际法自动成为国内法律体系的一部分。二元论的基础是法律实证主义，这种理论认为，国际法和国内法在各自不同的法律层面上运行：国际法调整国家间的关系，国内法调整个人和国家之间的关系。根据二元论的观点，国际法不能在国内法律体系中发挥作用，除非它已被国内法律体系所接受或采纳。这种一元论－二元论范式长期以来是学术界的众矢之的，但它对于理解国家如何实施国际法特别是相关条约仍然十分有用。在利用这一范式时，如果我们认识到重要的不是理论争议，而是国家的现实实践，就更是如此。

206　　　　非洲一些宪法反映了这种一元论－二元论的观点。③ 其他一些宪法的规定似乎混合了两种观点。④ 总体来看，前英国殖民地的宪法都倾向于采用二元论的观点；国际法在英联邦国家并不具有法律效力，除非它们已通过国内措施（通常是议会法案）被给予此种效力。⑤ 在其他大部分作为法国前殖民地的非洲国家，它们的宪法规定都采用了一元论的观点。这些国家的宪法的有关规定都是仿照 1958 年法国宪法第 55 条的规定而制定的。一般而言，这些宪法都规定经合法批准或同意的条约或协议应自其公布之日起具有高于国

---

① Ginsburg, Chernykh and Zachary (2008).

② Nijman and Nollkaemper (2007); Brownlie (2003), pp. 31 – 53; and Aust (2007), pp. 178 – 199.

③ Oppong (2007d); Maluwa (1998); Adede (1999); Tshosa (2007); Tshosa (2010); and Gonidec (1998).

④ Burundi Constitution, art. 292; Constitution of the Republic of Cape Verde 1992, art. 11 (hereafter, Cape Verde Constitution); Constitution of the Federal Democratic Republic of Ethiopia 1995, art. 9 (4) (hereafter, Ethiopia Constitution); Constitution of the Republic of Gabon 1991, art. 114 (hereafter, Gabon Constitution); and Namibia Constitution, art. 144.

⑤ Constitution of the Republic of Ghana 1992, art. 75 (hereafter, Ghana Constitution); South Africa Constitution, art. 231; Malawi Constitution, art. 211; Constitution of the Republic of Uganda 1995, art. 123 (hereafter, Uganda Constitution); Nigeria Constitution, art. 12; Constitution of the Republic of Zimbabwe 1979, art. 111B (hereafter, Zimbabwe Constitution); Swaziland Constitution, art. 238 (4); Namibia Constitution, arts. 32 (3) (e) and 63 (2) (e); and Constitution of the Republic of Seychelles 1993, art. 64 (3) (4) (5) (hereafter, Seychelles Constitution).

内立法的效力，只要缔约他方也适用此类条约或协议。① 这些规定给予国际法以法律效力，也确定了它们在国内法律层级中的地位。根据这些规定，国际条约或协议一经签署，就优先于国内法，只要缔约他方也实施了此类条约或协议。在这些一元论国家，国际条约一旦得到批准，就可以作为法律适用，它们也可以直接在国内法院被援引。

虽然法语非洲国家的宪法规定条约优先于国内法，但要想付诸实施还必须满足一些条件。② 首先，此类条约必须被合法批准或同意，并且予以公布。合法批准通常需要得到立法部门，有时需要司法部门的同意或参与。③ 这与英联邦国家的做法形成对比，在这些国家，行政部门谈判和缔结的条约必须随后得到立法部门的批准；司法部门在条约制定程序中几乎不起作用。④ 此处，必须存在适用条约的互惠。⑤ 普通法域不存在这一要求。实际上，在经济一体化背景下，共同体法律的国内适用取决于其他成员国的互惠适用这一做法，可能给共同体法律体系的协调发展带来危害。⑥

利用上述宪法规定在成员国国内实施共同体法律，仍不能解决共同体法律和共同体本身在成员国国内法律体系中的地位问题。在二元论国家，情况尤为如此。共同体法律在国内法律层级中的地位如何？在发生冲突时，共同体法律能否优先于国内法？国内法院有权受理涉及共同体法律或共同体的案

---

① Constitution of Burkina Faso 1991, art. 151 (hereafter, Burkina Faso Constitution); Constitution of Cameroon 1996, art. 45 (hereafter, Cameroon Constitution); Constitution of Mali 1992, art. 116 (hereafter, Mali Constitution); Constitution of the Republic of Benin, art. 147 (hereafter, Benin Constitution); Constitution of the Republic of Algeria, art. 132 (hereafter, Algeria Constitution); Central African Republic Constitution 2004, art. 72; Chad Constitution 1996, art. 222; Constitution of the Federal Islamic Republic of the Comoros 1996, art. 18 (hereafter, Comoros Constitution); Constitution of the Democratic Republic of the Congo 2005, art. 215 (hereafter, DR Congo Constitution); Constitution of the Republic of the Congo 2002, art. 185; Côte d'Ivoire Constitution, art. 87; Constitution of the Republic of Guinea 1990, art. 79; Constitution of Republic of Madagascar 1998, art. 82.3 (VIII) (hereafter, Madagascar Constitution); Constitution of the Islamic Republic of Mauritania 1991, art. 80; Niger Constitution, art. 132; Constitution of the Republic of Senegal 2001, art. 98 (hereafter, Senegal Constitution); and Constitution of the Republic of Rwanda 2003, art. 190 (hereafter, Rwanda Constitution).

② Kronenberger (2000).

③ Madagascar Constitution, art 82.3 (VII). 马达加斯加宪法规定，"在条约批准之前，马达加斯加共和国总统应将条约递交给立宪法院"。

④ Ghana Constitution, art. 75; and South Africa Constitution, art. 231.

⑤ For a critique of the reciprocity requirement see Cassese (1985), pp. 405 – 408.

⑥ 在这一方面，重要的是，否定 WTO 法直接效力的主要论据之一在于其他国家对此并没有规定。Eisenberg (1993 – 1994); and Schlemmer (2004).

件吗？这些都是十分重要的问题，要想找到这些问题的答案，就必须重新审视现有的国内宪法。

许多非洲宪法，特别是英联邦非洲国家的宪法，都含有自我宣称宪法是本国最高法律的规定。① 加纳共和国宪法第 1 条第 2 款就属此类。它规定"本宪法是加纳的最高法律，任何与本宪法的规定不一致的其他法律，就其不一致的部分而言，是无效的"。② 其他一些宪法的规定没有这样明确，没有对宪法作为最高法律的后果做出规定。1990 纳米比亚共和国宪法第 1 条第 6 款只是简单规定，"本宪法是纳米比亚的最高法律"。无论采用哪种措辞，其本质含义是同样的：宪法是法律体系的基本规范（grund norm），所有其他法律从其中获得合法有效性。

共同体法律在国内的有效实施要求基本规范使共同体法律得以生效。此外，基本规范在有些情况下应允许自己本身或国内法可以被共同体法律取代。考虑到目前的宪法规定，如果不对宪法进行修改，就无法实现这一点。而这么做可能从政治方面令人难以接受，这可能会被认为是对构成国家重要因素的主权的让渡。但盲目的坚持主权是实现有效的经济一体化的一个重大障碍。在这方面，《西共体条约》的前言令人印象深刻：成员国"承认将成员国统一于一个可行的地区共同体中可能需要将国家主权部分地、逐步地让渡给共同体，以便形成共同的政治意愿"。对于成员国来说，另外一个要求也许就是为共同体法律的实施创设一个良好的宪法环境。

如果没有对宪法进行修改，以便共同体法律能够优先于相冲突的国内宪法规定，国内法院除了遵守宪法规定外，就可能别无选择。正如彼得斯（Peters）所指出的，许多国际性法院的立场是国际法优先于所有国内法，包括国内宪法。但国内法院却没有形成这样的结论，特别是涉及国际法和宪

---

① 1966 年博茨瓦纳共和国宪法似乎是一个例外。虽然不可否认的是宪法确实是国家的最高法律，但是宪法中却没有明确的规定表明宪法是土地方面的最高法律。

② See also Malawi Constitution, art. 1 (5); Sierra Leone Constitution, art. 171 (15); South Africa Constitution, art. 2; Nigeria Constitution, art. 1 (3); Gambia Constitution, art. 4; Constitution of the Republic of Zambia 1991, art. 1 (3); Constitution of Republic of Kenya 2010, art. 2 (1) (4); Uganda Constitution, art. 2 (2); Constitution of the United Republic of Tanzania 1977, art. 64 (5); Zimbabwe Constitution, art. 3; Constitution of the Republic of Lesotho 1993, art. 2; Swaziland Constitution, art. 2 (1); Constitution of the Republic of Eritrea 1997, art. 2 (3); E-thiopia Constitution 1995, art. 9 (1); Constitution of the Republic of Mauritius 1968, art. 1 (2); Seychelles Constitution, art. 5; Rwanda Constitution 2003, art. 200; Sudan Constitution, art. 3; and Benin Constitution, art. 3.

法的关系时。① 所以，在斯昆达诉纳米比亚共和国政府案（Sikunda v. Government 209
of the Republic of Namibia）中，纳米比亚高等法院判定，联合国安理会的一项决
议即使是纳米比亚国内法的一部分，"也必须服从宪法的规定，它是本国的
最高法律"。② 这一司法立场反映了这样的事实：法院的管辖权受到特定的
宪法规定的限制，诸如那些宣称宪法是最高法律以及诸如分权这样的宽泛原
则的规定，有关分权原则的规定对国内机构在条约制定和实施方面的职能进
行了分配。

目前，非洲国家政府似乎还没有意识到经济一体化会提出宪法方面的一
些要求，而且对于有些问题，还要求对现有的宪法或立法规定进行反思或修
改，以便将共同体法律和共同体本身融入各自的国家内。国内法律没有对经
济一体化带来的诸多挑战做出规定这一事实，证明了对成功的一体化可能提
出的法律要求还缺乏必要的认识。造成这一无意识状态的原因，部分可归结
于国内较慢的批准或实施共同体法律的步伐。这阻碍了共同体层面的一体化
进程，并使共同体法律和国内法律的互动降为最低。正是这种互动产生了许
多宪法挑战或问题。下列事实可以说明这一点：在东共体内部，《东共体条
约》在成员国国内被赋予法律效力，许多共同体法律也得到了实施，有关
共同体法律和国内法律在国内层面互动的问题的判例也正浮现。但即使在东
共体内部，国内对共同体法律的批准和实施也并非十全十美。在 2008 年 9
月的会议上，部长理事会注意到有 5 个在 2006 年和 2007 年缔结的议定书还
没有被成员国批准，它认为这种延迟的批准妨碍了"根据这些议定书制定
相关的立法"。③ 南共体也存在同样的不批准议定书，或在国内层面不实施
共同体法律的问题。④

比较而言，许多欧洲国家为应对欧洲一体化的法律要求，都对宪法做了
重大修改。⑤ 用韦列谢京（Vereshchetin）的话来说，"欧洲一体化对一些西

---

① Peters（2007），pp. 259 – 269.

② 2001 NR 86 at 95.

③ East African Community，Report of 16th Meeting of the Council of Ministers，Ref. EAC/CM 16/
2008（AICC，Arusha，Tanzania，2008），pp. 28 – 29.

④ Cronje（2010）.

⑤ See，e. g. Basic Law for the Federal Republic of Germany，art. 23；Constitution of Belgium，art.
34；Constitution of Luxembourg，art. 49bis；Constitution of the Netherlands，art. 92-94；United
Kingdom，European Communities Act 1972；and Constitution of Poland，art. 91（3）. See general-
ly Pernice（1998）.

210 欧宪法产生了严重影响……而且还要求许多国家采用特殊的宪法规定"。①
近来成为欧盟成员国的罗马尼亚，其宪法第 148 条就是这方面的一个例子。
该条规定：

（1）罗马尼亚加入欧盟宪法条约，由于要向共同体机构转让某些
权力以及与其他成员国共同行使此类条约所规定的职能，因此加入行为
应由参、众两院联席会议三分之二参议员和众议员的多数票所通过的法
律予以实施。

（2）加入后，欧盟的宪法条约以及其他强制性的共同体规则应根
据加入法案的有关规定优先于与之相反的国内法的规定。

（3）第 1 款和第 2 款的规定同样适用于加入对欧盟宪法条约进行
修改的法案的行为。

（4）罗马尼亚议会、总统、政府和司法机构应确保此类加入行为
和第 2 款的规定所产生的义务得到实施。

现在，像罗马尼亚这样的宪法规定在非洲宪法中还付诸阙如，这样的规
定必然会促进共同体法律的实施。肯尼亚 2005 年的宪法修正案第 3 条规定，
东共体法律构成肯尼亚法律的一部分。该修正案要不是在 2005 年 11 月的全
民公投中被否决，这一规定也许会改变东共体法律在肯尼亚法律体系中的地
位，它也许会成为非洲宪法中有关共同体法律在国内法律体系中地位的最为
重要的规定。肯尼亚 2010 年宪法没有出现这样的规定。不过，由于该宪法
211 第 2 条第 6 款规定肯尼亚批准的条约或公约是"肯尼亚法律的一部分"，这
样，许多东共体法律——包括《东共体条约》——现在都是肯尼亚法律体
系的一部分。

当然，欧盟现阶段发展对成员国提出的宪法要求，不同于非洲经济一体
化进程现阶段所适用的宪法要求。实际上，在欧洲，欧盟法律和国内宪法的
互动在 1992 年《马斯特里赫特条约》生效前并没有成为一个十分显著的问
题。② 现在，考虑现有的有关共同体法律和成员国法律互动的欧盟法，一个
潜在的成员国如果不对其宪法进行慎重审查并做出重大修改，它就不可能成
为欧盟的成员国。虽然非洲经济一体化进程仍处于早期发展阶段，但不可否

---

① Vereshchetin (1996), p. 31.
② Maus (1999), pp. 47 – 49.

认的是非洲国家对于共同体法律的态度仍然是摇摆不定。经过多年致力于经济一体化的发展，人们也许会认为非洲国内宪法对于这一问题本应做出重要的规定。

从历史看，非洲宪法曾经规定要求加强一体化进程，并对这一问题做出规定。非洲刚独立后的宪法前言都十分重视非洲的统一与团结。这些前言中也有一些明确的具有法律义务的要求，要求让渡国家主权以促进非洲团结。1960 年加纳共和国宪法第 13 条规定，"除了为加强非洲团结的理由外，加纳的独立不得被放弃或削弱"。该宪法第 2 条规定，"在为实现非洲国家或领土的联盟而需要让渡国家主权时"，加纳人民授予加纳议会"权力以对加纳主权的部分或全部让渡做出规定"。1958 年几内亚共和国宪法第 34 条规定，"本共和国可以和任何非洲国家缔结有关联盟或设立共同体以及为实现非洲团结涉及的主权部分或全部让渡的协议"。施韦布（Schwelb）还列举了其他非洲国家宪法中类似的规定。[①] 非洲统一组织成立的速度可以说明这些有助于培育非洲联合意识的宪法规定的重要性。

但具有讽刺意味的是，与这些国内宪法的规定不同，当 1963 年《非洲统一组织宪章》[②] 起草和非洲统一组织成立时，"所有成员国主权平等""不干涉国家内政"以及"尊重每一国家的主权、领土完整和其不可分割的独立存在"被奉为基本指导原则。[③] 非洲统一组织从没有考虑成为一个经济一体化组织，或至少没有对经济一体化议程做出明确规定。因此，非洲独立后的宪法可能对经济一体化进程特别是对共同体法律在成员国国内实施的影响还不确定。能够确定的是，这些宪法规定后来在许多非洲国家都进行过修改。不过，有几个非洲国家，它们都是非英语国家，仍然保留了有关为了促进非洲团结而让渡国家主权的规定。[④] 1999 年尼日尔共和国宪法第 133 条也许对这一问题规定得最为详尽。该条规定：

> 尼日尔共和国可与任何非洲国家缔结有关联盟或共同体的协议，通过让渡部分或全部主权以实现非洲团结。

---

① Schwelb（1960），pp. 640 - 642.

② Charter of the Organization of Africa Unity，25 May 1963，2 ILM 766.

③ Ibid.，art. III（1）（2）（3）.

④ Central Africa Republic Constitution，art. 70；Burkina Faso Constitution，art. 146；DR Congo Constitution，art. 217；Mali Constitution，art. 117；Senegal Constitution，art. 96；and Benin Constitution，art. 149.

尼日尔共和国可在互惠互利的基础上与其他国家缔结有关合作和联合的协议。

它愿意与这些国家设立共同管理、协调和自由合作的政府间组织。

这些组织可特别设定下列目标：经济、财政和货币政策的协调；设立致力于通过促进生产和交换实现经济一体化的联盟；司法事项的合作。

此类宪法规定大多从非洲宪法中消失的事实，可以很好地说明非洲国家为非洲经济一体化所承担的义务。实际上，近来通过的一部非洲宪法严重限制国家让渡主权的可能性——这是一体化的关键前提——以促进一体化进程。① 需要注意的是，这些很少关注经济一体化法律要求的宪法都是在1991年《非洲经济共同体条约》签署后通过的。

共同体法律和国内法律的互动并不是单向度的。由于共同体法律需要在国内层面实施，所以共同体在制定共同体法律时也必须考虑现有的国内法律。国内法律对于共同体法律在国内层面的有效实施十分重要。它也反映了这一事实，即共同体的成员资格仅仅需要让渡部分主权。共同体在制定法律时不应忽视仍在成员国权限范围内的领域。通过一些相应的规定，共同体条约承认国内宪法的存在，采纳了这些宪法认为合法的结论，并利用宪法程序来实施共同体法律。② 能够体现上述规定的一个领域就是有关给予条约或其他共同体法律以效力的规定。根据《西共体条约》第5条第2款，"每一成员国应根据其宪法程序，采取所有必要措施，以确保制定和颁布实施本条约规定必需的立法文本"。虽然《东南非共同市场条约》和《东共体条约》没有提到宪法程序，但这可以通过对有关规定的解读推断出来。③

共同体机构也可从现有的国内机构中吸取经验做出相应的安排。国家元首和政府首脑大会、部长理事会和共同体议会的组成就是吸取组成国内机构的经验。的确，《东共体条约》第1条将国家元首和政府首脑界定为"由成员国宪法指定作为此类人员的人"。同样，根据该条约第50条第2款（b）

---

① Gambia Constitution, art. 79 (2).

② 共同体条约在一则条款中似乎规定了成员国国内宪法。《东非共同体条约》第145条规定，"成员国可以退出共同体，规定：（a）成员国国会通过决议表决，不少于有权参与投票的所有成员的三分之二多数支持"。东非共同体成员国有自己的宪法条约，规定任何特定问题所需的投票数。

③ EAC Treaty, art. 8 (2); and COMESA Treaty, art. 5 (2).

项规定，如果成员国的某一个人"有资格根据其本国宪法被选举为该国议 214
会议员"，则此人也有资格被成员国议会选举为东共体议会的成员。

共同体法律有时也反映了国内宪法所蕴含的价值，特别是在有关人权、法治和民主方面。乍一看，这似乎是多此一举，因为这些价值都已蕴含在国内宪法中，至少是在纸面上如此。不过，事实并非如此。首先，在成员国国内遵守这些规定可以营造一个经济一体化繁荣发展所必需的民主和法治环境。其次，共同体法律又为检测成员国国内政府行为的合法性提供了另一道防火墙。这在成员国政府行为违反本国国内宪法所蕴含的价值时就变得十分重要。例如，在乌干达的卡塔巴兹诉乌干达总检察长案（Katabazi v. AG of Uganda）① 中，原告因叛国罪受到审判，乌干达高等法院给予他们保释。但武装安全人员包围了法院大楼，阻止执行保释命令。这些安全人员再次逮捕了原告，对他们进行重新拘押，并再次在军事法院对他们提起指控。即使在乌干达宪法法院下令释放这些原告后，他们仍未被释放。安全人员的行为被判定违反了《东共体条约》第 6 条（d）项所规定的法治原则。值得注意的是，乌干达共和国宪法也包含一个权利法案。

从上面可以显然看出，共同体法律和国内宪法之间的关系不仅仅涉及给予共同体法律以效力或如何解决二者之间的冲突这些问题。② 共同体法律还可能影响有关诸如民主、良治、法治和人权等此类事项的国内宪法价值。共同体条约确实包含了一些有关民主、尊重法治和人权的规定，作为指导原则。③ 这些原则有助于在国内层面进行宪法设计和解释。国内层面的宪政和经济一体化的有效性之间存在着强烈的积极互动。④ 共同体条约的此类规定有助于在共同体层面判定国内行为的合法性问题。

共同体法律和国内法律的互动也并不局限于国内宪法。宪法只是为接受 215
共同体法律提供了最初的平台。同样重要的还有国内的其他现行法律。通常，对于某些事项，共同体法律会尊重国内法律，或允许成员国不履行共同体的所有义务。东共体 2004 年《关税管理法》有超过 15 次提及成员国现行的国内法。尊重国内法十分重要。它承认成员国的国家主权，并允许法律

---

① Reference No. 1 of 2007（East African Court of Justice，2007）.
② Wouters（2000），pp. 25 – 27.
③ ECOWAS Treaty，art. 4（g）（j）；EAC Treaty，art. 3（3）（b），6（d），7（2）；COMESA Treaty，art. 6（e）（g）（h）.
④ Adewoye（1997）.

依据当地条件做出适当调整。但是，有时这可能会阻碍共同体法律的有效实施。根据西共体 1979 年《关于人员、居留和开业自由流通的议定书》第 4 条规定，成员国有权"拒绝那些根据其法律属于不可接受移民类别的共同体公民进入其领域内"。成员国的相关法律大都是在该议定书之前制定的，对这些国内法律的研究表明，这些国内法律通常与该议定书及其补充文件的文义和精神冲突，并且这些法律经常被用来排除共同体公民进入一国境内，而没有给出相应的解释或经过相应的审查程序。① 为应对这种因尊重国内法律而给共同体法律的有效实施带来的挑战，共同体必须在其立法过程中关注国内法律。它们也必须通过诸如年度报告这样的机制，持续关注国内法律的更改情况。这些措施将有助于避免共同体法律和国内法律之间的潜在冲突，并且有助于确保共同体法律规定的例外情况不会成为成员国拒绝给予共同体法律以效力的借口。

二　国内司法哲学和共同体法律

第五章的分析指出，作为一种机构，国内法院对于经济一体化十分重要。而形成其判决特别是有关涉及共同体法律的争议的判决的司法哲学，同样十分重要。司法哲学对于共同体法律的实施具有直接影响。在共同体法律还没被并入国内法或不能被直接适用的情况下，更是如此。司法哲学必须要适应经济一体化的目标和要求，但也受到有关司法权行使特别是有关外交政策的国内宪法的限制，它对于确保共同体法律在成员国国内的有效性意义重大。一国的对外经济关系或政策可能属于该国外交政策的范畴。法院在对此类关系或政策的指导方向进行干预或进行司法审查时须有所节制。但这并非否认司法部门可以在贸易政策中发挥关键作用。② 实际上，在适当情况下，特别是在涉及个人权利的情况下，司法干预，包括对此类关系或政策的指导方向提出批评，可能是十分恰当的。③ 除了对政府不利的经济一体化政策进行批评外，以经济一体化目标作为其重要考虑的司法哲学，也可能对法院在下列领域中采取的方法发挥重要影响：一致性的解释原则、对外国法的援引、外国法的司法识别及对外国法查明规则的适用。这些也可被用来增强共

① Adepoju, Boulton and Levin (2007), p. 11.
② Kufour (2008), pp. 110 - 113.
③ *Von Abo v. The Government of the Republic of South Africa* 2009 (2) SA 526.

同体法律在成员国国内的作用。

在一些非洲国家，国际法要想在国内法律体系中具有法律效力，需要履行一定的行政或议会程序。不过，通过法院给予一项条约包括共同体法律以国内效力，从法律上讲是可能的，即使该条约还没有被纳入国内法中。法院能否这么做的程度取决于相关法律的性质、政府针对该法律已采取的行为、现行法律的状况以及法院对分权原则所采取的方式。在非洲，法院在涉及人权的案件中援引未经并入的条约的情况屡见不鲜。在解释含义不明的法律规定时，非洲国内法院经常求助于未经并入的条约。

在陶诉检察总长案（Dow v. AG）① 中，原告对博茨瓦纳1984年《国籍法》的有关规定提出合宪性质疑，认为这些规定是歧视性的，侵犯了她的宪法权利和自由。这些规定从本质上看，剥夺了嫁给外国男人的博茨瓦纳妇女所生子女获得博茨瓦纳国籍的权利。博茨瓦纳高等法院在解释该法的相关规定时，援引了博茨瓦纳已经签署的《非洲统一组织非歧视公约》，以"增强"其解释的说服力。博茨瓦纳尚未批准该公约，法官对此也心知肚明。在上诉时，总检察长特别提及法院援引未经并入的条约的事实，但上诉法院肯定了一审法院援引未经并入的条约的行为。② 上诉法院判定，即使条约或公约在被议会给予其法律效力前，还不能授予本国的个人以可实施的权利，但它们仍可被用来协助对法律进行解释。在加纳，阿切尔（Archer）法官在新爱国党诉警察总监案（New Patriotic Party v. Inspector General of Police）③ 中指出，加纳还没有通过立法给予《非洲人权和民族权宪章》以效力的事实，并不意味着它不能在审判中被援引。④ 在肯尼亚，上诉法院曾经判定，即使肯尼亚遵守普通法的观点，即国际法只有在被明确纳入的情况下才成为国内法律的一部分，但目前有关普通法理论的思维是，国际习惯法和条约法"在不与现行国内法冲突的情况下，可被国内法院直接适用，即使并不存在

217

① 1991 BLR 233.

② AG v. Dow 1992 BLR 119.

③ ［1993－94］2 GLR 459 at 466. Compare Chihana v. Republic，MSCA Criminal Appeal No. 9 of 1992. 马拉维最高法院认为《联合国世界人权宣言》是马拉维法律的一部分，但《非洲人权和民族权宪章》不是马拉维法律的一部分，并补充说到，"马拉维可能是《非洲人权和民族权宪章》的签署国，这样做是出于尊重《非洲人权和民族权宪章》的规定。但直到马拉维采取立法措施通过该宪章之时，《非洲人权和民族权宪章》都不属于马拉维国内法的一部分。我们怀疑，在没有任何本地法律纳入《非洲人权和民族权宪章》的情况下，该宪章在我们的法院是否具有效力"。

④ Botha and Olivier（2004）.

明确的实施立法"。① 这种给予未经并入的条约以效力的司法哲学在其他领域也有所表现。在加纳，奥克兰（Ocran）法官在德尔马斯航空公司诉加纳基斯科产品有限公司案（Delmas America Africa Line Inc. v. Kisko Products Ghana Ltd）② 中就深受《联合国海洋运输公约》的影响。他发现该公约第5条有关承运人责任的规定"非常有用"，虽然当时该公约还没有被并入加纳法律中。在南非，南非最高上诉法院在德格里诉韦布案（De Gree v. Webb）中受到《跨国收养儿童保护和合作的海牙公约》中的原则的影响，虽然南非当时签署了这一公约，但国内还未实施这一公约。③ 同样，在罗格诉阿斯特拉尔有限公司案（Roger Parry v. Astral Operations Ltd）④ 中，南非劳动法院乐于根据欧盟《合同债务法律适用的罗马公约》第6条的"指导行事"。

218　　　所有这些案件表明，即使共同体法律还未被明确纳入国内法律，法院仍有可能给予它们以效力。这种做法应该得到鼓励。能在多大程度上采取这样的做法因案而异。这有时还要取决于律师吸引法院关注相关共同体法律的能力。正如下文将要讨论的，在许多刚出现的案例中，法院就是这么做的。

除了利用共同体法律作为解释的辅助手段以增强它们在成员国国内的有效性外，法院还可利用司法哲学，根据合法期望原则允许共同体法律授予个人权利。这一原则在许多普通法域包括非洲的普通法域的公法中得到普遍采纳。⑤ 合法期望作为一种原则出现，最初是为了确保程序公正和法律的确定性，但现在它之所以被广泛接受，是因为它能为个人创设实体性权利。在一些国家，该原则已被拓展适用于已被批准但尚未被纳入国内法律中的条约。⑥ 在非洲，有关这一问题的已决案例还鲜有所闻。

尼日利亚法院受理的阿巴查诉法威欣米案（Abacha v. Fawehinmi）⑦ 的判决意见表明，尼日利亚最高法院认可这样的观点，即未被纳入的条约可能

---

① *Rono v. Rono* ［2005］KLR 538 at 550.

② ［2005］SCGLR 75.

③ *De Gree v. Webb* 2007（5）SA 184. See also *K v. K* 1999（4）SA 691.

④ 2005（10）BLLR 989.

⑤ *Administrator, Transvaal v. Traub* 1989（4）SA 731 at 761；*Lisse v. The Minister of Health and Social Services* 2004 NR 107；and *Republic v. Kenya Revenue Authority, ex parte Aberdare Freight Services Ltd* ［2004］2 KLR 530 at 545 - 6. Forsyth（2006b）.

⑥ *Minister of Immigration and Ethnic Affairs v. Teoh*（1995）183 CLR 273. 虽然在随后澳大利亚的裁决中对 Teoh 有疑问，但裁决并没有被推翻。Kirby（2010）.

⑦ ［2000］6 NWLR 228.

会产生这样一种合理期望：政府将会遵守条约的规定。① 不过，在津巴布韦法院审理的民主改革运动党诉津巴布韦共和国总统案（Movement for Democratic Change v. The President of the Republic of Zimbabwe）② 中，法院否认了这种可能性。原告声称，虽然《南共体有关民主选举的原则和指导方针》（以下简称《南共体指导方针》）还未被纳入津巴布韦国内法中，但法院可根据合理期望原则判定《南共体指导方针》的规定与该案密切相关，并可在法院内得以适用。法院驳回了这一主张。法院认为，虽然津巴布韦政府批准了《南共体指导方针》，但根据津巴布韦法律，它还不能是权利和义务的直接来源。在法院看来，通过批准《南共体指导方针》，政府试图向国内和国际社会表明，它赞同该指导方针所确立的最低标准。实际上，法院也注意到在批准《南共体指导方针》后，津巴布韦政府"通过议会提议并引导通过了两项旨在根据《南共体指导方针》规范选举行为的具体立法"。但是，这并不能给予原告或津巴布韦的其他任何公民一项可以在国内法院得到执行的诉因。

当然，对于法院来说，这是一种正确的法律立场。不过，法院未能分析是否至少有一些程序性权利可以间接地依据《南共体指导方针》产生，对此应当提出批评。特别是，由于法院已经注意到在批准《南共体指导方针》后，津巴布韦政府通过议会提议并引导制定了两项旨在根据该指导方针规范选举行为的具体立法。国内法院在为基于因尚未被并入的共同体法律而产生的合法期望而做出的判决寻求理由时，必须要关注国内行政部门的行为——包括国际和国内层面的行为。相关共同体法律被批准或签署的事实、政府在就共同体法律进行谈判期间所做出的声明以及政府在签署共同体法律后就此类法律所采取的行为都可以作为相关的考虑因素。

非洲国内法院是否会帮助以及如何帮助实施共同体法律尚需拭目以待，特别是考虑到非洲国家政府一般都不愿通过纳入方式实施共同体法律这一事实。有趣的是，在此种背景下，利用合法期望原则和一致性解释原则给予共同体法律在国内以效力是往前迈进的重要一步。它可以向政府发出一个积极

① Ibid. at［12］-［13］，Ogundare JSC delivering the lead judgment, and subsequently Achike JSC cited with approval the Privy Council opinion in Higgs v. *Minister of National Security*［2000］2 WLR 1368 at 1375. 这意味着未被纳入的条约"……可能对法令的制定产生间接影响……或可能会引起公民的合法期望，即政府在其影响公民的行为中将遵守条约"，并补充道，"这代表的是法律的正确立场，不仅在英国，而且也包括尼日利亚"。

② HC 1291/05（High Court, Zimbabwe, 2007）.

220 和强烈的信号：共同体法律的价值不应仅仅停留在纸面上；它们可以在国内产生效果。这种司法观点可能会打消政府谈判并签署条约和其他共同体法律的念头，但这只是一种臆测，而且在任何情况下，与其拥有一个不具有任何效力的条约，还不如根本就不拥有这样的条约。

　　还有少数几个案件，法院依据共同体的目标或宗旨做出了判决。这些目标或宗旨本身并不是法律，但它们能影响法院的判决以及法院所提供的救济，从而促进经济一体化。在 R 诉奥博特案（R. v. Obert Sithembiso Chikane）① 中，斯威士兰法院判定，"在指控跨国犯罪的案件中，法院必须通过判决表达对南共体的不满：严重的跨国犯罪案件不应被容忍"。此外，在沙诉曼纽马拉案（Shah v. Manurama Ltd.）② 中，乌干达法院指出，在东部非洲，法院不能再机械地、僵硬地推定可以下令针对居所在东共体的原告提供费用担保。影响法院判决的一个因素是这样一个事实，即为实现《东共体条约》第 5 条所列举的共同体目标，需要制定相关政策和方案，以扩大并深化成员国之间在法律和司法事务方面的合作，实现互利。在共同体发展的现阶段，法院在做出判决时援引共同体的目标十分重要。因为在这样的发展阶段，还没有大量的共同体法律，而且国家消极地纳入共同体法律。通过关注共同体的目标，法院可以逐步改造救济方式或做出能最终强化一体化的判决。这一做法可以大有作为的领域包括来自其他非洲国家的判决的执行、对跨国商业的国内限制、移民劳工的权利以及外国人财产的待遇。

　　除援引共同体的目标外，国内法院有时还从共同体实体法律中寻求判决的依据。在安德森诉哈姆弗雷案（Friday Anderson Jumbe v. Humphrey Chimpando）③ 中，马拉维法院援引《南共体反腐败议定书》的规定以便为有关反腐败原则提供指导。在 S 诉赛克案（S v. Shaik）中，南非宪法法院引用了非盟《预防和打击腐败公约》中的一条规定，以证明腐败作为一种犯罪的严重性，以及它对重要的宪法价值带来的可能破坏。④ 在克劳瑞德电池公司诉维斯柯西提案（Chloride Batteries Ltd. v. Viscocity）⑤ 中，马拉维法院对

221 《东南非共同市场条约》第 55 条有关竞争的规定进行了司法识别，以发布

---

① Crim. Case No. 41/2000（High Court, Swaziland, 2003）.
② [2003] 1 East Afr. LR 294.
③ Constitutional Case Nos. 1 and 2 of 2005（High Court, Malawi, 2005）.
④ 2008（5）SA 354 at 384.
⑤ Civil Cause No. 1896 of 2006（High Court, Malawi 2006）.

禁令，禁止被告在马拉维销售被指控从肯尼亚进口的假冒电池。① 在霍夫曼诉南非航空公司案（Hoffman v. South African Airway）② 中，涉及的问题是南非航空公司拒绝雇佣艾滋病毒携带者作为客舱乘务员的做法是否合宪。南非宪法法院援引了 1997 年南共体《关于艾滋病毒/艾滋病和就业的行为准则》的有关规定。法院认可这一事实，即根据该准则，艾滋病毒携带者的身份不应成为影响就业、升职或调任的一个因素；不鼓励雇佣前进行艾滋病毒检测，并且也不要求进行强制性的工作场所的艾滋病毒检测。最后，在莱索托法院受理的莫丽菲诉独立选举委员会案（Molifi v. Independent Electoral Commission）③ 中，一位男性原告对某些指定的特定选区只为女性候选人保留的立法规定的合宪性提出质疑。法院发现可以用来驳回原告质疑的一个非常有用的国际法律文件就是 1997 年的南共体《性别和发展宣言》。

在上述许多案件中，法院并没有深入探讨它们所利用的共同体法律或目标。如果法院这么做的话，我们就能更好地了解法院对于共同体法律和经济一体化目标的看法。这样，也许人们也就能更好地预测将来根据共同体法律制定的法律文件能在多大程度上被国内法院接受，即使它们没有被纳入国内法中。尽管存在诸多限制，这些案件毕竟是迈出的重要第一步。它们表明律师和法官对共同体法律的存在和相关性存在一定程度的了解。随着时间的推移，这种了解有望转化为成员国更积极地与共同体法律的司法和立法互动。在推进这一做法时，学者和有关机构可以发挥重要作用。他们必将在未来一代律师和法官心中播下共同体法律的种子。可以通过开设有关非洲经济一体化的课程，或将共同体法律并入现有课程如国际法和商法课程中，来实现这一点。经济一体化的研究不应该仅仅局限于研究生。关注共同体法律发展的强有力的司法共同体，是确保共同体法律在成员国国内得到有效实施的最稳妥的途径之一。

从上面的论述中可以明显看出，除共同体法律已被直接纳入国内法中或被明确规定为国内法的一种渊源的情况外，合法期望原则、立法的解释应与国际法保持一致的原则以及通常允许法院援引外国法的司法哲学，也可被用来以给予共同体法律在成员国国内的效力。换句话说，它们可以提供一种未

222

---

① 条约第 55 条（1）规定：成员国同意禁止任何以否定自由贸易为目标的做法。为此，成员国同意禁止关于在共同市场中阻止、限制或扭曲竞争的承诺和联合行为的任何协定。

② 2001（1）SA 1.

③ Civil No. 11/05，CC：135/05（Court of Appeal，Lesotho，2005）.

被纳入国内法中的共同体法律得以在成员国国内实施的途径。这对于共同体和个人都有好处。当然，在缺乏明确的国内立法以实施共同体法律时，法院所能发挥的作用是有限的。法院会受到有关分权的宪法安排的束缚。法官和律师了解共同体法律以及愿意在审判和诉讼中利用它们的程度也同样重要。此外，法院的作用只有在涉及共同体法律的案件中以及在涉及共同体问题的法律争辩中才能发挥出来。当可能由于对共同体法律缺乏了解以及受到财力限制，存在在庭外解决争议或不愿在诉讼中援引共同体法律的文化时，法院也很难通过判例来促进共同体法律的实施。

三　国内法律文化和共同体法律

有关法律实施的分析，如果缺少对构成法律体系的机构、司法判例、制定法、宪法等"正式"组成因素之外的因素的作用进行评估，那将是不完整的。这些非正式的因素包括法律文化会影响法律实施。弗里德曼（Friedman）曾经强调，最好应将法律理解并且描述为作为社会力量产物的一种制度。社会力量影响了法律的发展、内容、实施和效力。① 和法律原则不同，法律文化——它是文化的一个方面，是人民的一种生活方式——很大程度上体现出不同国家的特性，具有多样化和演进性。② 实际上，不同法律部门的法律文化也可能是不一样的，即使是在同一国家的不同地方，法律文化也可能不一样。因此，讨论非洲法律文化，就如同存在一种同源的"非洲人"有关法律的生活方式，可能完全不准确或不恰当。

尽管存在上述提醒，非洲法律体系中仍然存在一些可能影响共同体法律实施的因素。这些因素包括法律制度的不完善特征、法律多元主义以及很少利用诉讼作为解决争议的手段。格里菲斯（Griffiths）将法律多元主义界定为"任何社会领域的一种生活状况，在这种状态中，行为要服从一个或多个法律秩序"。③ 按照这种界定，可以说大部分国家——如果不是所有的国家——都是多元的。在非洲比较独特的是，多元法律秩序的存在得到法律的认可，国家将建立在这些法律秩序之上的法律和行为予以合法化。④

---

① Friedman（1975）. 早些时候，弗里德曼将法律文化描述为"与法律有关的价值观和态度的网络"。请参考 Friedman（1969），第 34 页。对弗里德曼关于法律文化观念的批评，请参考 Cotterrell（1997）。

② Nelken（2004）.

③ Griffiths（1986），p. 2.

④ Ghana Constitution，art. 11；the Gambia Constitution，art. 7（e）(f)；and Constitution of the Republic of Malawi，art. 200.

非洲的法律多元主义为法律救济提供了多重法律制度和途径。在一些国家，实施习惯（和沙里阿）法的土著法院和国家法院同时存在。① 在其他一些国家，国家法院既实施习惯法也实施一般法。多重法律秩序的存在表明对人们的法律义务有多重的要求；一些人可能感到与习惯法联系更为紧密，一些人可能感到与一般法的联系更为紧密，其他人可能认为与共同体法律的联系更为紧密。共同体法律的制定和实施必须考虑这些因素。多元的法律传统可以适应特定的环境和问题。不过，也需要大量的国际私法制度来为外国投资者和经济交易提供保障。不幸的是，大多数非洲法律体系中的现有制度还很不完善，不能充分应对一体化的挑战。②

法律多元主义对非洲共同体法律实施以及经济一体化可能带来的负面影响不应被夸大。在许多非洲国家，法律多元主要存在于家庭、继承和财产法领域。商法领域，如合同、侵权、金融和保险等，主要由普遍适用的、统一的国家法来调整。在非洲经济一体化目前的发展阶段，家庭法和继承法可能与经济交易没有太大关系，但随着共同体开始对成员国内的"社会和文化"③ 事项进行一体化，这些领域的法律可能会日益重要。虽然非洲的习惯法规范有一定的相似性，但它们并非是一致的。④

当人们在共同体内自由移动并与遵守不同习惯法的人们形成人身关系时，就会产生有关习惯法的内容和适用的问题。如果共同体法律规定的权利不能被某一团体的习惯法认可，会出现什么情况？如果共同体法律和习惯法发生冲突，会出现什么情况？在此种情况下，共同体法律能优先适用吗？习惯法是否会被认为对于它的遵守者如此重要以至于它不应受共同体法律的影响？在此种情况下，传统的国际私法规范可以适用吗？当然，受习惯法调整的社会问题也可能产生经济后果，共同体不能对此漠然视之或摇摆不定。因此，

224

---

① Zimbabwe：Customary Law and Local Courts Act，Chapter 7：05.

② Oppong（2006d）.

③ See AEC Treaty，art 6（2）（f）（ii）. 该条规定在建立非洲经济共同体的最后阶段实现社会和文化领域的一体化。东共体旨在深化各成员国在社会和文化领域的合作。see EAC Treaty，art. 5（1）. 西共体希望在社会和文化领域采取共同政策。see ECOWAS Treaty，art. 3（2）（e）.

④ 阿比奥顿认为，"'非洲统一习惯法'将有助于非洲联盟提出的'非洲合众国（United African States）'项目的实施"。Abiodun（2007），p. 80. 历史上，也进行过类似的努力，即在伦敦大学东方和非洲学院阿洛特教授领导下所进行的非洲法重述项目，该项目最终无功而返。

欧盟在家庭法领域①进行立法而且目前还在进行遗嘱和继承②方面的立法，就一点也不令人感到奇怪了。在非洲，这些问题将来一定会得到解决，习惯法将成为一个十分棘手的因素。非洲大陆存在多样化的习惯法，而且它们大部分是口头约定的，这就进一步增加了问题的复杂性。这样，就没有可供"查阅"的书面法律，而是只有大量需要进行实地调研而不是待在图书馆里就能查到的法律。

但是，法律多元主义在财产法领域对经济一体化的影响更为直接，而且可能更为不利。财产转让和所有的多重法律制度以及习惯法对财产分割的限制，可能成为创业和从事商业活动的不利因素。③ 在加纳的土地法律制度中，既有习惯法也有国家法，这一直被认为是影响外国投资的一个重大障碍。④ 一般而言，非洲法律多元主义会给经济带来影响，因为它最终会增加企业为了解多重的法律渊源而产生的交易成本。有位学者也注意到法律多元是一种潜在的法律冲突的来源，这种状况也会损害商业的发展。⑤

另一个可能影响共同体法律实施的非洲法律文化的特征，是人们很少利用法律和诉讼作为解决争议的手段。弗里德曼曾认为，法律文化"决定着人们何时、因何、如何去求助法律或政府，或对其置之不理"。⑥ 非洲法律文化强调通过调解和非对抗方式解决争议。审判是为了解决争议进行的"引导性谈判"。⑦ 在大部分非洲国家，习惯法仲裁是一种解决争议的主要方式。在传统非洲社会，争议解决很少使用专业的法律人士。律师的产生，中立默然、置身事外的裁判者的出现以及他们在解决争议中的作用，看来都是殖民主义的产物。⑧ 非洲法律文化的这些特征对于共同体法律来说，可能会带来许多问题。

本书一如既往地强调法律、律师、诉讼和法院作为促进共同体法律在成员国国内发展的机制的重要性。当这些机制不能被经常使用时，就会产生问题。例如，西共体有关人员自由流动的议定书已在成员国国内实施30多年

---

① See Council Regulation (EC) No. 2201/2003 of Nov. 23, 2003. 该规则涉及婚姻事项和父母责任事项的管辖权与判决的承认与执行，并废除了第1347/2000号欧洲理事会规则。

② Proposal for a Regulation of the European Parliament and of the Council on Jurisdiction, Applicable Law, Recognition and Enforcement of Decisions and Authentic Instruments in Matters of Succession and the creation of a European Certificate of Succession, Brussels, 14 November 2009, COM (2009) 154 Final.

③ Akuffo (2009); and Yagba (1996).

④ Amponsah (2007), p. 122.

⑤ Schmid (2001).

⑥ Friedman (1969), p. 34.

⑦ Allott (1968a), p. 144.

⑧ Menski (2006), pp. 435 – 444.

了，但在说英语的成员国国内至今还没有一个既决判例涉及这一问题或援引了这些议定书。成员国国家边境经常被武断关闭，边境站也经常收取非法费用，并且有国民从成员国国内被驱逐出境，但就笔者所知，除一个案件外，所有这些问题没有一个在法院受到质疑。① 如前所述，虽然非洲经济一体化进程经历了这么多年，但国内法院对共同体法律的援引还凤毛麟角。实际上，在大多数非洲国家，法律报告本身就没有受到重视；此类报告常常落后于现有的判例，或根本就不存在此类报告。

上述状态在一定程度上反映了非洲的现实，这些不能全部归因于根深蒂固的、难以更改的文化偏见。非洲法律文化的历史分析表明，非洲人与法律有密切联系。这是由非洲人广泛参与立法过程以及司法程序大都在本地而非外地这样的事实造成的。② 此外，与现在的观念不同的是，在过去，非洲人被认为是"本性好诉，善于利用一切机会求助法律"。③ 阿洛特（Allot）认为，这一观点可以得到当时的司法数据的证明，但这可以被解释为当时人们可以容易地诉诸传统法院。用他的话来说，"司法场所不是一个奇怪的、禁止进入的地方；它更像一个足球场，每个人可以到此看热闹，并可提出自己的疑问"。④ 当然，今天情况不是这样。作为一种定纷止争的手段，许多非洲国家的司法机制对于很多人来说，还很难利用。造成这种情况的因素包括诉讼费用、贫困、司法和立法机构的难以接近、对法官主持公道的能力和独立性的不信任、政治的不稳定性以及司法过程的政治化、对个人权利的忽视以及较高的文盲率等。这些情况可以通过提供法律援助、教育、对司法程序的独立性和公正性的保障以及提高人们接近立法和司法机构的能力等方式予以解决。

从与共同体法律的实施相关的非洲法律文化中可以得出的一个重要事实，即习惯法与它在其内实施的社会紧紧联系在一起。换句话说，习惯法与社会－文化环境紧密相连；习惯法是从其所在的环境中自发演化而成，而非自上⑤施加而来。这种紧密联系是习惯法得以持续存在的基础，即使是对于那些国家（以及此前的殖民政权）试图施加统一法律的领域。这就表明，对于共同体立法和实施采取自上而下的方式并非一直恰当。在有些情况下，共同体

---

① *Afolabi Olajide v. Federal Republic of Nigeria*［2004］52 WRN 1.

② Allott（1968a），p. 135.

③ Allott（1968a），p. 147；and Blankenburg（1997）.

④ Allott（1968a），p. 147.

⑤ Menski（2006），p. 407.

应将立法和实施问题交由成员国进行，这样，政策就能实现本地化，而不会被看作是外部强加的，它也不会遭到人们的冷对。在这方面，东共体所采取的辅助性原则（principle of subsidiarity）就非常重要，这一原则强调的是在经济一体化过程中各类人群的多层次参与。①

第四节　结论

本章分析了共同体法律在非洲国家国内的实施。共同体条约对这一问题所采用的方法还有很多不确定之处。成员国未能全面实施它们在共同体层面应承担的义务。国内法律也没有系统论及共同体法律的实施问题。这可以从国内宪法和法院的判例中反映出来。在一些情况下，现有的宪法规定可能不利于共同体法律的有效实施。目前，共同体法律在成员国国内不享有任何有利的法律地位，它们和其他国际法享有同等待遇。共同体法律源于国际法，这一点不容否认。但是，共同体法律的有效实施应采取一种不同于将国际法纳入国内法律体系之中的方法。

经过多年的经济一体化后，成员国国内出现的上述有关共同体法律实施的状况很难令人理解。对共同体法律实施问题缺乏关注，导致共同体和国内法律体系之间的割裂，并阻碍经济一体化的发展。考虑到共同体发展的不同阶段——从自由贸易区到关税同盟、共同市场和经济共同体——共同体法律实施问题应该得到更多关注。随着经济一体化进程的发展，这一问题会日益重要；经济一体化发展得越深入，共同体和国内法律的互动就会变得越多。共同体和成员国必须提供更为复杂和精细的法律框架来调整二者的互动。成员国应分析由它们的法律和实施共同体法律的判例所带来的挑战，在必要时应修改法律或制定新的法律来应对这些挑战。成员国的这一任务是基于它们在共同体条约中承担的义务而形成的。根据条约，它们应为共同体的发展以及共同体目标的实现创造良好的条件。同时，应避免采取不利于共同体目标实现的一切措施。② 将缺乏政治意愿视为非洲经济一体化进程的一个主要障碍的这种传统解释，还不能自圆其说。本章的分析表明，即使政府有实施共同体法律的政治意愿，仍然存在一些严重的法律方面的限制，这些必须首先得到解决。

①　EAC Treaty, art. 7（1）（d）.

②　COMESA Treaty, art. 5（1）; EAC Treaty, art. 8（1）（a）（c）; and ECOWAS Treaty, art. 5（1）.

第八章

机构间关系：国际公法和国际私法的角度

第一节　引言

数世纪以来，国际私法一直被用来解决因不同法律体系的互动而产生的法律问题，它处理的是具有涉外因素的交易或法律请求所产生的问题。在国际关系发展频繁，跨国交易大量存在的环境下，国际私法问题十分常见。经济一体化就提供了这样的环境：它促使不同法律体系的互动，推动人员、商品、服务和资本的跨境流通，导致跨境经济活动的大量涌现。这些情况带来一些国际私法能够助力解决的问题。因此，完善的国际私法制度是经济一体化不可分割的组成部分。国际私法会影响人员、商品、服务和资本的自由流通，会影响共同体内的经济交易，所以，在任何经济一体化进程中，都需对此问题给予关注。经济一体化不会，也不能只是在实体性规则的基础上运行。解决跨境交易问题的程序性规则同样重要。这些规则在共同体和国内层面的争议解决中可能十分有用。换句话说，真正的一体化不仅应关注消除人员、商品、服务和资本流通的障碍，也应加强解决跨境争议的法律设施建设。完善的国际私法制度就是此类法律设施的重要方面。

国际私法提供了一种共同体内多重法律体系之间的纵向和横向关系能够得以组织和管理的方式。它在不同法律制度之间建立一种联系，而无须对这些法律制度进行统一。有关外国判决承认和执行的规则，允许给予外国司法行为以效力。国际民事程序规则使国家能够为跨国争议的顺利、有效解决携手合作。法律选择规则使当事人可以选择调整其交易的法律制度。这些规则

230 通常在经济一体化语境之外运行。但它们的真正根基存在于因不同国家居民的跨国活动所导致的法律体系的互动之中。正如富特（Foote）所评论的，"如果每一立法国家的社会都完全孤立，以至于组成该社会的个人只能与其同胞进行交流，则每一国家的法律将只能在其各自领域范围内实施，无法在其领域之外得到实施"。[①] 不同法律体系的人民之间的互动——这种情况在共同体的经济一体化中更为普遍——提供了国际私法存在的理由。

不过，正如第九章所要讨论的，国际私法在经济一体化中的用处并不局限于它对个别经济交易或跨国关系所产生的影响，它的原则对于共同体的机构如何彼此互动以及它们与国内机构之间的互动也十分重要。我将这一问题定性为机构间关系问题（inter‐institutional relational issues）。这些问题通常属国际公法的范围问题，或是相关机构之间的内部关系问题。但国际私法对于解决其中的一些问题仍然有用。实际上，越来越多的学者正在研究国际公法和国际私法问题的互动，包括国际机构之间的互动。[②] 机构间关系问题是本章的焦点。本章将通过国际公法‐国际私法原则的角度，来分析非洲的共同体机构彼此之间以及它们与国内机构之间是如何互动的。一些学者已经意识到国际私法在非洲经济一体化中的作用，虽然他们并没有进行深入探讨。[③] 他们关注的是国际私法是如何影响个别的经济交易活动的。本章将通过考察国际私法对于共同体的机构安排的重要性，从一个新的方向将这一讨论引向深入。

231

第二节　机构间关系问题

对《非洲经济共同体条约》及其他共同体宪法性条约框架下经济一体化的讨论，显然还缺乏对国际私法作用的关注。[④] 非洲国内法规忽视了有关判决承认与执行的互惠协议，而且非洲国家还没有谈判达成有关国际私法问题的任何国际公约。这种状况容易带来麻烦。正如第九章将要讨论的，非洲国际私法的不完善状况是构成跨国经济交易活动的一个重要路障。这种状况

---

① Foote (1904), p. 23.

② Mills (2006); Reed (2003), pp. 199-240; and Shany (2003).

③ Thompson (1990), pp. 99-100; Thompson and Mukisa (1994), p. 1454; Omorogbe (1993), p. 364; Ndulo (1993a), p. 111-112; and Ringo (1993).

④ Oppong (2006d).

会同样影响国际私法在解决机构间关系问题时效用的发挥。非洲经济一体化条约向来没有关注因共同体机构的框架所产生的潜在的国际私法问题，特别是共同体和国内机构可能进行互动的情况下。这可能会妨碍共同体机构的有效运作，破坏它们与国内机构之间的关系。有效的一体化需要有适当组织和管理，与这一主题一致，本节将分析国际私法是如何增强或限制共同体的一个机构即共同体法院的有效运作的。本节的观点是，国际私法规则虽然是为个别的跨境交易而设计的，但对它的关注可以增强机构的有效性。不过，正如本节将要揭示的，在机构间关系问题的语境下，这些规则可能并非完全适当。

一　共同体法院的仲裁——管辖权、法律选择和执行

东南非共同市场法院、东共体法院和西共体法院有权受理那些选择它们（不是以个人资格行事的个别法官）作为仲裁争议的机构的人员（共同体、共同体机构或个人）提交给它们的案件。① 南共体法院没有仲裁管辖权。审理此类争议的法官是作为法院而不是作为指定人的身份出现。仲裁管辖权被授予法院而不是个别法官。换句话说，当共同体法院仲裁争议时，它们是作为"仲裁法院"（court of arbitration）身份行使职责。② 法官并不是以个人资格履行职责，个别法官被指定作为仲裁法院的一员③就如同他们作为法院一员通过诉讼解决争议一样。正如在其他仲裁程序中的情况一样，当事人可以对仲裁程序保留一定的控制，例如，可以选择哪位法官作为仲裁员、④ 仲裁地点⑤以及所适用的法律。⑥

232

---

① EAC Treaty, art. 32；COMESA Treaty, art. 28；art. 16 of the ECOWAS Treaty establishes an Arbitration Tribunal of the Community. The status, composition, powers, procedure and other issues concerning the Arbitration Tribunal are to be set out in a Protocol relating to it. Until that time, art. 9 (5) of the ECOWAS Court Protocol provides that the court of justice should exercise the powers of the Tribunal. See generally Koh (1996).

② Rule 6 (1) of the Common Market for Eastern and Southern Africa Court of Justice Arbitration Rules 2002, online: www. comesa. int/institutions/court_ of _ justice/arbitration_ rules/ARBITRATION%20RULES/en (hereafter, COMESA Arbitration Rules).

③ COMESA Arbitration Rules, r. 6 (2).

④ COMESA Arbitration Rules, r. 6 (2).

⑤ Ibid. Rule 7.

⑥ Ibid. Rule 24.

作为对非洲传统优先争议解决方式的明显偏离,① 《非洲经济共同体条约》和《非洲司法法院议定书》② 都没有对非洲司法与人权法院（以下简称非洲司法法院）的仲裁管辖权做出规定。比较而言,将诉讼管辖权和仲裁管辖权规定在同一共同体法院内似乎是非洲的一个独特现象。③ 的确,这似乎是一种最近的现象。非洲第一代经济一体化条约都没有为各自的共同体法院规定这种双重管辖权。④

对于在条约中纳入此类双重管辖权条款的具体理由很难查明。条约没有对此做出解释,一些学术文献也没有论及这一问题。但可以推论的是,它们反映了在非洲对选择仲裁作为解决争议解决方式的一种偏好,⑤ 以及仲裁作为一种争议解决方式的普遍兴起,这是对现有实践的强化。⑥ 这也可能反映了人们希望为相关机构赋予更多职责——非洲司法法院就是此种趋势

---

① 在非洲大陆层面,对仲裁的偏好反应在作为非洲统一组织司法机构的调停、调解与仲裁委员会的设立上。非盟没有司法法院。Charter of the Organization of African Unity, 25 May 1963, 3 ILM 766; and Protocol on the Commission of Mediation, Conciliation and Arbitration, 21 July 1964, 3 ILM 1116 (hereafter, Protocol on the Commission of Mediation). 调停、调解与仲裁委员会的管辖权不是强制性的,它对只有国家之间的争端具有管辖权。See arts. XII – XIV of the Protocol on the Commission of Mediation. 1975 年《西共体条约》第 56 条试图通过成员方的直接同意友好解决争端,这是向共同体法院提及争端的前提。《西共体条约》第 76 条重复了这一规定,它适用于成员国之间就条约的解释或适用可能出现的任何争端。See also art. 40 of the Treaty for the Establishment of the Preferential Trade Area for Eastern and South African States, 21 December 1981, 21 ILM 479 (hereafter, PTA Treaty). 这些条款没有解决的一个主要问题是,所有成员国是否（或将会）受到争端国之间在条约解释问题上的和解结果的约束。For a commentary on the PTA Treaty, see Sinare (1989).

② Annexed to the protocol is the Statute of the African Court of Justice and Human Rights [hereafter Statute of the African Court of Justice].

③ 安第斯共同体法院、欧洲自由贸易区法院和加勒比共同体法院没有仲裁管辖权。但是,《加勒比法院协定》第 23 条规定,成员国提供适当的程序,"鼓励和促进采用仲裁和其他争端解决手段来解决国际商事纠纷",以确保遵守仲裁协议并承认和执行仲裁裁决。虽然非洲商法协调组织的司法与仲裁共同体法院并不能通过仲裁裁决案件,但是条约赋予了它对"私人"仲裁进行监督的管辖权。see OHADA Treaty, arts. 21 – 26.

④ ECOWAS Treaty, 1975; Treaty for East African Cooperation, 6 June 1967, 6 ILM 932; and PTA Treaty.

⑤ 一位作者指出,在大多数撒哈拉以南非洲国家,仲裁是"常态",但这主要是针对部落间争端和个人争端案件而言。作为解决国际商事纠纷的一种制度,仲裁是一种新近现象。Sempasa (1992), p. 407. See generally Chukwuemerie (2006).

⑥ 根据优惠贸易区条约规定,东南非国家优惠贸易区设立法庭和独立的商业仲裁中心,该仲裁中心负责促进私人商事纠纷的国际仲裁。目前,似乎东南非共同市场法院的双重管辖权与这两个机构的管辖权合并了。

的一种明显例子。历史上，也曾有人呼吁在非洲建立常设仲裁中心。① 实际上，东南非国家优惠贸易区较早就对此种呼吁做出了回应，它倡议在吉布提设立了优惠贸易区商事仲裁中心。这些有关双重管辖权的规定也可能是受《欧共体条约》的启发。但如下所述，它们的措辞和范围有明显不同。《欧共体条约》第 272 条将仲裁管辖权授予欧洲法院。不过，正如克雷格（Craig）和布卡尔（Burca）所正确评论的，《欧共体条约》第 238 条（现在的第 272 条）并不是为了使欧洲法院成为"通常意义上的仲裁员"。② 因此，可以说在非洲共同体法院的仲裁管辖权是一种创新，具有明显的非洲特色。

东南非共同市场法院、东共体法院和西共体法院的仲裁管辖权都涵盖了跨国争议和商事争议。实际上，下面所引用的《东共体条约》的规定明确提及"商事合同或协议"中的仲裁条款。

《东南非共同市场条约》第 28 条规定：

> 本法院有权审理和决定：（a）产生于合同中仲裁条款所涉及的事项，此类仲裁条款将共同市场或其任何机构作为当事一方的争议的管辖权授予本法院；以及（b）产生于成员国之间有关本条约的任何事项，如果此类争议根据相关成员国的特殊协议被提交给本法院。

《东共体条约》第 32 条的范围更为广泛，它规定：

> 本法院有权审理并决定：（a）产生于合同或协议中仲裁条款所涉及的任何事项，此类仲裁条款将共同体或其任何机构作为当事一方的争议的管辖权授予本法院；或（b）产生于成员国之间有关本条约的任何争议的事项，如果此类争议根据相关成员国之间的特殊协议被提交给本法院；或（c）产生于商事合同或协议中仲裁条款所涉及的任何事项，如果此类仲裁条款的当事人将管辖权授予本法院。

相比而言，《西共体条约》第 16 条的规定不太具体，它规定：

> 1. 依据本条约设立共同体仲裁法庭。

---

① Tiewul and Tsegah（1975），p. 418；and Sempasa（1992），p. 412.
② Craig and de Búrca（2003），p. 577.

2. 仲裁法庭的地位、组成、权力、程序和其他事项应在与此有关的议定书中作出规定。

目前，法院的仲裁管辖权很少被使用。东共体法院的书记官对这种状况深表遗憾，认为"虽然作为公断者的东共体法院与其他公断者相比具有很多优点，但还没有人指出它，也没有相关的任何争议被当事人提交给该法院通过仲裁解决。即使是三个成员国政府（肯尼亚、坦桑尼亚和乌干达）也没有利用法院提供的免费的仲裁服务，它们更愿意到法国和伦敦花费更高的仲裁费，而让自己创建的机构在那里顾影自怜"。[①] 在建筑设计公司诉东南非共同市场案（Building Design Enterprise v. Common Market for Eastern and Southern Africa）[②] 中，东南非共同市场法院作为仲裁法院审理该案。但是，当事人进行了和解，仲裁程序就没有继续进行下去。虽然这些共同体法院的仲裁管辖权目前很少得到使用，但是它们的重要性不容低估。它为个人提供了解决他们与共同体进行交易所产生的争议的平台。通过这种方式，为个人创造了积极参与经济一体化进程的机会。对于那些在非洲从事商务活动，希望寻求一个中立、快捷并能为当事人所控制的争议解决机构的人来说，仲裁管辖权显得非常有用。

实际上，共同体法院可以发展成为通过仲裁解决非洲间商事和政治争议的平台。仲裁管辖权通过提供非对抗性的争议解决方式，有助于确保共同体内和谐的国家间关系。这对于共同体的发展十分重要。和谐的国家间关系将使共同体能更好地关注经济一体化。非洲政府特别不愿意通过国际诉讼来解决争议。的确，正如前面所提到的，在所有提交给东南非共同市场法院、东共体法院、西共体法院和南共体法院的案件中，只有一个案件的当事双方都是非洲国家。[③] 看来，非洲政府更倾向于通过非对抗性方式解决争议。[④] 仲裁管辖权为国家间争议的友好解决过程注入了一定程度的规则导向。

虽然仲裁管辖权十分重要，并且具有明显的创新性，但条约中有关仲裁管辖权的规定过于简单，它们不能为共同体法院行使仲裁管辖权时提供有益

---

① Ruhangisa（2006）.

② Application No. 1 of 2002（COMESA Court of Justice, 2002）.

③ *Eritrea* v. *Ethiopia*［1999］LawAfrica LR 6.

④ 有关非洲独立国家间争端解决的首个大陆性的法律文件强调，"调停、调解和仲裁"是解决争端的方式。See Protocol on the Commicsion of Mediatiou, art. XIX.

的指导。① 为解决这一问题，东南非共同市场法院和东共体法院都制定了有关仲裁的详细规则。② 但仍有些复杂问题，这些规则没有涉及。如果这些问题得不到解决，它们就可能损害仲裁的效用。这些问题包括：经济一体化的目标或宗旨应在仲裁过程中发挥的作用；共同体法院行使双重管辖权的行政管理费用；法官履行双重职责的能力；当共同体法院行使仲裁管辖权时，它们是否会失去它们的"共同体"特性，成为私人的、国际性的、商事仲裁中心；以及在国际商事仲裁背景下发展出的原则可以在多大程度上适用于经济一体化背景下的仲裁。

236

从国际公法－国际私法的角度看，还会出现其他问题。首先，由什么样的实体法调整共同体法院内的仲裁程序？其次，共同体法院的仲裁程序是否应受制于仲裁地的法院的监督？当然，仲裁当事人可以选择所适用的法律。③ 在他们没有选择所适用的法律时，问题会变得更为棘手。对于争议的问题，法院应适用共同体法律、国际法、成员国的法律还是非成员国的法律？东南非共同市场法院和东共体法院的仲裁规则对这些问题做出了规定。《东共体仲裁规则》第6条规定：

> （1）本法院应依据当事人选择的法律解决争议。但是如果当事人有明确授权，本法院也可根据公平、正义观念解决争议实体问题，不受法律规则的约束。
>
> （2）所选择的某一特定国家的法律或法律制度应被解释为该国的实体法，而不是它的冲突规范，除非当事人有其他约定。
>
> （3）在当事人没有选择法律时，本法院应在考虑争议的所有情况后适用它认为适当的法律规则。
>
> （4）在所有情况下，本法院应根据特定合同的条款解决争议，并应考虑适用于特定交易的行业惯例。④

---

① EAC Treaty, art. 32; COMESA Treaty, art. 28; and ECOWAS Treaty, art. 16.

② East African Court of Justice Arbitration Rules 2002, online: www. eac. int/EACJ_ Arbitration_ Rules. pdf（hereafter, EAC Arbitration Rules）; and COMESA Arbitration Rules. 西非经济共同体似乎还没有这样的规定。

③ under article XXIX: 2. 调解委员会的议定书规定，双方可以具体规定仲裁庭所适用的法律。在没有适用法律的情况下，如果双方达成合意，法庭将根据双方缔结的条约、国际法、非洲统一组织宪章和联合国宪章等进行裁决。

④ 这条规则似乎是从1995年肯尼亚仲裁法第4章第29条借来的，其中也有类似措辞的条款。

237　　　《东南非共同市场仲裁规则》第 24 条则规定：

　　1. （a）本法院应适用当事人选择的适用于争议实体问题的法律。

　　（b）在当事人没有选择时，本法院应适用根据它认为适当的冲突规范所确定的法律。

　　2. 在当事人明确授权且仲裁程序所适用的法律允许此类仲裁的情况下，本法院可作为友好公断人或依据公平、善良原则解决争议。

　　3. 在所有情况下，本法院应根据合同条款并在考虑适用于交易的惯例后解决争议。①

　　这些条约规定或仲裁规则都没有涉及的一个问题是，共同体法院在行使仲裁管辖权时，共同体目标应在或能在多大程度上影响法律选择过程。这些规则都支持当事人意思自治。不过，对于当事人的法律选择是否应施加某种限制，这些规则都语焉不详。现在，一般都认为法律选择过程不是一个中立的或与利益无涉的过程，实体性和政策性考虑通常影响着或甚至强制性地决定着准据法的选择。② 共同体当然具有利益以确保共同体法律不会被在共同体内从事交易的当事人通过故意的法律选择协议进行规避。③ 欧共体法院审理的英格玛英国有限公司诉伊顿科技公司案（Ingmar GB Ltd. v. Eaton Leonard Technologies Inc.）④ 就是这方面的一个很好例子，该案表明了当事人如何可以通过选择准据法来规避共同体法律，以及如何通过司法手段防止当事人这么做。

　　英格玛英国有限公司（以下简称英格玛公司）是一家在英国成立的公司，伊顿科技公司（Eaton Leonard Technologies Inc. ,以下简称伊顿公司）是一家在加利福尼亚成立的公司。它们签订一项合同，根据合同，英格玛公司被指定为伊顿公司在英国的商业代理。该合同受加利福尼亚州的法律调整。238　该合同在 1996 年被终止。英格玛公司在英国提起诉讼，要求根据 1993 年《商业代理（委员会指令）规则》第 17 条获得因合同终止所导致的损害赔

---

① 这一部分似乎是从《联合国国际贸易法委员会国际商事仲裁示范法》第 28 条借来的，其中也有类似措辞的条款。《示范法》规定，除非另有说明，指定适用某一国家的法律或法律制度应认为是直接指该国的实体法而不是其法律冲突规范。

② Martinek（2007）；Roodt（2003）；and Brilmayer（1995）.

③ Wai（2002）.

④ *Ingmar GB Ltd. v. Eaton Leonard Technologies Inc.*，（C – 381/98）［2000］ECR I – 9305.

偿。该规则是为实施 1986 年 12 月 18 日欧洲经济共同体关于协调成员国有
关自行雇用商业代理的法律的第 86/653/EEC 号委员会指令而制定的。① 该
指令旨在对成员国的法律进行协调。

英国上诉法院请求欧洲法院做出先行裁定，并咨询在下列情况下该指令
第 17 条和第 18 条是否必须适用：商业代理人在成员国国内从事代理活动，
而委托人是一家在非成员国内设立的公司，而且当事人的合同条款规定合同
要受非成员国的法律支配。欧洲法院认为第 17 条和第 18 条的规定是强制性
的，它们是为了保护所有商业代理人在欧共体这一内部市场内有开业的自
由，不受扭曲的竞争的影响，这些规定必须在欧共体内得到遵守以实现
《欧共体条约》的目标。法院指出，在非成员国国内营业的委托人，如果其
商业代理人在欧共体内从事代理活动，它们就不能简单地通过法律选择条款
来规避这些规定，这对于维护共同体内的法律秩序十分重要。在欧洲法院看
来，这些规定所服务的目的要求在有关情形与共同体密切相关时，这些规定
必须得到适用，特别是当商业代理人在某一成员国领域内实施代理行为时，
而无须考虑当事人所约定的合同的准据法。

《东共体仲裁规则》第 6 条第 3 款为东共体的利益可以影响法律选择过
程提供了依据。在当事人没有选择所适用的法律时，法院"在考虑争议的
所有情况后可适用它认为适当的法律规则"。我认为东共体的利益就是其中
一个可能情况。即使没有此款规定，法院仍应该并且实际上有固有权力来保
护共同体的利益。它应拒绝承认会损害共同体基本目标或法律的法律选择协
议。除了作为一个解决争议的法院外，共同体法院还应把自己视为被授权通
过自己的判决服务经济一体化发展的发动机。

239

同样一个棘手的问题是，共同体法院在行使仲裁管辖权时是否应受制于
仲裁地法院的监督管辖权。当然，共同体法院无疑都设在某一特定国家。但
和其他仲裁机构不同，它们不受所在地的程序法律的支配，或至少目前这一
问题还没有定论。是否和国际商事仲裁一样，共同体法院内的仲裁程序应受
到共同体法院所在地的国内法院的监督，也没有定论。国内法院能否对共同
体法院行使监督管辖权？国内法院能限制共同体法院内的仲裁程序吗？国内
法院可以提供救济以协助共同体法院内的仲裁程序吗？将共同体法院内的仲
裁程序受制于国内法律和国内法院的监督管辖权，可能会破坏共同体和国内

---

① ［1986］OJ L382/17.

法律体系之间的平衡。在对《欧共体条约》第 238 条进行评论时，哈特利（Hartley）正确指出，"在许多国家，仲裁员的活动要服从法院的监督。当然，对于欧洲法院而言，这不应成为任何问题"。① 但在涉及非洲共同体法院时，这一问题还无定论，尚需澄清。

因共同体法院的仲裁管辖权所产生的另一个问题是其仲裁裁决的可执行性。正如下面将要分析的，根据规定，国内法院要执行共同体法院的判决。② 对于共同体法院的仲裁裁决，人们也希望使用同样的程序。③ 因此，我们必须考察有关外国仲裁裁决执行的国内法律，以分析共同体法院的仲裁裁决能否得到有效执行，以及国内法律可能会如何影响共同体和国内法律体系之间的关系。

240　　在非洲国家，对外国仲裁裁决的执行主要由国内成文法调整。④ 如果一项仲裁裁决不能根据成文法得到执行，它还可能通过普通法得到执行，⑤ 成文法大都是在互惠基础上执行外国仲裁裁决的。⑥ 截至 2010 年 9 月，有 31 个非洲国家是联合国《承认与执行外国仲裁裁决的纽约公约》（简称《纽约公约》）的成员国。⑦ 因此，在这些国家，《纽约公约》在承认与执行外国仲裁裁决方面发挥着重要作用。外国仲裁裁决的执行要遵守一定的限制。即使根据《纽约公约》，仲裁裁决的执行也应该"遵守裁决被请求执行地的程

---

① Hartley（2003），p. 443.

② EAC Treaty, art. 44；COMESA Treaty, art. 40；ECOWAS Court Protocol, art. 24；and SADC Tribunal Protocol, art. 32（1）（2）（3）.

③ 《东共体仲裁规则》第 27 条（3）规定，"仲裁裁决执行应符合国家的执行程序"。《东南非共同市场仲裁规则》第 22 条（1）也规定了"仲裁裁决应以判决的形式出现，并可根据《东南非共同市场条约》第 40 条的规定予以执行。

④ Kenya – Arbitration Act 1995, ss. 36 – 37；Zimbabwe – Arbitration Act 1996, First Schedule, arts. 35 – 36；Uganda – Arbitration and Conciliation Act 2000, ss. 39 – 47；Zambia – Arbitration Act, 2000, ss. 30 – 31；and Nigeria – Arbitration and Conciliation Act, 1990, ss. 51 – 52.

⑤ 除吉布提和卢旺达外，所有加入《承认和执行外国仲裁裁决的纽约公约》的非洲国家都对该公约做了保留，即该公约仅适用于承认和执行在另一缔约国领土内做出的仲裁裁决。

⑥ Fawcett and Carruthers（2008），pp. 652 – 654.

⑦ 10 June 1958, 330 UNTS 3（以下为《纽约公约》）。以下国家是《纽约公约》的缔约国：阿尔及利亚、贝宁、博茨瓦纳、布基纳法索、喀麦隆、中非共和国、科特迪瓦、吉布提、埃及、加蓬、加纳、几内亚、肯尼亚、莱索托、利比里亚、马达加斯加、马里、毛里塔尼亚、毛里求斯、摩洛哥、莫桑比克、尼日尔、尼日利亚、卢旺达、塞内加尔、南非、突尼斯、乌干达、坦桑尼亚联合共和国、赞比亚和津巴布韦。现在《纽约公约》有 38 个非洲成员国，后来加入该公约的非洲国家有：苏丹、佛得角、安哥拉、科摩罗、布隆迪、刚果（金）、圣多美和普林西比等。——译者注

序规则"。① 对于共同体法院仲裁裁决的执行同样重要的一个法律文件可能
还包括联合国国际贸易法委员会制定的《国际商事仲裁示范法》。② 该示范
法有关裁决执行的规定与《纽约公约》的规定十分相似。截至 2010 年 9
月，10 个非洲国家——埃及、肯尼亚、马达加斯加、毛里求斯、尼日利亚、
卢旺达、突尼斯、乌干达、赞比亚和津巴布韦——已根据该示范法制定了本
国的仲裁法。③

　　涉及外国仲裁裁决执行的一个经常出现的问题是，执行法院能够或可以
在多大程度上审查、撤销或修正一项仲裁裁决。非洲国家许多有关执行外国
仲裁裁决的立法都规定了这样的权力。例如，根据肯尼亚 1995 年《仲裁
法》第 35 条和第 36 条，法院可应一方当事人的请求或主动撤销或拒绝执行
一项仲裁裁决。对于共同体法院做出的仲裁裁决没有做出例外规定。换句话
说，来自东共体法院或东南非共同市场法院的仲裁裁决在肯尼亚被执行时，
并不享有任何特权。实际上，其他一些非洲国家也有同样的规定。④ 在经济
一体化背景下，就确保共同体－国家的纵向关系而言，这是一个非常重要的
问题。如果国内法院可以审查、撤销或修正共同体法院做出的仲裁裁决，这
就会破坏共同体和国内法院之间应该存在的纵向关系。总之，这种情况会损
害共同体仲裁程序的效能。

　　国内成文法中有关外国仲裁裁决执行的规定通常都纳入了国际公约中拒
绝执行裁决的理由。国际公约中规定的拒绝执行外国仲裁裁决的理由必须根
据"裁决做出地法律"或"根据仲裁进行地的法律"确定。⑤ 从关系的角
度来看，在经济一体化的背景下，这会产生两大难题。其一，如上所述，仲
裁裁决可能被拒绝承认与执行，这会导致共同体的司法行为——仲裁裁
决——在成员国国内被归于无效；其二，利用国内法而不是共同体法律可能
导致共同体的司法行为在某一成员国国内有效。依据不符合共同体法院所在
地的国内法律的规定，来拒绝执行共同体法院做出的仲裁裁决，会破坏纵向
的共同体－国家关系。例如，我们假设这样一个案例：肯尼亚高等法院拒绝

241

---

① Ibid. art. Ⅲ.

② 21 June 1985, 24 ILM 1302（hereafter, UNCITRAL Model Law）.

③ 南非 2017 年 12 月 20 日生效的《国际仲裁法》也是根据《国际商事仲裁示范法》制定
的。——译者注

④ Uganda：Arbitration and Conciliation Act, ss. 34.

⑤ See UNCITRAL Model Law, ss. 36（a）（i）（iv）（v）；and New York Arbitration Convention,
ss. Ⅴ（a）（d）（e）.

执行东共体法院做出的仲裁裁决，因为该法院没有遵守坦桑尼亚法律——东共体法院所在地的法律。这种状况表明，肯尼亚法院将另一成员国的法律效力置于东共体法院的司法行为的效力之上。

也许，为维护纵向的共同体－国家关系，对上述执行问题可以采取的一个解决办法是由共同体采纳《关于解决国家与他国国民间投资争议的华盛顿公约》（以下简称《华盛顿公约》）第 53 条和第 54 条那样的规定。① 根据该公约第 54 条第 1 款，每一缔约国有义务认可根据该公约做出的仲裁裁决具有约束力，并在其领域内执行该裁决所施加的金钱义务，就如同该裁决是该国法院的最终判决。该公约第 53 条规定：

> 仲裁裁决对当事方具有约束力，除本公约有所规定外，不得对裁决提出上诉或其他任何救济。每一缔约国应遵守裁决并履行裁决的条款，除非根据本公约的有关规定，裁决的执行被中止。

这一规定禁止国内法院修正或撤销解决投资争议国际中心做出的仲裁裁决。换句话说，对中心的仲裁裁决不存在外部审查机制。《华盛顿公约》有自己的内部的仲裁裁决审查机制。参加投资争议解决仲裁程序的当事方不能在国内法院提起撤销或审查仲裁裁决的诉讼，作为公约缔约国的一国国内法院有义务驳回此类诉讼。公约的这种独特安排对于确保中心仲裁裁决的终局性十分重要。相对于其他国际仲裁机构，公约的仲裁机制具有明显的优势。②

截至 2010 年 1 月，有 45 个非洲国家是《华盛顿公约》的成员国。③ 实际上，有些非洲国家已经制定了实施该公约的立法，如津巴布韦的《仲裁（国际投资）法》、赞比亚的《投资争议公约法》以及肯尼亚的《投资争议公约法》。④ 更为重要的是，与其他有关执行外国仲裁裁决的成文法相比，

---

① Convention on the Settlement of Investment Disputes between States and Nationals of other States, 18 March 1965, 575 UNTS 159.

② Schreuer (2001), pp. 1082 – 1084.

③ 最近，南非高等法院批评南非不是《华盛顿公约》的缔约国。See *Von Abo* v. *The Government of the Republic of South Africa* 2009 (2) SA 526.

④ See also Botswana – Settlement of Investment Disputes (Convention) Act No. 65 of 1970; Lesotho – Arbitration International Investment (Disputes) Act 23 of 1974; Malawi – Investment Disputes (Enforcement of Awards) Act 46 of 1966; and Nigeria – International Centre for Settlement of Investment Disputes (Enforcement of Awards) Decree No. 49 of 1967. For a survey of statutes implementing the ICSID Convention, see Asouzu (2001), pp. 370 – 378.

这些实施《华盛顿公约》的立法都没有规定被请求执行中心仲裁裁决的法院可以依据任何理由拒绝执行该裁决。与公约规定一致的是，这些立法都规定在当事方就中心裁决产生争议时，被请求执行的法院应中止执行程序，让当事方到中心解决争议。

如果非洲国家乐于给予一个远在美国华盛顿特区、并非自己创建的机构的仲裁裁决以优惠待遇，它们就应该更乐于或至少不会更犹豫给予自己在家门口创建的共同体法院（而且法院的法官也是它们自己选择的）的仲裁裁决以同样优惠的待遇。采纳与《华盛顿公约》第53条规定类似的国内立法或共同体立法，有助于确保共同体法院做出的仲裁裁决不会受制于成员国的国内法律规定，以至于会损害裁决的有效性或可执行性，或破坏纵向的共同体－国家关系。给予共同体法院做出的仲裁裁决以优惠待遇可能会提高个人选择共同体法院作为争议解决机构的机会。

另一值得注意的问题涉及国家和共同体机构在共同体法院仲裁程序中的地位。由于仲裁是合意的，国家或共同体机构就不可能提出共同体法院管辖豁免的主张，更不用说这种主张被接受了。但在执行裁决时，情况会有所不同。条约以及现有的共同体法院有关仲裁的规则还没有对这一问题做出规定。也许构成主权执行豁免原则基础的公共政策因素会得到支持，① 即使是对于经济一体化背景下共同体法院做出的仲裁裁决。和基于不符合国内法为由拒绝执行共同体法院做出的仲裁裁决不同，对可用来满足共同体仲裁裁决的财产范围的限制，并不会严重地影响共同体和国内法律体系之间关系的平衡。而且，共同体机构也可能对其位于成员国国内的财产享有执行豁免。比较而言，值得注意的是，在这方面，尽管人们试图解决投资争议国际中心的仲裁裁决独立于国内法律体系的问题，但《华盛顿公约》第55条仍然认可国家执行豁免这一原则。

总体来看，上述分析表明为有效实施共同体法院的仲裁管辖权，许多问题必须得到解决。这将确保仲裁管辖权有助于经济一体化的发展，而且避免在共同体和国内法律体系之间产生不必要的紧张关系。也许目前仲裁管辖权很少得到利用的这一事实，使得这些问题暂时还没有那样突出和紧迫。即便如此，这些问题也十分重要，而且会变得越来越重要，因为个人会越来越多地了解这一管辖权并利用它来解决争议。

---

① *Republic of Angola v. Springbok Investment Ltd.* 2005（2）BLR 159.

244　　二　国内法院对共同体法院判决的执行

近年来，地区性共同体和国际性法院呈现扩散化的趋势。目前，在非洲至少有四个比较活跃的共同体法院。国际性法院的扩散还伴随着个人在国际性法院内出庭的法律地位的提高。从历史上看，个人没有被给予在国际性法院内的出庭权利或仅有有限的出庭权利。① 在本节的分析中，个人包括所有的非国家实体，如自然人、公司、社团和非政府组织。传统观点认为，只有国家才是国际公法的主体。近来，个人也被给予在一些国际性法院提起诉讼的出庭资格。以前只有国家才有的权利已经经历了重大变化：个人现在也可以根据不同条约，针对国家、国际组织及其机构提起诉讼。②

给予个人诉讼权利，并没有在国际公法和国际私法范围内就个人如何能成功地执行国际性法院的判决做出明确的相应安排。当个人希望在某一国内法院申请执行国际性法院的判决时，更是如此。当针对共同体机构或国家做出对个人有利的金钱判决时，个人如何才能执行这样的判决呢？他是否应依赖共同体的善意？他能否依靠本国政府通过外交手段执行这样的判决？他可以在国内法院提起诉讼要求法院像执行外国法院判决一样执行该判决吗？对于下令共同体机构或国家采取一定行为的判决，如要求退还因违反共同体法律而被非法扣押的货物的命令，又该如何？这些都不是学术问题。在非洲，围绕着试图在不同国内法院执行南共体法院判决的发展——下面将要讨论的——以及在这一过程中所面临的难题，表明这些问题的解决不仅仅只具有理论意义。

245　　过去，曾有不同的机制被用于执行国际性法院的判决，包括利用国际性非司法机构、自助和外交谈判。一般而言，这些机制是在个人在国际性法院内没有出庭资格时设计出来的。③ 设计这些机制的理由是"执行国际性法院判决的职能是一项行政性职能，在通常情况下，应由具有行政权力的机构进

---

① Statute of the International Court of Justice, 26 June 1945, 59 Stat. 1055, art. 34（1）. 但是，回溯到 1907 年，个人在中美洲法庭有出庭权利。

② COMESA Treaty, art. 26; SADC Tribunal Protocol, art. 15（1）（2）; EAC Treaty, art. 30; ECOWAS Court Protocol, art. 10; Agreement Establishing the Caribbean Court of Justice, 14 February 2001, art. XXIV; and Statute of the Central American Court of Justice, art. 22（g）.

③ 这里并没有提到，这些机制在确保遵守国际法院裁决方面是无效的。Paulson（2004）; and Schulte（2004）.

行。无论如何，它是一种不同于司法事务的政治事务"。① 在罗西尼（Rosenne）看来，"在国际法中，裁判阶段与后裁判阶段的区分是整个司法解决理论的一个基本假定……这会导致这样的后果，即执行程序足以成为一种全新的由政治方式调整的争议"。② 这些评论表明，国际法并没有预设由国内法院直接执行国际性法院的判决，而是预设通过外交方式执行此类判决。就国家之间而言，这种权力导向的执行机制不会带来问题，但就个人与作为判决债务人的国家或国际机构之间而言，规则导向的执行机制的缺乏可能会带来诸多弊端。

在涉及这一领域的少数几个案例中，在涉及因国际性法院的判决受到直接或间接影响的个人时，国内法院一般不愿认可或执行国际性法院的判决。在索科贝尔希腊国家案（Socobel v. Greek State）③ 中，一家公司试图在比利时国内法院请求执行国际常设法院做出的判决。这一诉讼未能成功，因为公司不是实际上也不可能成为国际常设法院诉讼中的当事方。比利时法院认为，"一个从定义上来讲没有被接受为国际性法院俱乐部成员的当事方，能够依赖一个其不是当事方的案件的判决"，是难以想象的。④ 最近，美国最高法院裁定，国际性法院的判决不能像国内法一样在美国直接得到执行，而且因此不能优先于州的程序规则。⑤ 和索科贝尔案一样，这一诉讼是由个人提起的，他不是也不可能成为国际性法院诉讼程序中的当事方。如果这两个国际判决都是因受影响的个人直接提起诉讼而产生的结果，这两个判决的执行结果是否会有不同，还值得思考。

虽然国内法院不愿执行涉及个人的国际性法院的判决，但长期以来人们都已认识到，对于那些试图依赖或执行国际性法院判决的个人来说，外交保护无能为力，或者难以获取。因此，一些评论者倡议利用国内法院来执行国际性法院的判决。⑥ 魏斯曼（Reisman）就主张加强国内法院在执行国际性

246

---

① Hudson（1944），p. 128.

② Rosenne（1957），p. 102.

③ *Socobel* v. *Greek State*（1951）18 Int'l L. Rep. 3.

④ Ibid. at 5. See also *Committee of United States Citizens Living in Nicaragua* v. *Ronald Wilson Reagan* 859 F. 2d 929，934，938.

⑤ *Jose Ernesto Medellin* v. *Texas* 128 S. Ct 1346（2008）. But see *Hombre Sobrido* v. *The French State*，Judgment No. 266/2000（Court of Appeal of Saint Denis，2000）；and *Merce Pesca Co* v. *The French State*，Judgment No. 267/2000（Court of Appeal of Saint Denis，2000）. Both judgments are reported in（2000）4 *Yearbook of the International Tribunal of the Law of the Sea* 151 and 155.

⑥ O'Connell（1990）；Reilly and Ordonez（1995 – 1996）；and Alford（2003），pp. 715 – 731.

法院判决中的作用。① 他建议起草了《国际性法院判决执行议定书草案》。
该议定书的签署国应承诺"制定此类必要的国内立法，以要求国内法院或
法庭执行国际性判决以及根据此类判决产生的权利，而国内法院或法庭仅对
此类判决的真实性进行审查"。② 沙克特（Schachter）也在更早以前就指出，
让国内法院执行国际性裁决似乎有"充分理由"。③ 纳特威（Nantwi）也提
出利用国内法院执行国际性法院判决的可能性，并认为"任何特定案件的
特殊情况"可能需要这么做。④ 詹克斯（Jenks）也讨论了将特定国际性法
院判决作为外国法院判决对待并因此根据国内有关执行外国法院判决的程序
执行此类判决的可能性。⑤

　　这些建议现在有的已在条约中有所反映。⑥ 非洲的一些经济一体化条约
就含有试图利用国内法院执行各自共同体法院判决的规定。《东共体条约》
第 44 条规定，"向个人施加金钱义务的东共体法院判决的执行，应由执行
地成员国的现行有效的民事程序规则支配"。《西共体法院议定书》《东南非
共同市场条约》和《南共体法院议定书》中也有类似的规定。这些规定有
两个显著区别。⑦ 首先，《东共体条约》和《东南非共同市场条约》的规定
都提到施加了"金钱义务"的判决，而《西共体法院议定书》和《南共体
法院议定书》只是分别提及"任何判决"（any judgments）和"判决"
（judgment）。⑧ 对于在共同体法院提起诉讼的个人来说，这非常重要，因为
一些法院判决可能是非金钱性质的救济。此外，东南非共同市场和西共体内
的国内法院对执行此类共同体法院的判决具有自由裁量权。而根据《西共
体法院议定书》，执行应由指定的国内机构做出，是强制性的。

　　《非洲司法与人权法院规约》对于本法院判决的执行采用了一种不同的

---

① Reisman (1969), p. 25. See generally Charnovitz (2009).
② Reisman (1969), p. 27.
③ Schachter (1960), p. 13.
④ Nantwi (1966), p. 145.
⑤ Jenks (1964), pp. 681 – 682 and 706 – 715.
⑥ 必须指出的是，早在这些建议出现之前，欧盟运作条约第 299 条已经规定了采用国家法院
来执行国际判决——欧洲经济共同体欧洲委员会和理事会的裁决案例中可见。
⑦ SADC Tribunal Protocol, art. 32 (1) (2) (3); OHADA Treaty, art. 25; Agreement Establis-
hing the Caribbean Court of Justice, art 26; Statute of the Central American Court of Justice, art
39; and EU Treaty, art. 299.
⑧ COMESA Treaty, art. 40; ECOWAS Court Protocol, art. 24 (2); EAC Treaty, art. 44; and
SADC Tribunal Protocol, art. 32 (1)

方法。它并没有规定利用国内法院来执行它的判决。根据该规约第46条第3款，缔约国应"确保"判决的执行。对于不遵守该规定的情形，非洲司法与人权法院可将其提交给国家元首和政府首脑大会，由它决定采取何种措施使判决得以执行。根据《非洲经济共同体条约》，缔约国还负有一般义务"避免采取可能影响非洲经济共同体目标实现的措施"。① 考虑非洲以往执行国际性法院判决的经历，这样的规定被认为过于"天真"。②

试图通过国内有关执行外国法院判决的规则来执行共同体法院判决的规定，为共同体和国内法律体系之间的联系提供了一种方式。它们旨在将共同体和国内司法机构连接在一起，并为双方之间进行对话和合作提供了机会。应好好利用这一可以增强共同体和国内法律体系在各自次区域内联系的机会。对于个人来说，这些规定代表了国际法发展方向的积极变化。国际性法院内诉讼的后裁判阶段常被政治化。传统国际法执行机制中所固有的权力关系因素，会给作为判决债权人的个人带来严重不利。虽然通过国内法院执行国际性法院的判决有自己的挑战，但这种机制是规则导向的，并因此可以给个人带来好处。

248

直到最近，这种试图利用国内法院执行共同体法院判决的规定仍未受到检验，虽然现在已经出现一些案件，在这些案件中，共同体法院做出了有利于个人的金钱裁决。例如，在穆勒亚诉东南非共同市场案 [Muleya v. Common Market for Eastern and Southern Africa（No. 3）]③ 中，东南非共同市场法院针对被告发表的涉及原告的侮辱性言论做出了2000美元的损害赔偿判决。西共体法院也曾经做出有利于原告的10万美元的损害赔偿判决，原告是一名记者，被冈比亚政府非法拘押。④ 该法院还曾经做出一项有利于原告的10万西非法郎的损害赔偿判决，这名原告在尼日尔曾被判监禁。⑤

在2010年，津巴布韦和南非高等法院曾分别对两份要求登记并执行南

---

① AEC Treaty, art. 5.

② Naldi and Magliveras（1999），p. 614.

③ [2004] 1 East Afr. LR 173.

④ *Manneh* v. *The Gambia*，ECW/CCJ/JUD/03/08（ECOWAS Court of Justice，2008）.

⑤ *Mme Hadijatou Mani Koraou* v. *The Republic of Niger*，ECW/CCJ/JUD/06/08（ECOWAS Court of Justice，2008）.

共体法院判决的申请做出裁定。① 在坎贝尔诉津巴布韦共和国案 ［Mike Campbell (Pvt) Ltd. v. The Republic of Zimbabwe］② 中，原告认为津巴布韦的土地改革政策违反了《南共体条约》。南共体法院判定被告津巴布韦政府违反了《南共体条约》项下的义务，下令被告采取所有必要措施来保护原告对其土地的占有、所有和使用，并采取所有适当措施确保不会采取其他行为干涉原告安全地居留在其农场上。南共同法院接着命令被告向原告支付公正赔偿。原告请求在津巴布韦和南非执行这些命令。津巴布韦高等法院不愿对南共体法院的裁决进行登记。津巴布韦高等法院指出，执行南共体法院的判决一般并不违反津巴布韦的公共政策，因为津巴布韦有国际义务这么做。但在目前这一案件中，考虑承认和执行南共体法院判决的法定和实际后果，津巴布韦法院将拒绝对它进行登记。津巴布韦高等法院的理由是，从法律上讲，津巴布韦的土地改革计划是根据津巴布韦宪法进行的，其合宪性已得到津巴布韦最高法院的支持。从实际的角度来看，对南共同法院的判决进行登记将迫使津巴布韦政府做出违反议会立法的行为。此外，津巴布韦政府将不得不推翻2000年以来根据土地改革计划所进行的所有土地征收行为，这会牵一发而动全身。相反，南非高等法院在其简短的没有附带理由的判决中对南共体法院的判决进行了登记。津巴布韦和南非法院做出的相互矛盾的裁决表明，从共同体法院获得的判决的个人在试图执行这一判决时可能面临多么大的挑战。

三 利用国内法院执行共同体判决——挑战

在试图利用国内法院执行共同体法院判决时面临大量挑战。这些挑战如下：首先，现有的有关执行外国判决的普通法和成文法制度是否适于执行共同体法院判决？其次，如果这些制度适合，国内法院能对共同体法院判决进行审查吗？最后，利用国内民事诉讼程序规则能否为个人判决债权

---

① *Gramara (Pvt) Ltd. v. Government of the Republic of Zimbabwe*, HC 33/09 (Zimbabwe, High Court, 2010); and *Fick v. Government of the Republic of Zimbabwe*, Case No. 77881/2009 (North Gauteng High Court, South Africa, 2010). On the relationship between the SADC Tribunal and Zimbabwean courts, the Supreme Court has observed that the SADC Tribunal "enjoys no legal status in Zimbabwe" (*Commercial Farmers Union v. Minister of Lands and Rural Resettlement*, Judgment No. SC 31/10 (Supreme Court, Zimbabwe, 2010)).

② Case No. SADC (T) 2/2007 (SADC Tribunal, 2008). 全面考虑该案件和判决的背景，see Naldi (2009)。

人提供平等的或充分的保护？各国的民事诉讼程序规则都是不同的。如果这些挑战得不到解决，它们就可能剥夺个人所获得的判决利益，而且会破坏国内法院和共同体法院之间的关系。一般而言，考虑经济一体化的要求，现有的有关执行外国法院判决的国内制度不能轻率地适用于共同体判决。

共同体判决的有效执行需要对国内法律进行修改。例如，《东南非共同市场法院规则》第 41 条第 4 款规定，① 对不出庭证人所施加的惩罚应由国内法院根据《东南非共同市场条约》第 40 条的规定执行。但这在一些东南非共同市场成员国国内是不可能的。根据普通法和成文法，法院不会执行具有惩罚性质的判决。② 这样，这一规则的有效实施将取决于一些成员国法律的修改，虽然这一规则对于东南非共同市场内司法程序的进行非常重要。

利用国内法院执行共同体判决还会产生有关共同体和国内法院之间关系的宪法问题：当涉及共同体判决的执行时，对国内法院所具有的宪法授予的管辖权限存在哪些限制？国内法院可以审查、撤销或修正共同体判决吗？目前，这些问题似乎并无定论。虽然津巴布韦高等法院没有对南共体法院的判决进行审查，但它以执行南共体法院的判决会违反津巴布韦最高法院的裁决为由决定不执行该判决的做法，提供了一个国内法院依据国内法拒不执行共同体判决的具体例子。③ 虽然国内法院一般不会对外国法院判决进行审查，但这种审查的权限仍然存在，特别是外国法院判决涉嫌欺诈时。如果国内法院对共同体判决进行审查，就会破坏共同体内的司法活动，并导致共同体的法律制度要受制于不同的成员国的法律要求。当然，从另一方面来说，有人可能认为国内法院对共同体判决进行审查可以在一定程度上提高国际司法的可信度。不过，在经济一体化背景下，此种国内审查的不确定性影响可能远远大于可信度的好处。因此，此处的建议是，在经济一体化背景下，非洲的国内法院不应具有审查或推翻共同体判决的权力，此种权力应由共同体法院

250

---

① COMESA Legal Notice No. 6 of 2003, 8 April 2003, online: www. comesa. int/institutions/ court _ of_ justice/rules/view（a ccessed, Septenber 2010）.

② See e. g. Kenya – Foreign Judgment（Reciprocal Enforcement）Act, Cap 43, s. 3（b）; and Zimbabwe – Civil Matters（Mutual Assistance）Act 14 of 1995, s. 6（h）（ii）.

③ *Gramara*（Pvt）*Ltd.* v. *Government of the Republic of Zimbabwe*, HC 33109（Zimbabwe High Court, 2010）.

251　享有。① 另外，国内法院无权拒绝执行共同体判决。特别是当此种判决所适用的法律是其国内法时，如格拉马拉有限公司案〔Gramara（Pvt）Ltd〕② 那样。

第一个建议可以在国际法中找到支持。在霍茹夫工厂案（Chorzow Factory Case）③ 中，国际常设法院指出，国内法院无权推翻国际法院的判决。这两个建议也符合这一观点，即共同体法律制度不应受制于国内法律制度。当然，这两个建议可能冒犯了长期确立的国内法院执行外国判决的自由裁量权。它们也可能使司法部门成为最终的司法权力来源，这也对国内宪法提出了挑战。给予共同体判决这种特权地位需要对国内法律进行修改。在共同体层面，采纳这些规定将要求共同体法院承担更大的责任，以确保做出判决的程序的公正。这也有助于说明为何建议国内法院不应享有拒绝执行共同体判决的自由裁量权。

利用国内制度执行共同体判决的另一个挑战，是一些国内法律制度并没有规定非金钱判决的执行。但在经济一体化背景下，非金钱判决更可能成为共同体判决的主要部分。④ 在一些国家针对非金钱判决的执行出现了一些新动向。⑤ 南非目前正考虑有关执行非金钱判决的提案。除南非外，大部分非洲国家都还没有出现这样的动向。⑥ 在格拉马拉有限公司案⑦中，反对执行南共体法院判决的一个理由就是判决的有些部分需要采取行政措施，而且判决不是为了支付一定数量的金钱。津巴布韦高等法院认为，"根据某一特定外国判决所给予的特定救济来限制承认和执行程序的范围，会违反原则"。

252　换句话说，共同体法院判决没有给予金钱救济的这一单纯事实，不应自动导

---

① OMESA Treaty, art. 31（3）; EAC Treaty, art. 35（3）; SADC Tribunal Protocol, art. 26; ECOWAS Court Protocol, art. 25; and *Tokunbo Lijadu Oyemade* v. *Council of Ministers*, Suit No. ECW/CCJ/APP/02/08（ECOWAS Court of Justice, 2009）. See generally Brown（2007）, pp. 152 – 184.

② *Gramara*（Pvt）*Ltd*. v. *Government of the Republic of Zimbabwe*, HC 33109（Zimbabwe High Court, 2010）.

③ PCIJ Ser. A. , No. 17, 1928, p. 33.

④ 讨论国际法院做出的各种判决及其判决的执行，see Jenks（1964）, pp. 667 – 688。

⑤ Examples are Australia, New Zealand, Singapore, Canada and the European Community. See Oppong（2006a）, pp. 276 – 282; Oppong（2007a）; and Pitel（2007）.

⑥ See South African Law Reform Commission（2006）.

⑦ *Gramara*（Pvt）*Ltd*. v. *Government of the Republic of Zimbabwe*, HC 33109（Zimbabwe High Court, 2010）.

致国内法院驳回执行该判决的申请。考虑一些共同体法院的判决可能具有的非金钱性质，这是一个重要的判决。

大部分共同体判决针对的可能都是主权国家。这样，相关条约没有对主权国家在国内执行诉讼中的豁免做出规定就容易带来麻烦。国家通常对位于其境内和其他地方的财产享有执行豁免。① 因此，对于个人判决债权人提出的执行诉讼，国内法律的相关规定就显得极为重要。成功的执行豁免抗辩将剥夺个人根据共同体判决可能获得的权益。虽然现在的趋势是支持限制性豁免，但它仍然是一个难以克服的挑战。②

上述分析是以共同体条约中有关试图利用国内法院执行共同体判决的规定对国内法院具有约束力为假设做出的。但在缺乏实施共同体条约的国内立法时，特别是在二元论国家内，这会产生这些条约规定是否具有约束力的问题。③ 条约除非通过国内立法实施，否则在国内不具有约束力。在不存在国内立法时，法院无权给予这些条约规定以效力，并利用它们作为执行共同体判决的依据。从比较的角度看，这一问题似乎已得到《设立加勒比法院协议》第26条起草人的明确承认。因此，该条规定："缔约国同意采取所有必要措施包括制定立法以确保……本法院在行使其管辖权时所做出的任何判决、法令、命令或宣判，在缔约国任何领域内的所有法院和机构得到执行，就如同它们是缔约国最高法院的判决、法令、命令或宣判。"魏斯曼提议的《国际性法院判决执行议定书草案》也建议需要制定"国内立法"。不幸的是，非洲共同体没有意识到对这一问题制定国内立法的必要性，或至少它们没有对此做出明确规定。就笔者所知，还没有一个非洲国家制定过有关执行共同体判决的立法。

在格拉马拉有限公司案中，津巴布韦高等法院明确地指出，津巴布韦还没有采取任何具体的措施来使《南共体条约》或《南共同法院议定书》国内化。更具体而言，津巴布韦还没有采取任何立法或行政措施，来实施津巴布韦根据《南共体条约》第32条所承担的义务——该条规定要求利用国内

253

---

① See *Republic of Angola v. Springbok Investment Ltd.* 2005 （2） BLR 159；and *Emmanuel Bitwire v. The Republic of Zaire* ［1998］I Kampala LR 21.

② See generally Ostrander （2004）；Crawford （1981）.

③ 《东共体条约》是例外，肯尼亚、乌干达和坦桑尼亚都赋予它法律效力。See Tanzania – Treaty for the Establishment of East African Community Act 2001 （Act No. 4）；Kenya – Treaty for the Establishment of East African Community Act 2000 （Act No. 2）；and Uganda – East African Community Act 2002.

民事诉讼程序来执行南共体法院的判决——或将这些义务转化为可实施的国内立法中的具体规定。津巴布韦高等法院没有解决这一重要的前提问题，相反它却似乎错误地认为，津巴布韦受制于南共体法院的管辖权（根据它已批准条约的事实，从而在国际法中该条约对其有约束力）这一单纯事实，使它有权审理执行南共体法院判决的申请。虽然礼让原则提供了执行外国法院判决的依据，[①] 但它不能为国内法院提供执行共同体法院判决的依据。这一主张似乎没有说服力，因为有人可能会认为，无论何种机制调整另一国家司法机构的判决，它同样应该适用于代表许多国家行事的国际性法院这样的司法机构。但需要注意的是，共同体法院的判决在某种意义上就是国际法。国内法院通过行使执行此类判决的管辖权，并随后依据礼让原则而不是明确的国内立法来执行此类判决，它就会违反国内宪法中有关国际法并入的规定。

那些赋予国内法院管辖权以执行共同体判决并处理因行使该管辖权而产生的其他问题的立法十分重要。[②] 执行共同体判决会产生一些在执行外国法院判决时并不存在的问题。例如，和唯一来源在某一外国的外国法院判决不同，来自共同体法院的判决实际上可能是对被请求执行国的此前做出的判决的"重审"。通常，这将是一个与国内判决相冲突的判决，并因此不能得到执行。[③] 我们可以假设一下：在用尽当地救济后，一名当事人到共同体法院提起诉讼。[④] 他获得了一个与他所"用尽"的国内法院的判决相反的一个共同体判决。当他试图执行共同体判决时可能遇到巨大挑战。一方面，国内法院会犹豫是否会执行一个与它自己的判决相冲突的判决，而且特别是当第一份判决是由该国高一级法院做出时，更是如此。需要指出的是，目前在国内法院和共同体法院之间还不存在宪法规定的等级关系，共同体法院存在于国内司法结构之外。因此，在不存在相应的国内立法时，国内法院不受任何共

254

---

① Collins（2002）.

② See, e. g. UK － European Communities（Enforcement of Community Judgments）Order, SI 1972/1590; Ireland － European Communities（Enforcement of Community Judgments, Orders and Decisions）Order, SI 2007/121; and Malt － European Communities（Enforcement of Community Judgments）Order 2007, LN 387 of 2007. See generally Fawcett（1963）, pp. 63－65.

③ 有人提出了解决执行相互冲突的外国判决的各种办法。See Wolff（1962）, p. 263; *Showlag v. Mansour* ［1995］1 AC 431; BrusselsI Regulation, s. 34（4）; and American Law Institute（1971）, s. 114.

④ See e. g. COMESA Treaty, art. 26.

同体法院判决的约束，无论共同体法院如何高高在上。

另一方面，通过上面的例子可以看出，共同体判决原则上是对国内法院此前判决的重审。在一些国家，这会产生有关最终司法权力来源的宪法问题。① 例如，根据加纳共和国宪法第 125 条第 3 款，加纳的司法权力应授予司法部门，而且"总统和议会或总统和议会的任何部门和机构，都不应拥有或被授予最终的司法权力"。② 通常而言，这是传统的分权规定。不过，当在国际裁判及其对国家产生的效力这一语境下进行解读时，给予西共体法院在加纳以最终的司法权力是否合宪，尚值得探讨，即使这一权力仅限于某些特定事项。在加纳宪法没有明确规定共同体法律优先于国内法律时，把一些国家权力转让给共同体，或制定立法以调整此种情况下的执行问题，执行一项共同体判决就可能等同于违宪地把加纳法律制度置于共同体法律制度之下。③

上述分析表明，如同共同体仲裁裁决的情况一样，利用国内法院执行共同体判决还存在许多问题。迄今，还鲜有人对这些问题进行深思熟虑，更不用说要解决它们了。共同体的成员国应审视这些问题，并通过立法予以解决。共同体还需要注意确保其判决不会受制于不同的国内法律，这会造成共同体判决在不同成员国可能具有不同的效力。例如，就金钱判决而言，国内法可能对诸如时效、支付货币的汇率以及判决利息的计算方式等问题有不同的规定。的确，需要有详尽的、精心制定的共同体法律框架对共同体判决在成员国的执行做出规定。只是简单规定共同体判决的执行应受被请求执行地的成员国现行有效的民事程序规则支配，还远远不够。对于不执行共同体判决出现过不同的理由，包括国家主权、非洲国家间缺乏强烈的经济依赖性以及更愿意在诉讼地进行谈判的主张等。④ 利用国内法院执行共同体判决是否有助于个人克服或绕开这些主张，尚需拭目以待。

可以确定的是，现有的国内法律还不足以迎合共同体条约要求利用有关执行外国判决的国内民事程序规则来执行共同体法院判决的需要。本章第三

255

---

① Ku (2006).

② Constitution of the Republic of Sierra Leone 1991, art. 120; and Constitution of the Republic of South Africa, art. 165.

③ 美国也对《北美自由贸易协定》第 11 章法庭审查美国法院裁决的可能性提出了类似的关切。*Loewen Group Inc.* v. *United States*, 42 ILM 811; *Mondev International Ltd.* v. *United States*, 42 ILM 85; and Bekker (2004 – 2005).

④ Kufour (1996), pp. 6 – 11.

节第一部分提供了有关执行共同体法院判决的示范立法，它也许可以克服上面所提到的一些挑战。

四 共同体法院之间的管辖权冲突

最近几十年见证了国际性法院和共同体法院的扩散。这就产生了法院之间的管辖权冲突问题，以及它如何影响了司法程序的有效进行。当相同当事方之间的同一争议在两个或两个以上的法院提起时，就产生了管辖权冲突问题。① 非洲经济一体化的一个特征是共同体成员国的重叠性以及它们各自的法院所具有的潜在的管辖权重叠（overlapping jurisdictions）。② 管辖权的重叠产生于这样一个事实，即一些国家通常不只是共同体的成员国，并且共同体法院的事项管辖权（subject matter jurisdiction）基本是一样的，也就是说它们都是对通常具有同样措辞的共同体条约进行解释或适用。国家和个人对于同样的事项可能在两个或两个以上的共同体法院具有出庭资格。由于共同体法院的管辖权针对其他法院似乎并不具有排他性，就更是如此，这样，当事方就可能利用目前并不禁止的方式挑选法院。这种情况就可能导致管辖权冲突以及其他相关问题，如平行诉讼和相互冲突的判决。判决冲突问题应与管辖权冲突问题区分开来，判决冲突涉及的是相关法院就其所发展的原则和提供的救济而言在法理领域之间所产生的冲突，但这两个问题又密切相关。不同共同体法院所发展出来的不一致的原则可能鼓励挑选法院现象，并由此可能产生管辖权冲突。

国际性法院之间的管辖权冲突问题以及如何解决这一问题，不是一个"非洲问题"（African problem），③ 而且此种冲突也并非局限于非洲共同体法院之间。它们可能是非洲共同体法院和另一国际性法院之间的管辖权冲突。例如，《非洲司法和人权法院》第28条（d）项给予该法院"对任何国际法问题"的管辖权，这就可能与国际法院④和WTO争议解决机构的管辖权产生直接冲突。从原则上讲，两个非洲国家可以将产生于WTO协议（显然是"国际法"）下的贸易争议提交给非洲司法与人权法院。同样，共同体法院

256

---

① Shany（2003），pp. 24 – 28.

② Oduor（2005）；Pauwelyn（2004）；Kiplagat（1995 – 1996）；and Leal-Arcas（2007）.

③ Shany（2003）.

④ See Charter of the United Nations, 26 June 1945, 1 UNTS XVI, arts. 33 and 95; and Statute of the International Court of Justice, art. 36（2）.

和 WTO 争议解决机构有关国际贸易问题的管辖权之间也可能存在冲突。① 　257
欧盟和北美自贸区司法机构内的诉讼曾经是与 WTO 争议解决程序产生冲突
的丰富来源。② 另一种来源的冲突可能是在非洲地区性经济共同体和它们各
自的法院的法理之间。

　　与其他地方的发展相比，③ 非洲目前还没有相关条约规定以解决共同体
法院之间以及共同体法院和其他国际性法院之间的管辖权冲突。《南共体法
院议定书》第 17、18 和第 19 条授予该法院审理成员国和共同体之间、自然
人或法人与共同体之间以及共同体和其职员之间所有争议的专属管辖权。但
这还不够，因为这些规定看来没有禁止当事人到其他地方提起诉讼，即使随
后的法院可能会拒绝管辖。《非盟和地区性经济共同体之间关系议定书》
（以下简称《关系议定书》）④ 同样也没对这一问题做出规定，这种解决管
辖权冲突的条款的缺失会带来麻烦。在国际法中，国际性法院之间的管辖权
协调大部分不是法定的，而是要取决于个别法官的善意。⑤ 因此，对于面临
这一问题的非洲法官而言，还不存在确定的规则可资利用。一般而言，人们
可能会认为，为确保共同体法院之间的管辖权协调，《关系议定书》中应最
好纳入管辖权冲突解决条款。共同体法院之间的管辖权冲突可能会损害整个
非洲经济共同体法律体系的有效性。

　　以前东共体曾关注过管辖权冲突问题。《东非合作条约》⑥ 第 41 条第 1
款规定，"成员国应承诺不将涉及本条约解释或适用的争议提交给本条约所
规定的以外的任何争议解决机制，只要此类争议涉及或影响到共同市场"。　258
十分有趣的是，这一规定既没有出现在《东共体条约》中，也没有出现在

---

① 到目前为止，非洲已经很少参与 WTO 争端解决进程。这样做虽然会减少冲突，但并不能消
　除冲突。Mosoti（2006）；Alavi（2007）；and Jobodwana（2009）.
② Shany（2003），pp. 54 – 59.
③ EU Treaty, art. 292；Treaty Creating the Court of Justice of the Cartagena Agreement, 28 May
　1979, 18 ILM 1203（as amended by the Treaty Creating the Court of Justice of the Andean Commu-
　nity, 28 May 1996），art. 42（1）；NAFTA, art. 2005；and Olivos Protocol for the Settlement of
　Disputes inMercosur, 18 February 2002, 2251 UNTS A – 37341, 42 ILM2, art. 1（2）. 世贸组织
　是否会维护关于管辖权问题的选择性条款仍然未定。请参考墨西哥软饮和其他饮料的税收
　措施。See *Mexico – Tax Measures on Soft Drinks and other Beverages*（2006），WT/DS308/AB/R
　at［54］（Appellate Body）.
④ Online：www. afrimap. org/english/images/treaty/AU – RECs – Protocol. pdf.
⑤ Shany（2003），p. 109.
⑥ Treaty for East African Cooperation, 6 June 1967, 6 ILM 932.

设立东共体关税同盟和共同市场的两个议定书中。确实，考虑到共同体法院和国际性法院的扩散化趋势，采用此类条款正当其时。

在缺乏解决管辖权冲突的条款时，共同体法官也许不得不借助于国内法官在国际诉讼领域解决同样问题所适用的那些管辖权调整规则。在国际私法中，普通法的礼让原则、① 不方便法院原则、未决诉讼原则以及尊重当事人有关法院选择协议的意思自治原则都可以用来解决国内法院之间的管辖权冲突。② 它们也可以为共同体法院之间的管辖权冲突提供解决方案。实际上，一些基本规则如尊重当事人的法院选择协议、未决诉讼、既判力、权利滥用以及礼让都是国际习惯法或一般法律原则的一部分，共同体法院可以利用它们来解决管辖权冲突问题。西共体法院就曾经援用过其中一个原则。在乔克伍都鲁诉塞内加尔共和国案（Chukwudolue v. Republic of Senegal）③ 中，该法院以原告提交的文件中含有法院选择条款为由，宣称自己无权受理该案。该法院选择条款规定，有关争议应提交"海牙的世界法院（the World Court）或国际仲裁院"。乔克伍都鲁案肯定了国际私法原则在解决共同体法院之间管辖权冲突的重要性。不过，建议共同体法院在适用国际私法原则时，应优先考虑共同体的利益。考虑到经济一体化的性质和要求，影响共同体利益的争议应只能提交给共同体法院，或至少应优先考虑在共同体法院解决此类争议。④ 因此，在面对此类争议时，共同体法院应审慎拒绝行使管辖，或中止诉讼让当事人到另一法院诉讼。

259　　利用诸如礼让、不方便法院和未决诉讼此类的国际私法原则或一般法律原则来解决管辖权冲突问题，只是一种次好方案，更好的选择是在相关共同体条约中纳入明确的管辖权冲突或重叠条款。⑤ 共同体法院在面临管辖权冲突问题时，适用此类当事方在条约中明确同意的条款比类比适用国内法的规定，具有更为牢固和合法的基础。实际上，考虑到法律传统的差异，国内法中的这种类比在争议的当事方的法律体系中可能并不存在，而且它们几乎不能提升到国际法中一般法律原则的地位。根据上述分析，建议东南非共同市场、东共体、西共体和南共体修改其宪法性条约，以将下列条款纳入其中：

---

① Henckels（2008），pp. 594 – 596.
② Bell（2003）.
③ Judgment No. ECW/CCJ/APP/07/07（ECOWAS Court of Justice，2007）.
④ Shany（2003），pp. 211 – 212.
⑤ Pauwelyn and Salles（2009）.

1. 成员国承诺不将有关本条约或依据本条约制定的法律的解释或适用的争议提交给本条约所规定的以外的任何法院、仲裁庭或程序。

2. 违反第 1 款的规定是对共同体法律的违反，它使在外国法院被起诉的成员国有权获得赔偿。此种赔偿不应限于参加国外诉讼所产生的花费。

3. 在不损害上述规定的情况下，某一成员国违反第 1 款的规定在外国法院提起诉讼的事实，并不能阻止其他成员国援引本条约有关争议解决的规定。

五　共同体和国内法院之间的司法合作

非洲国内法院的一些案例揭示了它们与外国法院进行司法合作的一些情况。在这些案例中，对文书的域外送达以及外国证据的可采性等问题进行了分析。[①] 国际司法合作现在在涉外案件的审理中必不可少。一些非洲国家通过加入有关司法合作的国际条约来应对这一问题。有 4 个非洲国家——埃及、博茨瓦纳、马拉维和塞舌尔——是《民商事事项司法与司法外文书域外送达的海牙公约》（以下简称《海牙域外送达公约》）的成员国，[②] 有 2 个非洲国家即南非和塞舌尔是《民商事事项域外取证的海牙公约》（以下简称《海牙域外取证公约》）的成员国。[③] 非洲还有一些国内成文法涉及民事、刑事领域的司法合作。

目前，非洲还不存在地区性或大陆层面的司法合作公约，与外国法院在民事方面的司法合作是由国内成文法调整的。[④] 但这不能说与国际性法院的合作也是如此，特别是当它们也在行使"民事"管辖权时。[⑤] 当然，当非洲国家在制定这方面的大多数成文法时，非洲的国际性法院还非常少。随着共同体法院的出现，提供一个法律框架以调整共同体法院和国内法院之间以

260

---

① *Fonville v. Kelly* [2002] 1 East Afr. LR 71；*Willow Investment v. Mbomba Ntumba* [1997] TLR 47；*Microsoft Corp. v. Mitsumi Computer Garage Ltd* [2001] KLR 470；*Pastificio Lucio Garofalo SPA v. Security & Fire Equipment Co.* [2001] KLR 483；*Mashchinen Frommer GmbH v. Trisave Engineering & Machinery Supplies (Pty) Ltd.* 2003 (6) SA 69；and *Blanchard, Krasner & French v. Evans* 2004 (4) SA 427.

② 15 November 1965, 20 UST 361. 摩洛哥和突尼斯也是该公约的成员国。——译者注

③ 18 March 1970, 23 UST 2555. 摩洛哥也是该公约的成员国。——译者注

④ Kenya – Civil Procedure Act, Chapter 21, s. 55；Uganda – Foreign Tribunals Evidence Act, Chapter 10 and Civil Procedure Act, Chapter 71, s. 56.

⑤ See generally Shany (2007).

及也许共同体法院本身之间的司法合作，就显得尤为重要。正如罗西尼（Rosenne）所指出的，"司法机构的独立性原则使得国际性法院或法庭很难——如果不是不可能的话——做出决定直接向国内法院施加一项义务，除非国内立法对此有明确规定"。[①]

共同体法院和国内法院之间的司法合作可能会产生大量问题，而对这些问题目前尚未有明确的解决办法。国内法院是否有权协助共同体法院从成员国国内收集证据？国内法院有权协助共同体法院在其本国领域内向自然人或法人送达文书吗？此类合作的法律依据和程序是什么？这些法律依据和程序能为共同体层面的有效的司法活动提供充分的制度保障吗？如果同一争议正在国内法院审理，共同体法院会中止自己的程序吗？[②] 国内法院在与共同体法院进行合作时，所采用的程序能有助于实现共同体法律的有效性吗？

这些都是在有关非洲共同体法院的讨论中尚未被详细分析的重要问题。除津巴布韦的立法外，看来还没有任何立法明确规定了与国际性法院的司法合作。津巴布韦1995年《民事事项（相互协助）法》第3条第2款允许司法部部长将本法的规定扩展适用于"任何国际性法庭"。国际性法庭被界定为任何法院或法庭，它们根据国际条约或联合国大会的任何决议：（a）行使任何管辖权，或履行任何具有司法性质的职能，或行使仲裁、调解或调查的职能；或（b）为行使任何管辖权或履行任何此类职能被任命成立的，无论是临时的，还是长期的。这一定义十分宽泛，足以包含非洲的共同体法院。这一规定似乎在非洲民事领域的司法合作中首当其冲。[③] 但此项部长权力看来尚未针对任何国际性法院行使过。随着非洲共同体法院的扩散化，为了进行有效的司法活动，共同体法院和国内法院之间的司法合作的重要性，看来无论怎么强调都不为过。不幸的是，有关共同体法院的条约和立法还没有为共同体法院和国内法院之间在有关取证、传唤证人以及文书送达等领域的合作提供清晰的法律框架。[④] 似乎只有一个领域的司法合作得到明确认可

---

① Rosenne（2004），p. 66.

② *Richard Thomas Etheredge* v. *Minister of State for National Security Responsible for Lands*，*Land Reform and Resettlement*，Suit No. 3295/08（High Court，Zimbabwe，2008）；and Ebobrah and Nkhata（2010）.

③ 这一条款似乎是从其他国家引用过来的。United Kingdom － Evidence（Proceedings in Other Jurisdictions）Act 1975，s. 6（1）；and US Code，chapter 28，s. 1782（a）.

④ 《加勒比法院协议》第26条（a）项规定要求成员国政府颁布立法，以确保国内机构采取行动协助该法院。

并提供了相应的法律框架，即对共同体判决的承认和执行。当然，司法合作远非限于这一领域。共同体法院与国内法院进行合作十分必要，特别是考虑到共同体法院允许个人直接在其内提起诉讼，而且还有权对个人之间的争议进行仲裁，这种合作的需求就更为必要了。

共同体条约中缺乏有关国内法院与共同体法院之间司法合作的法律规定，在一定程度上可以通过共同体法院的程序规则得以补救。根据《东南非共同市场法院规则》第 74 条第 1 款（a）项规定，在该法院和国内法院受理的案件中，如果寻求的救济是同样的，提出了相同的解释问题，或对同一行为的有效性提出了质疑，则该法院可以主动或根据当事人的申请，中止本院的程序。此种程序的中止是共同体法院对国内法院的一种尊重，这可能会改善两个法院之间的关系。从国内法院的角度看，未决诉讼的存在是它们决定是否中止诉讼的一个重要考虑因素，但无论根据普通法还是成文法，它们仍有自由裁量权决定不这么做。①

根据 2008 年《东共体法院程序规则》第 27 条，② 该法院可能会请求国内法院向当事人送达通知。收到此类送达请求的国内法院应在收到该请求后，如同该通知是由其签发的那样而行事，然后将附有它自己的相关程序记录（如果有的话）的送达请求通知退回东共体法院。换句话说，国内法院在送达共同体法院的通知时有自由裁量权。当国内法院行使自由裁量权对此类通知置之不理时，会发生何种情况？该程序规则没有对此做出规定。《西共体法院规则》第 74 条第 1 款看来没有意识到利用国内法院送达文书的必要性。③ 该款规定，当该规则要求对某一当事人送达文书时，该法院的书记官应确保该送达要么通过附回执的挂号信形式寄送该当事人的地址，要么亲自将文书递送该当事人并签收。这种文书送达程序很可能被认为侵犯了国家主权。④ 绕过一国的相关机构包括其法院对该国公民行使管辖，很可能会引起该国的严重关切。此外，如果不利用国内法律程序，就不可能对不承认收

---

① Jammal v. Abdalla Hashem 1975（2）ALR Comm. 141；Owens v. Owens ［1959］ EA 909；Baldwin v. Baldwin ［1967］ RLR 289；Fattal v. Fattal ［1999－2000］ 1 GLR 331；Berrange NO v. Hassan 2009（2）A 339. 乌干达《民事诉讼法》第 71 章第 6 条规定，在外国法院进行的未决诉讼不影响乌干达法院对同一事项或同一事项的任何部分进行审理。

② Available at www. eac. int/rules－applicable. html.

③ Online：www. ecowascourt. org/site2. html. 《西共体法院规则》第 43 条第 5 款规定，召集证人的文书应送达当事人双方和证人，但并没有关于如何进行这项送达的规定。

④ 根据《西共体法院规则》第 99 条（a）项规定，法院将对司法协助请求采用书面补充规则。

到共同体法院司法文书的个人进行任何惩罚。

根据《东南非共同市场法院规则》第 41 条第 6、7 款，该法院可以下令由证人或专家经常居所地的司法机构对他们进行取证。该命令应根据程序规则规定的条件送达有管辖权的司法机构予以实施。[①] 根据第 41 条第 8 款，对于违反宣誓或缺席的证人或专家，成员国对他们采取的措施应如同这些行为发生在本国法院民事诉讼中一样。应共同体法院的请求，相关成员国法院应在其有管辖权的法院对这些违法者提出指控。这一规定很难与成员国的国内宪法协调，国内宪法把指控刑事违法行为的权力仅授予了总检察长。在缺乏立法时，在共同体法院内实施蔑视法庭或伪证行为很难在国内法院得到同样的对待和惩罚。[②]

上述分析表明，共同体法院认识到了其管辖权的局限性。它们试图通过与国内法院合作来克服这些局限。但它们似乎没有对现有国内法是否有助于推进这种合作给予审慎的考虑。为确保合作的有效进行，成员国应制定立法，以规范共同体法院和国内法院之间的合作。一个值得关注的特殊问题是，在决定是否应满足外国法院的请求时，国内法院是否应继续保留它们现在所享有的自由裁量权。下文提供了一个关于非洲国内法院和共同体法院之间司法合作的示范立法。在制定此类立法前，考虑到国内现有的民事程序规则，建议国内法院将共同体法院作为外国法院对待。不过，必须承认的是，在目前的形式下，国内立法对外国法院的界定通常是指外国国家的法院。[③]

第三节　有关共同体判决执行和司法合作的示范立法

前面的分析表明，国内法院对共同体法院判决的执行问题以及为确保共

[①]　COMESA Court Rules, Rule 41 (7) (a).

[②]　South Africa – Rome Statute of the International Criminal Court Act 2002, s. 37; United Kingdom – International Criminal Court Act 2001, s. 54; Scotland – International Criminal Court (Scotland) Act 2001, s. 4; and Ireland – International Criminal Court Act 2006, s. 11. In *George Lipimile* v. *Mpulungu Harbour Management*, Judgment No. 22 of 2008 (Zambian Supreme Court, 2008). 法院认为其有权对在法国蔑视法庭的人（本案例为赞比亚人）进行审判。但是，蔑视法庭的行为涉及赞比亚法院的一项命令，而不是法国法院的一项命令。

[③]　肯尼亚民事诉讼法第 21 章将外国法院定义为位于肯尼亚国家以外的法院，这些外国法院在肯尼亚无权力。1966 年坦桑尼亚民事诉讼法第 1 条和乌干达民事诉讼法第 71 章也有类似的定义。是否可以说东南非共同市场法院和东非共同体法院（二者没有一个在地理上位于肯尼亚或乌干达）在肯尼亚或乌干达具有权力，这是一个悬而未决的问题。东非共同体法院和东南非共同市场法院分别位于坦桑尼亚和赞比亚。

同体法院内司法活动的有效进行而在共同体法院和国内法院之间开展的司法合作问题，还没有受到人们的广泛重视。本节提供两项示范立法，旨在克服在这些领域所出现的挑战。

一　《共同体判决执行法》

1. 引用

本法可以被引用为《插入共同体名称判决执行法》。

2. 解释

"共同体"是指插入共同体名称。

"共同体法院"是指插入共同体法院或法庭名称。

"共同体判决"是指根据《东南非共同市场条约》第40条、《西共体条约》第24条、《东共体条约》第44条、《南共体法院程序规则》第32条，可被执行的任何决定、判决、命令或仲裁裁决。

"登记令"是指高等法院根据本法第3条第1款所下达的命令。

"条约"是指插入共同体条约名称。

3. 共同体判决的登记令

（1）高等法院应在收到有权执行共同体判决的当事人在任何时间提交的适当申请后，随即发出命令允许对共同体判决进行登记。

（2）向高等法院提交的登记令申请可不经预先通知而做出。

（3）登记令申请必须附有经认证的共同体判决书副本。

（4）如果共同体判决不是以插入高等法院所在地的官方语言做出，申请登记令的当事人应提交该判决的插入高等法院所在地的官方语言译本。译本须经公证员或其他有资格人员进行公证；或附有确认该译本准确性的书面证据。

（5）当登记令申请针对的是具有金钱性质的共同体判决时，该申请必须列明：

（a）判决债权人的姓名及其接受送达的地址。

（b）判决债务人的姓名及所知的营业地地址。

（c）判决尚未履行的金钱数量。

（6）如在提交登记令申请之日，共同体金钱判决的部分金额已支付，则登记令仅就尚未支付的金额做出。

265

4. 对登记令的异议

（1）登记令副本必须送达共同体判决所针对的每一个人。

（2）登记令必须列明申请登记的当事人的姓名和送达地址，而且必须附上共同体判决的副本。

（3）登记令还必须载明该命令所针对的人员有权在 28 天内申请更改、中止或撤销登记令。

266

（4）更改、中止或撤销登记令的申请应自登记令送达该命令所针对的人员之日起 28 天内提出，而且该申请应列明理由。

（5）登记令可因下列情况被更改、中止或撤销：

（a）共同体判决已得到全部或部分履行。

（b）申请人利用条约中规定的程序对共同体判决提出异议，而且实际上已采取这方面的实质性步骤。

（c）共同体法院已更改、中止或撤销共同体判决。

（6）登记令针对的人员必须在证据平衡性基础上向法院证明上述第 4条第 5 款的一个或多个理由存在。对共同体判决的更改、中止或撤销不存在其他理由。

（7）对于共同体的非金钱判决，高等法院可免除适用第 4 条第 1 款的送达要求，或指定一个比第 4 条第 3 款规定中更短的期间，以便登记令所针对的人员能够申请更改、中止或撤销登记令。

5. 不对实体进行审查

在根据本法所进行的程序中，高等法院不得对共同体判决的实体内容进行审查。

6. 共同体判决的登记

（1）登记令针对的人员根据第 4 条第 6 款不能向法院证明或未能成功根据第 4 条第 4 款申请更改、中止或撤销登记令时，高等法院应随即对判决进行登记并签发执行令。

（2）共同体的金钱判决应根据所载明的货币进行登记并予以执行。

7. 共同体判决登记的效力

（1）根据第 6 条第 1 款登记的共同体判决，为执行目的，自登记之日

267

起具有和高等法院做出的判决或命令同样的效力，并可根据高等法院执行其判决或命令的同样的程序得到执行。

（2）除非共同体判决另有规定，根据共同体判决支付的任何金钱应自

共同体判决做出之日起计算利息，利率应根据该判决如同高等法院做出的判决或命令那样确定。

（3）高等法院有权受理因非正常执行共同体判决所产生的投诉。

8．豁免

本法的任何规定不应被解释为减损了**插入国家名称**有关国家豁免或外国执行豁免的任何立法规定。

二　《与共同体法院司法合作法》

1．引用

该法可被引用为《与**插入共同体法院名称**司法合作法》。

2．解释

"共同体"是指**插入共同体名称**。

"共同体法院"是指**插入共同体法院或法庭名称**。

3．为共同体法院程序协助取证申请

当共同体法院向高等法院提出申请要求命令向位于**插入某州的名称**的人员取证，且该法院确信：

（1）该申请是根据**插入共同体条约名称**的规定行使管辖权的共同体法院做出的或以其名义做出的请求。

（2）所调取的与该申请有关的证据将用于已在共同体法院提起的程序或将要在该法院提起的程序时，该法院就应享有本法规定所授予的权力。

268

4．高等法院给予协助申请以效力的权力

（1）根据本条的规定，高等法院在收到根据第3条规定提交的申请时，有权发出取证的命令。这一命令可以要求特定人员采取法院为取证目的而认为适当的措施。

（2）在不损害第一款一般性规定但在遵守本节规定的情况下，本条规定中的取证命令可专门就下列事项做出规定：

（a）对证人的询问，可以采用口头和书面形式。

（b）文件的提交。

（c）对财产的检查、拍照、保全、保管或留置。

（3）根据本条发出的命令不应要求相关人员：

（a）说明哪些与程序相关的文件处于或曾处于他的占有、保管或控制之下。

（b）提交命令中所指明的、发出命令的法院认为在或可能在其占有、保管或控制下的特定文件之外的任何文件。

（c）提交正式文件。如果法院认为此类文件的提交或内容的披露或损害国家安全或公共利益。

（4）根据本条第 1 款的规定被要求参加取证程序的每一人员有权获得和在高等法院出庭的证人同样的津贴。

（5）根据本条规定发出的任何高等法院命令可按照该高等法院在诉讼程序中做出的其他命令的同样执行方式得到执行。

5. 证人的特权

不能根据第 4 条的命令强迫相关人员提交他在高等法院程序中不能被强制提交的证据。

6. 共同体文书的送达

（1）高等法院在收到有关送达的申请后有权做出命令向位于**插入国家名称**内的任何人送达共同体法院的任何文书。

（2）请求发出第 1 款规定中的命令的申请应向共同体法院的书记官或其指定的代表提出。

（3）为了使文书的送达根据本法的规定有效进行，应提交一份请求书以及两份将被送达的文书副本。如果文书是以**插入法院地的官方语言**以外的语言书写出，还应提交它们的相应译本。

（4）在不损害任何有关向特定人员进行送达的特定程序立法的情况下，根据第 1 款规定发出的命令进行的送达，应通过将文书正本或按照请求书所指明的文书的副本以及一份译本交给被送达人员的方式进行。

（5）在送达程序完成后，或送达未能成功进行时，送达官员应向高等法院提供一份自己做出的誓词，阐明他在何时、何地以及以何种方式完成送达或试图完成送达。

（6）高等法院的书记官应向共同体法院的书记官提交一份证明，证实文书或其副本已在证明中指定的时间、按照指定的方式送达给相关人员，或送达程序因指明的原因未能完成。

（7）高等法院书记官根据第 6 款签发的证明应加盖该法院印章。

7. 针对共同体法院司法活动的违法行为

（1）经**插入共同体法院名称**证实实施了针对共同体法院司法活动的任

何违法行为的人员，应根据**插入国家的名称**的法律按照针对高等法院实施的同样的国内违法行为受到处理。

（2）在不损害上述一般性规定的情况下，高等法院有权对在共同体法院内实施蔑视行为的人员进行审理和惩罚，即使**插入高等法院所在州的名称**的成文法没有对构成蔑视的行为或疏忽进行界定，而且没有规定相应的惩罚。 270

（3）根据本条规定被指控有违法行为的人员应缴纳不超过**插入数量**的罚金，或对其实施不超过**插入期间**的监禁。

（4）除非得到或经过总检察长的同意，才能根据本条规定对违法行为提出指控。

第四节　结论

本章分析了如何利用国际公法和国际私法规则来加强机构间关系。共同体机构的有效性可能会受到它们彼此间以及它们与国内机构之间关系的影响。本章认为，对重要的国际公法和国际私法问题的漠视，可能影响国内法院和共同体法院之间的关系以及相应地影响后者的有效性。非洲的共同体法律承认国内法院在增强共同体法院的有效运作方面可能发挥的作用。但是，共同体法律和国内法律很少关注现有的国内法律能否为实施这样的作用提供充分的法律框架。总体来看，国内法院之间利用国际私法原则彼此联系。对于共同体法院而言，还需考虑国际公法原则。现有的原则不可能被一股脑地或不加修正地接受为调整共同体法院和国内法院之间关系的法律框架。必须用专门的国内或共同体法律对它们进行补充。目前，共同体和国内法律的起草似乎都建立在这样一个不成文的假设之上：国际私法原则为共同体法院和国内法院之间的关系提供了充分的法律框架。本章揭示了与这一假设相关的困境，并提供了两份立法草案，专门用于解决所阐明的其中一些挑战。

第九章

国家间关系、经济交易和国际私法

第一节　引言

　　国家间关系问题是经济一体化的一个特征。地区经济共同体是在多重国家法律体系背景下运作的。共同体成员国之间的法律关系和共同体 – 国家关系一样，对于共同体的有效发展十分重要。此种关系直接影响到共同体内的经济交易。国家间关系具有社会 – 政治和经济维度，但从法律角度看，这种关系背景下会产生大量问题。一国的规范性行为能否在另一成员国国内得到承认与执行？① 对外国规范性行为的承认与执行是否会附加一定的条件？成员国是否具有共同的法律传统——普通法、大陆法、罗马 – 荷兰法等——这会对成员国间的关系产生何种影响？成员国间法律协调化的程度如何？法律协调化是否应作为一体化过程的一部分来实现？在没有实现法律协调化的情况下，有其他可以采用的方法或手段吗？法官在多大程度上会考虑对方的判例？这些都是非洲共同体可能面临的重要问题，特别是它们经历经济一体化的不同阶段时。

　　本章利用国际私法作为晴雨表来分析非洲国家彼此间联系的程度。经济一体化可以促进国家间的互动。这种互动提供了经济一体化力量的证据。一体化程度越深，这种互动也就更为强烈。换句话说，在国家间法律关系的强度和经济一体化进程的力量之间应存在积极的相互联系。选择国际私法作为晴雨表非常恰当。除国际公法以及更低程度的比较法外，没有其他部门法能

---

　　① 规范性行为是一成员国国内可以产生法律后果的行为，包括立法、法院判决、仲裁裁决以及行政行为，如公司登记。

比国际私法那样更适合调整国家间的法律关系了。本章将评析国际私法是如
何影响非洲经济一体化所带来的经济交易的。本章还对非洲国际私法的改革
提出了建议，以便它能更好地服务跨境经济交易的需要。本章与第四章有关
非洲法律协调化的部分互为补充。

第二节　共同体中国际私法的作用

国际私法关注的是一国之内具有涉外因素的请求或事项。国际私法的主
要作用是为了确保涉外关系中的当事人获得公正，① 此外，它在不同国家之
间还发挥调整的作用。国际私法可被用来调整进行跨境交易的当事人的行
为，以便实现经济共同体的目标。② 法律选择规范可被用以遵守共同体所设
定的标准，并通过禁止利用可能损害共同体目标的法律来保护共同体的利
益。有关外国判决执行的规则可被用以确保判决的更高程度的有效性。③ 换
句话说，国际私法可被用以管理国家间关系，并强化经济一体化所推动的经
济关系。④ 如果没有有效的国际私法制度，重要的共同体目标就不可能实
现。如果不关注国际私法的推动作用，人员、资本、货物和服务等这些要素
的有效自由流通就很难想象。实现要素的流通是非洲经济共同体所设定的目
标之一。⑤ 国际私法会影响任何旨在促进要素流通的经济共同体的运作。实
际上，正是独立的欧洲国家的个人之间的社会和商事关系，才为国际私法作
为一个部门法的出现和发展搭建了舞台。⑥

在经济共同体中，乃至在整个世界范围而言，国际私法可以成为多重

273

---

① Wai（2001），p. 187.

② Wai（2001）；Wai（2005）；Watt（2006）；Tzouganatous（1986）；Seck（1999）.

③ 意味深长的是，当前四项有关外国法院判决执行的国际公约都是由经济一体化组织带头推动
的。Inter – American Convention on the Extraterritorial Validity of Foreign Judgments and Arbitral A-
wards, 8 May 1979, 1439 UNTS I – 24392, 18 ILM 1224；Inter – American Convention on Jurisdic-
tion in the International Sphere for the Extraterritorial Validity of Foreign Judgments, 24 May 1984, 24
ILM 468；Brussels I Regulation；and the Lugano Convention on Jurisdiction and Enforcement of Judg-
ments in Civil and Commercial Matters, [2007] OJ L339/3（hereafter, Lugano Convention）. 到目前
为止，海牙国际私法会议制定一项全球性判决承认与执行公约的努力以失败告终。

④ Boggiano（2000），pp. 79 – 94；Siehr（2004）；and Hay, Lando and Rotunda（1986）.

⑤ AEC Treaty, art. 6（2）（f）（i）；COMESA Treaty, art. 84；EAC Treaty, art. 104；and ECOW-
AS Treaty, art. 55（1）（ii）.

⑥ Foote（1904），p. 23.

治理的工具。通过国家间法院的合作，一国的规范可以得到遵守，即使诉讼是在其境外提起。国际私法确实是确保跨境法律关系中秩序和稳定的重要力量。① 在联邦制国家——一种更为先进的经济一体化形式——在此类国家的某些法域，人们制定规则以确保联邦内法律的协调和统一，这种作用更为明显。② 在面临法律多元时，国际私法还提供了判决协调的途径。换句话说，无论法律传统多么复杂和多样，适用国际私法规则可以为从事跨境交易的个人带来某些安慰。实际上，这正是国际私法在经济一体化中作用的实质所在。经济一体化以国家边界拆除为前提，并推动这一进程。国际私法是建立在国家边界存在的基础之上，但它为跨境活动的管理提供了原则。

从政治的角度看，国际私法调整跨境活动的方法对于那些参与经济一体化却又希望保持自己独特法律传统和法律的国家来说，是非常合适的。③ 国际私法维护了国内法律体系的完整性。它为特定问题的解决指明了所适用的法律，但对于所适用的法律的内容没有丝毫的变动。这样的特征对于法律协调化也十分有用，因为它可以确保行政部门和立法部门对本国实体法的控制。非洲国家还处在经济一体化的早期阶段，它们十分关注主权，而且同样关注它们的法律传统观念是否会受到侵蚀。在这样的背景下，完善的国际私法制度可以为跨境交易提供法律稳定性，同时又能确保国内实体法不会经受根本改变。

不过，国际私法作为解决国家间关系问题和促进经济交易的工具的价值，不应蒙蔽我们的双眼，使我们忽略了它的局限。外国法的查明以及法院亲法院地法（pro lex fori）的倾向可能会给企业带来巨大代价。也许有人会认为，在一个一体化的经济中，亲法院地法的倾向如果表现过于极端的话，可能会被认为构成非关税贸易壁垒。国际私法为维护国内法律体系中的实体法的完整性所提供的保障，可能被其他共同体法律所削弱，这些共同体法律

※ 页边码：274

---

① Watt (2005)；Hay，Lando and Rotunda (1986) p. 168；and Drobnig (1966 - 1967).

② 加拿大和澳大利亚已见证了国际私法的宪法化过程。加拿大最高法院认为，国际私法在实现加拿大制宪者创建单一国家的意向方面发挥了重要作用。*Morguard Investments Ltd. v. De Savoye* ［1990］3 SCR 1077, 76 DLR (4th) 256；*Hunt v. T & N plc* ［1993］4 SCR 289, 109 DLR (4th) 16；*Tolofson v. Jensen* ［1994］3 SCR 1022, 120 DLR (4th) 289；*John Pfeiffer Ltd v. Rogerson* (2000) 203 CLR 503；Edinger (1995)；Walker (2003)；and Stellios (2005).

③ 但是，经济一体化的需求可能会促使不同的结果出现。一个典型事例就是英国国际私法的欧洲化。*Allianz SpA v. West Tankers Inc.* （C - 185/07）［2009］ECR I - 663；*Turner v. Grovit* （C - 159/02）［2004］ECR I - 3565；*Owusu v. Jackson* （C - 281/02）［2005］ECR I - 1383；Hartley (2005)；and Harris (2008).

可能会取代国内法律。

考虑国际私法在经济一体化中的重要性，世界许多地方将其作为经济一体化的重要组成部分的做法就一点也不令人惊讶了。① 在欧盟，一些机构和学者对国际私法问题给予了大量关注。自其成立时起，完善的国际私法制度就被认为可以在内部市场的创建和维护中发挥关键作用。② 美洲间国家组织是另一个将经济一体化作为其目标的组织。③ 该组织通过美洲间国际私法会议引导其成员国进行有关国际私法问题的谈判，并已通过了二十多项相关公约。④ 这些公约涉及不同问题，包括判决的承认与执行、合同的法律选择等。⑤ 近来美洲间国际私法会议的议题主要关注的是地区自由贸易议程。⑥ 南锥体共同市场（MERCOSUR）将"相关领域立法的协调化"作为强化一体化进程的关键。⑦ 国际私法已引起南锥体共同市场的注意，并且在这方面已取得了"令人印象深刻的"进步。⑧ 实际上，美洲有关国际私法问题的合作历史可以追溯至 19 世纪。早在 1928 年，美洲国家就通过了《泛美国际私法法典》，即著名的《布斯塔曼特法典》。

在这样的背景下，令人困惑的是，虽然非洲的经济一体化已进行数十年，但没有一个共同体将或曾将国际私法提上其议事日程。当然一些条约的规定可以解读为授权共同体采纳国际私法议题。《西共体条约》第 57 条第 1 款规定，成员国承诺"在司法和立法领域进行合作以对其司法和法律制度进行协调"。实施这一规定的模式就是在相关领域制定专门的议定书。目前，还没有制定此类议定书。《东共体条约》第 126 条也要求成员国"在共同体内推动法院判决的标准化"，而且"对涉及共同体的相关国内法律进行协调"。目前，东共体还没有根据这一规定对重要的国际私法议题做出安排。

---

① Casad（1981）; and Caffrey（1985）.

② See article 220 of the Treaty of Rone. 《民商事事项管辖权与判决承认和执行的公约（现在为规则）》正是《罗马条约》第 220 条的直接产物。

③ Charter of the Organization of American States, 30 April 1948, 119 UNTS 3, art. 42.

④ Juenger（1994）; Garro（1992）; Amado（1990－1991）; and Castro（1992）; O'Hop（1995）pp. 163－166.

⑤ Inter－American Convention on the Law Applicable to International Contracts, 17 March 1994, 33 ILM 732; and Inter－American Convention on Jurisdiction in the International Sphere for the Extra-territorial Validity of Foreign Judgments, 24 May 1984, 24 ILM 468.

⑥ Arroyo and Kleinheisterkamp（2002）, p. 254.

⑦ Asuncion Treaty, art. 1. See also Arroyo（2000）, pp. 157－163.

⑧ Arroyo（2000）, p. 172.

第三节　对非洲国家间法律关系强度的评估

一　通过国际私法的角度

如上所述，国际私法提供了测量国家彼此互动特别是通过诉讼方式互动
程度的晴雨表，它在不同的法律体系之间建立起联系，而无须对它们进行统
一化。由于国家间的相互联系日益紧密——这是经济一体化的结果——居民
之间的互动也更为频繁，从理论上讲，国际私法问题的数量也会越来越多，
解决这些问题的需求就会变得日益迫切。换句话说，这一理论意味着强有力
的经济一体化会促进跨境活动，这就会产生大量的争议，而这些争议的解决
需要运用国际私法原则。当然，国际私法只是法律体系得以互动的手段中的
一种。即使国际私法是唯一的一种手段，也不可能对这种互动做一种全景式
的精确描绘。许多跨境经济纠纷并没有被提交给法院，即使它们被提交给法
院，法院也可能忽视所涉及的国际私法问题。

非洲国家有关国际私法问题的彼此互动的程度，可以让我们了解它们是
如何关联的以及经济一体化的力量有多强。可以说，非洲内部大量的国际私
法案例（在这些案例中，涉外因素来自另一非洲国家）就是非洲国家之间
互动的证明。这些互动可能是跨境贸易或投资和人员流动的结果，所有这些
都是不同共同体所推动的。这种互动的证明可以体现为非洲国家的法院可以
在多大程度上对住所或居所位于彼此境内的当事人行使管辖，适用彼此的法
律，对彼此国内进行的司法程序提供协助，以及执行彼此法院的判决。对这
些问题的考察可以使我们了解非洲经济一体化的强度状况。

非洲人民推动非洲一体化已有 40 多年了。① 的确，非洲经济一体化的
动议可以回溯至 20 世纪前 10 年，当时成立了南部非洲关税同盟
（SACU），现在其成员国有博茨瓦纳、莱索托、纳米比亚、南非和斯威士
兰。那么非洲国家间产生的国际私法问题可以使我们了解非洲法律体系互
动的哪些方面呢？为回答这一问题，我对 13 个非洲英联邦国家的不同层
级法院在过去 10 年（1997～2007）做出的 350 多个国际私法判决进行了

---

① 非洲统一组织（现在的非盟）成立于 1963 年。Under art. 2（1）（a）of the Charter of the Or-
ganization of Africa Unity，25 May 1963，479 UNTS 39，2 ILM 766，该组织的主要目的是促进
非洲国家的统一和团结。

案例研究。① 这 10 年刚好是本书所分析的一些共同体出现的 10 年。从这些研究中可以发现，在这些案件中，只有不到 10% 的案件涉及非洲国家间的国际私法问题。②

从国际私法的角度看，执行外国法院判决也许是国家间关系的最好证明。有效的外国判决执行机制是任何可能取得显著成功的一体化倡议的重要组成部分。实际上，在联邦国家，宪法为判决的执行提供了基础。③ 目前，非洲国家似乎还没有认真考虑这一问题。从案例研究中，可以发现一些非洲国家法院拒绝承认和执行其他非洲国家法院做出的判决。这可能是因为判决来源国没有被请求承认和执行国有关对外国判决进行登记的成文法指定为受益国。在非洲英联邦国家，有关外国判决登记的成文法与普通法制度同时并存。根据成文法不适合登记的外国判决有可能根据普通法得到执行。在海恩斯诉德梅特里奥案（Heyns v. Demetriou）④ 中，马拉维法院指出，一份南非判决不能根据马拉维 1922 年的《英国和英联邦判决法》和《判决扩展法》进行登记。在斯威士兰巴克莱银行诉科赫案（Barclays Bank of Swaziland v. Koch）⑤ 中，博茨瓦纳法院认为，一份来自斯威士兰的判决不能根据博茨瓦纳的《判决（国际执行）法》⑥ 得到登记。

278

---

① 研究国别如下：博茨瓦纳、加纳、肯尼亚、莱索托、马拉维、纳米比亚、尼日利亚、南非、斯威士兰、坦桑尼亚、乌干达、赞比亚和津巴布韦。Oppong（2007b）；and Oppong（2008a）. 案例研究已更新至 2007 年后判决的案件。

② See, e. g. *Ssebaggala & Sons Electric Centre Ltd.* v. *Kenya National Shipping Line Ltd*［2000］LawAfr. LR 931（enforcement of judgment from Uganda）；*Willow Investment* v. *Mbomba Ntumba*［1997］TLR 47（enforcement of judgment from Zaire）；*Mtui* v. *Mtui* 2000（1）BLR 406（recognition of divorce decree from Tanzania）；*Molly Kiwanuka* v. *Samuel Muwanga*［1999］Swaziland High Court 13（maintenance of a child in Uganda）；and *Sello* v. *Sello*（No. 2）1999（2）BLR 104（order to return child in Lesotho to Botswana）.

③ Constitution of the Commonwealth of Australia, art. 118；and Constitution of the United States of America, art. 4（1）.

④ ［2001］Malawi High Court 52. See also *Willow Investment* v. *Mbomba Ntumba*［1997］TLR 47（the Tanzanian court refused to enforce a judgment from Zaire）；*SDV Transmi*（*Tanzania*）*Ltd.* v. MS STE Datco, Civil Application No. 97 of 2004（Court of Appeal, Tanzania, 2004）. 在该案中，坦桑尼亚上诉法院考虑到坦桑尼亚和刚果民主共和国不存在判决执行的互惠机制，做出了有利于上诉人的中止执行令。被上诉人是居所在刚果民主共和国的判决债权人，但在坦桑尼亚没有任何财产。

⑤ 1997 BLR 1294.

⑥ 案例研究范围之外的类似案件请参阅 *Italframe Ltd.* v. *Mediterranean Shipping Co.*［1986］KLR 54［judgment from Tanganyika（now Tanzania）denied registration in Kenya］；and *Re Lowenthal and Air France* 1966（2）ALR Comm. 301（judgment from Zambia denied registration in Kenya）.

需要提醒的是，博茨瓦纳、马拉维、南非和斯威士兰都是南共体的成员国。

这些来自非洲国家法院的判决被其他非洲国家法院拒绝登记的案例，反映了一个更为宽泛的问题，即根据有关外国判决登记的成文法，有很多非洲国家没有被指定为受益国。① 即使对于已被指定的国家，也只有来自该国特定法院通常是该国高级法院的判决，才能被登记。这一状况表明，非洲国家没有对这一经济一体化中相关的关系问题给予相应的关注。随着共同体的发展，这一状况可能会对共同体中经济交易带来影响。也许是因为非洲国家间判决执行的案例很少，才导致这一问题显得不是那么紧迫。但是，来自英国的判决——一些非洲国家的前宗主国——却更可能在非洲不同共同体的成员国国内得到登记，这对于非洲经济一体化来说，是一个极大的讽刺。

经过多年的经济一体化推动工作，这种状况令人担忧。一些非洲国家的成文法仍然拒绝对来自其他非洲国家的判决适用通过登记执行判决这一快速、简便程序。人们希望非洲政府"在决心推动非洲人民和非洲国家之间的统一、团结、凝聚和合作"时，② 能够使通过登记执行外国判决的程序适用于所有非洲判决。根据非洲国家现有的有关外国判决登记的成文法，行政部门指定哪些国家的判决可以从这一程序中受益。在所有共同体中，只是在279 东共体的创始成员国之间③——肯尼亚、坦桑尼亚和乌干达——判决才能在彼此国内得到登记。④ 当然，此处并不是主张来自一个非洲国家的判决应在

---

① 南非政权只指定纳米比亚。纳米比亚政权只指定南非。斯威士兰政权指定莱索托、博茨瓦纳、津巴布韦、赞比亚、桑给巴尔、马拉维、肯尼亚和坦桑尼亚。加纳政权只指定塞内加尔［see First Schedule of Foreign Judgments and Maintenance Orders（Reciprocal Enforcement）Instrument, 1993, LI 1575］。坦桑尼亚政权指定莱索托、博茨瓦纳、毛里求斯、赞比亚、塞舌尔、索马里、津巴布韦和斯威士兰（see Reciprocal Enforcement of Foreign Judgments Order, GN Nos. 8 & 9 of 1936）；肯尼亚政权指定马拉维、塞舌尔、坦桑尼亚、乌干达、赞比亚和卢旺达［Foreign Judgments（Reciprocal Enforcement）（Extension of Act）Order, sec. 2］.

② Constitutive Act, preamble.

③ 布隆迪和卢旺达最近成为了东非共同体成员国。Under Kenya's Foreign Judgments（Reciprocal Enforcement）（Extension of Act）Order, judgments from Rwanda can be registered. Thanawalla (1970).

④ See, e. g. *Ssebaggala & Sons Electric Centre Ltd.* v. *Kenya National Shipping Line Ltd.* ［2000］ LawAfr. LR 931；*Pioneer General Assurance Society Ltd.* v. *Zulfikarali Nimji Javer* ［2006］eKLR （Kenyan court registered judgments from Uganda）；*Société de Transports International Rwanda* v. *H. Abdi*, Civil Application No. NAI 298 of 1997（Court of Appeal, Kenya, 1997）（appeal against a decision setting aside the registration in Kenya of a Rwanda judgment）；and *Pioneer General Assurance Society Ltd.* v. *Zulfikarali Nimji Javer* ［2006］eKLR（payment of interest on a Ugandan judgment registered in Kenya）.

另一非洲国家内自动得到执行。实际上，可以基于一些合理的理由拒绝对某一非洲国家的判决进行登记。① 此处的观点是，有效的经济共同体应确保判决可以在其成员国国内很容易地得到执行。目前，在非洲，就通过登记执行外国判决而言，情况并非如此。

为对这一问题进行补救，建议每一个非洲国家应指定更多的其他非洲国家作为其成文法中通过登记执行外国判决程序的受益国。一种更为远大和长期的目标也许是缔结非洲外国判决执行公约。② 但是考虑非洲国家间判决执行案例的稀少、现有有关外国判决执行的国内法规定的相似性、国际公约谈判所面临的挑战以及针对国际私法问题的普遍矛盾心理，就短期而言，通过成文法指定更多非洲国家成为登记程序的受益国也许是唯一可行的选择。通过成文法进行指定是一种可以采纳的更为简易的手段，并且可以立即实施。就非洲判决执行公约进行谈判可能耗时长久。不过，通过借鉴欧盟和美洲国家组织的有益经验，也许会加速这一进程。

适用彼此国家的法律也是国家间关系的一种证明。礼让有时要求个人不得仅仅通过在另一国家提起诉讼或选择适用不同的法律，来规避某一外国的法律。在赫布斯特诉素立案（Herbst v. Surit）③ 中，津巴布韦法院拒绝执行一项根据合同自体法（在本案中是南非法律）是非法的合同。从案研究中可以看出，指定某一非洲国家法院的法院选择协议和选择某一非洲国家法律的法律选择协议，在有些案件中成为争论的焦点。法院一直乐于支持这些协议。在友谊集装箱生产公司诉科兹公司案（Friendship Container Manufacturing Ltd v. Mitchell Cotts Ltd）④ 中，肯尼亚法院支持了提单中所包含的授予南非法院管辖权的排他性法院选择协议。在巴罗斯中央金融公司诉乔康公司案（Barlows Central Finance Corp. Ltd. v. Joncon Ltd）⑤ 中，一份销售协议载明了选择南非法律和法院的条款，斯威士兰法院支持了法律选择条款，但拒绝执行法院选择协议。影响该法院做出后一决定的一个因素，是斯威士兰法律和南非法律在许多方面都是相同的。随着非洲经济一体化的加强以及跨境交易

280

---

① *Cairo Bank v. Mohamed Ali Bahaydar* 1966（1）ALR Comm. 33.

② Oppong（2007e），p. 704.

③ 1990（2）ZLR 269.

④ ［2001］East Afr. LR 338.

⑤ Case No. 2491/99（High Court, Swaziland, 1999）. *Afinta Financial Services（Pty）Limited v. Luke Malinga T/A Long Distance Transport*, Civ. Case No. 123/2001（High Court, Swaziland, 2001）.

的增多，适用其他非洲国家法律的问题就可能大量出现。对此，目前非洲国家总体上支持当事人意思自治以适用外国法的态度，就显得尤为重要。

在缺乏法律选择或法院选择协议时，法院会适用不同的标准，包括履行地以及真实和密切联系标准来确定管辖法院和准据法。在乔治娜诉东非内部航运公司案（Georgina Ngina v. Inter Freight East Africa Ltd.）[1] 中，当事人在卢旺达的基加利缔结一项合同，合同的履行地在肯尼亚。肯尼亚法院裁定自己对该案有管辖权。在罗格诉阿斯特拉尔公司案（Roger Parry v. Astral Operations Ltd.）[2] 中，争议的焦点问题是，在马拉维履行的一项雇佣合同应适用什么法律。南非法院驳回了被告的主张，即该合同应适用马拉维法律，因为马拉维是履行地。南非法院认为，该合同与南非有更为充分的联系，因此应适用南非法律。

当然，友谊集装箱生产公司案和巴罗斯中央金融公司案都不涉及另一非洲国家法律的直接适用问题，但法院支持当事人法律或法院选择的事实，将被最终证明对于非洲共同体内的经济交易至关重要。正如第四章所讨论的，除了非洲商法协调组织和东共体的动议外，看来还没有其他共同体在现在或不远的将来把成员国法律的协调提上自己的议程。在成员国之间不存在协调化的实体法律时，通过司法执行当事人的法律或法院选择协议就成为一种选择，个人可以利用这一方式选择其交易所适用的法律。当然这一选择也有很多限制。法院可能不会支持违反法院地强制性规范[3]或公共政策的法律选择协议的效力。一条粗糙的法律选择条款可能会使法院在判定当事人的意图时处于困难境地，这随之会影响法院执行这一条款的意愿。[4] 虽然存在这样的限制，这一选择仍然是个人今后长期必须接受的一种选择。

虽然非洲国家法院乐于支持选择非洲国家法律和法院的协议，但与选择非非洲国家法律和法院的协议相比，此类选择还比较少。[5] 当事人在其协议

281

---

① ［2006］e KLR.

② 2005（10）BLLR 989.

③ 2005（10）BLLR 989.

④ *Afinta Financial Services（Pty）Ltd. v. Luke Malinga T/A Long Distance Transport*, Civ. Case No. 123/2001（High Court, Swaziland, 2001）; and *Ekkehard Creutzburg v. Commercial Bank of Namibia*［2006］All SA 327.

⑤ *Raytheon Aircraft Credit Corp. v. Air Al – Faraj Ltd*［2005］2 KLR 47; and *Fonville. v. Kelly*［2002］1 East Afr. LR 71; *Valentine Investment Co. Ltd. v. Federal Republic of Germany*［2006］e KLR; and *Nika Fishing Co. Ltd. v. Lavinia Corp.*［2001］16 NWLR 556.

中很少选择非洲国家的法律和非洲国家的法院的事实表明，他们还认为非洲国家的法院和法律还不能处理涉及跨境交易的复杂问题。只有通过机构改革和增加司法部门的资源，包括人员培训等，才能改变人们对这一领域非洲法律体系缺乏能力的负面看法。

二　通过比较法的角度

比较法涉及的是对不同法律体系中规则运作的分析，从这一点来看，它与国际私法有一定的密切关系，它们关注的都是外国的法律体系，虽然角度不同。魏斯曼将它们之间的关系描述为"十分亲密"（intimate）。[①] 不过，比较法作为构建并加强国家间关系的一种手段的重要性，远远超出它与国际私法的密切性。在童柯（Tunc）看来，比较法可以是促进国家间和平的一种来源。[②] 不同国家间的和谐共存是经济一体化有效进行的重要条件。在第二章，笔者就主张以比较法形式出现的不同法律体系之间的法学交流，对于所有法律部门都是非常有用的。它可以被用于加强共同体内成员国之间的关系，协助法律的协调化。本节将利用国际私法来分析非洲国家间法学交流的状况。不过，此处的讨论也可同样适用于与非洲强化经济一体化有关的其他法律部门，如合同法、投资法和劳动法。

比较法以及外国材料的使用有助于丰富司法判决。对于国际私法学者而言，这被认为是在没有国际公约时实现法律协调化的一种途径。[③] 南部非洲提供了比较法如何协助法律协调化的很好范例。[④] 南部非洲法院的判决主要是南非法院的判决一直被其他南部非洲国家法院频繁援引。正如特巴特（Tebbutt）法官曾经评论的，"博茨瓦纳的共同法是罗马－荷兰法……博茨瓦纳法院为了使这种共同法适应当代的需要，它们从来不会犹豫考虑南非法院所采用的方法以及南非权威学者的著作"。[⑤] 这部分是因为南非和博茨瓦纳都有共同的法律传统——罗马－荷兰法，而且这一地区主要国家如南非、纳米比亚、博茨瓦纳和津巴布韦的法律报告（以及可获得的法律资料）相

---

① Reimann（2006），p. 1364.

② Tunc（1961）.

③ Forsyth（2005）.

④ *American Flag plc* v. *Great African T-shirt Corp.* 2000（1）*SA* 356；*and Bizy Holdings Ltd.* v. *Eso Management Ltd.* 2002（2）BLR 125.

⑤ *Silverston Ltd.* v. *Lobatse Clay Works* 1996 BLR 190 at 195.

对更新较快。

如上所述，非洲国家还没有对国际私法在非洲经济一体化中的重要性进行系统的分析，它们也没有考虑对共同体内的国际私法进行协调化。考虑到这种状况，可以利用共同体间的法学交流实现一定程度的法律协调化。实际上，作为南部非洲关税同盟、南共体和东南非共同市场成员国的各个罗马－荷兰法国家的法学之间有相当程度的协调，注意到这一点令人振奋。通过司法判决以及近来提倡的立法改革，罗马－荷兰法学同样也正与普通法相互融合。①

283   东共体和西共体内的普通法国家的法学同样具有高度的相似性。② 不过，和罗马－荷兰法国家不同，在它们之间并不存在频繁的法学交流。换句话说，普通法国家，特别是西部非洲的普通法国家，并没有在一定程度上相互援引彼此的判例。③ 它们法学中协调的根源在英国，它们都从英国移植了法律原则。从经济一体化的角度看，普通法国家的这种状况容易产生问题，不利于加强国家间关系。随着英国国际私法的日益欧洲化，导致教材中留给"传统规则"的篇幅越来越小，对此，非洲普通法国家需要使其说服性渊源的来源多样化。在这方面，南部非洲可能是一个很好的借鉴例子。在许多问题上，普通法和罗马－荷兰法存在融合。④ 确实，南非最高上诉法院最近做出的两个判决使得在国际事项管辖权问题上实现更高程度的融合更加明朗化。⑤ 这一领域是罗马－荷兰法和普通法分歧最大的领域。普通法和罗马－荷兰法传统的法官之间的交流，可能是通过司法推动非洲国际私法制度协调化的重要一步。通过研究，从两种法律传统中提取核心原则，也将有助于实

---

① Oppong (2008b)；and South African Law Reform Commission (2006).

② Ghana, Gambia, Kenya, Nigeria, Tanzania, Sierra Leone, Uganda.

③ But see *Eastern and Southern African Trade* v. *Hassan Basajjabalaba* [2007] Uganda Commercial Court 30. 对于法院选择协议对法院管辖权的影响，乌干达法院参考了两个案例：*Fonville* v. *Kelly* [2002] 1 East Afr. LR 71 和 *Tononoka Steels Ltd.* v. *East & Southern African Trade & Development Bank* [2002] 2 East Afr. LR 536。其中一个案例的判决指出，"这是一个来自兄弟国家的案例，具有一定的可比性。该案的判决虽然对乌干达的高等法院没有约束力，但具有很高的说服力。"法院遵循了该判决。《西非上诉法院法律报告》和《东非法律报告》（最近重新发行）分别对来自东非和西非普通法国家的案例进行报告，它们的消失可以部分说明这些地区法学交流的缺乏。

④ Kutner (1990).

⑤ *Richman* v. *Ben-Tovim* 2007（2）SA 283；and *Bid Industrial Holding* v. *Strang* 2008（3）SA 355.

现这一目标。

　　总之，需要通过使法学资料如判例法、成文法和学术评论更容易为人获取的方式，来加强共同体内的法学交流。案例研究表明，相邻两个国家的法院在面对同样的问题时，有时会得出不同的结论，通常是因为它们没有注意到另一国家的法院此前就该问题所做出的判决。[①] 可用涉及两类不同问题的两对案例来说明这一点。第一对案例涉及居所在东共体的原告在另一成员国国内提起诉讼时，是否应被下令就相关费用支付担保。在肯尼亚法院审理的智康医药公司诉史密斯克莱因医护公司案（Healthwise Pharmaceuticals Ltd. v. Smithkline Beecham Consumer Healthcare Ltd.）[②] 中，法院驳回了原告的主张，即它的居所在东共体，因此，被告可以毫不费力地追回法院可能判决的任何费用。但在乌干达法院审理的沙诉曼纽拉马拉案（Shah v. Manuranma Ltd.）[③] 中，法院指出，考虑到东共体的建立，对于居所在东共体的原告，法院不能自动、随意地推定可以下令他就相关费用支付担保。

　　第二类问题涉及对于在另一个国家的行为，法院能否行使管辖权针对一个本地人（incola）发布属人命令。在波奇莫贸易开发公司诉津巴布韦第一商业银行案（Bozimo Trade and Development Ltd. v. First Merchant Bank of Zimbabwe Ltd.）[④] 中，津巴布韦法院对强制性命令（mandatory interdict）和禁止性命令（prohibitory interdict）之间进行了区分。法院认为它无权就在外国实施的行为发布强制性命令，因为这会侵犯外国的主权。南非法院在米特里卡贸易公司诉南非税务总局专员案（Metlika Trading Ltd. v. Commissioner, South African Revenue Service）[⑤] 中做出了不同结论。南非法院认为它有权发布此类命令，它不会介意是强制性命令还是禁止性命令。幸运的是，在这两对案例中，后一判决（没有参考此前的判决）看来比前一判决更为合理。一国法院通过参考另一国家的法院此前做出的具有说服性的判例，有可能做出更为合理的判决，这种做法应该得到鼓励。

──────────

① But see *Coutts* v. *Ford* 1997（1）ZLR 440；*Society of Lloyd's* v. *Price* 2006（5）SA 393；*Detmold* v. *Minister of Health and Social Services* SA 2004 NR 175；and *Minister for Welfare and Population Development* v. *Fitzpatrick* 2000（3）SA 422.

② ［2001］LawAfrica LR 1279.

③ ［2003］East Afr. LR 294.

④ 2000（1）ZLR 1.

⑤ 2005（3）SA 1.

284

285 　　虽然上述分析主要集中在非洲国家法院之间，但应注意的是，这种交流不应仅局限在非洲国家之间。国内法律体系和共同体法律体系也应该和国际法律体系进行交流。它们必须对国际上的法学发展有所了解，并参与到国际范围内的法学发展中。法官和律师必须关注国际和地区机构的国际私法学的相关资料。如果共同体内的国际私法制度不想被孤立的话，更应如此。令人欣慰的是，在案例研究中，法官和律师在许多案件中对相关国际公约及其对司法判决的潜在影响有相当程度的了解。①

第四节　国际私法和经济交易

一　历史和关联

　　从历史上看，非洲普通法地区的首次重大国际私法立法就是为了推动殖民地的商业发展，它是有关外国判决执行的立法。帕切特（Patchett）②认为这一领域的第一部黄金海岸（现在的加纳）的立法即 1907 年的《外国判决扩展法令》起源于向地区专员的投诉。投诉是由黄金海岸的一家贸易公司针对逃跑到象牙海岸（现在的科特迪瓦）的债务人而做出的，象牙海岸当时在法国的统治下，债务人逃到该地显然是为了逃债。这家公司建议应制定相应的引渡安排，但殖民大臣对这一建议不置可否，他认为贸易商对此有过错，他们不加区别地任意放贷。这一反应激怒了贸易公司，他们直接给国务大臣写信，重审了此前的要求，并进一步指出甚至在西部非洲的英国殖民地之间也存在这种逃债问题。英国殖民机构经过一段时间犹豫后，再度审视这一事件，它认为英国当时施行的判决登记制度也许是一种较好的解决办法。这就促成了黄金海岸《外国判决扩展法令》的通

286 过。英国在非洲的其他殖民地也制定了相似的立法。③ 在当前交通更便利、财产转移更快捷的情况下，"债务人跑路" 和 "财产转移" 是一个更大的现

---

① *Sello v. Sello*（No. 2）1999（2）BLR 104 at 109；*De Gree v. Webb* 2007（5）SA 184 at［11］，［17］，［47］-［55］，［85］-［94］；*Roger Parry v. Astral Operations Ltd* 2005（10）BLLR 989；and *Delmas America Africa Line Inc.* v. *Kisko Products Ghana Ltd.*［2005－2006］SCGLR 75.

② Patchett（1984），p. 20.

③ Gambia － Foreign Judgment Extension Ordinance 1908；Northern Nigeria － Foreign Judgment Extension Ordinance 1908；Southern Nigeria － Foreign Judgment Extension Ordinance 1908；and Sierra Leone － Foreign Judgment Extension Ordinance 1908.

实威胁。

　　目前，国际私法和其他国内私法制度一样，可能成为国际贸易的非关税壁垒和经济交易的消极因素。① 不加节制地适用法院地法、毫不尊重当事人的法律和法院选择协议以及拒不承认与执行外国判决都是保护主义的体现。这些都可能阻碍"财富、技能和人员"跨境自由流通。② 国际私法规则的多样化会给商人带来不必要的交易成本，鼓励挑选法院以及其他不利国际贸易的行为。清楚界定国际管辖权、尊重当事人的法律和法院选择协议以及为外国判决的执行提供确定和便捷方式的规则，是旨在促进经济交易的国际私法制度的基本组成部分。

　　一些学术著作和司法判决都已认识到需要使国际私法能更好地回应国际经济交易的需求。③ 非洲法院也认识到这种需要。南非法院曾经强调法院在适用自己有关管辖权的法律时，应考虑到本国贸易和商业关系的需要。④ 纳米比亚高等法院曾经指出，商事考虑会影响当事人的法律和法院选择条款，在执行外国判决的诉讼中，当对外国法院的国际管辖权进行评估时，也应对此加以考虑。⑤ 在马克有限公司诉圣保罗保险公司南非有限公司案［MAK（Pty）Ltd. v. St Paul Insurance Co. SA Ltd.］⑥ 中，博茨瓦纳高等法院考虑了这一事实：这是一个"跨境国际贸易活动急剧发展的时代"，从而推翻了罗马－荷兰法中的这一原则，即当不存在至少一个公认的管辖权理由（rationes jurisdictionis）时，如居所、住所或诉因，外地（peregrini）当事人不能仅凭协议就授予某一法院管辖权。

287

　　如果非洲经济共同体能和成员国一起协作，创建一种能够鼓励笔者所称的"管辖权旅游业"（jurisdictional tourism）的环境，国际私法就可能成为共同体内投资的直接来源。丹宁（Denning）爵士有个著名的论断，即英国是挑选法院的好地方。⑦ 可以看出，他对英国充满自豪。国际私法学者一般不太关注国际私法对诸如国际商业决策、国际公司行为或甚至经济发展等问

---

① Mengozzi（2001）.

② *Morguard Investments Ltd. v. De Savoye*［1990］3 SCR 1077 at 1096；76 DLR（4th）256 at 269.

③ Brand（1997）；and Sykes（2008）.

④ *American Flag plc v. Great African T-shirt Corp.* 2000（1）SA 356 at 375；and *Hay Management Consultants（Pty）Ltd. v. P3 Management Consultants（Pty）Ltd.* 2005（2）SA 522.

⑤ *Argos Fishing Co. Ltd. v. Friopesca SA* 1991 NR 106.

⑥ 2007（1）BLR 210.

⑦ *The Atlantic Star*［1973］QB 364 at 382.

题的统计上的或实证的影响程度，但这些问题对于国际私法规范的发展和适用以及司法判决具有难以说清的关系。① 不可否认的是，伦敦作为国际商事诉讼中心的地位，为御用大律师和在当地执业的其他律师带来了金钱和受雇机会。这也为英国带来了大量外汇。与英国没有关联的当事人之所以被吸引到这里进行诉讼，是因为英国有包容的管辖权规则，而且尊重当事人的法律和法院选择协议。这并不是说，英国规则是为了鼓励管辖权旅游而故意这么制定的，而是在实践中它们确实推动了管辖权旅游。当然，这些规则必须与中立、现代、高效和独立的司法体系结合起来，才能产生这种效果。

在对南非的罗马 - 荷兰法管辖权规则进行反思时，福赛斯（Forsyth）教授就已指出，外地人（peregrine，外国人）在南非起诉另一外国人是不可能的，除非除法院管辖权协议外，他们与南非还有其他关联。② 在普通法中，这通常不会成为一个问题：存在有排他性的管辖权协议，无须其他更多

288 因素，就足以使法院获得管辖权了。③ 随着非洲经济一体化的发展以及贸易和投资的增长，具有完善和独立法律体系的非洲国家应该在其各自所属的共同体的支持下，探讨发展成为解决商事争议包括那些涉及非非洲当事人的商事争议的管辖权旅游地的可能性。④ 加纳商人和肯尼亚商人之间的合同，或加纳人和丹麦出口商之间的合同，可以并入选择南非法律和南非法院的条款，而不是选择英国法律和英国法院的条款。管辖权旅游地可以为非洲商事争议的解决提供一个中立、便捷、花费低廉的法院。它们也可以成为相关国家投资、就业和外汇的来源。

除国内法院外，本书第八章也讨论过一些共同体法院也有权审理由私方

---

① An explicit admission of this is art. 65 of Consolidated Version of the Treaty on the Functioning of the European Union, 13 December 2007, ［2010］O. J. C 83/47which provides that private international law issues may be necessary for the "proper functioning of the internal market".

② Forsyth（2006a）. For judicial support for this position, See *Chong Sun Wood Products Ltd v. K & T Trading Ltd* 2001（2）SA 651; and *Hulse - Reutter v. Godde* 2001（4）SA 1336.

③ 法院选择协议的重要性在 2005 年《海牙法院选择协议公约》下得到进一步推动。该公约还未生效，并且现在还未有非洲国家加入该公约。自 2010 年 8 月起，欧盟和美国已签署该公约，而墨西哥则已批准该公约。Beaumont（2009）. 截至 2018 年 7 月 16 日，中国、丹麦、欧盟、墨西哥、黑山共和国、新加坡、乌克兰和美国已签署该公约，其中丹麦、欧盟、墨西哥、新加坡已批准该公约。该公约已自 2015 年 10 月 1 日起生效。——译者注

④ Forsyth（2003），p. 216，作者在书中主张南非法院为南部非洲和中部非洲发挥类似于伦敦商事法庭的国际角色。

当事人提交给它们的案件，这些私方当事人选择共同体法院作为仲裁解决他们商事争议的平台。① 对于那些在非洲从事交易并希望找到一个中立法院来解决争议的人来说，共同体法院可以提供可行的争议解决平台。共同体法院的仲裁管辖权可以被用来将它们发展成为解决非洲商事争议的平台。为了将国内法院和共同体法院打造成管辖权旅游地，必须消除司法腐败。这可以通过实施机构改革、对法院人员进行独立监管——这不应损害他们的独立性——以及采纳严格并可实施的司法行为规则来实现。

二　外国判决的执行

是否执行来自另一国家的判决，也许最能证明执行国给予该国所实施的规范性行为的有效性的认可程度，如上所述，在经济一体化中，外国判决的执行制度对于促进商业交易是必不可少的。针对居所在一国的当事人所做出的判决，应该能容易地在该当事人的财产所在地国家得到执行。从事跨境交易的个人关注的是外国判决的执行是否经济、快捷和简单。总而言之，有效的外国判决执行制度能够为个人带来实际的好处。目前，非洲共同体成员国国内现有的外国判决执行制度还存在很多局限，这会严重影响它们给予彼此国家判决的效力的程度。

我们已经提到在一些普通法国家的外国判决执行的成文法制度中存在互惠要求，而且只有有限数量的非洲国家被成文法指定为此类制度的受惠国。不过，此处需要补充的是，根据南非 1988 年第 32 号法律《民事判决执行法》，来自所指定的国家的互惠待遇并不是强制性的，但该国必须是该法中所指定的。在非洲一些大陆法制度中也存在互惠要求，但看来和普通法国家不同的是，它是一种司法而不是行政决定。② 在有关外国判决执行的成文法制度中，只有少数非洲国家被指定为受惠国的事实，表明还有许多非洲国家不能受益于这一成文法制度。

另一问题涉及国际管辖权依据的多样化。这意味着并非所有来自其他

289

① EAC Treaty, art. 32; and COMESA Treaty, art. 28. 《西共体条约》第 16 条也设立了共同体仲裁庭。有关仲裁庭的地位、组成、职权、程序和其他事项将在相关议定书中规定。之前，被第 A/SP/1/01/05 号《补充议定书》修改过的《西共体法院议定书》第 9 条第 5 款规定，西共体法院行使仲裁庭的职权。

② 例如，埃塞俄比亚、埃及和突尼斯。这些国家将互惠评定委托给司法部门。Ethiopian Civil Procedure Code 1965, art 457; Egyptian Civil and Commercial Procedure 1968, art. 296; and Tunisian Code of Civil and Commercial Procedure 1959, art. 319. Teshale (2000).

国家的判决都可以得到执行，虽然它们已在外国成为有效判决。做出判决的外国法院应根据执行国的国际私法规则具有管辖权这一原则。① 所不同的是，每一国家对国际管辖权采取的标准不同。在南非，以及实际上在南部非洲的其他罗马－荷兰法国家，即博茨瓦纳、莱索托、纳米比亚、斯威士兰和津巴布韦，居所和接受管辖（submission）被认为是确定国际管辖权的标准。最近，南非也将单纯地出现（mere presence）接受为国际管辖权的依据。② 其他罗马－荷兰法国家是否也会接受这一国际管辖权依据尚需拭目以待。其他标准如国籍、住所以及扣押财产是否足以在罗马－荷兰法中确立国际管辖权，还存在持续的争论。③ 在普通法国家中，以及对于非洲的普通法国家而言，出现、居所和接受管辖似乎是仅有的公认的国际管辖权依据。

当这些国际管辖权依据中的差异和对于国际事项的国内管辖权依据的差异一起解读时，就会明显看出，一些非洲国家可在另一些非洲国家内执行的判决的范围就进一步缩小了。尽管这些判决可能是在外国合法做出的，但情况的确如此。例如，扣押财产以及（除南非外）拘押外地人被告是南部非洲罗马－荷兰法国家对涉外案件确立管辖权的依据。④ 但是，根据此类依据做出的判决不可能在普通法国家得到执行，如上所述，在普通法国家，出现、居所和接受管辖是唯一公认的国际管辖权依据。

实际上，即使这些国家具有相同的国际管辖权依据，它们对这些依据的解释也可能不同或要求不同的证明标准。接受管辖曾经在一个案件中成为争议的焦点。在克拉斯纳诉伊文思案（Blanchard, Krasner & French v. Evans）⑤ 中，南非威特沃特斯兰德地方分庭的全体成员合议庭驳回了一审法院的裁定，该裁定要求接受管辖必须作为法律确定性事项（as a matter of legal cer-

---

① *John Holt v. Christoph Nutsugah* (1929－1931) Gold Coast Divisional Court 75; *Pakou v. Rudnap Zambia Ltd.*(1998) ZR 233; *Steinberg v. Cosmopolitan National Bank of Chicago* 1973 (4) SA 564; and *Argos Fishing Co. Ltd. v. Friopesca SA* 1991 NR 106.

② Oppong (2007a).

③ Leon (1983), pp. 338－339.

④ 南非已废除拘押作为国际事件管辖权的基础方式。Sibanda (2008); and Oppong (2008a). 但是，拘押在其他国家仍然是国际事件的基础权限。Zimbabwe-High Court Act, Ch. 7.06, s. 15; Namibia-Rules of the High Court of Namibia, s. 9 (1); Lesotho-High Court Rules 1980, r. 6 (8); and *Lesotho Express Delivery Services Ltd. v. Ravin Panambalana*, Civ/T/ 634A/02, Civ/T/APN/469/02 (High Court, Lesotho, 2006).

⑤ 2002 (4) SA 144.

tainty）得到证明，而合议庭认为接受管辖只需在盖然性权衡（balance of probabilities）基础上得到证明即可。① 在利奇曼诉本－托韦姆案（Richman v. Ben－Tovim）② 中，法院将这一标准界定为明确表明而且连续一致地无条件接受或承认法院管辖权的行为。这些案件似乎表明，虽然南非法院已经认可接受管辖权（submission to jurisdiction）可能是明示的或默示的，但它们为此设定了更高的门槛，特别是从行为中推断这一依据时更是如此。还不清楚其他法域是否也遵守这一高标准。从笔者所进行的案例研究中可以确定的是，在乌干达和尼日利亚法院审理的涉及接受管辖的案件中，它们都拒绝执行外国判决。③

291

　　为推动判决在非洲共同体成员国国内的自由流通，需要对国际管辖权的标准进行改革。采用宽泛而灵活的国际管辖权标准将是迈向正确方向的第一步。它将使法院能够执行那些依据的不是其法律所认可的管辖权标准做出的外国判决，但前提是外国法院合法地对判决债务人行使了管辖。真实与实质联系标准（real and substantial connection test）是加拿大最高法院发展出来的并适用于省际和国际判决执行的一种国际管辖权标准，④ 它是宽泛和灵活管辖权标准的一个例子。

　　在南非法院的一个案例中曾经援引过真实与实质联系标准，但没有成功。在超级猫公司诉两洋海运公司案（Supercat Inc. v. Two Oceans Marine）⑤ 中，原告申请针对作为被告的南非一家公司执行佛罗里达（美国）法院做出的判决。佛罗里达法院以侵权即欺诈发生在其管辖权范围内为依据行使了管辖权。在诉讼提起时，被告在佛罗里达既没有居所，也没有住所，但它出庭并否认法院对该案具有管辖权，随后它却没有继续提出抗辩。南非法院认为，根据南非法律，佛罗里达法院对该案没有国际管辖权。律师提到加拿大的真实和实质联系这一国际管辖权标准，他主张南非对外国判决执行采取的传统方式已经过时，国际贸易的严峻现实要求对此采取新的方式。南非法院法官指出加拿大的案例有"启示意义"，但认为"不愿或作为独任法官无权

---

① Ibid. at 148.

② 2006（2）SA 591 at 602.

③ *Transroad Ltd.* v. *Bank of Uganda*［1998］UGA J. No. 12；and *Ghassan Halaoui* v. *Grosvernor Casinos Ltd.*［2002］17 NWLR 28.

④ *Morguard Investments Ltd.* v. *De Savoye*［1990］3 SCR 1077；*Beals* v. *Saldanha*［2003］3 SCR 416，234 DLR（4th）1；and Blom and Edinger（2005）.

⑤ 2001（4）SA 27.

对本国具有相对分量的司法权威视而不见"。笔者建议非洲共同体的成员国应采用加拿大的这种国际管辖权标准，以扩展在其各自国家内可能被执行的外国判决的范围。

同样对外国判决在共同体内的执行构成限制的还有这样一个事实：现有的执行制度，特别是普通法国家的制度，仅限于执行外国的金钱判决。在普通法中，只有明确了一定数额金钱的判决才能得到执行，[①] 这就意味着禁令、实际执行命令和其他非金钱救济在许多国家不能得到执行。这些救济在国际诉讼中非常重要。有时，可能需要到其他国家请求承认和执行此类救济。如果在这种情况下，它们仍不能得到执行，就会使相关当事人感到走投无路。

当代国际商事交易以及诉讼的要求表明，需要对将外国判决的执行仅限于具有确定金额的金钱判决的规则进行重新评估。普通法中未知的新的救济形式的出现以及它们在司法活动中的频繁使用，已成为现代国际商事诉讼的普遍特征。临时性或保护性救济措施如马利华禁令、安东皮勒令、禁诉令以及否定性宣告裁决都是此类救济形式。这些救济措施对于作为当事人的个人以及整个社会来说，具有很多好处。它们可以保全现状，确保当事人不会转移财产以逃避将来判决的执行，而且一般而言，也可以防止他采取逃避司法的行为。也可以巧妙地利用这些措施以达成和解。此类和解从公共政策的角度来看，对社会有益，因为它可以减少法院的讼累。此外，特别是在这样的信息化时代，时间也许是采取这些救济措施的关键考虑因素。这些措施的执行有时需要国际合作。如果当事人可以提起诉讼执行这些非金钱判决，就可以在很大程度上确保这些利益的实现。同样的情况也可用于说明其他非金钱判决的实体性救济措施的执行，如股份转让令、永久禁令、交付财产和实际执行的命令等。

在非洲以外的许多国家，已采取司法和立法措施来废除那些拒绝执行非金钱判决的规则。[②] 在经济一体化背景下，欧盟成员国之间以及欧盟与欧洲自由贸易区成员国之间的判决的执行制度，允许承认与执行非金钱判决。[③]

---

① *Re Lowenthal and Air France* 1966（2）ALR Comm. 301；*Re the Maintenance Orders Enforcement Ordinance*（1954）27 KLR 94；and *Coluflandres Ltd.* v. *Scandia Industrial Product Ltd.* 1969（2）RLR 431.

② 例如，澳大利亚、新西兰、新加坡和加拿大。See Oppong（2006a）；Oppong（2007a）；Pitel（2007）；and Pham（2008）.

③ Brussels I Regulation，art. 32；and Lugano Convention，art 32.

为支持非洲经济共同体内的经济交易活动，非洲国内法院和立法者应考虑废除这些拒绝执行非金钱判决的规则。这将有助于促进判决在共同体成员国之间的自由流通。

另一个值得关注的限制涉及可以拒绝承认与执行外国判决的理由。对于执行外国判决的诉讼，既存在普通法抗辩也存在成文法抗辩。普通法中拒绝承认和执行外国判决的理由包括外国判决违反公共政策、违反自然正义规则或该判决是通过欺诈方式取得。这些理由经常会产生解释上的困难，并为司法自由裁量权留下了太多空间。公共政策就是一个模棱两可的拒绝承认和执行外国判决的例子。对它不加节制的援引和适用可能会影响国家之间的横向关系，并对经济交易活动产生负面影响，特别是在经济一体化背景下，更是如此，因为在此背景下，国家需要尊重彼此的法律和法律行为。比较而言，在欧盟内部，欧洲法院的判例倾向于在执行外国判决的诉讼中限制公共政策的范围，这非常重要。①

从案例研究中可以看出，在非洲涉及外国判决执行的诉讼中，公共政策抗辩似乎没有被经常援引。实际上，只有在两个涉及非非洲国家的判决的案件中，法院才得以处理公共政策抗辩及其范围这一问题。在艾登诉皮纳尔案（Eden v. Pienaar）② 中，被告对承认与执行以色列判决提出异议，认为它违反了南非的公共政策。该判决中有一个连锁规定（linkage provision），旨在确保以色列货币的贬值不会使判决债务人受益。南非一审法院拒绝执行该判决，理由是该连锁规定将债务的表面价值提升到一个不合理的数额，而且诉讼所依据的以色列法律（该法对未能善意进行谈判的行为施加了责任）也不同于南非法律。在允许对该案提起上诉时，法院指出，连锁规定是恢复通货价值的一种手段，它提高了债务的表面价值，但并未影响其实际价值，债务的实际购买力保持未变，对于通货价值的恢复不存在不合理或违反道德原则（contra bonos mores）的地方。法院接着指出，外国法律中含有不被南非法律所知的概念这一单纯事实，其本身并不构成拒绝执行外国判决的理由。要求当事人因其未能善意进行谈判支付赔偿并不违反南非的公共政策。 294

成文法也可为执行外国判决的诉讼提供特定抗辩。目前，非洲有一些

---

① *Krombach v. Bamberski*（Case C-7/98）［2000］ECR I – 1935；*and Regie Nationale de Usines Renault SA v. Maxicar SpA*（C-38/98）［2000］ECR I – 2973.

② 2001（1）SA 158. See also *Patel v. Bank of Baroda*［2001］1 East Afr. LR 189.

成文法持有不适当的民族主义或保护主义立场，需要对它们进行反思，以确保非洲共同体内判决的自由流通。其中一个饱受诟病的例子就是南非1978 年第 99 号法律《商业保护法》。该法规定，除非得到经济事务部部长的许可，来自南非之外的或在南非之外做出的、签发的、提出的任何判决、命令、指令、仲裁裁决、请求书、任何其他请求不得在南非共和国内得到执行，如果它们产生于发生在任何时间且与下列事项有关的行为或交易：采矿、生产、进口、出口、提炼、占有、使用、任何物质或材料的销售或所有，无论它们具有何种性质，无论它们是在南非共和国内、国外还是运入或运出南非共和国。① 无论经济事务部长是否同意，因上述事项所产生的惩罚性或过度赔偿判决禁止在南非得到承认和执行。② 已支付此类裁决的被告可以从判决债权人处追回已付数额。③ 该法是为了保护南非人不受某些外国法律的负面影响，这些外国法律允许法院做出惩罚性或过度赔偿判决。实际上，非洲以外的其他国家也有具有类似目的的成文法。④

但南非上述立法的范围显得十分另类，有人将其正确地描述为"过分立法"（legislative overkill）的典型例子，⑤ 它会向"希望寻求南非法院协助的外国人传递出一个消极信息"。⑥ 如果该法得到严格适用，它将会给外国投资者投资南非的商业信心带来破坏性影响。舒尔彻（Schulze）曾经指出，该法一无是处，只会阻碍南非所急需的外国投资。⑦ 幸运的是，该法几乎没有被援引过，即使在援引该法时，法院也小心谨慎对其范围做出限缩解释。⑧ 实际上，南非法律改革委员会已建议废除该法。⑨

托马斯豪森（Thomashausen）对南部非洲两个大陆法国家即安哥拉和莫桑比克有关外国判决执行制度的研究，也表明它们具有保护主义的内容。⑩

---

① Protection of Business Act 99 of 1978, s. 1 (1) (a).

② Ibid. s. 1A (1).

③ Ibid. s. 1B.

④ UK – Protection of Trading Interest Act 1980; Australia – Foreign Anti – Trust Judgments (Restrictions on Enforcement) Act 1979 (Cth); and Canada – Foreign Extra – territorial Measures Act 1984, ss. 8 and 9.

⑤ Forsyth (2003), p. 435.

⑥ South African Law Reform Commission (2006) at [5.2.2].

⑦ Schulze (2005), p. 32.

⑧ Schulze (2005), p. 31.

⑨ South African Law Reform Commission (2006) at [5.3.1] – [5.3.4].

⑩ Thomashausen (2002).

外国判决要想在它们的法院得到承认和执行，其中一个必须满足的条件是，在被请求执行国的国际私法规则规定应适用其实体法时，涉及安哥拉人或莫桑比克人的外国法院判决不得给这些人造成的不利后果比执行国的法律得到适用情况下做出的判决的后果严重，也就是说，执行法院国的国民在外国法院所受到的待遇不应低于他在本国法院应受到的待遇。此外，做出判决的外国法院必须根据安哥拉法律或莫桑比克法律具有管辖权。但和罗马－荷兰法国家和普通法国家不同的是，只有在安哥拉或莫桑比克法院对相关案件不主张自己的国际管辖权时，它才会认可外国法院的国际管辖权。托马斯豪森十分精当地将这两国的判决执行制度称为"顾家"制度（home－bound system）。①

这些判决承认和执行的抗辩对成员国可能产生的限制性影响还很难判断。这将在很大程度上取决于国内法院如何解释和适用它们。建议在不损害个案公正的情况下，国内法院在处理此类抗辩时，应牢记促进共同体内判决的自由流通这一更为远大的目标。

另一个企业比较感兴趣的领域涉及外国判决执行中的外汇问题。外国判决应转化为当地货币吗？此种转换应在何时进行②并依据何种汇率？考虑到非洲一些国家存在的外汇不可转换和汇率波动等问题，上述问题就显得特别重要。在斯巴格拉电子公司诉肯尼亚国家航运公司案（Ssebaggala & Sons Electric Center Ltd. v. Kenya National Shipping Line Ltd.）③就涉及上述一些问题。在该案中，原告请求肯尼亚法院登记并执行一项以英镑做出的乌干达判决。该申请是根据肯尼亚的《外国判决（互惠执行）法》提出的。该案要确定的两个问题，是该判决应以何种货币登记以及外汇兑换的时间如何确定。法院判定，根据该法第 7 条，外币判决可以（may）登记为以登记时的汇率所确定的等值的肯尼亚货币进行支付的判决。此外，外汇的兑换时间应是判决登记之日而不是判决执行之日。

斯格巴拉电子公司案可与加纳法院审理的波罗德里克诉北方工程产品公司案（Broderick v. Northern Engineering Product）④进行比较。虽然该案涉及

296

---

① Thomashausen（2002），p. 33.
② 一些国家将原审判时间作为外汇兑换时间。Ghana-Courts Act 459 of 1996，s. 82（7）；and South Africa – Enforcement of Foreign Civil Judgment Act 32 of 1988，s. 3（4）.
③ ［2000］LawAfrica LR 931.
④ ［1991］2 GLR 88.

的是来自英国的判决，但该案适用的原则同样可以适用于来自其他非洲国家的判决。原告在英国获得一份针对居所在加纳的被告的判决。该判决根据加纳1971年《法院法》（第372号法律）进行登记后，原告获得了判决的部分执行款项。当原告要求继续执行判决时，被告要求对账目进行核算。要确定的问题是，在计算被告对原告的负债时，所使用的塞地（加纳货币）和英镑的兑换汇率应是判决在英国做出时的汇率还是判决执行时的汇率。原告请求适用判决执行时的汇率，因为当时塞地针对英镑大幅贬值，这样如果他将执行之日获得的塞地兑换为英镑后，他获得的英镑数额将远远低于英国判决中的英镑数额。法院认为，在加纳人人都知道汇率变化无常，几乎每天都有很大波动，因此，适用判决执行时的汇率可以确保原告获得他应该得到的债权，而且对于本案来说，也是实现公正的最好方式。不过，根据1971年《法院法》第77条第5款（现在的1993年《法院法》第82条第7款），在确定在加纳登记的判决的价值时，应适用判决在英国做出时的汇率。法院也注意到这样的事实，在有些情况下适用判决做出时的汇率将使原告处于不利地位：如果原告将从判决执行中获得的塞地兑换为英镑，他所获得的价值将低于他在英国获得的判决的价值。如果塞地贬值，而且判决执行存在延误，这一问题就会恶化。适用判决做出之日的汇率，这一规则所固有的潜在不公正性显而易见。

297

一些非洲国家已不再固守法院不得做出外币判决这一普通法规则。① 在没有其他外汇管制限制时，法院做出外币判决对判决债权人有利，他可以提起普通法诉讼执行判决，或确保债务以外币偿还。② 但在当事人申请对外国判决进行登记时，如上所述两个案例，一些登记法规要求将判决转换为执行

---

① *Barclays Bank of Swaziland Ltd.* v. *Mnyeketi* 1992 (2) SA 425；*Makwindi Oil Procurement Ltd.* v. *National Oil Co. of Zimbabwe* 1988 (2) SA 690；*Makwindi Oil Procurement Ltd.* v. *National Oil Co. of Zimbabwe* 1989 (3) SA 191；*Royal Dutch Airlines (KLM)* v. *Farmex Ltd.* ［1989 - 90］1 GLR 46；Bannermah (1993 - 5)；Niewoudt (1992 - 3)；and Black (2010), pp. 90 - 94.

② See generally *Echodelta Ltd.* v. *Kerr and Downey Safaris* 2004 (1) S. A. 509；*Chiraga* v. *Msimuko* 2004 (1) S. A. 98；*Eden* v. *Pienaar* 2001 (1) S. A. 158；*Charles Thys* v. *Herman Steyn* ［2006］eK. L. R. See generally*Echodelta Ltd* . v. *Kerr and Downey Safaris* 2004 (1) SA 509；*Chiraga* v. *Msimuko* 2004 (1) SA 98；*Eden* v. *Pienaar* 2001 (1) SA 158；and*Charles Thys* v. *Herman Steyn* ［2006］eKLR. 在该案中，法院认为因肯尼亚先令在国际货币市场上的大幅波动而利用司法程序获取超常利润是违反公共政策的。

法院地货币的判决。① 加纳在这方面的立法规定可以作为其他法域的代表，它的规定是这样的：

> 如果根据一份将被登记的判决应支付的金钱数额是以加纳货币以外的货币做出，该判决应被登记为根据原审法院做出判决时的银行汇率确定的加纳货币判决。②

不过，一些国家如肯尼亚将登记之日而不是原判决做出之日作为确定兑换汇率的日期。

这些外币兑换的规定对于个人具有重要的经济意义，特别是在汇率波动的时代，它可能会给一方当事人带来损害。意识到这种情况可能给外国判决债权人造成的困难和不公正，澳大利亚和新西兰的立法允许判决债权人在其提出的登记判决的申请中，表明他是否希望判决按照原判决中确定的货币进行登记。③ 这种选择可以减少可能带来的不便，至少从判决债权人的角度看是这样的。从肯尼亚相关立法规定的措辞来看，它似乎允许外国判决债权人做出这样的选择。④ 建议非洲将来有关外国判决执行的立法改革也应并入与澳大利亚和新西兰立法中相似的规定，这将有助于判决在共同体内的自由流通。

为加强非洲国家间的关系，推动经济一体化进程，上述有关外国判决执行中存在的限制必须通过国内立法予以修改，或更为恰当的方式是通过制定一项有关外国判决执行的非洲公约来做出修改。精心设计的外国判决执行制度对于任何经济一体化的成功都是必不可少的。判决必须能够在共同体的成员国国内自由流通。如果私人合法诉求包括根据外国判决提出的私人诉求不可能得到执行，或执行程序过于复杂、耗时或昂贵，它就会阻碍更为紧密的经济关系的形成，影响经济共同体的稳定发展。⑤ 在非洲发展出一套协调化

298

---

① Botswana-Judgments（International Enforcement）Act 1981, Ch. 11：04, s. 5（5）; Namibia-Enforcement of Foreign Civil Judgments Act 1994, Act 28 of 1994, s. 3（4）; Tanzania-Foreign Judgments（Reciprocal Enforcement）Ordinance 1935, s. 4（3）; Ghana-Courts Act 1996, Act 459, s. 82（7）; Zambia-Foreign Judgments（Reciprocal Enforcement）Act, Ch. 76, s. 4（3）; Uganda-Foreign Judgments（Reciprocal Enforcement）Act, Ch. 9, s. 3（3）; and Nigeria-Foreign Judgments（Reciprocal Enforcement）Act 1990, Ch. 152 LFN, s. 4（3）. But see Kenya-Foreign Judgment（Reciprocal Enforcement）Act, s. 7（1）, which uses the discretionary language "may be registered".

② Ghana – Courts Act 1996, Act 459, s. 82（7）.

③ Australia – Foreign Judgments Act 1991, s. 6（11）（a）; and New Zealand – Reciprocal Enforcement of Judgments Act 1934, s. 4（3）.

④ Kenya：Foreign Judgments（Reciprocal Enforcement）Act, s. 7（1）.

⑤ Hay（1968）; Koh（1996）; and Casad（1980 – 1981）.

的外国判决执行制度将给利用这一体制的个人带来巨大好处，它也有助于加强非洲现有法律体系之间的关系纽带。

第五节　完善国际私法制度以协助一体化的发展

一　现有体制概况

上述讨论表明了国际私法在经济一体化中的重要性，但非洲经济共同体没有对它给予相应的关注。为加强国家间关系，协助推动经济一体化，非洲国家需要对其国际私法制度进行全面反思和改革。考虑非洲经济共同体所经历的不同发展阶段，这尤为重要。如果不进行此类改革，《非洲经济共同体条约》① 所设定的以及其他共同体所追求的"确保人员、货物、服务和资本以及企业和个人权利的自由流通"的目标就可能受阻或无法落实。② 随着经济一体化的进一步发展，不但诸如通过婚姻等形式出现的跨境人际关系大量增加，而且跨境经济交易也会大量增加。这就意味着需要更多借助国际私法规则来解决因此类交易所产生的争议。此类交易的当事人也可能希望了解这些规则，以便在组织或谈判交易时考虑到这些规则，从而避免出现法律冲突的情形。③ 在这样的背景下，就需要对调整不同国家实体法规范运作的国际私法规则进行协调。④ 在非洲大陆层面，虽然《非洲经济共同体条约》所预期的非洲共同体市场这一愿景似乎还遥遥无期，但从该条约中可以推知的是，这一愿景将在未来 15 年内实现。因此，时不我待。对于地区性经济共同体而言，这一要求更为迫切和强烈。幸运的是，非洲可以向其他地区学习，取人之长，补己之短。

应予立即关注的领域包括合同和侵权的法律选择、国际案件中的属人管辖权（in personam jurisdiction）、外国判决的承认和执行以及国际民事诉讼程序。这些领域可以对经济交易产生直接的、显著的影响，对于这些领域，非洲要么存在不适当的多样化的规则，要么根本不存在任何权威性的法律观点。侵权的法律选择是这方面的一个典型例子。工业和技术的发展以及国际交易的增加，使国际侵权成为滋生国际私法问题的沃土。但截至目前，由于对这一问题不存在有力的司法权威判例、立法或条约，许多非洲国家对这一

---

① AEC Treaty, art. 4（2）（1）.
② Ovrawah（1994）.
③ Schmitthoff（1956）.
④ Tebbens（1990），p. 62.

问题的观点还很不明朗。

在非洲普通法国家，肯尼亚法院最近审理的阿里诉马赛伊案（Rage Mohammed Ali v. Abdullahim Maasai）① 有机会对这一问题进行了分析。该案因在乌干达发生的事故而起。双方当事人都是肯尼亚公民，且居所在肯尼亚。原告提起合同之诉（而不是侵权之诉），要求赔偿因其在事故中受伤所遭受的一般赔偿和特殊赔偿。法院驳回了原告的请求，因为原告不能证明他是被告的雇员。在法院看来，"这是一起发生在外国的、不在肯尼亚管辖权限范围内的简单、清楚的摩托车事故案件"。法院和律师都没有提出提起侵权诉讼的可能性，而且没有对相应的法律选择问题进行分析。

直到最近，在南非和其他罗马－荷兰法国家中，② 学者们所持的一致观点是，侵权的法律选择问题还是待决事项（res nova），因此，应由法院决定侵权的法律选择问题采用何种方法。③ 伯切尔诉安格林案（Burchell v. Anglin）④ 就涉及这样的问题。在该案中，原告在南非高等法院提起诉讼，请求就因被告在内布拉斯加（美国）发布的诽谤言论而遭受的伤害获得损害赔偿和利益损失。问题是，该案应适用的法律是南非法律还是其他外国法律。法院认为，即使侵权行为地在内布拉斯加，这也不能确定本案的准据法。法院注意到，对于适用单一的准据法公式如侵权行为地法（lex loci delicti）能否导致案件的充分解决，或是否足以在当事人之间实现公正，还存在质疑。由于这种质疑的存在，法院建议采用一种平衡的方法，由法院确定哪一法域与当事人和侵权有最重要的联系，该法域的法律就是应适用的法律。对于本案，法院推理过程是这样的：首先确定侵权行为地在内布拉斯加，接着判断内布拉斯加是否是与当事人和侵权有最重要联系的法域。法院发现，内布拉斯加与当事人和侵权的联系比南非与当事人和侵权的联系更为重要。在决定适用内布拉斯加法律之前，法院指出，在法律选择过程中还应考虑道德价值或公共政策，而且可能适用的法律还应置于南非宪法之下并通过南非宪法的检验。在本案中，内布拉斯加的法律通过了这一检验，因此法院判定本案的准据法是内布

① ［2005］e KLR 在 *Riddlesbarger v. Robson*［1958］East Afr. LR 375. 在该案中，如果诽谤在肯尼亚和出版国都是不合法的、可控告的，肯尼亚上诉法庭支持在肯尼亚对在国外出版的文字诽谤诉讼成立。

② 莱索托是例子。在 *Lepota v. Hyland*，CIV/APN/280/87（High Court, Lesotho, 1991）案中，莱索托法院认为支配一项发生在国外的侵权行为的准据法是侵权行为地法。

③ Forsyth（2003），pp. 326 - 27 and the writers cited therein.

④ 2010（3）SA 48.

300

301

拉斯加法律。法院显然没有明确回答这一问题，即上述推理过程是否意味着内布拉斯加法律可用于确定损害赔偿的数额。

从国际上看，目前的趋势是支持以侵权行为发生地法（lex loci delicti commissi）作为侵权的法律选择规则。① 澳大利亚②和加拿大③法院已放弃了英国的双重可诉原则。英国也通过成文法对这一领域的法律进行了改革。④ 在欧盟内部，这一规则在选择非合同债务的准据法时发挥了重要作用。⑤ 非洲国家是否会遵循这一趋势，尚待观察。在尼日利亚，有关州际侵权的判例法既支持双重可诉原则，也支持侵权行为地法原则。⑥ 但尼日利亚对于国际侵权的立场还不明确。加纳法院表达出的倾向是让当事人在"诉因发生地国家提起诉讼并根据该国法律确定相应的责任"，⑦ 但加纳法院还需决定的是，如果它自己决定行使管辖权，它会适用何种法律。⑧ 有关侵权法律适用存在的不确定性不利于推动共同体内的经济一体化。

在国际民事诉讼领域，非洲国家现有的法律十分陈旧，而且大部分非洲国家都没有利用这一领域的国际上的发展成果。实际上，案例研究表明，这是一个十分复杂的领域。⑨ 当非洲国家被请求解决产生于跨境经济交易的争

---

① Kiggundu（2006）.

② *Regie National des Usines Renault SA* v. *Zhang*（2002）210 CLR 491.

③ *Tolofson* v. *Jensen*［1994］3 SCR 1022，120 DLR（4th）289.

④ Private International Law（Miscellaneous Provisions）Act 1995.

⑤ Regulation（EC）No. 864/2007 of the European Parliament and of the Council of 11 July 2007 on the Law Applicable to Non – contractual Obligations（Rome II），［2007］OJL 199/40.

⑥ See Agbede（2004），pp. 39 – 40；Agbede（1989），pp. 159 – 179；*A. O. Agunanne* v. *Nigeria Tobacco Co. Ltd.*［1979］2 FNLR 13.

⑦ *Signal Oil & Gas Co*. v. *Bristow Helicopters Ltd.*［1976］1 GLR 371 at 379.

⑧ 早期的 *Wachter* v. *Harlley*［1968］GLR 1069 案涉及了在瑞士的诽谤行为，法院支持使用双重可诉规则。

⑨ 从案例研究来看，在审判中可辨识的困难领域包括在国外的送达程序（*Fonville* v. *Kelly*［2002］1 East Afr. LR 71；and *Willow Investment* v. *Mbomba Ntumba*［1997］TLR 47）；在国外的取证程序（Kells v. Ako Adjei, Case No. CA 8/2000（Supreme Court, Ghana）；在国外法庭提取证词的手续和可采用性规则。*Microsoft Corp.* v. *Mitsumi Computer Garage Ltd.*［2001］KLR 470；and *Pastificio Lucio Garofalo SPA* v. *Security & Fire Equipment Co.*［2001］KLR 483）. 在审判中可辨识的困难领域还有：有关国外文认证的关联性和效力的法律。*Blanchard，Krasner & French* v. *Evans* 2004（4）SA 427；*Lamus Agricultural Services Co. Ltd.* v. *Gwembe Valley Dev Ltd*［1999］Zambia LR 1；and *Slyvanus Juxon – Smith* v. *KLM Royal Dutch Airline*，Civil Appeal No. J4/19/2005（Supreme Court, Ghana）. 外国原告费用担保也属于可辨识的困难领域。*Fasco Trading Co. Ltd* v. *Goodearth Ltd*.［2000］LawAfrica LR 1236；*Noble Builders（U）Ltd.* v. *Sandhu*［2004］2 East Afr. LR 228；and *B & W Industrial Technology Ltd.* v. *Baroutsos* 2006（2）SA 135）.

议时，这会带来一些难题。因此，这就需要非洲国家在有关文书送达、调查 302
取证等领域加强合作。

二 各类支持者的作用

对国际私法进行完善以加强国家间关系，并推动共同体内经济一体化的
发展，需要有关注这一问题的支持者的存在，而且共同体需要有一种开放意
识，不应将眼光局限在各自法律体系范围内。这样的支持者在对国际私法进
行改革以应对非洲经济一体化的挑战中可以发挥重要作用。改革议程应在国
内层面和共同体层面同步推进。改革的最终目的是确保有一套精心设计的国
际私法制度，以增强在经济一体化的非洲内进行的国际商事交易的稳定性、
安全性和可预见性。非洲学者和学术机构在这一过程中也大有用武之地。通
过他们的研究和写作，他们可以阐明需要进行改革的领域，并提出相应的
建议。

需要注意的是，为推动该学科的机构发展，人们已进行了各种努力。在
2000 年，南部非洲国际私法研究所（Institute for Private International Law in
Southern Africa）在约翰内斯堡大学成立，成为该大学的一个机构。它目前
的目标是为南共体以及/或非盟起草一个合同国际私法法典。南非大学外国
法与比较法研究所（Institute of Foreign and Comparative Law）也致力于成为
非洲有关国际私法、国际公法和比较法发展和适用的一流研究机构。它的目 303
标是维护和完善国际私法数据库，特别是在家庭法领域。由于认识到非洲在
国际法和比较法领域相关机构和资源的缺乏，南非比勒陀利亚大学也正在创
建非洲国际法与比较法研究所，该机构的目标是成为非洲大陆上得到国际公
认的在国际公法、国际私法和比较法领域享有盛誉的研究机构。它尤其希望
成为这样的资料库：可以在此处获得有关非洲国家法律制度以及涉及这些制
度之间冲突的知识和文献；可以在此处找到国际条约及影响国内立法的其他
文件；以及作为非洲法学者之间、非洲学者与世界其他地方学者交流的聚合
点。海牙国际私法会议也在约翰内斯堡大学设立了一个南部非洲文献中心。
这些努力目前主要集中在南部非洲，并可能使这一地区的经济一体化进程从
中获益。还需要将此类努力扩展到非洲其他地区，非洲各国的法学院应乘势
而为。

在非洲普通法国家和罗马-荷兰法国家，缺乏书面的国际私法规则是一
种普遍现象；非洲只有极少数的国际私法领域有相关的立法。非洲迫切需要

对一些国际私法问题进行立法或对现有的立法进行改革。① 法律改革委员会和议会在这一领域应有所作为。立法需要时间。立法完备后，法院就成为改革的主要机构。实际上，从历史上看，法院一直处于国际私法发展的前线，它们应在非洲继续发挥这种领头作用。②

国内宪法以及法院对自己在法律发展过程中作用的认识，将会影响它们助力推动国际私法发展的程度。在笔者所研究的许多案例中，非洲法官遇到各种复杂的国际私法问题，他们都选择留待适当的立法机构来提供解决方案。例如，在雷切恩诉航空公司案（Raytheon v. Aircraft）③ 中，肯尼亚法院发现，对于因违反法院选择协议而在肯尼亚法院被诉的被告如何才能对法院的管辖权提出异议这一问题，因肯尼亚法院规则没有相关规定它们感到无从下手。它们并没有创建规则来弥补这一漏洞。相反，法院请求规则委员会对这一问题进行审查。在其他一些案件中，法院没有借助议会就对法律进行了改革。在贝德工业控股公司诉斯特朗案（Bid Industrial Holding v. Strang）④ 中，南非法院废弃了在有关金钱诉讼中只能通过拘押国外的外地人来确立或确认法院的管辖权这一规则。⑤ 法院还认同单纯的出现（mere presence）可以作为国际案件管辖权的依据，之前南非法律中并不存在这样的管辖权依据。在更早的利奇曼诉本－托韦姆案（Richman v. Ben－Tovim）⑥ 中，南非法院裁定，单纯的实际出现足以作为判断执行外国判决诉讼中的国际管辖权的依据。

经济一体化的挑战以及非洲存在的不完善的国际私法制度，很可能使法院面临大量无法借助国内先例来解决的问题。对于此类问题，关注国际上的最新发展以及培育满足经济一体化发展需要的司法哲学，可能会有所助益。国际私法中的"国际主义政策意识"（internationalist policy consciousness）⑦ 指的是依据国际主义视野或目标解决问题的方式。促进国际贸易和商业、协

---

① 一些国家近期采纳了国际私法立法，他们的经验可能是有用的。Deskoski（2008）；Tekinalp（2007）；Jessel－Holst（2007）；Zhu（2007）；Fiorini（2005）；von Schwind（1968）.

② Blom（2002）.

③ ［2005］2 KLR 47；*Drive Control Services Ltd. v. Troycom Systems Ltd.* 2000（2）SA 722；and *Nku v. Nku* 1998 BLR 187.

④ 2008（3）SA 355.

⑤ 根据南非法律，法院不会对外国被告在有关金钱诉讼请求中行使管辖权，除非这名外国被告在法院管辖权范围内的财产已被扣押以确立或确认法院的管辖权。

⑥ 2007（2）SA 283.

⑦ Wai（2004）.

助推动规则的国际统一化和协调化，以及形成和谐的国家间关系等就是此类目标的例子。所有这些目标都与经济一体化息息相关。国际主义意识是通过采纳国际公约及做出有助于实现此类目标的判例等方式进行国际私法改革的一个渊源。非洲国家只是少数国际私法公约的成员国，因此，国际公约不可能成为非洲国际私法改革和完善的重要的直接来源。相反，我们必须关注非洲的国内法院。

案例研究中的一些判决表明，非洲法官存在这种国际主义意识，但必须 305
承认的是，法院理解国际主义目标的方式通常过于肤浅。在斯威士兰巴克莱银行诉科赫案（Barclay Bank of Swaziland v. Koch）[1] 中，博茨瓦纳法院指出，"国际礼让和国际商业要求外国判决应尽可能在彼此国家得到承认和执行"。在日升旅游公司诉万吉吉案（Sunrise Travel and Tours Ltd. v. Wanjigi）[2] 中，肯尼亚法院指出，在"一个日益全球化的时代"，在被告的住所地起诉被告将会更好。

南非法律中因利奇曼案和贝德工业控股公司案所引进的激进变革，部分可归功于这种国际主义目标。在利奇曼案[3]中，法院指出，"具有说服力的理由是……在当今的现代化时代，传统的国际管辖权依据应予合理拓展，适应国际商业流动的需要"。在贝德工业控股公司案[4]中，律师和法院都未能找到有任何其他国家还要求在有关金钱的诉讼中将拘押外国被告作为法院对他行使管辖权的前提，这一事实对法院决定废弃将拘押作为管辖权依据这一规则发挥了重要影响。

不过，因受国际主义目标的影响而产生的最有意义的变革，也许发生在乌干达法院审理的沙诉曼纽拉马案（Shah v. Manurama Ltd.）[5] 中。在该案中，法院指出，考虑到东共体的再次成立，法院不应再自动、随意地认为，对于居所在东共体的原告，当他们针对乌干达的居民提起诉讼时，法院仍可下令要求原告提供担保。影响这一决定的因素包括《东共体条约》已明确规定对成员国的法律进行统一化和协调化，而且在成员国之间还存在互惠执行判决的制度。

---

① 1997 BLR 1294 at 1297.

② ［2002］LawAfrica LR 5933 at ［12］．

③ 2007（2）SA 283.

④ *Bid Industrial Holding v. Strang* 2008（3）SA 355.

⑤ ［2003］，East Afr. LR 294.

必须承认的是，国际主义目标的推进有时会不公正地造成当事人的利益要服从共同体和国家的利益。正如瓦伊（Wai）所评论的：[①]

> 英联邦传统中的国际私法……传统上一直关注个体当事人的利益和偏好之间的冲突。促进国际体系目标的一个重大风险是，个体当事人的利益和价值会受到不公正对待。

306　　笔者也认为因受不同国际主义目标影响而做出的利奇曼案的判决，潜在地损害了被告获得公正听审的权利，而且使他们关于审判地点的合理期望无法实现。虽然存在这些异议，为了利用国际私法以协助推动非洲的经济一体化进程这一目的，仍然值得强调的是，法院不能对国际主义目标置之不理，特别是当它们可以通过促进经济交易而推动经济一体化进程时，更是如此。

三　非洲大陆和国际参与的需要

国内所进行的改革国际私法的努力，应与非盟（非洲经济共同体是其组成部分）所领导的而且旨在对国际私法规范协调化的大陆层面的努力相互补充。非洲国家虽然存在多样化的法律传统，但它们仍完全有可能实现国际私法规范协调化的目标。南部非洲国际私法研究所在这方面已在南部非洲做了大量工作。非盟应鼓励该研究所的工作，并且可能时采纳它们的研究成果，该研究所也可提出面向整个非洲大陆的相关工作计划。在第四章笔者简要分析了非洲在多样化法律传统基础上实现法律协调化的路径。的确，正如笔者当时的观点，非洲法律多样化的程度不应被夸大，至少就属于同一法律传统的不同国家之间的法律差异就没有那么大。

从非洲经济共同体的角度来看，非洲国际私法的改革工作有必要设立一个具有专门权限的机构，以对非洲国际私法规则和它们与经济共同体之间的关系进行研究。《非洲经济共同体条约》第 25 条第 2 款可以提供设立此类机构的依据，该款规定，国家元首和政府首脑大会可以设立专门技术委员会。非洲其他地区性经济共同体也有类似规定。在这方面需要值得注意的是，非盟国家元首和政府首脑大会在 2009 年 2 月通过了《非盟国际法委员会规章》。[②] 该委员会由 11 名成员组成，所有成员现都已选举出来。该委员

---

① 　Wai（2001），p. 187.

② 　1 February 2009，online：www. africa - union. org/root/au/Documents/Treaties/treaties. htm.

会的职责是承担有关非洲国际法编纂和逐步完善的各项活动,① 它还有权对 307
非盟和其成员国关注的法律问题开展研究。② 笔者建议该委员会除了要关注
本书所列明的许多国际公法问题外，还应关注国际私法问题。该委员会可以
被用来作为制定非洲国际私法公约的平台。

　　同时，非洲国家和共同体也应加强与国际私法领域相关国际机构的合
作。③ 其中在这一领域的一个主要机构就是海牙国际私法会议。双方的合作
可以从非洲国家批准海牙公约开始。海牙公约和海牙国际私法会议的工作方
法也可作为制定非洲国际私法公约的样板。海牙国际私法会议可以支持非洲
制定地区性公约。④ 值得一提的是，一些学者也已提出制定非洲国际私法公
约的观点，⑤ 而且如上所述，非洲国际私法研究所也正朝着这样的目标
迈进。

　　与海牙国际私法会议的合作也可通过向其派遣官方代表团参与其活动的
形式进行，这也可以作为成为该会议成员资格的前提。目前，只有三个非洲
国家——埃及、摩洛哥和南非——是该会议的成员。⑥ 在全球化时代，非洲
及其经济共同体不能无视国际发展趋势。⑦ 需要提及的是，虽然欧盟的所有
成员国都是海牙国际私法会议的成员国，欧盟自己最近也成为该会议的成
员。⑧ 南方共同市场（MERCOSUR）也与海牙国际私法会议开展了合作，该
会议还与美洲国家组织的一个专门研究机构即美洲间儿童研究所签订了合作
协议。与海牙国际私法会议建立密切联系，应是非洲共同体内有关完善国际
私法制度的任何战略的重要方面。

四　非洲国际私法制度应体现的价值 308

　　上述分析表明，要应对经济一体化的挑战和要求，共同体需要完善国际

---

① 　Ibid. art. 4 （a）.
② 　Ibid. art. 4 （d）.
③ 　Oppong （2006a）; and Castellani （2008）.
④ 　当前，国际私法统一协会正在帮助非洲商法协调组织进行合同法的统一工作。这可为海牙
　　国际私法会议与非洲在国际私法领域的合作提供范本。
⑤ 　Forsyth （2002）.
⑥ 　2010 年 9 月，这 3 名成员国除外，19 个非洲国家（博茨瓦纳、布基纳法索、布隆迪、佛得角、
　　几内亚、肯尼亚、莱索托、利比里亚、马达加斯加、马拉维、马里、毛里求斯、纳米比亚、尼日
　　尔、圣多美和普林西比、塞舌尔、斯威士兰、多哥和津巴布韦）批准了多项海牙公约。
⑦ 　Kruger （2005）; Kotuby （2001 – 2002）; and Fawcett （1997）.
⑧ 　2007 年 4 月 3 日，欧盟成为海牙国际私法会议的成员。See Schulze （2007）.

私法制度。如上所述，非洲以外的其他一些经济共同体已经在条约和共同体立法的基础上发展出完善的国际私法制度。目前，非洲还缺乏此类完善的制度。幸运的是，笔者所进行的案例研究表明，非洲正在出现一套司法主导的、学者尚未探索的、相关机构漠然相对的法律体系，它可以为国际私法问题的解决提供充分的、适当的和公正的解决方案。这套法律体系也接受了外来价值的影响，如人权、国际主义以及外国材料的使用。这对于经济一体化的发展来说是十分有益的。

这一法律体系目前还存在很多复杂的、尚未解决的以及并不完善的领域。如果它要发展成为与非洲以外的经济共同体的法律制度相媲美的法律制度，就不可避免地需要与非洲经济一体化的发展进程紧密联系在一起。① 任何旨在创建一套符合非洲经济一体化的法律制度的活动，都应把共同体和国内判例法结合起来考虑。本书提出这一法律制度应体现出下列十项价值：

- 它不应该是孤立的。它应关注并参与这一领域的国际活动。
- 它应强调对整个非洲大陆的国际私法规则进行统一化和/或协调化的重要性。这可以通过采纳国际公约以及积极利用比较法解决国际私法问题的方式实现。
- 它应认识到在解决国际私法问题时所存在的相关的多重利益，并尽可能地优先考虑争议当事人的利益。
- 它不应该具有明显的歧视性，但在裁决国际私法案件或采纳相关规则时应关注居所和住所在非洲的人员的利益。
- 它应确保在法院对国际私法进行完善和立法对法律未创制、不完善或不确定领域进行干预之间保持适当的平衡。
- 它应具有反映国际人权法要求的规则。
- 它应致力于通过采纳和提供有助于国际商事争议解决的规则，使非洲成为解决国际商事争议的有吸引力的地方。
- 它应通过提供有助于推动其他争议解决方式程序的规则包括支持性的司法救济措施的方式，来对其他争议解决方式如国际仲裁以及在地区法院进行诉讼等，做出响应与回应。
- 它应尊重国际交易中的当事人意思自治，并支持当事人通过法律和法

309

---

① Oppong (2006d).

院选择协议来调整自己交易的权利。

● 它应通过认可、支持并协助从事国际私法问题研究的学者和学术机构的工作，重视这一主题的机构发展。

第六节　结论

国际私法在非洲的经济一体化中可以发挥双重作用。它的规则可以用来加强国家间关系，并促进共同体内跨境经济活动的发展。但是，考虑到国际私法的现有状况，它的规则还不可能有效发挥这两种作用。为了实现这一目的，就需要对非洲国际私法进行大刀阔斧的改革。改革应在国内和共同体层面同时推进，所采纳的规则应能满足非洲经济一体化的需要。为达到这一目的，笔者提出了应予考虑的一系列价值。在进行国内层面和共同体层面改革的同时，还应更多参与国际私法领域国际机构的活动。只有通过这种参与，非洲才能取长补短，才能互通有无，才能使新的国际公约考虑自己的利益和需求。

第十章

结　语

第一节　目前的状况

本书试图分析非洲经济一体化是如何对待法律的关系问题的。关系问题涉及的是在经济一体化背景下共同体、国内、地区和国际法律体系之间的法律互动。这一理论意味着有效的经济一体化是在一个明确的法律框架内经适当组织和管理的国家、法律体系、法律和制度间纵向、横向和纵横向关系的产物。换句话说，经济共同体必须在它自己和其他法律体系之间具有良好组织和管理的关系，这是其发挥有效性的必要条件。

在阐明该理论并将其适用于非盟所认可的四个地区性经济共同体及非洲经济共同体后，本书的研究结果可用下面几句话概括：非洲经济一体化进程没有对关系问题给予系统的、广泛的关注。共同体和成员国之间、不同共同体之间以及成员国之间法律体系的互动，既没有被给予审慎的考虑，也没有被置于牢固的法律框架之上。当人们努力提供此类法律框架时，他们做出的努力还很不全面，还不能令人满意，而且有时这些努力是依据令人质疑的假设做出的。本书一贯主张，除非这些缺陷得到补救，否则非洲经济一体化的发展和有效性就会受到严重破坏。换言之，即使困扰非洲经济一体化的所有社会、经济和政治挑战都不复存在了，法律领域所存在的大量问题如果不能得到解决的话，仍然会影响经济一体化的成功和有效性。为补救这些缺陷，本书在不同部分建议对共同体法律和国内法律进行修改，并为此还提供了相应的示范立法。

　　本书的讨论和观点是建立在非洲经济共同体和其他共同体作为超国家组 　311
织这一观念的基础之上。不过，并非所有的评论者都支持利用超国家机构这
一观念来推动非洲经济一体化进程。库福尔就曾经认为，在西共体内，可能
并没有人真正要求成立超国家的机构和组织。① 他列举了许多理由来支持这
一观点。但是通过对这些理由的仔细分析可以发现，虽然他可能成功地揭示
了在西部非洲还不存在有利于超国家主义发展的条件，但他仍然不能说服读
者是否就不需要此类机构。实际上，有利于超国家主义发展的条件，如法治
和民主治理，正在一些非洲国家逐步出现。联合国非洲经济委员会已经确
定，缺乏超国家机构来执行一致同意的共同体政策，是非洲经济共同体的一
个主要短板。② 早在 1977 年，奇米（Chime）就将这种难以置信的超国家机
构的缺乏描述为"严重的缺陷"。③ 共同体条约中大量的规定和原则也支持
这样的主张，即它们是建立在超国家观念这一基础之上。在理论和实践中，
如果不存在超国家机构，很难想象共同体如何成为共同市场和经济联盟，或
作为共同市场和经济联盟而运作。

　　截至目前，由于非洲经济一体化推进缓慢，关系问题的影响还显得没有那
么严重。共同体正经历一体化的不同阶段——从自由贸易区到关税同盟、共同
市场、经济联盟和完全的经济一体化。东南非共同市场在 2009 年成为关税同盟；
南共体在 2008 年成为自由贸易区，它本来计划（不过没有成功）在 2010 年成为 　312
关税同盟，并计划在 2015 年成为共同市场；西共体正接近成立关税同盟；东共
体也在 2010 年 7 月成为共同市场。随着一体化推进，关系问题日益显著：一体
化的程度越深，共同体对成员国提出的要求就越多。因此，如果共同体要想有
效运作，就需要宜早不宜迟地查明现有法律框架的不足并予以解决。

　　就共同体各自条约及其他法律所反映的框架而言，一些非洲共同体已采
用了本书第二章所讨论的一些关系原则和机制。东南非共同市场、西共体、
东共体和南共体条约都规定了先行裁决程序，④ 设定了国内法院在实施和执

---

　① Kufuor（2006）; and Mazzeo（1984）, pp. 164 – 165.
　② United Nations Economic Commission for Africa（2004）, p. 7. 除此之外，必须要注意到共同体
内政治上推进、经济上支持一体化进程的强国角色缺失的问题。在东非共同体和西非国家
经济共同体内，这一所谓"强国"角色分别由肯尼亚和尼日利亚微弱地扮演着。南部非洲
关税联盟的成功与持久，在某种程度上，可归功于南非的领导力和财政承担。
　③ Chime（1977）, p. 403.
　④ COMESA Treaty, art. 30; ECOWAS Court Protocol, art. 10（f）; and EAC Treaty, art. 34. See
also SADC Tribunal Protocol, art. 16.

行共同体法律和判决中的作用,① 而且允许个人利用共同体法院的程序。②此外,在东共体内,在三个创立成员国即肯尼亚、坦桑尼亚和乌干达之间还存在一套相对充分的执行成员国判决和进行法学交流的机制。这些都是重要的第一步。第一代非洲经济共同体条约很少关注关系问题,而且没有利用本书第二章所分析的关系原则作为协调共同体和国内法律体系的方式。③

虽然非洲一些共同体条约采用了某些关系原则,但它们也回避了另外一些原则。只有《东共体条约》规定了共同体法律至上原则。所有共同体条约都规定共同体法律的实施要通过国内立法进行。④ 虽然共同体条约规定了具有不同法律效力的不同类型的共同体法律,但在共同体法律的创制过程中,这些不同类型的区分似乎都被忽略了。例如,我们注意到非盟(非洲经济共同体是其组成部分)的法律规定了不同类型的决定——包括规则。规则可直接适用,成员国有义务使其法律与规则的要求一致。不过,自非盟成立之初,决定的类型化就被忽略了,直到目前,规则还从来没有被使用过。本书第七章认为,依赖国内立法来实施共同体法律可能会在共同体法律和国内法律体系之间产生裂缝,并会严重影响共同体法律在成员国中的地位。成员国国内政府可能不会优先考虑实施共同体法律。⑤ 这会困扰共同体的发展,而且会给那些希望在成员国国内援引共同体法律的个人带来极大麻烦。实际上,在采用二元论的国家,由于国内缺乏实施共同体法律的立法,个人都未能成功地援引共同体法律。本书第七章分析了其中的一些案例。对此,本书倡议采

---

① EAC Treaty, art. 44; COMESA Treaty, art. 40; ECOWAS Court Protocol, art. 24; and SADC Tribunal Protocol, art. 32 (1) (2) (3).

② COMESA Treaty, art. 26; SADC Tribunal Protocol, art. 18; EAC Treaty, art. 30; and Protocol of the ECOWAS Court, art. 10.

③ Treaty Establishing a Central African Economic and Customs Union, 8 December 1964, 4 ILM 699; Charter of the Union of Central African States, 2 April 1968, 7 ILM 725; and Treaty Establishing the Economic Community of West African States, 28 May 1975, 1010 UNTS I – 14843. The only exception appears to be the Treaty for East African Cooperation, 6 June 1967, 6 ILM 932.

④ AEC Treaty, art. 5 (2); SADC Treaty, art. 6 (5); ECOWAS Treaty, art. 5 (2); COMESA-Treaty, art. 5 (2); and EAC Treaty, art. 8 (2).

⑤ 《东共体条约》第 8 条第 2 款规定成员国需要在 12 个月内颁布法律给予《东共体条约》在相应成员国国内法律体系中具有法律效力。这项规定已被成员国所遵守。See Tanzania – Treaty for the Establishment of East African Community Act 2001; Kenya – Treaty for the Establishment of East African Community Act 2000; and Uganda – East African Community Act 2002. 但是,这些法令还不够翔实。它们并未考虑到在成员国国内给予共同体法律法律效力的所有结果。例如,可与英国《1972 年欧洲共同体法》给予欧洲共同体条约法律效力比较一下。

用一种更有选择性的方法作为实施共同体法律的手段，通过这种方法，一些精心确定的类型的共同体法律将会在成员国国内直接适用并具有效力。

已采纳的关系原则对非洲经济一体化进程所可能产生的全面实际影响尚需观察。个人或国家和/或共同体机构还没有援用这些原则。就非洲对经济一体化所做的长期承诺以及关系原则对经济一体化的重要性而言，这些关系原则没有在实践中得到大量使用，确实是一种极大的讽刺。国内法院看来在很大程度上没有意识到这些原则在经济一体化中的作用，以及它们与共同体法律体系关系的性质。在少数案件中，共同体法律在国内法院得到援用，而且在这些案件中使用先行裁决程序或认可共同体的裁决本来应该更为恰当。但是在这些案件中，国内法院似乎忘记了它们根据共同体法律应承担的义务。例如，《东共体条约》规定了共同体法律的至上性原则，[①] 肯尼亚实施了该条约并规定了东共体法院的先行裁决程序。但肯尼亚一家法院在案件审理中并没有诉诸东共体法院，就判定如果该条约与肯尼亚宪法冲突，肯尼亚国内法院的首要义务是支持宪法的至上性。[②] 公正地讲，非洲有些国内法院已经援用了解释性和裁判性的关系原则，它们在判决中使用了共同体法律和共同体的宗旨。[③] 这种做法值得赞扬，它可能有助于将共同体法律并入非洲的国内法律体系中。

这种很少援用已采纳的关系原则的现象提出了一个重要的问题：非洲存在有效利用这些原则的适宜条件吗？社会-文化、经济、政治和宪法因素决定了这些原则的有效性。非洲被诸多问题所困扰，这些问题可能阻碍了这些原则的有效运作。这些问题包括：缺乏积极、独立的国内和地区性司法机构；宪法中存在一些可能不利的条款；政治主导了一体化进程；诉讼文化的缺失；[④] 公众对共同体的活动和法律缺乏了解；非洲律师[⑤]和私人机构[⑥]对经

314

---

① EAC Treaty, art. 8 (4).

② *Peter Anyang' Nyong'o* v. AG [2007] e KLR (High Court, Kenya, 2007).

③ *R.* v. *Obert Sithembiso Chikane*, Crim. Case No. 41/2000 (High Court, Swaziland, 2003); *Friday Anderson Jumbe* v. *Humphrey Chimpando*, Constitutional, Case Nos. 1 and 2 of 2005 (High Court, Malawi, 2005); *Chloride Batteries Ltd.* v. *Viscocity*, Civil Cause No. 1896 of 2006 (High Court, Malawi, 2006); and *Hoffman* v. *South African Airways* 2001 (1) SA 1.

④ Shaw (1983); and Maluwa (1989).

⑤ Kulusika (2000), p. 47.

⑥ 私营部门参与的缺失与政府间主义 (intergouernmentalism) 的控制被认为是阻碍非洲区域经济一体化进程成功的主要障碍。Fine and Yeo (1999), pp. 434 – 435; and Asante (1997), p. 147. 一个显著的例外则是南部非洲贸易法中心，www. tralac. org。

济一体化进程缺乏兴趣。对于这些问题如何真正影响了非洲一体化进程还没有相关的实证研究，此类研究应成为重要的研究议题。①

315　　个人是将共同体和成员国联系起来的重要媒介。他们已在国内法院不同程度地成功援用了共同体法律，但他们在共同体法院取得的成功更大。在一些由个人直接向共同体法院提起的诉讼中，成员国采取的一些措施违反了共同体法律。实际上，本书第五章就已指出，如果不是个人提起的诉讼，共同体法院也许已陷入瘫痪。总体来看，在非洲看来还没有出现对一体化进程感兴趣并乐意在国内和共同体层面推动这一进程的支持者。这部分是因为大多数非洲大学都没有开设有关经济一体化和共同体法律的课程，无论是作为独立的本科生课程，还是作为商法、宪法或国际公法课程的一部分。这样，人们对非洲经济一体化的了解就十分有限。大多数律师并不认为共同体法律与他们的执业有多大的关系。学者们也没有表现出太多兴趣，致力于经济一体化的杂志、民间机构或非政府组织也寥寥无几。

虽然一些共同体法院已经发现非洲国内法院的一些措施违反了共同体法律，但它们在判决中并没有清醒地试图对关系原则在经济一体化中的地位做出明确的界定。实际上，在安洋诉检查总长案（Anyang' Nyong'o v. AG）②中，东共体法院面临着确认《东共体条约》第 8 条第 4 款所规定的共同体法律至上性原则的难得机会，但该法院甚至没有提及该规定，更不用说要阐明它对共同体法律的重要性了。在弗兰克诉阿里诺案（Frank Ukor v. Alinnor）③中，西共体法院判定《西共体条约》是"西共体的最高法律，也可以说是它的宪法"。这一判决意见可以倾向性地解释为支持西共体法律的至上性，但不可否认的是，要从中得出这样一个有说服力的结论，还显得过于草率。在杰瑞诉尼日利亚联邦共和国案（Jerry Ugokwe v. The Federal Republic of Nigeria）④中，西共体法院认为西共体法院和成员国国内法院之间的关系不是一种纵向的关系，但需要有一种"一体化的（integrated）共同体法律秩序"。⑤人们可以从西共体法院的"一体化的共同体法律秩序"

316

----

① Friedrich Ebert Foundation（Botswana）（2007）. 报告发现，工商界和公民社会组织对加强南部非洲发展共同体一体化非常支持。

② ［2008］3 KLR 397.

③ Suit No. ECW/CCJ/APP/01/04（ECOWAS Court of Justice，2005）at［21］.

④ Case No. ECW/CCJ/APP/02/05（ECOWAS Court of Justice，2005）at［32］.

⑤ 这是在一个国家法院决定是否可以向共同体法院上诉背景下观察所得的结果。

这一概念中推论出，它认可共同体和国内法律体系之间关系的重要性。非洲国内法院和共同体法院直接涉及经济一体化的判例还相对较少，内容也过于简单。但这些判例表明，非洲存在着将共同体法律并入国内法律体系的可能性。为了加强非洲经济一体化，应对这一可能性进行积极探索。

在经济一体化中，并非只有共同体－国家关系才值得重视，国家间关系同样重要。实际上，一体化主要涉及国家间的关系。在这方面，本书的分析揭示了一些可能影响国家间关系并阻碍一体化发展的令人忧心的问题。只有在国家间存在和谐关系的情况下，跨国经济活动才能繁荣发展。外国判决执行机制的不足、法律的多样化以及对国内法律进行协调的系统化努力的缺失，是一体化发展的潜在障碍。本书提出了克服这些问题的创新性解决方案，包括拟定了相关的示范法。

对于国家间关系，国际私法可以发挥重要作用。不过，虽然有许多学者呼吁，但国际私法在协调不同法律体系之中的作用仍在很大程度上被共同体所忽视。① 本书提出了为适应非洲经济一体化的要求，而对国际私法体制进行完善时应考虑的一些价值。除国际私法外，不同法院之间的法学交流也有助于加强国家间关系。本书第四章提出可以将这种交流作为国内法律协调化的一种途径。目前，非洲法院之间存在着法学交流，但这种交流过于零散，而且仅集中于某些地理区域和法律传统之内。本书建议应完善获取法律资料的途径，并且开展研究，挖掘出非洲法律的共同核心，作为改善非洲法院之间法学交流的基础。②

另一重要问题涉及共同体之间关系以及共同体与国际法律体系之间的关系。非洲的一体化条约对共同体—国家关系给予了一定程度的关注，但对于共同体之间的关系，以及共同体与国际法律体系特别是 WTO 法律体系之间的关系没有给予相应的关注。有些一体化条约提及将国际法作为共同体法律的渊源，③ 而且要求共同体与其他共同体特别是非洲经济共同体进行协作。④ 但是，条约只是提及这一点还不够，它们并没有为这一领域可能产生的大量

317

---

① Oppong (2006d)；Thompson (1990)，pp. 99 - 100；Thompson and Mukisa (1994)，p. 1454；Omorogbe (1993)，p. 364；and Ndulo (1993)，pp. 111 - 112.

② 关于国际私法，作者现在正在撰写《英联邦非洲国际私法》，该著作将由剑桥大学出版社出版。该书旨在提炼出英联邦国家共同核心的国际私法原则。

③ ECOWAS Court Protocol, art. 20 (1)；SADC Tribunal Protocol, art. 21 (1).

④ COMESA Treaty, preamble, arts. 178 - 179；ECOWAS Treaty, preamble, arts. 78 - 79；EAC Treaty, preamble, art. 130 (2)；and SADC Treaty, preamble, art. 24.

复杂问题提供一个具体的或有组织的法律框架。本书第三章分析了产生于共同体和非洲经济共同体之间关系的其中的一些复杂问题。其他更多此类问题尚未被分析，更不用说解决它们了。非洲经济共同体法律针对相冲突的共同体法律具有优先性吗？存在只有非洲经济共同体才能进行立法的领域吗？共同体违反非洲经济共同体的决定和指令如何补救？非洲经济共同体法律如何在共同体内得到实施？地区性经济共同体有权在非洲司法法院内出庭吗？对于共同体法院审理的可能影响非洲经济共同体利益的诉讼，非洲经济共同体能进行干预吗？这些问题值得负责非洲经济一体化事务的机构和对这一领域感兴趣的学者进行深入的探讨和分析。

本书没有讨论的一个同样重要的问题，是非洲共同体和 WTO 之间的关系。WTO 法律在共同体法律体系中的地位、如何协调非洲国家根据共同体法律和 WTO 法律承担的多重义务、解决共同体法律和 WTO 法律之间冲突的应采用何种规则，这些都是尚未被共同体条约或学术文献完全解决的重要问题。① 这些问题对于世界贸易体系和非洲经济一体化的稳定而言都非常重要。最近的发展和 WTO 上诉机构的判例表明，地区性经济共同体和 WTO之间的互动问题不仅具有理论方面的重要性。对于非洲来说，随着经济一体化的发展，这些问题将变得更为重要。共同体法律或建立在共同体法律基础之上的国内法律与 WTO 法律之间的差异，很容易在 WTO 争端解决体制下受到挑战。截至目前，WTO 对其中一些共同体所进行的贸易政策审查表明，这些共同体还没有直接或实质性地违反 WTO 法律。② 随着这些共同体的发展以及对经济一体化进程的强化，这种情况是否会继续保持下去还有待观察。实际上，已经有人对非洲国家在地区性经济共同体内的多重成员资格，以及这些共同体偏离多边贸易体制的倾向表示了担忧。

第二节　发展前景

法律的关系问题在经济一体化中十分普遍。从广义的范围来看，这些问题集中在共同体、国内、地区和国际法律体系之间的互动上。关系问题表现

---

① Ng'ong'Ola（1999）；Oduor（2005）；and Pauwelyn（2004）.

② See World Trade Organization，*Trade Policy Review - Southern African Customs Union*，2003，WT/TPR/S/114；and World Trade Organization，*Trade Policy Review-East African Community*，2006，WT/TPR/S/171.

的程度以及给予它们的关注度，通常因一体化达到的水平或阶段而有所不同。世界各地的经济共同体都承认关系问题为共同体的发展和有效性所带来的挑战。它们采用了各种关系原则和机制作为解决关系问题的法律框架的一部分。

非洲的经济共同体也已经采用了一些关系原则和机制，但它们也回避了另外一些原则和机制。对于那些已采用的关系原则，它们对非洲经济共同体可能发挥的真正影响还需观察。实际上，非洲是否具有有效利用它们的社会－文化、经济、政治和宪法条件，还令人怀疑。但从它们在法院内被援用的少数几个案例来看，它们促进非洲经济一体化发展的潜在作用十分明显。非洲经济一体化的未来成功，在一定程度上将取决于它们将如何利用关系原则，来弥合共同体和成员国之间的关系裂痕。

就未来发展而言，需要提及的是，本书列举了一些目前困扰非洲经济一体化发展的尚未解决的关系问题。所有这些问题的解决不可能一蹴而就，应按照优先次序来解决它们。笔者认为，最重要、最迫切的首要举措，是对不同共同体之间的关系进行合理化，克服共同体的多重成员资格所带来的弊害，而且将非洲经济共同体建立在牢固的法律基础之上，使它具有一套清晰的法律框架，以解决共同体和非洲经济共同体之间的关系。另一重要的举措是由成员国制定国内立法，以实施各自所参与的共同体条约。这需要首先在国内对现有共同体法律和国内法律之间的任何潜在冲突进行研究。成员国应摒弃分歧，以确保条约及其他共同体法律能在国内得到顺利实施。在大陆层面，应将政治一体化议程和经济一体化议程明确区分开来。非洲经济共同体在保留其作为非盟的"不可分割的组成部分"地位的同时，应允许它保留一种独立的存在地位，特别是从机构的角度来看。

共同体和国家应随之采取具体措施，以培育对共同体法律感兴趣的群体。这方面比较重要的群体包括法官、律师、执法和培训机构、公司和商人。此外，还应鼓励和推动将共同体法律并入国内教育课程和教育活动之中，以使人们了解共同体，同时鼓励和推动人们积极参与共同体法院内的诉讼活动，以对共同体法律的有效性进行检验。随着共同体一体化程度的加深，关系问题将更为重要。非洲的共同体、国家、政策制定者、商人和学者越早地关注这些问题，非洲就越能从中受益。

参考文献

Abiodun, B. O., 2007. 'Towards an African Concept of Law' 1 *African Journal of Legal Theory* 71

Adede, A. O., 1999. 'Constitutionalism, Culture and Tradition: African Experiences on the Incorporation of Treaties into Domestic Law' 7 *African Yearbook of International Law* 239

Adepoju, A., Boulton, A. and Levin, M., 2007. *Promoting Integration through Mobility: Free Movement and the ECOWAS Protocol* (UN Refugee Agency, New Issues in Refugee Research, Research Paper No. 150)

Adewoye, O., 1997. 'Constitutionalism and Economic Integration' in R. Lavergne (ed.), *Regional Integration and Cooperation in West Africa – A Multidimensional Perspective* (Dakar, Senegal: IDRC/Africa World Press)

Agbede, I. O., 1989. *Themes on Conflict of Laws* (Ibadan, Nigeria: Shaneson C. I. Ltd)

2004. 'Nigeria' in B. Verschraegen (ed.), *Encyclopedia of Laws – Private International Law* (The Hague: Kluwer Law International)

Agu, C., 2009. 'Obstacles to Regional Integration: The Human Factor Challenge to Trade Facilitation and Port Reforms in Nigeria' 2 *International Journal of Private Law* 445

Ajomo, M. A., 1976. 'Regional Economic Organisations: The African Experience' 25 *International and Comparative Law Quarterly* 59

1993. 'International Legal Status of the African Economic Community' in M. A. Ajomo and O. Adewale (eds.), *African Economic Community Treaty, Issues Problems and Prospects* (Lagos: Nigerian Institute of Advanced Legal Studies)

Ajomo, M. A. and Adewale, O. (eds.), 1993. *African Economic Community Treaty, Issues Problems and Prospects* (Lagos: Nigerian Institute of Advanced Legal Studies)

Ajulo, S. B., 1989. 'The Economic Community of West African States and International Law' 27 *Journal of Modern African Studies* 233

2001. 'Sources of the Law of the Economic Community of West African States (ECOWAS)' 45 *Journal of African Law* 45

Akinrinsola, I., 2004. 'Legal and Institutional Requirements for West African Economic Integration' 10 *Law and Business Review of Americas* 493

Akintan, S. A., 1977. *The Law of International Economic Institutions in Africa* (Leiden: A. W. Sijthoff)

Akiwumi, A. M., 1972. 'Judicial Aspects of Economic Integration Treaties in Africa' in Hague Academy of International Law (ed.), *Legal aspects of Economic Integration Colloquium 1971* (Leiden: A. W. Sijthoff)

Akuffo, K., 2009. 'The Conception of Land Ownership in African Customary Law and its Implications for Development' **17** *African Journal of International and Comparative Law* 57

Alavi, A., 2007. 'African Countries and the WTO Dispute Settlement Mechanism' **25** (1) *Development Policy Review* 25

Albarrancin, G., 1998. 'The Relationship between the Laws Derived from the Organs of MERCOSUR and the Legal Systems of the Countries that Comprise MERCOSUR' **4** *ILSA Journal of International and Comparative Law* 897

Alford, R. P., 2003. 'Federal Courts, International Tribunals and the Continuum of Deference' **43** *Virginia Journal of International Law* 676

Allott, A. N., 1965. 'Towards the Unification of Laws in Africa' **14** *International and Comparative Law Quarterly* 366

  1968a. 'The Unification of Laws in Africa' **16** *American Journal of Comparative Law* 51

  1968b. 'African Law' in J. D. M. Derrett (ed.), *An Introduction to Legal Systems* (New York: Frederick A. Praeger)

Alter, K. J., 2001. *Establishing the Supremacy of European Law: The Making of an International Rule of Law in Europe* (Oxford: Oxford University Press)

  2008a. 'Agents or Trustees? International Courts in their Political Context' **14** *European Journal of International Relations* 33

  2008b. 'Delegating to International Courts: Self-Binding vs. Other Binding Delegation' **71** *Law and Contemporary Problems* 37

  2009. *The European Court's Political Power – Selected Essays* (Oxford: Oxford University Press)

Alter, K. J. and Helfer, L. R., 2010. 'Nature or Nurture? Judicial Lawmaking in the European Court of Justice and the Andean Tribunal of Justice' **64** *International Organization* 563

Alter, K. J. and Meunier, S., 2009. 'The Politics of International Regime Complexity' **7** (1) *Perspectives on Politics* 13

Amado, J. D., 1990–1. 'Recognition and Enforcement of Judgment in Latin American Countries: An Overview and Update' **31** *Virginia Journal of International Law* 99

Amerasinghe, C. F., 2004. *Local Remedies in International Law* (Cambridge: Cambridge University Press, 2nd edn)

  2005. *Principles of the Institutional Law of International Organizations* (Cambridge: Cambridge University Press, 2nd edn)

American Law Institute, 1971. *Restatement of the Law, Second: Conflict of Laws* (St Paul, Minnesota: American Law Institute)

Amponsah, N., 2007. 'Institutional and Economic Performance: Ghana's Experience under the Fourth Republic, 1992–2002' in K. Boafo-Arthur (ed.), *Ghana: One Decade of the Liberal State* (London: Zed Books)

Amuwo, K., 1999. 'France and the Economic Integration Project in Francophone Africa' **4** *African Journal of Political Science* 1

Arroyo, D. P. F., 2000. 'International Contracts Rules in Mercosur: End of an Era or Trojan Horse?' in P. J. Borchers and J. Zekoll (eds.), *International Conflict of Laws for the Third Millennium, Essays in Honour of Friedrich K. Juenger* (New York: Transnational Publishers)

Arroyo, D. P. F. and Kleinheisterkamp, J., 2002. 'The VIth Inter-American Specialized Conference on Private International Law (CIDIP VI): A New Step towards Inter-American Legal Integration' **4** *Yearbook of Private International Law* 237

Asante, S. K. B., 1997. *Regionalism and Africa's Development* (London: Macmillan Press)

Asante, S. K. B., Nwonwa, F. O. C. and Muzvidziwa, V. N. (eds.), 2001. *Towards an African Economic Community* (Pretoria: African Institute of South Africa)

Asare, S. K., 2006. 'Plain Meaning v. Purposive Interpretation: Ghana's Constitutional Jurisprudence at a Crossroad' **3** *University of Botswana Law Journal* 93

Asouzu, A. A., 2001. *International Commercial Arbitration and African States: Practice, Participation and Institutional Development* (Cambridge: Cambridge University Press)

Aust, A., 2007. *Modern Treaty Law and Practice* (Cambridge: Cambridge University Press, 2nd edn)

Austin, J., 1995. *The Province of Jurisprudence Determined* (trans. Rumble, W. R.; Cambridge: Cambridge University Press)

Balassa, B., 1962. *The Theory of Economic Integration* (London: Allen and Unwin)

Bamodu, G., 1994. 'Transnational Law, Unification and Harmonization of International Commercial Law in Africa' **38** *Journal of African Law* 125

Bannermah, R. E., 1993–5. 'Award of Damages in Foreign Currency: A Critical Look at the Judgments' **19** *Review of Ghana Law* 231

Barents, R., 2003. *The Autonomy of Community Law* (The Hague: Kluwer Law International)

Beaumont, P., 2009. 'Hague Choice of Court Agreements Convention 2005: Background, Negotiations, Analysis and Current Status' **5** *Journal of Private International Law* 125

Bebr, G., 1971. 'Law of the European Communities and Municipal Law' **34** *Modern Law Review* 481

1977. 'Article 177 of the EEC Treaty in the Practice of National Courts' **26** *International and Comparative Law Quarterly* 241

Bekker, P. H. F., 2004–5. 'The Use of Non-domestic Courts for Obtaining Domestic Relief: Jurisdictional Conflicts between NAFTA Tribunals and U.S. Courts?' **11** *ILSA Journal of International and Comparative Law* 331

Bell, A., 2003. *Forum Shopping and Venue in Transnational Litigation* (Oxford: Oxford University Press)

Bentil, K. J., 1969. 'The Legal Framework and the Economic Aspects of the East African Common Market' **4** *Journal of Law and Economic Development* 27

Bethlehem, D., 1998. 'International Law, European Community Law, National Law: Three Systems in Search of a Framework' in M. Koskenniemi (ed.), *International Law Aspects of the European Union* (The Hague: Martinus Nijhoff Publishers)

2005. 'International Economic Relations' in J. Dugard (ed.), *International Law: A South African Perspective* (Lansdowne, South Africa: Juta & Co. Ltd)

Betlem, G. and Nollkaemper, A., 2003. 'Giving Effect to Public International Law and European Community Law before Domestic Courts: A Comparative Analysis of the Principle of Consistent Interpretation' **14** *European Journal of International Law* 569

Bhattacharyya, S., 2009. 'Root Causes of African Underdevelopment' **18** *Journal of African Economies* 745

Bhuiyan, S., 2007. *National Law in WTO Law, Effectiveness and Good Governance in the World Trading System* (Cambridge: Cambridge University Press)

Biukovic, L., 2006. 'Compliance with International Treaties: Selective Adaptation Analysis' **44** *Canadian Yearbook of International Law* 451

2008. 'Selective Adaptation of WTO Transparency Norms and Local Practices in China and Japan' **11** *Journal of International Economic Law* 803

Black, V., 2010. *Foreign Currency Claim in the Conflict of Laws* (Oxford: Hart Publishing)

Blankenburg, E., 1997. 'Civil Litigation as Indicator of Legal Cultures' in D. Nelken (ed.), *Comparing Legal Cultures* (Aldershot: Dartmouth Publishing Company)

Blom, J., 2002. 'Reform of Private International Law by Judges: Canada as a Case Study' in J. J. Fawcett (ed.), *Reform and Development of Private International Law: Essays in Honour of Sir Peter North* (Oxford: Oxford University Press)

Blom, J. and Edinger, E., 2005. 'The Chimera of the Real and Substantial Connection Test' **38** *University of British Columbia Law Review* 373

Boas, M., 2001. 'Regions and Regionalisation: A Heretic's View' in M. Bods Page (ed.), *Regionalism and Regional Integration in Africa: A Debate of Current Aspects and Issues* (Uppsala: Nordiska Afrikainstitutet)

Boggiano, A., 2000. 'The Law of Relations between Legal Systems: A Methodological Analysis' in J. Basedow (ed.), *Private Law in the International Arena: From National Conflict Rules towards Harmonization and Unification – Liber Amicorum Kurt Siehr* (The Hague: TMC Asser Press)

Botha, N. and Olivier, M., 2004. 'Ten Years of International Law in South African Courts: Reviewing the Past and Assessing the Future' **29** *South African Yearbook of International Law* 42

Brand, R. A., 1997. 'Recognition and Enforcement of Judgments as a Trade Law Issue: The Economics of Private International Law' in J. Bhandari and A. O. Sykes (eds.), *Economic Dimensions of International Law: Comparative and Empirical Perspectives* (Cambridge: Cambridge University Press)

Breytenbach, W., 2008. 'Peacekeeping and Regional Integration in Africa' **8** *Monitoring Regional Integration in Southern Africa Yearbook* 249

Brilmayer, L., 1995. 'The Role of Substantive and Choice of Law Policies in the Formation and Application of Choice of Law Rules' **252** *Recueil des Cours* 9

Broberg, M. and Fenger, N., 2010. *Preliminary References to the European Court of Justice* (Oxford: Oxford University Press)

Brown, C., 2007. *The Common Law of International Adjudication* (Oxford: Oxford University Press)

Brown, M. L., 1989. 'Nigeria and the ECOWAS Protocol on Free Movement and Residence' **27** *Journal of Modern African Studies* 251

Brownlie, I., 2003. *Principles of Public International Law* (Oxford: Oxford University Press, 6th edn)

Caffrey, B. A., 1985. *International Jurisdiction and the Recognition and Enforcement of Foreign Judgment in the LAW ASIA Region: A Comparative Study of the Laws of Eleven Asian Countries Inter-se and with the E.E.C. Countries* (North Ryde: CCH Australia Ltd)

Cameron, J. and Gray, K., 2001. 'Principles of International Law in the WTO Dispute Settlement Body' **50** *International and Comparative Law Quarterly* 248

Cappelliti, M. and Golay, D., 1986. 'The Institutional Economics of European Integration' in M. Cappelliti, M. Seccombe and J. Weiler (eds.), *Integration through Law, Europe and the American Experience* (New York: Walter de Gruyter), Vol. 1, Bk 1

Carrubba, C. J. and Murrah, L., 2005. 'Legal Integration and the use of the Preliminary Ruling Process in the European Union' **59** *International Organization* 399

Casad, R. C., 1980–1. 'Civil Judgment Recognition and the Integration of Multi-State Associations: A Comparative Study' **4** *Hastings Journal of International and Comparative Law Review* 1

  1981. *Civil Judgment Recognition and the Integration of Multi-State Associations: Central America, the United States of America, and the European Economic Community* (Lawrence: Regent Press of Kansas)

Cassese, A., 1985. 'Modern Constitutions and International Law' **192** (3) *Recueil des Cours* 341

Castellani, L. G., 2008. 'International Trade Law Reform in Africa' **10** *Yearbook of Private International Law* 547

Castro, L. P., 1992. 'Some Aspects Concerning the Movement for Development of Private International Law in the Americas through Multilateral Conventions' **39** *Netherlands International Law Review* 243

Charnovitz, S., 2009. 'The Enforcement of WTO Judgments' **34** *Yale Journal of International Law* 558

Chayes, A. and Chayes, A. H., 1995. *The New Sovereignty: Compliance with International Regulatory Agreements* (Cambridge: Harvard University Press)

Chime, C., 1977. *Integration and Politics among African States* (Uppsala: Scandinavian Institute of African Studies)

Chukwuemerie, A., 2006. 'The Internationalisation of African Customary Law Arbitration' **14** *African Journal of International and Comparative Law* 143

Cichowski, R. A., 2007. *The European Court and Civil Society: Litigation, Mobilization and Governance* (Cambridge: Cambridge University Press)

Collins, L., 2002. 'Comity in Modern Private International Law' in J. J. Fawcett (ed.), *Reform and Development of Private International Law – Essays in Honour of Sir Peter North* (Oxford: Oxford University Press)

Cotterrell, R., 1997. 'The Concept of Legal Culture' in D. Nelken (ed.), *Comparing Legal Cultures* (Aldershot: Dartmouth Publishing Company)

Craig, P. P., 1992. 'Once Upon a Time in the West: Direct Effect and the Federalization of EEC Law' **12** *Oxford Journal of Legal Studies* 453

Craig, P. P. and de Búrca, G., 2003. *EU Law: Text, Cases and Materials* (Oxford: Oxford University Press, 3rd edn)

Crawford, J., 1981. 'Execution of Judgments and Foreign Sovereign Immunity' **75** *American Journal of International Law* 820

Cronje, J. B., 2010. 'Implementation of SADC Protocols', online: www.tralac.org/cgi-bin/giga.cgi?cmd=cause_dir_news_item&cause_id=1694&news_id=91436&cat_id=1059

Dashwood, A., 1977. 'The Principle of Direct Effect in European Community Law' **16** *Journal of Common Market Studies* 229

Davidson, P. J., 2008. 'The Role of International Law in the Governance of International Economic Relations in ASEAN' **12** *Singapore Yearbook of International Law* 213

de Búrca, G., 2010. 'The European Court of Justice and the International Legal Order after *Kadi*' **51** *Harvard International Law Journal* 1

de la Torre, F. C., 2005. 'TEC, Article 240 on National Courts Jurisdiction' in H. Smit, P. Herzog, C. Campbell and G. Zegel (eds.), *Smit and Herzog on the Law of the European Union* (New York: Matthew Bender, LexisNexis)

de Mestral, A. and Winter, J., 2004. 'Giving Direct Effect to NAFTA: Analysis of Issues' in D. Savoie and D. Schwanen (eds.), *Thinking North America, the Art of the State* (Montreal: Institute for Research on Public Policy) de Richemont, J., 1978. *Integration of Community Law within the Legal Systems of the Member States: Article 177 of the Treaty of Rome* (Paris: Journal des Notaires et des Avocats)

Deen-Swarray, M. and Schade, K., 2006. 'Perception of Business People and Non-State Actors on Regional Integration – A SADC-wide Survey' **6** *Monitoring Regional Integration in Southern Africa Yearbook* 51

Deskoski, T., 2008. 'The New Macedonian Private International Law Act of 2007' **10** *Yearbook of Private International Law* 441

Devuyst, Y. and Serdarevic, A., 2007–8. 'The World Trade Organization and Regional Trade Agreements: Bridging the Constitutional Gap' **18** *Duke International and Comparative Law Journal* 1

di Delupis, I. D., 1970. *The East African Community and Common Market* (London: Longmans)

Dickerson, C. M., 2005. 'Harmonizing Business Laws in Africa: OHADA Case Calls the Tune' **44** *Columbia Journal of Transnational Law* 17

Dowrick, F. E., 1983. 'A Model of the European Communities' Legal System' **3** *Yearbook of European Law* 169

Drake, S., 2005. 'Twenty Years after Van Colson: The Impact of "Indirect Effect" on the Protection of Individual's Community Rights' **30** *European Law Review* 329

Draper, P., Halleson, D. and Alves, P., 2007. 'SACU, Regional Integration and the Overlap Issue in Southern Africa: From Spaghetti to Cannelloni?' (South African Institute of International Affairs, Trade Policy Report No. 15)

Drezner, D. W., 2009. 'The Power and Peril of International Regime Complexity' **7** (1) *Perspectives on Politics* 65

Drobnig, U., 1966–7. 'Conflict of Laws and the European Economic Community' **15** *American Journal of Comparative Law* 204

Duffy, H., 2009. '*Hadijatou Mani Korouar* v. *Niger*: Slavery Unveiled by the ECOWAS Court' **9** *Human Rights Law Review* 151

Dunoff, J. L., 2008. '"Less than Zero": The Effects of giving Effect to WTO Law' **6** *Loyola University Chicago International Law Review* 279

Dworkin, R. M., 1967–8. 'The Model of Rules' **35** *University of Chicago Law Review* 14

Ebobrah, S. T., 2007. 'A Rights Protection Goldmine or a Waiting Volcanic Eruption? Competence of, and Access to the Human Rights Jurisdiction of the ECOWAS Community Court of Justice' **7** *African Human Rights Law Journal* 307

2009. 'Litigating Human Rights before Sub-Regional Courts in Africa: Prospects and Challenges' **17** *African Journal of International and Comparative Law* 79

Ebobrah, S. T. and Nkhata, M. J., 2010. 'Is the SADC Tribunal under Judicial Siege in Zimbabwe?' **43** *Comparative and International Law Journal of Southern Africa* 81

Edinger, E., 1995. 'The Constitutionalization of the Conflict of Laws' **25** *Canadian Business Law Journal* 38

Eeckhout, P., 2004. *External Relations of the European Union – Legal and Constitutional Foundations* (Oxford: Oxford University Press)

Eisenberg, G. S., 1993–4. 'The GATT and the WTO Agreements: Comments on their Legal Applicability to the Republic of South Africa' **19** *South African Yearbook of International Law* 127

Enonchong, N., 2007. 'Harmonization of Business Law in Africa: Is Article 42 of the OHADA Treaty a Problem?' **51** *Journal of African Law* 95

Erasmus, G., 2003. 'The Incorporation of Trade Agreements and Rules of Origin: The Extent of Constitutional Guidance' **28** *South African Yearbook of International Law* 157

European Court of Auditors, 2010. *Effectiveness of EDF Support for Regional Integration in East Africa and West Africa* (Luxembourg: Publications Office of the European Union)

Ewing-Chow, M., 2008. 'Culture Club or Chameleon: Should ASEAN Adopt Legalization for Economic Integration?' **12** *Singapore Yearbook of International Law* 225

Fagbayibo, B., 2009. 'Towards the Harmonization of Laws in Africa: Is OHADA the Way to Go?' **42** *Comparative and International Law Journal of Southern Africa* 309

Fallon, M. and Meeusen, J., 2002. 'Private International Law in the European Union and the Exception of Mutual Recognition' **4** *Yearbook of Private International Law* 37

Fawcett, J. E. S., 1963. *The British Commonwealth in International Law* (London: Stevens & Sons)

Fawcett, J. J., 1997. 'The Europeanization of Private International Law: The Significance for Singapore' **1** *Singapore Journal of International and Comparative Law* 69

Fawcett, J. J. and Carruthers, J. M., 2008. *Cheshire, North & Fawcett Private International Law* (Oxford: Oxford University Press, 14th edn)

Fine, J. and Yeo, S., 1999. 'Regional Integration in Sub-Saharan Africa: Dead End or a Fresh Start?' in A. Oyejide (ed.), *Regional Integration and Trade Liberalisation in Sub-Saharan Africa* (London: Macmillan Press Ltd)

Fiorini, A., 2005. 'The Codification of Private International Law: The Belgian Experience' **54** *International and Comparative Law Quarterly* 499

Fitzke, S., 1999. 'The Treaty for East African Co-operation: Can East Africa Successfully Revive One of Africa's Most Infamous Economic Groupings?' **8** *Minnesota Journal of Global Trade* 127

Foote, J. A., 1904. *Foreign and Domestic Law: A Concise Treatise on Private International Jurisprudence, Based on the Decisions in the English Courts* (London: Stevens and Haynes)

Foroutan, F. and Pritchett, L., 1993. 'Intra-Sub-Saharan African Trade: Is it little?' **2** *Journal of African Economies* 74

Forsyth, C. F., 2002. 'The Provenance and Future of Private International Law in Southern Africa' *Journal of South African Law* 60

  2003. *Private International Law: The Modern Roman-Dutch Law Including the Jurisdiction of the High Court* (Cape Town: Juta & Co)

  2005. 'The Eclipse of Private International Law Principle? The Judicial Process, Interpretation and the Dominance of Legislation in the Modern Era' **1** *Journal of Private International Law* 93

  2006a. 'The Impact of the Domestic on the International: Some Crucial Deficiencies in the South African Law of Jurisdiction with their Regional and International Consequences' **18** *South African Mercantile Law Journal* 1

  2006b. 'The Protection of Legitimate Expectations: Some Pitfalls for Botswana to Avoid' **3** *University of Botswana Law Journal* 5

Franck, T. M., 1964. *East African Unity through Law* (New Haven: Yale University Press)

Friedman, L. M., 1969. 'Legal Culture and Social Development' **4** *Law and Society Review* 29

  1975. *The Legal System: A Social Science Perspective* (New York: Russel Sage Foundation)

Friedrich Ebert Foundation (Botswana), 2007. *Deepening Integration in the SADC: A Comparative Analysis of 10 Country Studies and Surveys of Business and Non-State Actors* (Gabarone: Friedrich Ebert Foundation (Botswana))

Fumagalli, L., 2004. 'EC Private International Law and the Public Policy Exception – Modern Features of a Traditional Concept' **6** *Yearbook of Private International Law* 171

Garro, A., 1992. 'Unification and Harmonization of Private Law in Latin America' **40** *American Journal of Comparative Law* 587

Gathii, J. T., 2009–10. 'African Regional Trade Agreements as Flexible Legal Regimes' **35** *North Carolina Journal of International Law and Commercial Regulation* 571

Geda, A. and Kebret, H., 2007. 'Regional Economic Integration in Africa: A Review of Problems and Prospects with a Case Study of COMESA' **17** *Journal of African Economies* 357

Ghai, Y. P., 1969. 'East African Community' **III** *Annual Survey of African Law* 76

  1976. *Reflections on Law and Economic Integration in East Africa* (Uppsala: Scandinavian Institute of African Studies)

Ginsburg, T., Chernykh, S. and Zachary, E., 2008. 'Commitment and Diffusion: How and Why National Constitutions Incorporate International Law' **1** *University of Illinois Law Review* 201

Gondwe, M., 1998. 'From PTA to COMESA: The Quest for Sub-Regional Economic Integration in Eastern and Southern Africa' **6** *African Yearbook of International Law* 3

Gonidec, P. F., 1998. 'The Relationship of International Law and National Law in Africa' **10** *African Journal of International and Comparative Law* 244

Goode, R., 2005. 'Rule, Practice, and Pragmatism in Transnational Commercial Law' **54** *International and Comparative Law Quarterly* 539

Graewert, T., 2008. 'Conflicting Laws and Jurisdictions in the Dispute Settlement Process of Regional Trade Agreements and the WTO' **1** *Contemporary Asia Arbitration Journal* 287

Griffiths, J., 1986. 'What is Legal Pluralism?' **24** *Legal Pluralism and Unofficial Law* 1

Guzman, A. T., 2002. 'The Cost of Credibility: Explaining Resistance to Interstate Dispute Resolution Mechanisms' **31** *Journal of Legal Studies* 303

Harris, J., 2008. 'Understanding the English Response to the Europeanisation of Private International Law' **4** *Journal of Private International Law* 347

Harris, J. W., 1979. *Law and Legal Science: An Inquiry into the Concepts of Legal Rule and Legal System* (Oxford: Clarendon Press)

Hart, H. L. A., 1994. *The Concept of Law* (Oxford: Clarendon Press)

Hartley, T. C., 2001. 'International Law and the Law of the European Union – A Restatement' **72** *British Yearbook of International Law* 1

    2003. *The Foundations of European Community Law* (Oxford: Oxford University Press)

    2005. 'The European Union and the Systematic Dismantling of the Common Law Conflict of Laws' **54** *International and Comparative Law Quarterly* 813

Hass, E. B., 1958. *The Uniting of Europe: Political, Social and Economic Forces 1950–1957* (Stanford: Stanford University Press)

Hay, P., 1965. 'International and Supranational Organizations: Some Problems of Conceptualization' *University of Illinois Law Forum* 733

    1966. *Federalism and Supranational Organizations: Patterns for New Legal Structures* (Urbana: University of Illinois Press)

    1968. 'The Common Market Preliminary Draft Convention on the Recognition and Enforcement of Judgments – Some Considerations of Policy and Interpretation' **16** *American Journal of Comparative Law* 149

Hay, P., Lando, O. and Rotunda, R., 1986. 'Conflict of Laws as a Technique for Legal Integration' in M. Cappelliti, M. Seccombe and J. Weiler (eds.), *Integration through Law Europe and the American Experience* (New York: Walter de Gruyter), Vol. 1, Bk 2

Hazlewood, A., 1967. 'Problems of Integration among African States' in A. Hazlewood (ed.), *African Integration and Disintegration – Case Studies in Economic and Political Union* (Oxford: Oxford University Press)

Helfer, L. R., Alter, K. and Guerzovich, M. F., 2009. 'Islands of Effective International Adjudication: Constructing an Intellectual Property Rule of Law in the Andean Community' **103** *American Journal of International Law* 1

Helfer, L. R. and Alter, K. J., 2009. 'The Andean Tribunal of Justice and Its Interlocutors: Understanding Preliminary Reference Patterns in the Andean Community' **41** *New York Journal of International Law and Politics* 871

Helfer, L. R. and Slaughter, A.-M., 1997. 'Towards a Theory of Effective Supranational Adjudication' **107** *Yale Law Journal* 273

Henckels, C., 2008. 'Overcoming Jurisdictional Isolationism at the WTO – FTA Nexus: A Potential Approach for the WTO' **19** *European Journal of International Law* 571

Hilf, M., 1997. 'The Role of National Courts in International Trade Relations' in E.-U. Petersmann (ed.), *International Trade Law and GATT/WTO Dispute Settlement System* (The Hague: Kluwer Law International)

Hilf, M. and Petersmann, E.-U. (eds.), 1993. *National Constitutions and International Economic Law* (Deventer: Kluwer Law International)

Houben, P.-H. J. M., 1965–6. 'The Merger of the Executives of the European Communities' **3** *Common Market Law Review* 37

Hu, J., 2004. 'The Role of International Law in the Development of WTO Law' **7** *Journal of International Economic Law* 143

Hudson, M. O., 1944. *International Tribunals, Past and Future* (Washington: Carnegie Endowment International Peace and Brookings Institute)

Hunter, I. A., 1977–8. 'Proving Foreign and International Law in the Courts of England and Wales' **18** *Virginia Journal of International Law* 665

Inglehart, R., 1970. 'Public Opinion and Regional Integration' **24** *International Organization* 764

Ingram, P., 1983. 'Effectiveness' **86** *Archiv fur Rechts und Sozialphilosophie* 484

International Law Commission, 2007. *Most Favoured-Nation Clause – Report of the Working Group* (New York: International Law Commission, ILC Document A/CN.4/L.719)

Jackson, C., 2003a. 'Constitutional Structure and Governance Strategies for Economic Integration in Africa and Europe' **13** *Transnational Law and Contemporary Problems* 139

Jackson, J. H., 2003b. 'Sovereignty-Modern: A New Approach to an Outdated Concept' **97** *American Journal of International Law* 782

2003–4. 'The Varied Policies of International Juridical Bodies – Reflections on Theory and Practice' **25** *Michigan Journal of International Law* 869

Jakobeit, C., Hartzenberg, T. and Charalambides, N. (eds.), 2005. *Overlapping Membership in COMESA, EAC, SACU and SADC: Trade Policy Options for the Region and for EPA Negotiations* (Eschborn: GTZ)

Jenks, C. W., 1964. *The Prospect of International Adjudication* (London: Stevenson & Sons)

Jessel-Holst, C., 2007. 'The Bulgarian Private International Law Code of 2005' **9** *Yearbook of Private International Law* 375

Jessup, P. C., 1948. *A Modern Law of Nations – An Introduction* (New York: Macmillan Company)

Jobodwana, Z. N., 2009. 'Participation of African Member States in the World Trade Organization Dispute Settlement Mechanism' **2** *International Journal of Private Law* 206

Joerges, C., 1996. 'Taking Law Seriously: On Political Science and the Role of Law in the Process of European Integration' **2** *European Law Journal* 105

2002–3. 'Law, Economics and Politics in the Constitutionalisation of Europe' **5** *Cambridge Yearbook of European Legal Studies* 122

Johnson, O. E. G., 1991. 'Economic Integration in Africa: Enhancing Prospects for Success' **29** *Journal of Modern African Studies* 1

Jones, M. L., 1984. 'The Legal Nature of the European Community: A Jurisprudential Analysis using H.L.A. Hart's Model of Law and a Legal System' **17** *Cornell International Law Journal* 1

Juenger, F., 1994. 'The Inter American Convention on the Law Applicable to International Contracts: Some Highlights and Comparisons' **42** *American Journal of Comparative Law* 381

Jyranki, A. (ed.), 1999. *National Constitutions in the Era of Integration* (The Hague: Kluwer Law International)

Kaahwa, W., 1999. 'The Treaty Establishing the New East African Community: An Overview' **7** *African Yearbook of International Law* 61

Karuuombe, B., 2008. 'The Role of Parliament in Regional Integration – the Missing Link' **8** *Monitoring Regional Integration in Southern Africa Yearbook* 222

Keck, A. and Schropp, S., 2008. 'Indisputably Essential: The Economics of Dispute Settlement Institutions in Trade Agreements' **42** *Journal of World Trade* 785

Kelsen, H., 1967. *The Pure Theory of Law* (trans. Knight, M.; Berkeley: University of California Press)

1991. *General Theory of Norms* (trans. Hartney, M.; Oxford: Clarendon Press)

Kessie, E., 1999. 'Trade Liberalisation under ECOWAS: Prospect, Challenges and WTO Compatibility' **7** *African Yearbook of International Law* 31

Kiggundu, J., 2006. 'Choice of Law in Delict: The Rise and Rise of the *Lex Loci Delicti Commissi*' **18** *South African Mercantile Law Journal* 97

Kiplagat, P. K., 1995. 'Dispute Recognition and Dispute Settlement in Integration Processes: The COMESA Experience' **15** *Northwestern Journal of International Law and Business* 437

1995–6. 'Jurisdictional Uncertainties and Integration Process in Africa: The Need for Harmony' **4** *Tulane Journal of International and Comparative Law* 43

Kirby, M., 2010. 'The Common Law and International Law – A Dynamic Contemporary Dialogue' **30** *Legal Studies* 30

Klabbers, J., 2009. *An Introduction to International Institutional Law* (Cambridge: Cambridge University Press, 2nd edn)

Koch, C., 2005. 'The Doctrine of Supremacy of European Community Law as a Condition Precedent for the Doctrine of Direct Effect' 9 *International Trade & Business Law Review* 201

Koh, P. M. C., 1996. 'Foreign Judgments in ASEAN – A Proposal' 45 *International and Comparative Law Quarterly* 844

Kotuby, C. T., 2001–2. 'Internal Developments and External Effects: The Federalization of Private International Law in the European Community and its Consequences for Transnational Litigants' 21 *Journal of Law and Commerce* 157

Kouassi, R. N., 2007. 'The Itinerary of the African Integration Process: An Overview of the Historical Landmarks' 1 *African Integration Review* 1

Kronenberger, V., 2000. 'A New Approach to the Interpretation of the French Constitution in Respect of International Conventions: From Hierarchy of Norms to Conflict of Competence' 47 *Netherlands International Law Review* 323

Kruger, T., 2005. 'The South African Litigant and European Union Rules of Civil Procedure' 38 *Comparative and International Law Journal of Southern Africa* 75

Ku, J. G., 2006. 'International Delegation and the New World Court Order' 81 *Washington Law Review* 1

Kufuor, K. O., 1994. 'Law, Power, Politics and Economics: Critical Issues Arising out of the New ECOWAS Treaty' 6 *African Journal of International and Comparative Law* 429

1996. 'Securing Compliance with the Judgments of the ECOWAS Court of Justice' 8 *African Journal of International and Comparative Law* 1

2005. 'The Collapse of the Organization of African Unity: Lessons from Economics and History' 49 *Journal of African Law* 132

2006. *The Institutional Transformation of the Economic Community of West African States* (Aldershot: Ashgate Publishing Company)

2008. 'Ban on the Importation of Tomato Paste and Concentrate in Ghana' 16 *African Journal of International and Comparative Law* 100

Kulusika, S. E., 2000. 'The Lawyer and the Challenges of Economic Integration' 32 *Zambia Law Journal* 20

Kutner, P. B., 1990. *Common Law in Southern Africa: Conflict of Laws and Torts Precedents* (New York: Greenwood Press)

Kwak, K. and Marceau, G., 2006. 'Overlaps and Conflicts of Jurisdiction between the World Trade Organization and Regional Trade Agreements' in L. Bartels and F. Ortino (eds.), *Regional Trade Agreements and the WTO Legal System* (Oxford: Oxford University Press)

Lauterpacht, H., 1929. 'Decisions of Municipal Courts as a Source of International Law' 10 *British Yearbook of International Law* 65

Leal-Arcas, R., 2007. 'Choice of Jurisdiction in International Trade Disputes: Going Regional or Global?' 16 *Minnesota Journal of International Law* 1

Lenaerts, K., 2003. 'Interlocking Legal Orders in the European Union and Comparative Law' **52** *International and Comparative Law Quarterly* 873

Leon, P. S. G., 1983. 'Roma non Locuta est.: the Recognition and Enforcement of Foreign Judgments in South Africa' **26** *Comparative and International Law Journal of Southern Africa* 325

Lesser, C. and Moise-Leeman, E., 2008. 'Informal Cross-border Trade and Trade Facilitation in Sub-Saharan Africa' (OECD, Trade Policy Working Paper No. 86)

Lester, S. and Mercurio, B. (eds.), 2009. *Bilateral and Regional Trade Agreements – Commentary and Analysis* (Cambridge: Cambridge University Press)

Lindberg, L. N., 1963. *The Political Dynamics of European Economic Integration* (Stanford: Stanford University Press)

Linthorst, H. J., 1965–6. 'The Merger of the European Communities' **3** *Common Market Law Review* 397

Mackenzie, R. and Sands, P., 2004. 'International Courts and Tribunals and the Independence of the International Court of Justice' **44** *Harvard International Law Journal* 271

Magliveras, K. D. and Naldi, G. J., 2002. 'The African Union – A New Dawn for Africa?' **51** *International and Comparative Law Quarterly* 415

Maher, I., 1996. 'Limitations on Community Regulation in the UK: Legal Culture and Multi-level Governance' **3** *Journal of European Public Policy* 577

1998. 'Community Law in the National Legal System: A Systems Analysis' **36** *Journal of Common Market Studies* 237

Maluwa, T., 1989. 'The Peaceful Settlement of Disputes among African States, 1963–1983: Some Conceptual Issues and Practical Trends' **38** *International and Comparative Law Quarterly* 299

1998. 'The Incorporation of International Law and its Interpretational Role in Municipal Legal Systems in Africa' **23** *South African Yearbook of International Law* 45

1999. *International Law in Post-Colonial Africa* (The Hague: Kluwer Law International)

2001. 'Reimagining African Unity: Preliminary Reflections on the Constitutive Act of the African Union' **9** *African Yearbook of International Law* 3

2007. 'From the Organisation of African Unity to the African Union: Rethinking the Framework for Inter-State Cooperation in Africa in the Era of Globalisation' **5** *University of Botswana Law Journal* 5

Mancuso, S., 2007. 'Trends on the Harmonization of Contract Law in Africa' **13** *Annual Survey of International and Comparative Law* 157

Mann, C. J., 1972. *The Function of Judicial Decision in European Economic Integration* (The Hague: Nijhoff)

Martinek, M. G., 2007. 'Look Back before you Leap? Fateful Tendencies of Materialization and of Parallelism in Modern Private International Law Theory' *Journal of South African Law* 277

Martinez, J. S., 2003–4. 'Towards an International Judicial System' **56** *Stanford Law Review* 429

Martor, B., Pilkington, N., Sellers, D. S. and Thouvenot, S., 2007. *Business Law in Africa: OHADA and the Harmonization Process* (London: Kogan Page Ltd, 2nd edn)

Maus, D., 1999. 'The Influence of Contemporary International Law on the Exercise of Constituent Power' in A. Jyranki (ed.), *National Constitutions in the Era of Integration* (The Hague: Kluwer Law International)

Mazzeo, D., 1984. 'The Experience of the East African Community: Implications for the Theory and Practice of Regional Cooperation in Africa' in D. Mazzeo (ed.), *African Regional Organizations* (Cambridge: Cambridge University Press)

McCarthy, C., 2008. 'Is African Economic Integration in Need of a Paradigm Change? Thinking Out of the Box on African Integration' **8** *Monitoring Regional Integration in Southern Africa Yearbook* 4

McDonald, S. A., 2004. 'The Caribbean Court of Justice: Enhancing the Law of International Organizations' **27** *Fordham International Law Journal* 930

McMahon, J. and Young, M. A., 2007. 'The WTO's Use of Relevant Rules of International Law: An Analysis of the Biotech Case' **56** *International and Comparative Law Quarterly* 907

Meagher, K., 2001. 'Throwing Out the Baby to Keep the Bathwater: Informal Cross-Border Trade and Regional Integration in West Africa' in M. Bods Page (ed.), *Regionalism and Regional Integration in Africa: A Debate of Current Aspects and Issues* (Uppsala: Nordiska Afrikainstitutet)

Mengozzi, P., 2001. 'Private International Law and the WTO Law' **292** *Recueil des Cours* 249

Menski, W., 2006. *Comparative Law in Global Context – the Legal Systems of Asia and Africa* (Cambridge: Cambridge University Press, 2nd edn)

Michaels, R. and Pauwelyn, J., 2011. 'Conflict of Norms or Conflict of Laws?: Different Techniques in the Fragmentation of International Law' in T. Broude and Y. Shany (eds.), *Multi-Sourced Equivalent Norms in International Law* (Oxford: Hart Publishing, 2011)

Miller, N., 2002. 'An International Jurisprudence? The Operation of "Precedent" Across International Tribunals' **15** *Leiden Journal of International Law* 483

Mills, A., 2006. 'The Private History of International Law' **55** *International and Comparative Law Quarterly* 1

2008. 'The Dimensions of Public Policy in Private International Law' **4** *Journal of Private International Law* 201

Mistry, P. S., 2000. 'Africa's Record of Regional Co-operation and Integration' **99** *African Affairs* 553

Moravcsik, A., 1997. 'Taking Preferences Seriously: A Liberal Theory of International Politics' **51** *International Organization* 513

Mosoti, V., 2006. 'Africa in the First Decade of WTO Dispute Settlement' **9** *Journal of International Economic Law* 427

Mujuzi, J. D., 2010. '*Michelot Yogogombaye* v. *The Republic of Senegal*: The African Court's First Decision' **10** *Human Rights Law Review* 372

Mulat, T., 1998. 'Multilateralism and Africa's Regional Economic Communities' **32** (4) *Journal of World Trade* 115

Murphy, S., 2009. 'Does International Law Obligate States to Open their National Courts to Persons for the Invocation of Treaty Norms that Protect or Benefit Persons' in D. Sloss (ed.), *The Role of Domestic Courts in Treaty Enforcement – A Comparative Study* (Cambridge: Cambridge University Press)

Mutai, H. K., 2007. *Compliance with International Trade Obligations: The Common Market for Eastern and Southern Africa* (Alphen aan den Rijn: Kluwer Law International)

Mvungi, S. E. A., 2002a. 'Legal Analysis of the Draft Treaty for the Establishment of the East African Community' in S. Mvungi (ed.), *The Draft Treaty for the Establishment of the EAC: A Critical Review* (Dar es Salaam: Dar es Salaam University Press)

  2002b. *The Draft Treaty for the Establishment of the EAC: A Critical Review* (Dar es Salaam: Dar es Salaam University Press)

Naldi, G. J., 2009. '*Mike Campbell (Pvt) Ltd et al* v. *The Republic of Zimbabwe*: Zimbabwe's Land Reform Programme Held in Breach of the SADC Treaty' **53** *Journal of African Law* 305

Naldi, G. J. and Magliveras, K. D., 1999. 'The African Economic Community: Emancipation for African States or Yet Another Glorious Failure?' **24** *North Carolina Journal of International Law and Commercial Regulation* 601

Nantwi, E. K., 1966. *The Enforcement of International Judicial Decisions and Arbitral Awards in Public International Law* (Leyden: A. W. Sijthoff)

Ndulo, M., 1993a. 'Harmonization of Trade Laws in the African Economic Community' **42** *International and Comparative Law Quarterly* 101

  1993b. 'The Promotion of Intra-African Trade and the Harmonisation of Laws in the African Economic Community: Prospects and Problems' in M. A. Ajomo and O. Adewale (eds.), *African Economic Community Treaty, Issues, Problems and Prospects* (Lagos: Nigerian Institute of Advanced Legal Studies)

  1996. 'The Need for the Harmonisation of Trade Laws in the Southern African Development Community (SADC)' **4** *African Yearbook of International Law* 195

Ndulu, B. J., 2006. 'Infrastructure, Regional Integration and Growth in Sub-Saharan Africa: Dealing with the Disadvantages of Geography and Sovereign Fragmentation' **15** *Journal of African Economies* 212

Nelken, D., 2004. 'Using the Concept of Legal Culture' **29** *Australian Journal of Legal Philosophy* 1

Ng'ong'Ola, C., 1999. 'Regional Integration and Trade Liberalisation in Africa – The Treaty for the Establishment of an African Economic Community Revisited in the Context of the WTO System' **33** *Journal of World Trade* 145

Ngolele, E. M., 2006. 'The Content of the Doctrine of Self-Execution and Its Limited Effect in South African Law' **31** *South African Yearbook of International Law* 141

Niewoudt, L., 1992–3. 'The Power of the South African Court to Give Judgment in Foreign Currency' **18** *South African Yearbook of International Law* 147

Nijman, J. and Nollkaemper, A. (eds.), 2007. *New Perspectives on the Divide between National and International Law* (Oxford: Oxford University Press)

Njenga, F. X., 1968. 'Contrast between the Effect of Laws of E.E.C. and E.A.C.' **4** *East African Law Journal* 138

Nollkaemper, A., 2002. 'The Direct Effect of Public International Law' in J. M. Prinssen and C. Schrauwen (eds.), *Direct Effect: Rethinking a Classic of EC Legal Doctrines* (Groningen: Europa Law Publishing)

Nyman-Metcalf, K. and Papageorgiou, I., 2005. *Regional Integration and Courts of Justice* (Belgium: Intersentia Publishing)

Obilade, A. O., 1993. 'The African Court of Justice: Jurisdictional, Procedural and Enforcement Problems' in M. A. Ajomo and O. Adewale (eds.), *African Economic Community Treaty: Issues, Problems and Prospects* (Lagos: Nigerian Institute of Advanced Legal Studies)

O'Brien, D., 2009. 'Accessing the Original Jurisdiction of the Caribbean Court of Justice' **36** *Legal Issues of Economic Integration* 339

O'Connell, M. E., 1990. 'The Prospect for Enforcing Monetary Judgments of the International Court of Justice: A Study of Nicaragua's Judgment against the United States' **30** *Virginia Journal of International Law* 891

Oduor, M., 2005. 'Resolving Trade Disputes in Africa: Choosing between Multilateralism and Regionalism: the Case of COMESA and the WTO' **13** *Tulane Journal of International and Comparative Law* 177

O'Hop Jr, P. A., 1995. 'Hemispheric Integration and the Elimination of Legal Obstacles under a NAFTA-Based System' **36** *Harvard International Law Journal* 127

O'Keefe, R., 2008. 'The Doctrine of Incorporation Revisited' **79** *British Yearbook of International Law* 7

Oliver, P., 1997. 'Joint Liability of the Community and the Member States' in T. Heukels and A. McDonnell (eds.), *The Action for Damages in Community Law* (The Hague: TMC Asser Institute)

Olowu, D., 2003. 'Regional Integration, Development and the African Union Agenda: Challenges, Gaps and Opportunities' **13** *Transnational Law and Contemporary Problems* 211

Oluoch, L. O. W., 2009. 'Legitimacy of the East African Community' **53** *Journal of African Law* 194

Omorogbe, Y., 1993. 'The Legal Framework for Economic Integration in the ECOWAS Region: An Analysis of the Trade Liberalisation Scheme' **5** *African Journal of International and Comparative Law* 355

Oppong, R. F., 2006a. 'Enforcing Foreign Non-Money Judgments: Some Recent Developments in Canada and Beyond' **39** *University of British Columbia Law Review* 257

2006b. 'The Hague Conference and the Development of Private International Law in Africa: A Plea for Cooperation' **8** *Yearbook of Private International Law* 189

2006c. 'Observing the Legal System of the Community: The Relationship between Community and National Legal Systems under the African Economic Community Treaty' **15** *Tulane Journal of International and Comparative Law* 41

2006d. 'Private International Law and the African Economic Community: A Plea for Greater Attention' **55** *International and Comparative Law Quarterly* 911

2007a. 'Canadian Courts Enforce Foreign Non-Money Judgments' **70** *Modern Law Review* 670

2007b. 'A Decade of Private International Law in African Courts 1997–2007 Part I' **9** *Yearbook of Private International Law* 223

2007c. 'Mere Presence and International Competence in Private International Law' **3** *Journal of Private International Law* 321

2007d. 'Re-Imagining International Law: An Examination of Recent Trends in the Reception of International Law into National Legal Systems in Africa' **30** *Fordham International Law Journal* 297

2007e. 'Private International Law in Africa: The Past, Present and Future' **55** *American Journal of Comparative Law* 677

2008a. 'A Decade of Private International Law in African Courts 1997–2007 Part II' **10** *Yearbook of Private International Law* 367

2008b. 'Roman-Dutch Law Meets the Common Law on Jurisdiction in International Matters' **4** *Journal of Private International Law* 311

2009. 'The AU, African Economic Community and Africa's Regional Economic Communities: Untangling a Complex Web' **17** *African Journal of International and Comparative Law* 92

Orakhelashvili, A., 2006. *Peremptory Norms in International Law* (Oxford: Oxford University Press)

Orloff, N., 1968. 'Economic Integration in East Africa: The Treaty for East-African Co-Operation' **7** *Columbia Journal of Transnational Law* 302

Ostrander, J., 2004. 'The Last Bastion of Sovereign Immunity: A Comparative look at Immunity from Execution of Judgments' **22** *Berkeley Journal of International Law* 540

Ovrawah, O. A., 1994. 'Harmonization of Laws within the Economic Community of West African States' **6** *African Journal of International and Comparative Law* 76

Palmeter, D., 2000. 'The WTO as a Legal System' **24** *Fordham International Law Journal* 444

Patchett, K. W., 1984. *Recognition of Commercial Judgments and Awards in the Commonwealth* (London: Butterworths)

Paulson, C., 2004. 'Compliance with Final Judgments of the International Court of Justice since 1987' **98** *American Journal of International Law* 434

Paulson, S. L., 1983. 'On the Status of the *Lex Posterior* Derogating Rule' **5** *Liverpool Law Review* 5

Pauwelyn, J., 2003. *Conflict of Norms in Public International Law* (Cambridge: Cambridge University Press)

    2004. 'Going Global, Community, or Both – Dispute Settlement in the Southern African Development Community (SADC) and Overlaps with the WTO and Other Jurisdictions' **13** *Minnesota Journal of Global Trade* 231

Pauwelyn, J. and Salles, L. E., 2009. 'Forum Shopping Before International Tribunals: (Real) Concerns, (Im)Possible Solutions' **42** *Cornell International Law Journal* 77

Pelkmans, J., 1986. 'The Institutional Economics of European Integration' in M. Cappelliti, M. Seccombe and J. Weiler (eds.), *Integration through Law: Europe and the American Federal Experience* (New York: Walter de Gruyter), Vol. 3, Bk 1

Pernice, I., 1998. 'Constitutional Law Implications for a State Participating in a Process of Regional Integration. German Constitution and "Multilevel Constitutionalism"' in E. Riedel (ed.), *German Reports on Public Law Presented to the XV International Congress on Comparative Law* (Baden-Baden: Nomos)

Pescatore, P., 1974. *The Law of Integration: Emergence of a New Phenomenon in International Relations Based on the Experience of the European Communities* (Leiden: A. W. Sijthoff)

Peters, A., 2007. 'The Globalization of State Constitutions' in A. Nollkaemper and J. E. Nijman (eds.), *New Perspectives on the Divide between National and International Law* (Oxford: Oxford University Press)

Pham, K., 2008. 'Enforcement of Non-Money Foreign Judgments in Australia' **30** *Sydney Law Review* 663

Pirker, B., 2011. 'Interpreting Multi-Sourced Equivalent Norms: Judicial Borrowing in International Courts' in T. Broude and Y. Shany (eds.), *Multi-Sourced Equivalent Norms in International Law* (Oxford: Hart Publishing, 2011)

Piscitello, D. P. and Schmidt, J. P., 2007. 'In the Footsteps of the ECJ: First Decision of the Permanent MERCOSUR-Tribunal' **34** *Legal Issues of Economic Integration* 283

Pitel, S. G. A., 2007. 'Enforcement of Foreign Non-Monetary Judgments in Canada (and Beyond)' **3** *Journal of Private International Law* 241

Posner, D. N. and Young, D. J., 2007. 'The Institutionalization of Political Power in Africa' **18** *Journal of Democracy* 126

Raustiala, K. and Victor, D. G., 2004. 'The Regime Complex for Plant Genetic Resources' **58** *International Organization* 277

Raz, J., 1970. *The Concept of a Legal System: An Introduction to the Theory of a Legal System* (Oxford: Clarendon Press)

Reed, L., 2003. 'Mixed Private and Public International Law Solutions to International Crisis' **306** *Recueil des Cours* 177

Reilly, D. M. and Ordonez, S., 1995–6. 'Effect of the Jurisprudence of the International Court of Justice on National Courts' **28** *New York Journal of International Law and Politics* 435

Reimann, M., 2006. 'Comparative Law and Private International Law' in M. Reimann and R. Zimmermann (eds.), *Oxford Handbook of Comparative Law* (Oxford: Oxford University Press)

Reinisch, A., 2000. *International Organizations before National Courts* (Cambridge: Cambridge University Press)

Reisman, W. M., 1969. 'The Enforcement of International Judgments' **63** *American Journal of International Law* 25

Riechenberg, K., 1995. 'The Merger of Trading Blocks and the Creation of the European Economic Area: Legal and Judicial Issues' **4** *Tulane Journal of International and Comparative Law* 63

Riesenfeld, S. A., 1996–7. 'Legal Systems of Regional Economic Integration' **20** *Hastings Journal of International and Comparative Law Review* 539

Ringo, F. S., 1993. 'The Recognition and Enforcement of Foreign Arbitral Awards in the COMESA/SADC Region: Analysis of Legal Development' **9** *Lesotho Law Journal* 185

Romano, C. P. R., 2007. 'The Shift from Consensual to the Compulsory Paradigm in International Adjudication: Elements for a Theory of Consent' **39** *New York Journal of International Law and Politics* 791

Roodt, C., 2003. 'The Integration of Substantive Interests and Material Justice in South African Choice of Law' **36** *Comparative and International Law Journal of Southern Africa* 1

Rosenne, S., 1957. *The International Court of Justice: An Essay in Political and Legal Theory* (Leiden: A. W. Sijthoff)

2004. *The Perplexities of Modern International Law* (Leiden: Martinus Nijhoff Publishers)

Ross, S., 1972. 'The Common Market Tribunal: The Solution to the Conflict between Municipal and International Law in East Africa' **21** *International and Comparative Law Quarterly* 361

Ruhangisa, J. E., 2006. 'Litigation in the East African Court of Justice' **65** The African Executive, online: www.africanexecutive.com/modules/magazine/articles.php?article=807

Ruppel, O. C. and Bangamwabo, F.-X., 2008. 'The SADC Tribunal: A Legal Analysis of its Mandate and Role in Regional Integration' **8** *Monitoring Regional Integration in Southern Africa Yearbook* 179

Salami, I., 2008. 'Legal Considerations for Devising a Governance Structure for the African Union' **16** *African Journal of International and Comparative Law* 262

Sarooshi, D., 2005. *International Organizations and the Exercise of Sovereign Powers* (Oxford: Oxford University Press)

Sawyer, K., 2007. 'The Principle of "Interpretation Conforme": How Far Can or Should National Courts Go When Interpreting National Legislation Consistently with European Community Law' **28** *Statute Law Review* 165

Schachter, O., 1960. 'Enforcement of International Judicial and Arbitral Decisions' **54** *American Journal of International Law* 1

Schermers, H. G., 1972. *International Institutional Law* (Leiden: A. W. Sijthoff)

Schilling, T., 1996. 'The Autonomy of the Community Legal Order: An Analysis of Possible Foundations' **37** *Harvard International Law Journal* 389

Schlemmer, E. C., 2004. 'South Africa and the WTO Ten Years into Democracy' **29** *South African Yearbook of International Law* 125

Schmid, U., 2001. 'Legal Pluralism as a Source of Conflict in Multi-Ethnic Societies: The Case of Ghana' **46** *Journal of Legal Pluralism and Unofficial Law* 1

Schmitthoff, C. M., 1956. 'Conflict Avoidance in Practice and Theory' **21** *Law and Contemporary Problems* 429

Schneider, A. K., 1998–9. 'Getting Along: The Evolution of Dispute Resolution Regimes in International Trade Organizations' **20** *Michigan Journal of International Law* 679

Schreuer, C. H., 2001. *The ICSID Convention: A Commentary* (Cambridge: Cambridge University Press)

Schulte, C., 2004. *Compliance with Decisions of the International Court of Justice* (Oxford: Oxford University Press)

Schulze, A., 2007. 'The Accession of the European Community to the Hague Conference on Private International Law' **56** *International and Comparative Law Quarterly* 939

Schulze, C., 2005. *On Jurisdiction and the Recognition and Enforcement of Foreign Judgments* (Pretoria: UNISA Press)

Schwelb, E., 1960. 'Republican Constitution of Ghana' **9** *American Journal of Comparative Law* 634

Sebalu, P., 1972. 'The East African Community' **16** *Journal of African Law* 345

Seck, S., 1999. 'Environmental Harm in Developing Countries Caused by Subsidiaries of Canadian Mining Corporations: The Interface of Public and Private International Law' **37** *Canadian Yearbook of International Law* 139

Sempasa, S. L., 1992. 'Obstacles to International Commercial Arbitration in African Countries' **41** *International and Comparative Law Quarterly* 387

Senghor, J. C., 1990. 'Theoretical Foundations for Regional Integration in Africa: An Overview' in P. A. Nyong'o (ed.), *Regional Integration in Africa: Unfinished Agenda* (Nairobi: African Academy of Sciences)

1993. 'The Treaty Establishing the African Economic Community: An Introductory Essay' **1** *African Yearbook of International Law* 183

2007. 'Institutional Architecture for Managing Integration in the ECOWAS Region: An Empirical Investigation' in J. C. Senghor and N. K. Poku (eds.), *Towards Africa's Renewal* (Aldershot: Ashgate Publishing Ltd)

Shaffer, G. C., 2003. *Defending Interests: Public-Private Partnerships in WTO Litigation* (Washington DC: Brookings Institution Press)

Shams, R., 2005. *The Drive towards Economic Integration in Africa* (Hamburg Institute of International Economics, Discussion Paper No. 316)

Shany, Y., 2003. *The Competing Jurisdictions of International Courts and Tribunals* (Oxford: Oxford University Press)

2007. *Regulating Jurisdictional Relations between National and International Courts* (Oxford: Oxford University Press)

2009. 'No Longer a Weak Department of Power? Reflections on the Emergence of a New International Judiciary' **20** *European Journal of International Law* 73

Shaw, M., 1983. 'Dispute Settlement in Africa' **37** *Yearbook of World Affairs* 149

2003. *International Law* (Cambridge: Cambridge University Press, 5th edn)

Sibanda, O., 2008. 'Jurisdictional Arrest of a Foreign Peregrinus Now Unconstitutional in South Africa: *Bid Industrial Holdings* v. *Strang*' **4** *Journal of Private International Law* 329

Siehr, K., 2004. 'Coordination of Legal Systems in Private International Law' in T. Einhorn and K. Siehr (eds.), *Intercontinental Cooperation through Private International Law: Essays in Memory of Peter Nygh* (The Hague: TMC Asser Press)

Sinare, H., 1989. 'The Treaty for the Establishment of the Preferential Trade Area for Eastern and Southern African States and Its Relevance to Economic Integration' **5** *Lesotho Law Journal* 77

Slaughter, A.-M., 2004. *A New World Order* (Princeton: Princeton University Press)

Smith, J. M., 2000. 'The Politics of Dispute Settlement Design: Explaining Legalism in Regional Trade Pacts' **54** *International Organization* 137

Sohn, L. S., 1972. 'Organs of Economic Co-Operation in Africa' **16** *Journal of African Law* 212

Sorensen, M., 1983. 'Autonomous Legal Orders: Some Considerations Relating to a Systems Analysis of International Organizations in the World Legal Order' **32** *International and Comparative Law Quarterly* 559

South African Law Reform Commission, 2006. *Consolidated Legislation Pertaining to International Judicial Co-operation in Civil Matters – Project 121* (Pretoria: SALRC)

Starr, W. C., 1977. 'Hart's Rule of Recognition and the E.E.C.' **28** *Northern Ireland Legal Quarterly* 258

Stellios, J., 2005. 'Choice of Law and the Australian Constitution: Locating the Debate' **33** *Federal Law Review* 8

Sundström, G. O. Z., 1972. 'The Legal Procedures and Techniques of Economic Co-operation' **16** *Journal of African Law* 229

Sykes, A. O., 2008. 'Transnational Forum Shopping as a Trade and Investment Issue' **37** *Journal of Legal Studies* 339

Taylor, C. O. N., 1996–7. 'Dispute Resolution as a Catalyst for Economic Integration and an Agent for Deepening Integration: NAFTA and MERCOSUR?' **17** *Northwestern Journal of International Law and Business* 850

Tebbens, H. D., 1990. 'Private International Law and the Single European Market: Coexistence or Cohabitation' in *Forty Years on: The Evolution of Postwar Private International Law in Europe*, Symposium, Centre of Foreign Law and Private International Law, University of Amsterdam, October 1989 (Deventer: Kluwer International)

Tekinalp, G., 2007. 'The 2007 Turkish Code Concerning Private International law and International Civil Procedure' **9** *Yearbook of Private International Law* 313

Teshale, S., 2000. 'Reciprocity with Respect to Enforcement of Foreign Judgments in Ethiopia: A Critique of the Supreme Court's Decision in the Paulos Papassinous Case' **12** *African Journal of International and Comparative Law* 569

Thanawalla, S., 1970. 'Foreign *Inter Partes* Judgments: Their Recognition and Enforcement in the Private International Law of East Africa' **19** *International and Comparative Law Quarterly* 430

Thomashausen, A., 2002. 'The Enforcement and Recognition of Foreign Judgments and Other Forms of Legal Cooperation in the SADC' **35** *Comparative and International Law Journal of Southern Africa* 26

Thompson, B., 1990. 'Legal Problems of Economic Integration in the West African Sub-Region' **2** *African Journal of International and Comparative Law* 85

Thompson, B. and Mukisa, R. S., 1994. 'Legal Integration as a Key Component of African Economic Integration: A Study of Potential Legal Obstacles to the Implementation of the Abuja Treaty' **20** *Commonwealth Law Bulletin* 1446

Tiewul, S. A. and Tsegah, F. A., 1975. 'Arbitration and the Settlement of Commercial Disputes: A Survey of African Practice' **24** *International and Comparative Law Quarterly* 393

Trachtman, J. P. and Moreman, P. M., 2003. 'Cost and Benefit of Private Participation in WTO Dispute Settlement: Whose Right is it Anyway' **44** *Harvard International Law Journal* 221

Trindade, A. A. C., 1983. *The Application of the Rule of Exhaustion of Local Remedies in International Law* (New York: Cambridge University Press)

Tshosa, O., 2007. 'The Status and Role of International Law in the National Law of Botswana' in C. M. Fombad (ed.), *Essays on the Law of Botswana* (Cape Town: Juta & Co)

2010. 'The Status of International Law in Namibian National Law: A Critical Appraisal of the Constitutional Strategy' **2** *Namibian Law Journal* 3

Tunc, A., 1961. 'Comparative Law, Peace and Justice' in K. H. Nadelmann, A. T. von Mehren and J. N. Hazard (eds.), *XXth Century Comparative and Conflicts Law* (Leiden: A. W. Sythoff)

Tzouganatous, D., 1986. 'Private International Law as a Means to Control the Multinational Enterprise' **19** *Vanderbilt Journal of Transnational Law* 477

Udombana, N. J., 2002. 'A Harmony or a Cacophony? The Music of Integration in the African Union Treaty and the New Partnership for Africa's Development' **13** *Indiana International and Comparative Law Review* 185

2002–3a. 'An African Human Rights Court and an African Union Court: A Needful Duality or a Needless Duplication' **28** *Brooklyn Journal of International Law* 811

2002–3b. 'The Institutional Structure of the African Union: A Legal Analysis' **33** *California Western International Law Journal* 69

Uganda Law Reform Commission, 2004. *Report on the Background Study on the Legal Implementation of the World Trade Organization Agreements* (Kampala: Uganda Law Reform Commission)

UN Conference on Trade and Development, 2009. *Economic Development in Africa Report 2009: Strengthening Regional Economic Integration for Africa's Development* (Geneva: UNCTAD)

UN Economic Commission for Africa, 2002. *Economic Report on Africa 2002: Tracking Performance and Progress* (Addis Ababa: UNECA)

2004. *Assessing Regional Economic Integration in Africa* (Addis Ababa: UNECA)

2006. *Assessing Regional Integration in Africa II: Rationalizing Regional Economic Communities* (Addis Ababa: UNECA)

2008. *Assessing Regional Integration in Africa III: Towards Monetary and Financial Integration in Africa* (Addis Ababa: UNECA)

2010. *Assessing Regional Integration in Africa IV: Enhancing Intra-African Trade* (Addis Ababa: UNECA)

Van den Bossche, P., 1996. 'In Search of Remedies for Non-Compliance: The Experience of the European Community' **3** *Maastricht Journal of European and Comparative Law* 371

Van der Mei, A. P., 2009. 'The East African Community: The Bumpy Road to Supranationalism – Some Reflections on the Judgments of the Court of Justice of the East African Community in *Anyang' Nyong'o and others* and

East African Law Society and others' (Maastricht Faculty of Law Working Paper No. 2009–7, available at http://ssrn.com/abstract=1392709)

Vaubel, R., 2003. 'International Organization' in C. K. Rowley and F. Schneider (eds.), *The Encyclopedia of Public Choice* (New York: Springer)

Vereshchetin, V. S., 1996. 'New Constitutions and the Old Problem of the Relationship between International Law and National Law' **7** *European Journal of International Law* 29

Viljeon, F. and Louw, L., 2007. 'State Compliance with the Recommendations of the African Commission on Human and Peoples' Rights, 1994–2004' **101** *American Journal of International Law* 1

Voeten, E., 2007. 'The Politics of International Judicial Appointments: Evidence from the European Court of Human Rights' **61** *International Organization* 669

von Schwind, F., 1968. 'Problems of Codification of Private International Law' **17** *International and Comparative Law Quarterly* 428

Wai, R., 2001. 'In the Name of the International: The Supreme Court of Canada and the Internationalist Transformation of Canadian Private International Law' **39** *Canadian Yearbook of International Law* 117

2002. 'Transnational Liftoff and Transnational Touchdown: The Regulatory Function of Private International Law in an Era of Globalization' **40** *Columbia Journal of Transnational Law* 209

2004. 'International Trade Agreements, Internationalist Policy Consciousness, and the Reform of Canadian Private International Law' in Canadian Council on International Law (ed.), *The Measure of International Law: Effectiveness, Fairness and Validity (Proceedings of the 31st Annual Conference of the Canadian Council on International Law)* (The Hague: Kluwer Law International)

2005. 'Transnational Private Law and Private Ordering in a Contested Global Society' **46** *Harvard International Law Journal* 471

Walker, J., 2003. 'Must There be Uniform Standards for Jurisdiction within a Federation?' **119** *Law Quarterly Review* 567

Wallace, C. J., 1999. 'European Integration and Legal Culture: Indirect Sex Discrimination in the French Legal System' **19** *Legal Studies* 397

Watt, H. M., 2005. 'European Integration, Legal Diversity and the Conflict of Laws' **9** *Edinburgh Law Review* 6

2006. 'Integration and Diversity: The Conflict of Laws as a Regulatory Tool' in C. Fabrizio (ed.), *The Institutional Framework of European Private Law* (Oxford: Oxford University Press)

Weatherill, S., 1995. *Law and Integration in the European Union* (Oxford: Clarendon Press)

Weiler, J. H. H., 1981. 'The Community System: The Dual Character of Supranationalism' **1** *Yearbook of European Law* 267

1991. 'The Transformation of Europe' **100** *Yale Law Journal* 2403

Weyland, I., 2002. 'The Application of Kelsen's Theory of the Legal System to European Community Law – The Supremacy Puzzle Resolved' **21** *Law and Philosophy* 1

Winter, J. A., 1972. 'Direct Applicability and Direct Effect: Two Distinct and Different Concepts in Community Law' **9** *Common Market Law Review* 425

Winters, L. A., 1997. 'What Can European Experience Teach Developing Countries about Integration?' **20** *World Economy* 889

Wolff, M., 1962. *Private International Law* (Oxford: Clarendon Press)

Wouters, J., 2000. 'National Constitutions and the European Union' **27** *Legal Issues of Economic Integration* 25

Yagba, T. A. T., 1996. 'Legal Pluralism and Economic Integration in Africa: Policy and Research Imperatives' *Nigerian Current Law Review* 100

Yakubu, J. A., 1999. *Harmonization of Laws in Africa* (Lagos: Malthouse Press Ltd)

Zamora, S., 1989. 'Is There Customary International Economic Law?' **32** *German Yearbook of International Law* 9

Zhu, W., 2007. 'China's Codification of the Conflict of Laws: Publication of a Draft Text' **3** *Journal of Private International Law* 283.

索　引

（索引页码为本书边码）

附录1 条约列表

African Union, Decision on the Moratorium on the Recognition of Regional Economic Communities, Assembly/AU/ Dec.112 (VII), 2006

Agreement between the EFTA States on the Establishment of a Surveillance Authority and a Court of Justice, [1994] OJ L344/3

Agreement Establishing the Caribbean Court of Justice, 2001, online: www.caricom.org/ jsp/secretariat/legal_instruments/agreement_ccj.pdf

Agreement on the European Economic Area, 17 March 1993, 1793 UNTS I-31121

Agreement on the Foundation of the EURASIAN Economic Community, 10 October 2000, 2212 UNTS I-39321

Agreement on the Statute of the Central American Court of Justice, 10 December 1992, 1821 UNTS I-31191, 34 ILM 921

Charter of the Organization of African Unity, 25 May 1963, 2 ILM 766

Charter of the Organization of American States, 30 April 1948, 119 UNTS 3

Charter of the Union of Central African States, 2 April 1968, 7 ILM 725

Charter of the United Nations, 26 June 1945, 1 UNTS XVI

Consolidated Version of the Treaty on European Union, 13 December 2007, [2010] OJ C83/13

Consolidated Version of the Treaty on the Functioning of the European Union, 13 December 2007, [2010] OJ C83/47

Constitutive Act of the African Union, 11 July 2000, (2005) 13 Afr. J. Int'l Comp. L. 25

Convention on the Settlement of Investment Disputes between States and Nationals of other States, 18 March 1965, 575 UNTS 159

Council Regulation (EC) No. 864/2007 of the European Parliament and of the Council of 11 July 2007 on the Law Applicable to Non-contractual Obligations (Rome II), OJ L199/40

Council Regulation (EC) No. 44/2001 of 22 December 2000 on Jurisdiction and the Recognition and Enforcement of Judgments in Civil and Commercial Matters, [2001] OJ L12/1

Council Regulation (EC) No. 2201/2003 of 23 November 2003, concerning Jurisdiction and the Recognition and Enforcement of Judgments in Matrimonial Matters and the Matters of Parental Responsibility, repealing Regulation (EC) 1347/2000, [2003] OJ L338/1

Decision on Differential and more Favourable Treatment, Reciprocity and Fuller Participation of Developing Countries, 28 November 1979, GATT BISD (1980)

ECOWAS 1979 Protocol A/P.1/5/79 relating to Free Movement of Persons, Residence and Establishment

ECOWAS 1985 Supplementary Protocol A/SP.1/7/85 on the Code of Conduct for the implementation of the Protocol on Free Movement of Persons, the Right of Residence and Establishment

ECOWAS 1986 Supplementary Protocol A/SP.1/7/86 on the Second Phase (Right of Residence) of the Protocol on Free Movement of Persons, the Right of Residence and Establishment

ECOWAS 1989 Supplementary Protocol A/SP.1/6/89 amending and complementing the provisions of Article 7 of the Protocol on Free Movement, Right of Residence and Establishment

ECOWAS 1990 Supplementary Protocol A/SP.2/5/90 on the implementation of the Third Phase (Right of Establishment) of the Protocol on Free Movement of Persons, Right of Residence and Establishment

General Agreement on Tariffs and Trade, 15 April 1994, Marrakesh Agreement Establishing the World Trade Organization, Annex 1A, 1867 UNTS 187, 33 ILM 1153

General Agreement on Trade in Services, 15 April 1994, Marrakesh Agreement Establishing the World Trade Organization, Annex 1B, 1869 UNTS 183, 33 ILM 1167

General Convention on Privileges and Immunities of the Organization of African Unity, 25 October 1965, online: www.africa-union.org/root/au/Documents/Treaties/treaties.htm

Hague Convention on the Service Abroad of Judicial and Extra-Judicial Documents in Civil or Commercial Matters, 15 November 1965, 20 UST 361

Hague Convention on the Taking of Evidence Abroad in Civil or Commercial Matters, 18 March 1970, 23 UST 2555

Inter-American Convention on Jurisdiction in the International Sphere for the Extraterritorial Validity of Foreign Judgments, 24 May 1984, 24 ILM 468

Inter-American Convention on the Extraterritorial Validity of Foreign Judgments and Arbitral Awards, 8 May 1979, 1439 UNTS I-24392, 18 ILM 1224

Inter-American Convention on the Law Applicable to International Contracts, 17 March 1994, 33 ILM 732

Lugano Convention on Jurisdiction and Enforcement of Judgments in Civil and Commercial Matters, [2007] OJ L339/3

Marrakesh Agreement Establishing the World Trade Organization, 15 April 1994, 1867 UNTS I-31874, 33 ILM 1144

North American Free Trade Agreement between the United States of America, Canada and Mexico, 17 December 1992, 32 ILM 296

Olivos Protocol for the Settlement of Disputes in MERCOSUR, 18 February 2002, 42 ILM 2

Protocol A/P.1/7/91 on the Community Court of Justice of the High Contracting Parties as amended by Supplementary Protocol A/SP.1/01/05 Amending the Protocol Relating to the Community Court of Justice

Protocol of Tegucigalpa of Reforms to the Charter of the Organization of the Central American States, 13 December 1991

Protocol of the Court of Justice of the African Union, 11 July 2003, (2005) 13 Afr. J. Int'l & Comp. L. 115

Protocol on Relations between the African Economic Community and the Regional Economic Communities, 25 February 1998, (1998) 10 Afr. J. Int'l & Comp. L. 157

Protocol on Relations between the African Union and the Regional Economic Communities, July 2007, online: www.afrimap.org/english/images/treaty/AU-RECs-Protocol.pdf

Protocol on the Commission of Mediation, Conciliation and Arbitration, 21 July 1964, 3 ILM 1116

Protocol on the Establishment of the East African Community Common Market, 20 November 2009, online: www.eac.int/advisory-opinions/cat_view/68-eac-common-market.html

Protocol on the role of National Parliaments in the European Union, 13 December 2007, [2010] OJ C83/203

Protocol on the Statute of the African Court of Justice and Human Rights, 1 July 2008, online: www.africa-union.org/root/au/Documents/Treaties/text/Protocol%20on%20the%20Merged%20Court%20-%20EN.pdf

Protocol to the African Charter on Human and Peoples' Rights on the Establishment of an African Court on Human and Peoples' Rights, 10 June 1998, online: www.africa-union.org/root/au/Documents/Treaties/Text/africancourt-humanrights.pdf

Protocol to the Southern African Development Community Tribunal and the Rules of Procedure Thereof, 7 August 2000, online: www.sadc-tribunal.org/docs/Protocol_on_Tribunal_and_Rules_thereof.pdf

Protocol to the Treaty Establishing the African Economic Community Relating to the Pan-African Parliament, 2 March 2001, (2005) 13 Afr. J. Int'l & Comp. L. 86

Revised Agreement Establishing the Caribbean Court of Justice Trust Fund, 12 January 2004, online: www.caribbeancourtofjustice.org/legislation.html

Revised Treaty Establishing the Economic Community of West African States, 24 July 1993, 35 ILM 660, (1996) 8 Afr. J. Int'l & Comp. L. 187

Revised Treaty of Chaguaramas Establishing the Caribbean Community Including the CARICOM Single Market and Economy, 5 July 2001, 2259 UNTS I-40269, online: www.caricom.org/jsp/community/revised_treaty-text.pdf

Southern African Customs Union Agreement, 21 October 2002, online: www.sacu.int/main.php?include=docs/legislation/2002-agreement/main.html

Southern African Development Community Protocol on Immunities and Privileges, online: www.sadc-tribunal.org/docs/ImmunitiesAndPrevileges.pdf

Statute of the African Union Commission on International Law, 4 February 2009, online: www.africa-union.org/root/au/Documents/Treaties/text/STATUTE%200F%20THE%20AUCIL-Adopted%20-%20Feb%202009.pdf

Statute of the International Court of Justice, 26 June 1945, 59 Stat. 1055

Treaty Concerning the Establishment and Statute of the Benelux Court of Justice, 31 March 1965, 924 UNTS 13176

Treaty Creating the Court of Justice of the Cartagena Agreement, 28 May 1979, 18 ILM 1203, as revised by the Protocol Modifying the Treaty Creating the Court of Justice of the Cartagena Agreement, 28 May 1996, online: www.comunidadandina.org/ingles/normativa/ande_trie2.htm

Treaty Establishing a Central African Economic and Customs Union, 8 December 1964, 4 ILM 699

Treaty Establishing the African Economic Community, 3 June 1991, 30 ILM 1241

Treaty Establishing the Benelux Union, 3 February 1958, 381 UNTS 5471 (as revised by the Treaty Revising the Treaty Establishing the Benelux Economic Union, 17 June 2008)

Treaty Establishing the Common Market for Eastern and Southern Africa, 5 November 1993, 33 ILM 1067

Treaty Establishing the Economic Community of West African States, 28 May 1975, 1010 UNTS I-14843, 14 ILM 1200

Treaty Establishing the European Atomic Energy Community, 25 March 1957, 298 UNTS 140

Treaty Establishing the European Coal and Steel Community, 18 April 1951, 261 UNTS 140

Treaty Establishing the European Economic Community, 25 March 1957, 298 UNTS 11

Treaty for East African Cooperation, 6 June 1967, 6 ILM 932

Treaty for the Establishment of a Common Market between the Argentine Republic, the Federative Republic of Brazil, the Republic of Paraguay and the Eastern Republic of Uruguay, 26 March 1991, 2140 UNTS I-37341

Treaty for the Establishment of the East African Community, 30 November 1999, 2144 UNTS I-37437

Treaty for the Establishment of the Preferential Trade Area for Eastern and South African States, 21 December 1981, 21 ILM 479

Treaty of the Southern African Development Community, 17 August 1992, 32 ILM 120

Treaty on the Harmonization of Business Law in Africa, 1 November 1997, Official Journal of OHADA No. 4, p. 1

UN Convention on the Recognition and Enforcement of Foreign Arbitral Awards, 10 June 1958, 330 UNTS 3

UNCITRAL Model Law on International Commercial Arbitration, 21 June 1985, 24 ILM 1302

Vienna Convention on the Law of Treaties, 23 May 1969, 1155 UNTS 331, 8 ILM 679

附录 2　案例表（国际/地区性法院）

非洲的地区性法院

非洲人权和民族权利法院

In the Matter of Michelot Yogogombaye v. *Republic of Senegal*, Application No. 001/2008（African Court of Human and Peoples' Rights，2009）.

东南非共同市场司法法院

Building Design Enterprise v. *Common Market for Eastern and Southern Africa*, Application No. 1 of 2002（COMESA Court of Justice，2002）.

Eastern and Southern African Trade and Development Bank v. *Nyagamukenga*, Reference No. 3 of 2006（COMESA Court of Justice，2009）.

Eastern and Southern African Trade and Development Bank v. *Ogang*（*No.* 2）[2002] 1 East Afr. LR 54.

Eastern and Southern African Trade and Development Bank v. *Ogang* [2001] 1 East Afr. LR 46.

Eritrea v. Ethiopia [1999] LawAfrica LR 6.

Intelsomac v. Rwanda Civil Aviation Authority, Reference No 1 of 2009（COMESA Court of Justice，2010）.

Muleya v. Common Market for Eastern and Southern Africa（*No.* 2）[2003] 2 East Afr. LR 623.

Muleya v. *Common Market for Eastern and Southern Africa*（*No.* 3）[2004]

1 East Afr. LR 173.

Muleya v. Common Market for Eastern and Southern Africa [2003] 1 East Afr. LR 173.

Ogang v. Eastern and Southern African Trade and Development Bank [2003] 1 East Afr. LR 217.

Standard Chartered Financial Services, A. D. Gregory and COMESA. Cahill v. Court of Appeal for the Republic of Kenya, Reference No. 4/2002 (COMESA Court of Justice, 2002).

东非共同体司法法院

AG of the Republic of Kenya v. *Anyang' Nyong'o*, Application No. 5 of 2007 (East African Court of Justice, 2007)

Anyang' Nyong'o v. *AG of the Republic of Kenya* [2008] 3 KLR 397; [2007] 2 East Afr. LR 5

Calist Andrew Mwatela v. *East Africa Community* [2007] 1 East Afr. LR 237

Christopher Mtikila v. *AG of the United Republic of Tanzania*, Application No. 8 of 2007 (East African Court of Justice, 2007)

East African Community v. *Republic of Kenya* (1970) 9 ILM 561; [1970] EA 512

East African Law Society v. *AG of Kenya* [2008] 1 East Afr. LR 95

East African Law Society v. *AG of the Republic of Kenya* [2007] 1 East Afr. LR 5

James Katabazi v. *Secretary General of the East African Community*, Reference No. 1 of 2007 (East African Court of Justice, 2007)

Matter of a Request by the Council of Minister of the East African Community for an Advisory Opinion, Application No. 1 of 2008 (East African Court of Justice, 2009)

Modern Holdings (EA) Ltd v. *Kenya Ports Authority*, Reference No. 1 of 2008 (East African Court of Justice, 2009)

西非国家经济共同体司法法院

Alhaji Hammani Tidjani v. *Federal Republic of Nigeria*, Suit No. ECW/CCJ/APP/01/06 (ECOWAS Court of Justice, 2007)

Chief Ebrimah Manneh v. *The Gambia*, Suit No. ECW/CCJ/JUD/03/08 (ECOWAS Court of Justice, 2008)

Chukwudolue v. *Republic of Senegal*, Judgment No. ECW/CCJ/APP/07/07 (ECOWAS Court of Justice, 2007)

Djoy Bayi v. *Federal Republic of Nigeria*, Suit No. ECW/CCJ/APP/10/06 (ECOWAS Court of Justice, 2009)

Etim Moses Essien v. *Republic of Gambia*, Case No. ECW/CCJ/APP/05/07 (ECOWAS Court of Justice, 2007)

Executive Secretary of ECOWAS v. *Tokunbo Lijadu Oyemade*, Suit No. ECW/CCJ/APP/01/05 (ECOWAS Court of Justice, 2006)

Executive Secretary of ECOWAS v. *Tokunbo Lijadu Oyemade*, Suit No. ECW/CCJ/APP/04/06 (ECOWAS Court of Justice, 2006)

Frank Ukor v. *Alinnor*, Suit No. ECW/CCJ/APP/01/04 (ECOWAS Court of Justice, 2005)

Jerry Ugokwe v. *The Federal Republic of Nigeria*, Case No. ECW/CCJ/APP/02/05 (ECOWAS Court of Justice, 2005)

Mme Hadijatou Mani Koraou v. *The Republic of Niger*, Suit No. ECW/CCJ/JUD/06/08 (ECOWAS Court of Justice, 2008)

Odafe Oserada v. *ECOWAS Council of Ministers*, Judgment No. ECW/CCJ/JUD/01/08 (ECOWAS Court of Justice, 2008)

Olajide Afolabi v. *Federal Republic of Nigeria* [2005] 52 WRN 1

Parliament of ECOWAS v. *Council of Ministers*, Suit No. ECW/CCJ/APP/03/05 (ECOWAS Court of Justice, 2005)

Qudus Gbolanhan Folami v. *Community Parliament (ECOWAS)*, Judgment No. ECW/CCJ/6/10/08 (ECOWAS Court of Justice, 2008)

Tokunbo Lijadu Oyemade v. *Council of Ministers*, Suit No. ECW/CCJ/APP/02/08 (ECOWAS Court of Justice, 2009)

Tokunbo Lijadu Oyemade v. *ECOWAS Council of Ministers*, Judgment No. ECW/CCJ/JUD/02/08 (ECOWAS Court of Justice, 2008)

Tokunbo Lijadu Oyemade v. *Executive Secretary of ECOWAS*, Suit No. ECW/CCJ/APP/01/04 (ECOWAS Court of Justice, 2006)

Tokunbo Lijadu-Oyemade v. *Executive Secretary of ECOWAS*, Suit No. ECW/CCJ/APP/01/05 (ECOWAS Court of Justice, 2005)

南部非洲发展共同体司法法院

Albert Fungai Mutize v. *Mike Campbell（Pvt）Ltd*, Case No. SADC（T）8/08（SADC Tribunal, 2008）.

Bach's Transport（Pty）Ltd v *The Democratic Republic of Congo*, Case No. SADC（T）14/2008（SADC Tribunal, 2010）.

Ernest Francis Mtingwi v *The SADC Secretariat*, Case No. SADC（T）1/2007（SADC Tribunal, 2008）.

Gideon Stephanus Theron v. *The Republic of Zimbabwe*, Case No. SADC（T）2/08; 3/08; 4/08/; 6/08（SADC Tribunal, 2008）.

Louis Karel Fick v. *The Republic of Zimbabwe*, Case No. SADC （T） 01/ 2010 （SADC Tribunal, 2010）.

Mike Campbell （Pvt） Ltd v. *The Republic of Zimbabwe*, Case No. SADC （T） 2/2007, （SADC Tribunal, 2008）.

Mike Campbell （Pvt） Ltd v. *Republic of Zimbabwe*, Case No. SADC （T） 2/2007 （SADC Tribunal, 2007）.

Nixon Chirinda v. *Mike Campbell （Pvt） Ltd*, Case No. SADC （T） 09/08 （SADC Tribunal, 2008）.

United Republic of Tanzania v. *Cimexpan （Mauritius） Ltd*, Case No. SADC （T） 01/2009 （SADC Tribunal, 2010）.

William Michael Campbell v. *The Republic of Zimbabwe*, Case No SADC （T） 03/2009 （SADC Tribunal, 2009）.

非洲以外的国际性法院

Allianz SpA v. *West Tankers Inc.* (C-185/07) [2009] ECR I-663

Amministrazione delle Finanze dello Stato v. *Simmenthal SpA* (106/77) [1978] ECR 629; 3 CMLR 263

Amsterdam Bulb v. *Produktschap voor Siergewassen* (50/76) [1976] ECR 137

Brazil-Measures Affecting the Importation of Retreaded Tyres (2007), WT/DS332/AB/R (Appellate Body Report)

Chorzow Factory case, PCIJ Ser. A., No. 17, 1928, p. 33

Flaminio Costa v. *ENEL*, Case 6/64, [1964] ECR 585

Hombre Sobrido v. *The French State*, Judgment No. 266/2000 (Court of Appeal of Saint Denis, 2000)

Ingmar GB Ltd v. *Eaton Leonard Technologies Inc.* (C-381/98) [2000] ECR I-9305

Jurisdiction of the Courts of Danzig (Pecuniary Claims of Danzig Railway Officials who have Passed into the Polish Service, against the Polish Railways Administration) PCIJ, Ser. B., No. 15, 1928, p. 12

Krombach v. *Bamberski* (C-7/98) [2000] ECR I-1935

Loewen Group Inc. v. *United States*, 42 ILM 811

Merce Pesca Co. v. *The French State*, Judgment No. 267/2000 (Court of Appeal of Saint Denis, 2000)

Mexico-Tax Measures on Soft Drinks and other Beverages (2006), WT/DS308/AB/R (Appellate Body Report)

Mondev International Ltd v. *United States*, 42 ILM 85

Opinion 1/91, *Draft Agreement between the Community and the Countries of the*

European Free Trade Association relating to the Creation of the European Economic Area [1991] ECR I–06079

Opinion 1/00, *Proposed Agreement between the European Community and non-Member States on the establishment of a European Common Aviation Area* [2002] ECR I–03493

Owusu v. Jackson (C-281/02) [2005] ECR I-1383

Parliament v. Council (C-302/87) [1988] ECR 5616

Parliament v. Council (C-70/88) [1990] ECR I-2041

Regie Nationale des Usines Renault SA v. Maxicar SpA (C-38/98) [2000] ECR I-2973

Reparation for Injuries Suffered in the Service of the United Nations, Advisory Opinion, [1949] ICJ Reports 174

Trinidad Cement Ltd v. The Caribbean Community [2009] CCJ 2 (OJ)

Trinidad Cement Ltd v. The Co-operative Republic of Guyana [2008] CCJ 1 (OJ)

Trinidad Cement Ltd v. The State of the Co-operative Republic of Guyana [2009] CCJ 1 (OJ)

Turner v. Grovit (C-159/02) [2004] ECR I-3565

United States – Standards for Reformulated and Conventional Gasoline (1996), WTO Doc. WT/DS2/AB/R (Appellate Body Report)

United States: Sections 301–310 of the Trade Act of 1974 (1999), WT/DS/152/R (Panel Report)

Van Gend en Loos v. Nederlandse Administratie der Belastingen (26/62) [1963] ECR 1; [1963] CMLR 105

Von Colson and Kamann v. Land Nordrhein-Westfalen (14/83) [1984] ECR 1891

Yassin Abdullah Kadi and Al Barakaat International Foundation v. Council of the European Union and Commission of the European Communities (C-402 and 415/05) [2008] ECR I-6351

附录3 案例表 （国内法院）

非洲的国内法院

Abacha v. *Fawehinmi* [2000] 6 NWLR 228

Administrator, Transvaal v. *Traub* 1989 (4) SA 731

Afinta Financial Services (Pty) Ltd v. *Luke Malinga T/A Long Distance Transport*, Civ. Case No. 123/2001 (High Court, Swaziland, 2001)

AG v. *Dow* 1992 BLR 119

American Flag plc v. *Great African T-shirt Corp.* 2000 (1) SA 356

A.O. Agunanne v. *Nigeria Tobacco Co. Ltd* [1979] 2 FNLR 13

Argos Fishing Co. Ltd v. *Friopesca SA* 1991 NR 106

B & W Industrial Technology Ltd v. *Baroutsos* 2006 (2) SA 135

Baldwin v. *Baldwin* [1967] RLR 289

Bank of Baroda v. *Iyalabani Co. Ltd* [2002] 40 WRN 13

Barclays Bank of Swaziland v. *Koch* 1997 BLR 1294

Barclays Bank of Swaziland Ltd v. *Mnyeketi* 1992 (2) SA 425

Barlows Central Finance Corp. Ltd v. *Joncon Ltd*, Case No. 2491/99 (High Court, Swaziland, 1999)

Berrange NO v. *Hassan* 2009 (2) SA 339

Bid Industrial Holding v. *Strang* 2008 (3) SA 355

Bizy Holdings Ltd v. *Eso Management Ltd* 2002 (2) BLR 125

Blanchard, Krasner & French v. *Evans* 2002 (4) SA 144

Blanchard, Krasner & French v. *Evans* 2004 (4) SA 427

Bozimo Trade and Development Ltd v. *First Merchant Bank of Zimbabwe Ltd* 2000 (1) ZLR 1

Broderick v. *Northern Engineering Product* [1991] 2 GLR 88

Burchell v. *Anglin* 2010 (3) SA 48

Burdock Investment v. *Time Bank of Zimbabwe Ltd* HH 194/03 HC 9038/02 (High Court, Zimbabwe, 2003)

Cairo Bank v. *Mohamed Ali Bahaydar* 1966 (1) ALR Comm. 33

Charles Thys v. *Herman Steyn* [2006] eKLR

Chihana v. *Republic*, MSCA Criminal Appeal No. 9 of 1992 (Supreme Court, Malawi, 1992)

Chiraga v. *Msimuko* 2004 (1) SA 98

Chloride Batteries Ltd v. *Viscocity*, Civil Cause No. 1896 of 2006 (High Court, Malawi, 2006)

Chong Sun Wood Products Ltd v. *K & T Trading Ltd* 2001 (2) SA 651

Coluflandres Ltd v. *Scandia Industrial Product Ltd* 1969 (2) RLR 431

Commercial Farmers Union v. *Minister of Lands and Rural Resettlement*, Judgment No. SC 31/10 (Supreme Court, Zimbabwe, 2010)

Coutts v. *Ford* 1997 (1) ZLR 440

De Gree v. *Webb* 2007 (5) SA 184

Delmas America Africa Line Inc. v. *Kisko Products Ghana Ltd* [2005-6] SCGLR 75

Detmold v. *Minister of Health and Social Services* 2004 NR 175

Dow v. *AG* 1991 BLR 233

Drive Control Services Ltd v. *Troycom Systems Ltd* 2000 (2) SA 722

Eastern and Southern African Trade v. *Hassan Basajjabalaba* [2007] Uganda Commercial Court 30

Echodelta Ltd v. *Kerr and Downey Safaris* 2004 (1) SA 509

Eden v. *Pienaar* 2001 (1) SA 158

Edicomesa International Inc. v. *Citec International Estates Ltd* [2006] 4 NWLR 114

Ekkehard Creutzburg v. *Commercial Bank of Namibia* [2006] All SA 327

Emmanuel Bitwire v. *The Republic of Zaire* [1998] I Kampala LR 21

Fasco Trading Co. Ltd v. *Goodearth Ltd* [2000] LawAfr. LR 1236

Fattal v. *Fattal* [1999–2000] 1 GLR 331

Fick v. *Government of the Republic of Zimbabwe*, Case No. 77881/2009 (North Gauteng High Court, South Africa, 2010)

Fonville v. *Kelly* [2002] 1 East Afr. LR 71

Friday Anderson Jumbe v. *Humphrey Chimpando*, Constitutional Case Nos. 1 and 2 of 2005 (High Court, Malawi, 2005)

Friendship Container Manufacturing Ltd v. *Mitchell Cotts Ltd* [2001] East Afr. LR 338

George Lipimile v. *Mpulungu Harbour Management*, Judgment No. 22 of 2008 (Supreme Court, Zambia, 2008)

Georgina Ngina v. *Inter Freight East Africa Ltd* [2006] eKLR

Ghassan Halaoui v. *Grosvenor Casinos Ltd* [2002] 17 NWLR 28

Gramara (Pvt) Ltd v. *Government of the Republic of Zimbabwe*, HC 33/09 (Zimbabwe, High Court, 2010)

Hay Management Consultants (Pty) Ltd v. *P3 Management Consultants (Pty) Ltd* 2005 (2) SA 522

Healthwise Pharmaceuticals Ltd v. *Smithkline Beecham Consumer Healthcare Ltd*

[2001] LawAfr. LR 1279

Herbst v. *Surti* 1990 (2) ZLR 269

Heyns v. *Demetriou* [2001] Malawi High Court 52

Higgs v. *Minister of National Security* [2000] 2 WLR 1368

Hoffman v. *South African Airways* 2001 (1) SA 1

Hulse-Reutter v. *Godde* 2001 (4) SA 1336

In the Matter of an Application by Evan Maina, Case No. 7/1969 (Kenya)

International Trade Administration Commission v. *SCAW South Africa (Pty) Ltd* [2010] ZACC 6

Italframe Ltd v. *Mediterranean Shipping Co.* [1986] KLR 54

Jammal v. *Abdalla Hashem* 1975 (2) ALR Comm. 141

John Holt v. *Christoph Nutsugah* (1929–1931) Gold Coast Divisional Court 75

K v. *K* 1999 (4) SA 691

Kells v. *Ako Adjei*, Case No. CA 8/2000 (Supreme Court, Ghana)

Lamus Agricultural Services Co. Ltd v. *Gwembe Valley Dev. Ltd* [1999] Zambia LR 1

Lepota v. *Hyland*, CIV/APN/280/87 (High Court, Lesotho, 1991)

Lesotho Express Delivery Services Ltd v. *Ravin Panambalana*, Civ/T/634A/02; Civ/T/APN/469/02 (High Court, Lesotho, 2006)

Lisse v. *The Minister of Health and Social Services* 2004 NR 107

MAK (Pty) Ltd v. *St Paul Insurance Co. SA Ltd* 2007 (1) BLR 210

Makwindi Oil Procurement Ltd v. *National Oil Co. of Zimbabwe* 1988 (2) SA 690

Makwindi Oil Procurement Ltd v. *National Oil Co. of Zimbabwe* 1989 (3) SA 191

Mashchinen Frommer GmbH v. *Trisave Engineering & Machinery Supplies (Pty) Ltd* 2003 (6) SA 69

Metlika Trading Ltd v. *Commissioner, South African Revenue Service* 2005 (3) SA 1

Microsoft Corp. v. *Mitsumi Computer Garage Ltd* [2001] KLR 470

Mike Campbell (Pvt) Ltd v. *Minister of National Security Responsible for Land, Land Reform and Resettlement*, Judgment No. SC 49/07 (Zimbabwe, Supreme Court, 2008)

Minister for Welfare and Population Development v. *Fitzpatrick* 2000 (3) SA 422

Minister of Immigration and Ethnic Affairs v. *Teoh* (1995) 183 CLR 273

Molifi v. *Independent Electoral Commission*, Civil No. 11/05, CC: 135/05 (Court of Appeal, Lesotho, 2005)

Molly Kiwanuka v. *Samuel Muwanga* [1999] Swaziland High Court 13

Moolla Group Ltd v. *Commissioner, South African Revenue Service* 2003 (6) SA 244

Movement for Democratic Change v. *President of the Republic of Zimbabwe*, HC 1291/05 (Zimbabwe, High Court, 2007)

Mtui v. *Mtui* 2000 (1) BLR 406

New Patriotic Party v. *Inspector General of Police* [1993–94] 2 GLR 459

Nika Fishing Co. Ltd v. *Lavinia Corp.* [2001] 16 NWLR 556

Nku v. *Nku* 1998 BLR 187

Noble Builders (U) Ltd v. *Sandhu* [2004] 2 East Afr. LR 228

Okunda v. *Republic* (1969) 91 ILM 556; [1970] East Afr. LR 453

Okunda v. *Republic* [1970] East Afr. LR 457

Owens v. *Owens* [1959] EA 909

Pakou v. *Rudnap Zambia Ltd* (1998) ZR 233

Pastificio Lucio Garofalo SPA v. *Security & Fire Equipment Co.* [2001] KLR 483

Patel v. *Bank of Baroda* [2001] 1 East Afr. LR 189

Peter Anyang' Nyong'o v. *AG* [2007] eKLR (Kenya High Court, 19 March 2007)

Pioneer General Assurance Society Ltd v. *Zulfikarali Nimji Javer* [2006] eKLR

Progress Office Machines v. *South African Revenue Services* 2008 (2) SA 13

R. v. *Obert Sithembiso Chikane*, Crim. Case No. 41/2000 (High Court, Swaziland, 2003)

Rage Mohammed Ali v. *Abdullahim Maasai* [2005] eKLR

Raytheon Aircraft Credit Corp. v. *Air Al-Faraj Ltd* [2005] 2 KLR 47

Re Lowenthal and Air France 1966 (2) ALR Comm. 301

Re the Maintenance Orders Enforcement Ordinance (1954) 27 KLR 94

Republic of Angola v. *Springbok Investment Ltd* 2005 (2) BLR 159

Republic of Kenya v. *Coastal Aquaculture* [2003] 1 East Afr. LR 271

Republic v. *Kenya Revenue Authority, ex parte Aberdare Freight Services Ltd* [2004] 2 KLR 530

Richard Thomas Etheredge v. *Minister of State for National Security Responsible for Lands, Land Reform and Resettlement*, Suit No. 3295/08 (High Court, Zimbabwe, 2008)

Richman v. *Ben-Tovim* 2006 (2) SA 591

Richman v. *Ben-Tovim* 2007 (2) SA 283

Riddlesbarger v. *Robson* [1958] East Afr. LR 375

Roger Parry v. *Astral Operations Ltd* 2005 (10) BLLR 989

Rono v. *Rono* [2005] KLR 538

Royal Dutch Airlines (KLM) v. *Farmex Ltd* [1989–90] 1 GLR 46

S v. *Shaik* 2008 (5) SA 354

SDV Transmi (Tanzania) Ltd v. *MS STE Datco*, Civil Application No. 97 of 2004 (Court of Appeal, Tanzania, 2004)

Sello v. *Sello (No. 2)* 1999 (2) BLR 104

Shah v. *Aperit Investment SA* [2002] KLR 1

Shah v. *Manurama Ltd* [2003] 1 East Afr. LR 294

Showlag v. *Mansour* [1995] 1 AC 431

Signal Oil & Gas Co. v. *Bristow Helicopters Ltd* [1976] 1 GLR 371

Sikunda v. *Government of the Republic of Namibia* 2001 NR 86

Silverston Ltd v. *Lobatse Clay Works* 1996 BLR 190

Sylvanus Juxon-Smith v. *KLM Royal Dutch Airline*, Civil Appeal No. J4/19/2005 (Supreme Court, Ghana, 2005)

Société de Transports International Rwanda v. *H. Abdi*, Civil Application No. NAI 298 of

1997 (Court of Appeal, Kenya, 1997)

Society of Lloyd's v. *Price* 2006 (5) SA 393

Ssebaggala & Sons Electric Centre Ltd v. *Kenya National Shipping Line Ltd* [2000] LawAfr. LR 931

Steinberg v. *Cosmopolitan National Bank of Chicago* 1973 (4) SA 564

Sunrise Travel and Tours Ltd v. *Wanjigi* [2002] LawAfr. LR 5933

Supercat Inc. v. *Two Oceans Marine* 2001 (4) SA 27

Patel v. *Bank of Baroda* [2001] 1 East Afr. LR 189

Peter Anyang' Nyong'o v. *AG* [2007] eKLR (Kenya High Court, 19 March 2007)

Pioneer General Assurance Society Ltd v. *Zulfikarali Nimji Javer* [2006] eKLR

Progress Office Machines v. *South African Revenue Services* 2008 (2) SA 13

R. v. *Obert Sithembiso Chikane*, Crim. Case No. 41/2000 (High Court, Swaziland, 2003)

Rage Mohammed Ali v. *Abdullahim Maasai* [2005] eKLR

Raytheon Aircraft Credit Corp. v. *Air Al-Faraj Ltd* [2005] 2 KLR 47

Re Lowenthal and Air France 1966 (2) ALR Comm. 301

Re the Maintenance Orders Enforcement Ordinance (1954) 27 KLR 94

Republic of Angola v. *Springbok Investment Ltd* 2005 (2) BLR 159

Republic of Kenya v. *Coastal Aquaculture* [2003] 1 East Afr. LR 271

Republic v. *Kenya Revenue Authority, ex parte Aberdare Freight Services Ltd* [2004] 2 KLR 530

Richard Thomas Etheredge v. *Minister of State for National Security Responsible for Lands, Land Reform and Resettlement*, Suit No. 3295/08 (High Court, Zimbabwe, 2008)

Richman v. *Ben-Tovim* 2006 (2) SA 591

Richman v. *Ben-Tovim* 2007 (2) SA 283

Riddlesbarger v. *Robson* [1958] East Afr. LR 375

Roger Parry v. *Astral Operations Ltd* 2005 (10) BLLR 989

Rono v. *Rono* [2005] KLR 538

Royal Dutch Airlines (KLM) v. *Farmex Ltd* [1989–90] 1 GLR 46

S v. *Shaik* 2008 (5) SA 354

SDV Transmi (Tanzania) Ltd v. *MS STE Datco*, Civil Application No. 97 of 2004 (Court of Appeal, Tanzania, 2004)

Sello v. *Sello (No. 2)* 1999 (2) BLR 104

Shah v. *Aperit Investment SA* [2002] KLR 1

Shah v. *Manurama Ltd* [2003] 1 East Afr. LR 294

Showlag v. *Mansour* [1995] 1 AC 431

Signal Oil & Gas Co. v. *Bristow Helicopters Ltd* [1976] 1 GLR 371

Sikunda v. *Government of the Republic of Namibia* 2001 NR 86

Silverston Ltd v. *Lobatse Clay Works* 1996 BLR 190

Sylvanus Juxon-Smith v. *KLM Royal Dutch Airline*, Civil Appeal No. J4/19/2005 (Supreme Court, Ghana, 2005)

Société de Transports International Rwanda v. *H. Abdi*, Civil Application No. NAI 298 of

1997 (Court of Appeal, Kenya, 1997)

Society of Lloyd's v. *Price* 2006 (5) SA 393

Ssebaggala & Sons Electric Centre Ltd v. *Kenya National Shipping Line Ltd* [2000] LawAfr. LR 931

Steinberg v. *Cosmopolitan National Bank of Chicago* 1973 (4) SA 564

Sunrise Travel and Tours Ltd v. *Wanjigi* [2002] LawAfr. LR 5933

Supercat Inc. v. *Two Oceans Marine* 2001 (4) SA 27

Tononoka Steels Ltd v. *East & Southern African Trade & Development Bank* [2002] 2 East Afr. LR 536

Transroad Ltd v. *Bank of Uganda* [1998] UGA J. No. 12

United Watch & Diamond Co (Pty) Ltd v. *Disa Hotels Ltd* 1972 (4) SA 409

Valentine Investment Co. Ltd v. *Federal Republic of Germany* [2006] eKLR

Von Abo v. *The Government of the Republic of South Africa* 2009 (2) SA 526

Von Abo v. *Government of the Republic of South Africa* 2010 (3) SA 269

Wachter v. *Harlley* [1968] GLR 1069

Willow Investment v. *Mbomba Ntumba* [1997] TLR 47

非洲以外的国内法院

The Atlantic Star [1973] QB 364

Beals v. *Saldanha* [2003] 3 SCR 416; 234 DLR (4th) 1

Blackburn v. *AG* [1971] 1 WLR 1073

Committee of United States Citizens Living in Nicaragua v. *Ronald Wilson Reagan* 859 F.2d 929

Hunt v. *T & N plc* [1993] 4 SCR 289; 109 DLR (4th) 16

J.H. Rayner (Mincing Lane) Ltd v. *Department of Trade and Industry* [1989] Ch. 72

J.H. Rayner (Mincing Lane) Ltd v. *Department of Trade and Industry* [1990] 2 AC 418

John Pfeiffer Ltd v. *Rogerson* (2000) 203 CLR 503

Jose Ernesto Medellin v. *Texas* 128 S. Ct 1346 (2008)

Macarthys Ltd v. *Smith* [1979] ICR 785

Macarthys Ltd v. *Smith* [1981] QB 180

Morguard Investments Ltd v. *De Savoye* [1990] 3 SCR 1077; 76 DLR (4th) 256

Pfizer Inc. v. *Canada (T.D.)* [1999] 4 FC 441; (1999) 2 CPR (4th) 298

R. v. *Jones (Margaret)* [2007] AC 136

Regie National des Usines Renault SA v. *Zhang* (2002) 210 CLR 491

Socobel v. *Greek State* (1951) 18 Int'l L. Rep. 3

Thoburn v. *Sunderland CC* [2003] QB 151

Tolofson v. *Jensen* [1994] 3 SCR 1022; 120 DLR (4th) 289

Trendtex Trading Corp. v. *Central Bank of Nigeria* [1977] QB 529

图书在版编目（CIP）数据

　　非洲经济一体化的法律问题／（加纳）理查德·弗林
蓬·奥蓬著；朱伟东译.-- 北京：社会科学文献出版
社，2018.9
　　书名原文：Legal Aspects of Economic
Integration in Africa
　　ISBN 978 - 7 - 5201 - 3213 - 8

　　Ⅰ.①非…　Ⅱ.①理…②朱…　Ⅲ.①经济 - 体化 -
经济法 - 研究 - 非洲　Ⅳ.①D940.229

　　中国版本图书馆 CIP 数据核字（2018）第 174326 号

非洲经济一体化的法律问题

著　　者／〔加纳〕理查德·弗林蓬·奥蓬
译　　者／朱伟东

出 版 人／谢寿光
项目统筹／高明秀
责任编辑／吕　剑

出　　版／社会科学文献出版社·当代世界出版分社(010)59367004
　　　　　　地址：北京市北三环中路甲 29 号院华龙大厦　邮编：100029
　　　　　　网址：www.ssap.com.cn
发　　行／市场营销中心（010）59367081　59367018
印　　装／三河市尚艺印装有限公司

规　　格／开　本：787mm×1092mm　1/16
　　　　　　印　张：22.25　字　数：383 千字
版　　次／2018 年 9 月第 1 版　2018 年 9 月第 1 次印刷
书　　号／ISBN 978 - 7 - 5201 - 3213 - 8
著作权合同
登 记 号／图字 01 - 2018 - 6014 号
定　　价／128.00 元

本书如有印装质量问题，请与读者服务中心（010 - 59367028）联系